学びの発見

●国際教育協力論考

内海成治 Seiji Utsumi

To Inquire into Substance of Education:
A Study of International Collaboration in Education

ナカニシヤ出版

はしがき

本書は私がこの二〇年ほどの間に書いた文章や講演の記録などをまとめたものである。私が国際教育協力を仕事とするようになって三五年ほどになる。この間に世界を大きく変えた出来事がほぼ一〇年ごとに起きている。はじめは一九九一年のソ連の崩壊による冷戦構造の消滅である。そして二〇〇一年九月一一日のアメリカ同時多発テロとその後のアフガニスタン情勢。また、二〇一一年三月一一日の東日本大震災と福島第一原子力発電所の大惨事である。

長期にわたる冷戦が終わり、一九九〇年代を私たちは新たな平和な時代が来ると信じていた。国際教育協力においても一九九〇年の「万人のための教育」世界会議が開催され、教育協力が一気に花開いたのである。それが二〇〇一年以後、世界はテロとの戦いの名の下に各地で紛争が激化した。それは激しさを増して現在まで続いている。

私の身辺もこうした動きのなかでさまざまな影響を受けてきた。私自身の仕事のやり方は、研究においてはフィールドワーカーであり、実務においてはプラグマチストである。そんななかでいろいろな機会に書いた文章や講演の記録が残った。機会に応じての著作であり講演であるため、体系的ではなくその時々の状況を伝えようとして行なわれたものである。

拙い文章であり、舌足らずの講演であるが、昨年（二〇一六年）に七〇歳になったのを機会にまとめてみようと思った。その理由は、国際教育協力の世界で何が起きたのかを残しておきたいと思ったからである。私自身の体験や見たものに即してまとめたものであり、文字通りの管見でしかない。しかし、私がこの世界に関わった三〇年以上前はこの分野の研究者や実践者は大変少なかった。もちろん大学で国際教育協力や教育開発の講座や講義はなかったと思う。また、社会の関心も薄かった。現在の教育協力・教育開発の発展を見ると、まさに昔日の感がある。

内容は序章以下五部一八章である。大きく内容によって分け、そのなかはおおむね年代順に配列したが、正確ではない。なぜなら、たとえばケニアでの調査は一五年以上にわたっていくつかのフィールドで重層的に行なわれたからである。また、アフガニスタンの仕事もそれと並行して行なっており、私自身の仕事自体が多層的で、うまく年代ごとにできなかった。そのため、重複が多く、同じことを何度も語っている部分があることをお許しいただきたい。

本書に使用した写真は撮影者を記したもの以外すべて私の撮影したものである。

また、資料として主な業績と海外調査の記録を掲載した。その時々にどのようなことをしていたかを整理しておきたかったからである。

本書は平成二八年度京都女子大学出版助成による出版であり、記して感謝申し上げる次第である。

内海成治

二〇一七年三月二日

目次

第Ⅱ部　紛争後の国への教育支援──アフガニスタン──

第Ⅳ部　フィールドワークをめぐって

第V部　国際協力のディスコース

学びの発見——国際教育協力論考——

序章

国際教育協力三五年

はじめに

二〇一一年三月末に、お茶の水女子大学を定年退官し、大阪大学からの教員生活に終止符を打つ予定であった。しかし、二〇一二年四月から京都女子大学および京都教育大学で再び教員生活を続けることになった。五〇年前に学生時代を過ごした京都で仕事することは、うれしいことであった。

一九八一年に国際協力事業団（ＪＩＣＡ）専門家としてマレーシアのペナンに派遣されたのが、国際教育協力にかかわるきっかけであった。三五年も前の話である。考えてみれば人生の半分を国際教育協力にかかわってきた。当時は国際教育協力という言葉もなかった時代であるから、現在のこの分野の発展にはいささかの感慨を覚える。

七〇歳の年を迎え、これまでのたどたどしい歩みを振り返ってみようと思うようになった。開発途上国の教育調査や教育協力の実践については、後の章で述べることにして、序章では生い立ちから現在までを簡単に振り返りながら、国際教育協力や途上国の教育研究についての時々のエピソードを交えて述べることにしたい。

1　大学まで

生い立ち

自分の生い立ちを語るのは不謹慎な気がするが、若い方々には日本の戦後がどのようなものであったか知らない人も多いので許していただきたい。

私が生まれたのは一九四六年（昭和二一年）一月、終戦から五か月たったときである。場所は東京都港区三田の済生会病院である。現在はすぐ目の前に東京タワーが建っている。その年の冬は大変寒く、また終戦後はじめての冬のことで暖房がほとんどなかったようで、母は「お前を産んで私は体が弱くなった」と、よく言っていたことを覚えている。私も生まれたとき、非常に弱い子で、三歳のときには疫痢にかかり、近所の医者から「もうこの子は助からない」と宣告され、死ぬために、生まれた済生会病院に運ばれた。病院でも手の施しようがなかったが、たまたま進駐軍（アメリカ軍）が感染症に効くと置いていった薬を試したのである。その薬によって奇跡的に一命を取りとめることができた。その薬はペニシリンであった。多分、私は日本でペニシリン治療を受けた最初の子どもの一人ではないかと思う。ところがペニシリンのために下肢が麻痺して歩けなくなり、その後半年入院したそうである。近代医学への敬意と疑惑の芽生えはこの辺にあるのかもしれない。

小山台高校

私は高校まで東京の下町で育った。文字通り「三丁目の夕日」の世界であった。中学校では、クラスメイトと夏は霧ケ峰などの山に登り、冬は当時めずらしかったスキーに行った。大学受験で苦労したくなかったので、姉が行って

写真０－１　小山台高校の受験票（15 歳）

いた早稲田大学に入るため付属高等学院に行くつもりだった。しかし、不合格で、滑り止めで受験した都立小山台高校に行くことになった（写真０－１）。小山台高校では、中学からの山登りが本格化し、ワンダーフォーゲル部に入り、勉強そっちのけで八ヶ岳、奥秩父、南アルプスなどの山登りに精を出した。

そのころは将来のことは何も考えていなかった。たまたま、今西錦司先生の編集した『アフリカ大陸』（筑摩グリーンブック）を読んで、こういうことをやっている人もいるのだと感激した。今西先生はどこの出身だろうと本の著者紹介を見ると京都大学農学部農林生物学科出身である。京都大学に行こうと決めた。

しかし、山登りばかりしていたので、成績は下から数えたほうが早いくらいであった。これでは、とても京大に入れないと、勉強をすることにした。しかし、勉強の仕方が分からない。たまたま一年生のときに習った生物の先生が、徴兵を回避するため高等師範学校に入学しようと思い、教科書を丸ごと覚えて、合格したと言っていたことを思い出した。試験は教科書から出るのだからこの方法はきっとうまくいくと思った。ただこの方法には向き不向きの教科があり、国語、生物、化学、地理などはうまくゆくが、英語と数学は全然役に立たなかった。

当時の京大は受験科目が多く、私の得意な科目も入っていたので、受験することにした。担任のS先生に「京大に行って、将来アフリカのことを研究したい」と相談すると、S先生は黙っていたので理解していただいたと思った。ところが家に帰ると、母が「先生に何を言ったの」と言う。S先生から電話がかかってきて、「大変です、今止めないとお宅の息子さんはアフリカに行きます」と言ったとのこと。家族には「農学部に行って農業をやるのか。

農業は大学に行かなくてもできる」と反対された。そこで私は「早稲田大学に行きたいので、京大は滑り止めです」と言って説得した。ちょうど開通した新幹線に乗って、雪の京都で受験した。

2 大学と就職

京大農学部

京大農学部に入学した私の夢はアフリカに行くことであった。アフリカに行くにはどうしたらいいかと考えた。今西先生や梅棹忠夫先生、本多勝一さんらが創設した探検部に入るのがいいだろうと、探検部に入って、教養課程の二年間は山登りと農村調査をやった。

三回生に進学し専門課程の講座に分かれるとき、今西錦司先生にあこがれて農学部に来たのであるから昆虫学の講座に進んで生態学を専攻するのが当然と思っていた。[*1] ところが、「遺伝学は科学の女王だ」と言う同級生がいて、「今の時代、遺伝学をやらない手はない」と口説かれた。そうかなと思って遺伝学講座に変えることにした。そうしたら遺伝学がとても面白くて、山登りそっちのけでのめり込んでしまった。与えられた課題は「小麦の未授精胚珠の組織培養」で、畑での未授精胚珠の取り出し、さまざまな培地での胚珠の培養、プレパラート作り、顕微鏡での観察と、遺伝の実験に毎日取り組んだ。人生でもっとも熱心に研究したのはそのころだと思う。世界で誰もやっていない研究をするというのはいかに楽しいことかを知らされた。

京大農学部実験遺伝学講座の初代教授は、偉大な遺伝学者の木原均先生である。木原先生はその後国立遺伝学研究所の所長を務めた。木原先生はゲノム（まとまりを持った遺伝子群）という概念を作られた。栽培小麦（Triticum aestivum）は三倍体で、遺伝的にはAABBDDという三つのゲノムから構成されている。Aは一粒系、Bはタルホ小麦、Dはマカロニ小麦のチモヘビー種で、それら三つが合わさって栽培小麦ができている。その祖先の一つのタルホ小麦については、木原先生が戦後最初の学術探検隊隊長として、アフガニスタンとパキスタンの国境のクエッタ近郊でその野生種を発見している。[*2]

卒業論文の指導教官は京大最初の女子学生の一人であり、木原先生の高弟の末本雛子先生であった。末本先生には論文を書くとはどういうことかを丁寧に教え込まれた。実験結果に誠実に向き合うこと、変なデータでも、失敗でも、それには理由があるのだから、失敗も大切な論文の内容なのだと指導された。また、日本語表現に関しても原稿用紙が真っ赤になるまで直された。それが私の研究者としての人生の出発点になったと思っている。そのため、現在まで学生の卒業論文や修士論文をできる限り丁寧に添削するようにしている。これは末本先生の学恩を少しでもお返ししたいとの思いからである。

朝日麦酒

遺伝学が好きで大学院に行って研究を続けようと思っていた。ところが朝日麦酒の研究所から遺伝の研究者を採用したいとの連絡が教授に来たのである。麦酒会社は給料が高く、研究環境も整っている、留学もさせてくれると、朝日麦酒に行くことを命じられた。形ばかりの試験を東京の本社で受け、研究対象が小麦から酵母に変わった。

まず、酵母の発酵過程における形態学的研究でモノグラフを発表し、その後は酵母の遺伝子地図作成の基礎として突然変異体の研究をすることになった。酵母は単細胞だが、高等植物、つまり核がある植物であり、いわば単細胞に退化した高等植物と言ってもいい。酵母の遺伝学研究は非常に難しく、当時は染色体もはっきりと見ることができなかった。そのため細胞遺伝学的な研究がうまくいかないのである。小麦は染色体がよく見えるので細胞遺伝学の材料として非常に優れていた。日本では稲が大事だが、当時、稲の染色体がよく見えなかったので、遺伝学研究があまり進んでいなかった。ただ、酵母は単細胞で大量に培養できるのでＲＮＡやＤＮＡを抽出しやすいため、分子遺伝学研究には非常に役に立っている。

酵母の遺伝学研究は分子遺伝学研究に直結した素晴らしい分野と考えて、実験に熱心に取り組んだ。ところが、研究は楽しく環境もよかったのであるが、ビールの飲みすぎと、実験に使う突然変異誘導体（紫外線など）に体をさらしすぎたことも重なって体調を崩してしまった。麦酒会社で働くことをあきらめざるを得なくなった。

京大教育学部編入

好きだった遺伝学をあきらめて、次に何をしようかと考えたときに、一年中、丸い酵母ばかり見ていたので、次は人間にかかわる仕事をしたいと思うようになった。学生時代にキリスト教の洗礼を受けて日曜学校の教師をしていたこともあり、内村鑑三最後の弟子である京大教育学部の鯵坂二夫《あじさかつぎお》先生を訪ねた。教養部のときに「教育学」の講義を聴いていたからでもある。鯵坂先生は快く会ってくださった。しかし、「教育学部を出ても朝日麦酒のような優良企業には入れないから、麦酒会社にいたほうがいい」と言われた。「もう辞めてしまいました」と言うと、「そうか、それならいらっしゃい。ただし、私はキリスト教教育については指導することができないから自分でやりなさい」ということで、教育学部に学士編入することになった。何の試験もなく、四月から教育学部の三回生に編入することになった。

指揮者の朝比奈隆さんの本のなかで、同じように阪急電鉄を辞めて京大文学部に先生の一言で学士編入する話が出ている。京大にはそうした伝統があるのかもしれない（朝比奈 一九九五、六八頁）。

私が最初に農学部に入学したころは入学式もあって静かな大学であったが、農学部を終えるころから大学紛争が激しくなり、農学部・教育学部の二回とも卒業式は行なわれなかった。鯵坂研究室では「日本の近代教育における宗教教育政策」をテーマに卒論を作成したが、教育哲学の分野では就職先がなく、当時はやりの視聴覚教育の分野で仕事ができないかと考えた。記録映画や科学映画を作る岩波映画社の演出部に内定をもらった。しかし、四回生の秋になって、ニクソン・ショックによる不景気の波に襲われて、先方から「演出部では採用できないので、営業部でもいいか」と連絡があった。私は「営業は苦手ですから」ということで断わった。それで、日曜学校の視聴覚教材を作る財団に入ることにした。

3　国際協力との出会い

キリスト教視聴覚センター

京大教育学部を卒業して文部省（当時）認可財団法人のキリスト教視聴覚センター（AVACO : Audio Visual Committee in NCC）に入社した。この団体はキリスト教関係の映画・ラジオも含めた視聴覚教材の企画制作を主な仕事としていた。この団体は、当時としては日本でトップクラスの録音と撮影のスタジオを保有しており、一般のテレビやラジオ、音楽等の制作を行なっていた。そのため、さまざまな映画、コマーシャル、教育ビデオ、教材スライドやラジオ番組の制作に従事した。こうした仕事は、最後の作品を想定して、さまざまな技術を丁寧に重ねていく、なかなか面白い仕事である。寺田寅彦が映画製作における鉄の規律についてのエッセイを書いているが、メディア制作とは想像力と高い技術の結晶であると思う。[*3]

また、制作の仕事の他に、ボランティアで市民運動が必要とするメディアの制作を手伝った。アムネスティ、公害運動、光州事件、在日の人の就職差別などのスライド制作や映画の吹き替えなどを行なった。そうしたなかで、評論家の鶴見良行氏、作曲家の高橋悠治氏、版画家の富山妙子さん、新聞記者の松井やよりさんらと一緒に仕事をした。これまでミニコミ誌に頼っていた市民運動がさまざまなメディアを利用することになったのである。放送局や新聞社などの大きな組織でなく、小さな財団だからこそ自由にできた仕事であり、こうした活動にはやりがいを感じ、忙しかったが充実した日々を送ることができた。

カナダとイギリス

一九七九年、財団からの派遣で、カナダ（トロント）とイギリス（ロンドン）で一年間の研修を兼ねた仕事をすることになった。カナダでは、カナダキリスト教合同教会が各国の思想を紹介する番組をカナダ放送に提供しており、日本についての番組を制作するために呼ばれたのである。日本での撮影とカナダでの編集、録音の仕事を手伝うことになった。プロデューサーはイギリス系カナダ人だが、技師はハンガリー系の人びとだった。ハンガリー動乱で難民としてカナダに逃れてきた人びとである。カナダの映画製作が優れているのはハンガリーの人びとの持ち込んだ技術によるものなのだ。非常に緻密に計算された仕事のやり方は大変勉強になった。

イギリスではＢＢＣでテレビ番組制作について研修する予定だったが、ＢＢＣが長期のストライキ中だったため、ウエストロンドン大学（West London Institute of Higher Education）のブレネン先生（Prof. Burenen）のところに行くことにした。ブレネン先生は視聴覚教育の教授である。当時のイギリスは一九四四年教育法で宗教教育が必修だった。ところが、戦後インド・パキスタンやアフリカからの移民が増加し、特にロンドン周辺（グレイターロンドン）では、生徒の宗教が多様化していた。宗教の教師はキリスト教以外を教えることができないので視聴覚教材を作成することになり、ブレネン先生が試作していた。制作技術は私のほうが慣れているので、実際に試作して、学校で試写する手伝いをした。学校を訪問して授業の手伝いをするのはなかなかユニークな経験だった。当時のイギリスは、総合中等学校（Comprehensive School）が始まったときで、さまざまな試みが行なわれていた。Ｏレベル、Ａレベルに向けての試験対策が、教師の講義をノートに筆記して、丸暗記する勉強法であったので、自分のかつての試験対策を思い出してしまった。この国では教育方法が極めて伝統的だと思った。

RECSAMでの仕事

カナダ・イギリスから帰ってきたときに文部省（当時）から、財団にマレーシアのペナンにある東南アジア文部大臣機構地域理数科教育センター（SEAMEO/RECSAM、以下RECSAM）で視聴覚教育を教える人材を派遣してほしいと依頼があった。これは国際協力事業団（当時）ＪＩＣＡの仕事なので、ＪＩＣＡに行って詳細を聞くようにとのこと。私が適任だろうということで、当時新宿にあったＪＩＣＡ本部を訪ねた。担当者からできるだけ早く現地に行ってほしいと言われた。しかし、行ったことのない国で電気があるかどうかも分からない。そこで、一度、財団のお金で、現地を見に行くことになった。RECSAMはアメリカの支援でできた大きな研修センターで、講義室以外にも図書館、教具開発室、視聴覚室、物理、化学、生物の実験室、そして寄宿舎が四棟、テニスコートも三面あった。視聴覚室には日本からビデオ機材が供与されていた。

ここなら大丈夫だと思い、家族で赴任することにした。結局三年間ペナンに滞在した。理数科教育は日本が進んでいると思っていたが、このRECSAMはアメリカ、イギリス、オーストラリア、西ドイツ（当時）等から研究者や専門家が滞在し、東南アジアでもっとも進んだ理数科教育を研究し、研修する機関であった。東南アジアの教員に対して一〇週間のコースを一年間に四〇コース実施していた。その研修用の教材の作成や視聴覚教育と教育テレビの講義・実習を担当した。メディア制作技術だけでなく、生物や化学の教科書を覚えており、また顕微鏡の使用やプレパラートの作成、実験データの統計分析なども遺伝の教室で叩き込まれていたので、これまでやってきたことがすべて役に立つように感じた。

RECSAMは科学的理科教育（Science of Science Education）とアクションオリエンティッドリサーチ（Action-oriented Research）を目標に掲げていた。また、『東南アジア理数教育』（Journal of Science & Mathematics Education in S. E. Asia）という雑誌も発行しており、私も論文を投稿した。[*4]

また、コースの研修生から、ぜひ教科書を作ってくれと言われて、取り組むことにした。メディア制作に関しては同じ英語でもイギリスとアメリカでは用語が異なっていた。撮影に関する構図や編集に関しては、技術者のための教科書はあっても、教育者の教材制作や授業のために役立つ教科書が見当たらなかった。そこで、重要事項を洗い出し、ともかくこうすれば何とかなるというノウハウを入れて、「涙なしのメディア制作」を目指して『ETV HANDBOOK』[*5]を作成した。英語が苦手だった私には苦労も多かったが、大変勉強になった。幸い好評でマレーシア以外にもシンガポールやオーストラリアからも注文が来た。

4　国際協力事業団（JICA）

沖縄国際センター

一九八四年、RECSAMでの三年間の派遣が終わって帰国した。そのころJICA沖縄国際センター創設の準備が行なわれていた。沖縄国際センターでは視聴覚教育や教育メディア制作の人材養成コースを行なう予定であった。このコースの設置委員会座長の末武国広先生（当時東京工業大学教授）がニーズ調査を兼ねてRECSAMを訪問されたことがあった。そのときに私の指導法とテキストを見て、私を沖縄に赴任させようと決めたとのことであった。

日本の視聴覚機器は優秀なため、多くの国から機材の支援要請がある。しかし、放送局を別にして、機材を支援しても実際の制作がほとんど行なわれず、機材が眠っているケースが多い。つまり、支援がハード先行でソフト分野の支援が追いついていなかったのである。マレーシアでも視聴覚メディアにかかる人材の育成の必要性を痛感していたので、沖縄国際センターでの仕事はやりがいがあると思い、沖縄に行くことにした。

JICA沖縄国際センターには、大きな撮影スタジオや最新のビデオ編集機材を備え、メディア制作研修には理想的な環境であった。問題は毎回一五名ほど受け入れる途上国からの研修員の技術レベルが大きく異なることであった。さまざまなレベルの研修員を相手に、どのようにして研修修了時に実際にメディア制作ができるようにするのかが課題だった。そのためカリキュラムや教材を工夫して、全員が一定レベルのメディア制作者になれるように心がけた。その一つが教材のモジュール化であり、今一つは、モジュールをうまく活用するためのマイクロエバリュエーションの導入であった。[*6]

国際協力専門員

沖縄にいた一九八五年、ＪＩＣＡに国際協力を担う人材を創出する制度として国際協力専門員制度が創設された。これは厳格な試験制度によって採用を決めるので、試験を受けるように勧められた。幸い合格して国際協力専門員になった。ところが、国際協力専門員は東京の国際協力総合研修所に勤務しなければならないとのことで、後を久保田賢一氏（現在関西大学教授）にまかせて、東京に戻ることにした。結局沖縄国際センターには二年半滞在した。沖縄での研究と開発途上国への教育メディアの支援をまとめて、私の最初の著作を上梓することができた。[*7]

一九八七年、ＪＩＣＡ国際協力専門員（教育開発）という肩書きになったが、いわゆる教育協力の案件は二、三の高等教育支援以外は行なわれていなかった。開発途上国の公教育への教育協力分野そのものが当時の日本にはなかったのである。私の仕事は教育メディアの専門家として農業セクターや保健医療・家族計画セクターの広報・研修のための教育メディア支援であった。

そのころはＪＩＣＡの予算が右肩上がりの時代で、毎月のように海外出張で忙しく飛び回っていた。また、一九八九年から九一年にかけてはトルコ人口教育プロジェクトのリーダーとしてトルコのアンカラに赴任した。当時の記録はのちに一冊の本にまとめた。[*8]

「開発と教育」援助研究会

日本の教育協力政策や私の仕事が大きく変わったのは、一九九〇年の「万人のための教育世界会議」（World Conference of Education for All：ＥＦＡ）開催である。外務省・ＪＩＣＡとしても教育協力に関する政策を立案する必要に迫られたのである。国際協力の各分野の政策文書は外務省とＪＩＣＡが共同で立ち上げる研究会で作成する報告書として発表される。一九九二年に「開発と教育援助研究会」が立ち上げられた。ところが、国際教育開発は日本にとってまったく新しい分野であり専門家がほとんどいない。また、ＪＩＣＡには事務官はともかく専門員のなかにも教育学部卒業生がいない。私が教育学部卒業の専門員であったため「開発と教育援助研究会」（委員長は飯田経夫国際日本文化センター教授、当時）の主査を務め、報告書の草案を作成することになった。研究会は二か月に一回のペースで行なわれ、フランス・ガーナ・ケニアへの現地調査も含めて、報告書がまとまったのは二年後の一九九四年であった。

この研究会で作成した『開発と教育援助研究会報告書』が日本の教育協力の最初の政策文書である。[*9] 主要な提言は三つであり、一つは初等教育の重要性に鑑み、初等教育への支援を行なう。二つ目はそのために現在七％程度の教育協力のシェアを一五％にする。三つ目は、途上国の教育開発ニーズは多様なため、高等教育も含めたバランスの取れた教育協力を行なう。

初等教育支援に関しては、研究会のなかで、外務省やＯＥＣＦ海外経済協力基金（当時、現在はＪＩＣＡと統合）、そして一部の有識者の委員から強い反対意見が出された。反対の理由は、初等教育は当該国の国民を形成する価値観や言語にかかわる分野であり、関与すべきではない、ということであった。これは戦前の日本の占領政策への反省からの外交政策として根強くあった考えである。しかし、ＥＦＡ後の最初の日本の教育協力の文書で初等教育支援を含めないことはありえない。事務局を担当した萱島信子さん（現在ＪＩＣＡ研究所副所長）とともに、校舎の建設や教員養成など多くの支援分野があると説得したことを覚えている。

また、ＯＤＡ予算の一五％を教育分野にという提言も、外務省や文部省からその根拠に関して電話があった。しかし、新聞などの報道はおおむね好評であった。三つ目の提言であるバランスの取れた教育協力は、当時ＪＩＣＡが行なっていたタイやケニアでの大学協力を継続する意味合いで、盛り込まれた。

こうした、政策文書の作成と並行して、国際教育協力についての勉強と情報交換を兼ねて大学、文部省、ＪＩＣＡ、ＮＧＯの教育協力に関心のある方々と「教育協力研究会」を発足させた。中心になったのは文部省の板東久美子さん

（現在消費者庁長官）である。この小さな研究会が核となって、文部省・JICAの人事交流が始まった。また、板東久美子さんの尽力で文部省に国際協力調査官というポストが新設された。こんな経緯もあり、のちに（一九九六年）、初代の国際協力調査官として文部省に赴任することになった。

ＪＩＣＡでの仕事

ＪＩＣＡ在職中にかかわったいくつかの教育案件について述べておきたい。一つは一九八九年に完工したホンジュラス国立教育研修所建設とその後の技術協力である。これは中野照海先生（現在国際基督教大学名誉教授）や萱島信子さんらと行なった仕事である。この案件は無償資金協力による教育研修のナショナルセンターの建設計画である。当初は首都のテグシガルパから五〇キロほど離れたところに計画されていた。教育研修所としてはテグシガルパ市内のほうがよいのではないかと提案し、最終的に市内に建設することになった。当時、ホンジュラスに行くにはニューヨークかマイアミに一泊する必要があり、体力的には厳しかった。しかし、はじめての大型の教育協力案件であり、何とか成功させたいと交渉や計画作りを夜を徹して行なったことを覚えている。ホンジュラスへは教育研修にかかる技術協力プロジェクトや青年海外協力隊員の派遣など教育分野の協力が行なわれている。[*10]

また、当時の細川首相が訪米してクリントン大統領とまとめた日米コモンアジェンダは、地球規模の課題に対して日米が共同して対処するプログラムであった。地球規模の課題の一つがジェンダーに関する課題であったが、ジェンダー案件はなかなかプロジェクトの企画と実施が難しい分野であった。そこで、アメリカが先行して行なっていたグアテマラの女子教育が取り上げられることになった。これはグアテマラの人口の半数を占めるマヤの子どもたち、特に女の子の教育に対する支援である。女子教育が遅れている原因の探求や具体的な支援策のために、近藤勲先生（現在岡山大学名誉教授）らと何度かグアテマラに出かけた。その結果グアテマラ女子教育プロジェクトとして、マヤ語の教材開発、ＮＧＯを通しての女子教育のアドボカシー、教授法の研究などを中心にプロジェクトを立ち上げた。また女子に配慮した学校建設も行なった。この案件は具体的には米国援助庁（USAID）とJICAの共同作業であったため、何度もワシントンとグアテマラのUSAIDと協議しなければならなかった。日米の国際協力における考え方の相違やシステムの違いに苦労すると同時に勉強にもなった。[*11]

その他、JICA専門員として実施した大きなプロジェクトはトルコ、チュニジア、ケニアでの人口教育プロジェクトである。これは教育メディアを使って小家族志向を定着させる試みである。また、スリランカの国立教育研究所建設、ケニアでの中等理数科教育プロジェクト、ボリビアでの教師教育プロジェクトなどを本格的な教育協力案件として実施することができた。

5 文部省と大阪大学

一九九六年四月から大阪大学人間科学部に勤務することになった。同じ年の九月から文部省に新設された国際協力調査官も併任することになり二年半大阪と東京を行き来する生活を送った。まず、文部省での仕事について触れ、次項で阪大での調査研究について述べることにしたい。

文部省国際協力調査官

文部省学術国際局国際企画課国際協力調査官は新設のポストで私が初代であった。国際協力関係のアドバイスが主な仕事で文部省の国際協力にかかる具体的な政策立案や企画調整業務を担当した。ここで行なった主な仕事は次の二つである。一つは大学が国際協力事業を担う拠点としていくつかの大学にさまざまな分野での国際協力研究センターを設置することである。大学の知を国際協力に生かすにも、大学内に拠点がなくては、個々の教官のボランタリー精神あるいは研究意欲に頼ってお願いする形になってしまう。また、当時の文部省には国立大学の教官がJICAの調査団員や専門家、あるいはプロジェクト作業管理委員などの業務を担うことは本務ではないという雰囲気があった。そのため、ＪＩＣＡと大学をスムースにつなぐことができにくい状況だった。大学に国際協力の拠点を作り、そこに人材を配置し、人材の育成も行なうというのが国際協力研究センター構想である。これは厚生省（当時）が国際医療センターを設置し、そこがＪＩＣＡの保健医療プロジェクトを担っていたことに倣ったものである。文部省としてもこうした国際教育協力センターができればいいのだが、すでに国家公務員の定員増加は困難な状況であり、国立大学に設置することにしたのである。

国際協力センターの第一号として広島大学教育開発国際協力研究センター構想ができ、そのための予算作成を国際企画課が担うことになった。私は新米だったので、具体的な仕事はできなかったが、広島大学やＪＩＣＡとの打ち合わせにはいつも立ち合った。大蔵省（当時）との折衝のための結構厚い想定問答集などが作成された。暮れのクリスマスに次年度予算案が決まり、この案件が無事原案になったときは皆で拍手した。

広島大学に設置された教育開発国際協力研究センターについで、農業教育（名古屋大学）、医学教育（東京大学）、工学教育（横浜国立大学、豊橋技術科学大学）、また、筑波大学にも教育開発の国際協力研究センターが設置された。こうした国際協力研究センターは課題も多いが、国際協力に大学が貢献するための基礎を形成することになったと思う。

二つ目は大学とＪＩＣＡ事業をスムースに結びつけ、質の高い国際教育協力プロジェクトの形成・実施を目指して、医学、工学、農学、教育学の四分野で大学間等国際協力協議会を組織したことである。国立大学の学部長の方々一〇人ほどを委員として年一回開催し、また外務省・ＪＩＣＡからの案件の妥当性や実施に関して協議した。

私が直接かかわったプロジェクトとしては医学分野の協議会のメンバーであった弘前大学医学部が行なったジャマイカ地域保健医療プロジェクトがある。現役の医学部公衆衛生の教授がプロジェクトリーダーとして長期に赴任するなど、これまでにない質の高いプロジェクトが実施されたと思う。

大阪大学人間科学部

一九九五年一月一七日早朝に阪神淡路大震災が発生、死者六四〇〇名を超える大災害となった。震災支援として全国から一八〇万人という数のボランティアが活動し、のちにこの年はボランティア元年と言われることになった。こうしたボランティア活動の高まりを受けて、翌一九九六年、大阪大学人間科学部にボランティア人間科学講座が創設されることになった。ボランティア活動のなかで国際協力は重要な分野と位置付けられ、私に主任教授として来てほしいとの要請があった。そのときは前項で述べたように文部省に行く予定だったので一度ならず断わったが、結局併任ということで、大阪大学が本務となった。

ボランティア講座の運営では、ともかく人事と教育、さらに大学院の創設という仕事に忙殺された。また、ボランティアという言葉自体が新しい概念であるためボランティア学の教科書の刊行と、市民に広く知らせる目的で市民向けの公開講座を積極的に行なうことにした。

ボランティア研究は新しい分野であり、学会もなかった。そこで「国際ボランティア学会」を設立した。初代会長は隅谷三喜男東大名誉教授にお願いした。学会は研究集会のほかに『ボランティア研究』誌を刊行しており、日本学術会議協力学術研究団体として認められ、継続して活動を行なっている。

ボランティア人間科学講座は大学院の開設に伴い共生学系コースとして拡充し、大学院卒業生の多くが研究者として、日本のボランティア研究を担っていることには、いささかの感慨を覚える。ただ、ボランティア人間科学講座そのものは大阪外語大学との統合によりグローバル人間科学講座となり、現在は各系に分散してそれぞれにボランティア研究を継続している。

6　ケニアでの調査

二〇〇〇年、大阪大学に移って五年、文部省併任も二年半で終わり、多少余裕ができたので、ケニアでフィールド調査を始めることができた。その年、日本学術振興会（ＪＳＰＳ）のナイロビ研究連絡センターの所長として赴任してはという話があった。本当は一年任期だが、講座主任も務めていたので、夏休みを含めて四か月行くことにした。

ＪＩＣＡ時代の調査はとても忙しくて、現地の事務所や大使館が作るスケジュールに従って政府の高官や援助機関、プロジェクトの関係者に会うことが主で、現場を見ると言っても非常に短時間しかできなかった。学校に行っても校長先生に話を聞いて、教室の授業の様子を覗くような具合だった。そこで、せっかくナイロビに四か月もいられるので、何かフィールド調査をと思ったのである。

マサイ調査

調査地をいろいろ探した。サンブル、レンディーレ、トルカナなども考えたが、最終的にマサイにした。調査方法としては全校生徒を複数年にわたってインタビューして子どもの軌跡を追うことを考えた。調査法に名前がないと何をやっているか分からないので、ＩＳＴ法（Individual Student Tracing）という名前を付けた。

遊牧民の教育は、ＥＦＡ達成のための最後のボトルネックの一つと言われていた。近代教育に対する遊牧民の参加度が低いのである。一つには、広い地域に住んでいることから学校へのアクセスが困難なこと、遊牧民側の要因として、近代教育に対して敵対的だということが言われていた。私の調査でも最近の研究からも、近代教育に敵対的な遊牧民とはステレオタイプ化された言説であって、実際はそういうことはないことが分かってきたが、当時はそのことが強く言われていた。日本の基金でUNESCO/IIEP（ユネスコ国際教育計画研究所）が遊牧民の教育に関するワークショップを二回開催して、いくつかリコメンデーションを出している。[*12]

ナロック県での調査

マサイのＩＳＴ調査は澤村信英先生（当時広島大学、現在大阪大学教授）や大阪大学・広島大学の院生・学生と一緒に二〇〇〇年から一〇年以上にわたって行なった。調査地はナイロビの西から南に広がるマサイランドである。非常に伝統的なマサイを調査するにはタンザニア国境に近いディープマサイと言われる奥地がよいのだが、アクセスが悪いため、ナロック県の幹線道路に近いところを選んだ。ナイロビから車で二－三時間のナロック県である。

最初の数年は、いわゆる完全小学校である八年生まである小学校の調査を行なった。ナロック市のさらに西にあるカタカラ小学校ともっとナイロビに近いマオ地区にあるオラシティ小学校である（写真０－２）。ここは生徒数数百人の大きな学校であり、子どもの調査だけで数日かかった。学生に同行してもらい手分けして教室を回った。また、中途退学した生徒の家にも訪問した。

二〇〇五年から不完全小学校の調査を始めた。不完全小学校というのは八学年までない学校のことで、一つは学校を作る際に一年生から始めて学年進行で作る場合には七年間は不完全小学校となる。今一つの不完全小学校は三、四年生ぐらい、場合によっては一、二年生までしかない小学校のことである。学年の足りない状態で継続している小学校を私たちは「小さい学校」と名付けた。この「小さい学校」はマサイの学校の現状を典型的に表わしているのではないかと思い、調査を始めた。

現在も毎年訪れている小さい学校はイルキーク・アレ小学校である。ところが二〇一四年にドイツのライオンズクラブから一〇〇万ユーロの支援があり、完全学校になり、かつドミトリーやバスも備えた立派な小学校になっている。

しかし、私たちが詳細な調査をしていた二〇〇五－二〇〇八年はずっと三年生までとナーサリークラスしかなかった。どうして、こういう「小さな学校」があるのか、どのような役割を担っているかという疑問を持ってイルキーク・アレ小学校の調査を行なった。シマウマとかガゼル、ときにはキリンも見ることができるサバンナのなかにある学校で、校庭に二本のアカシアの大木が立っている。イルキーク・アレというのはマサイ語で二本の木という意味で、二本の大きな木は、草原の目印なのである。

生徒の家庭を訪問して主に母親のインタビューも行なった。マサイの家はマニヤッタと言って、木を組んでそこに牛の糞を貼り付けて、屋根を葺《ふ》いたものである。窓はなく、家の中は真っ暗である。虫が多いので、家のなかで火を焚いて燻《いぶ》している。そのためなかに入るとすごく煙くて、涙なしには入れない。家々で母親の話を聞くとマサイの女性の生活が分かり、また彼女らが女の子の教育に大きな期待を寄せていることを知り、胸が痛んだ。*13

写真0－2　オラシティ小学校

ラム島での調査

マサイの調査を行なっているときに、休暇を兼ねてインド洋のラム島に出かけた。ナイロビの旅行業者から勧められたのがラム島のキプンガニにあるリゾートホテルである。ホテルは期待外れであったが、近くに小学校があるというので様子を見に行った。キプンガニ小学校は、八学年のうち、途中の二学年が抜けた不思議な不完全小学校であった。集落はバジュンの人びとが住み、漁業を中心とした小さな集落である。学校は大きなバオバブの木の生えた校庭と白い萱葺きの素敵な学校であった。人びとはイスラムで子どもは小学校とイスラム学校のマドラサでも学んでいた。

マサイはキリスト教（Africa Inland Church）であるため、学校では宗教を教科として教えるが牧師も来て説教していた。同じケニアの教育制度のなかで、それぞれ異なった伝統的な生活様式を残している二つの地域で、どのように教育が行なわれているのか調べてみようと思った。また、こうした集落に三つのリゾートホテルができたことの影響にも関心を持った。こんなことを考えながら小学校からホテルまでの帰り道、ロバの背中で揺られていた。

7　アフガニスタン復興支援

大阪大学在任中に行なった今一つの仕事は、二〇〇二年から始まったアフガニスタン教育支援である。二〇〇一年九月一一日、アメリカ同時多発テロが起きた。一〇月にはその実行犯、アルカイダの本拠地アフガニスタンのタリバン政権に対するアメリカを中心とする連合軍の攻撃が行なわれた。同年一二月には、暫定政権が樹立された。アフガニスタン復興支援には日本も本格的にかかわるようになり、支援の柱の一つが教育であった。タリバンは女子の教育や女性の就業を認めなかったために女子の就学や女性教員はほぼ失われていた。

カブール

二〇〇二年四月に外務省・ＪＩＣＡの技術協力調査団が派遣され、私もその一員（教育担当）としてカブールに出張した（**写真０－３**）。当時のカブールは驚くべき状態であった。学校施設の荒廃もさることながら、教育行政組織の強化、カリキュラムや教科書の改訂、教員研修とたくさんの課題を抱えていた、女子教育の再建も含めて、日本の支援を本格化するためには短期での調査ではなく、長期に教育省に専門家を派遣することが必要だと感じた。二〇〇二年一一月から一年間教育大臣アドバイザー（ＪＩＣＡ専門家）としてカブールに滞在することになった。アフガニスタンの治安は安定しておらず、国際治安部隊やアメリカ軍が展開しているなかでの支援であることや支援額が多額なこと、当時の小泉首相のイニシャティブで行なわれたこと等、日本の国際協力にとって新たな挑戦の場であった。

カブールに滞在して驚いたことの一つは、多くの若い日本人がさまざまな機関・団体のスタッフとして活躍していたことであった。ＵＮＨＣＲ、ユニセフ、国連開発計画、世界銀行等の国際機関、ＮＧＯのスタッフも多かった。そのために当時の駒野大使のはたらきかけもあり、日本人の支援関係者の月例会合が行なわれた。また、教育分野の日本人スタッフの打ち合わせ会などが宮原公使のもとで行なわれ、各機関・団体の動向や情報の共有がされたこともこれまでにないことであった。こうして知り合うことのできた方々に声をかけてアフガニスタンの支援に関する本を編集することができた。[*14]

バーミアン調査

アフガニスタン教育省から帰国後はもう少ししっかりした教育調査を行ないたいと思い、奈良女子大学の宮坂靖子准教授（当時）や阪大の院生とともにバーミアンを中心とした学校調査や家庭調査を行なった。バーミアンはハザラジャードと言われ民族的にイスラム教シーア派のハザラの人びとの土地である。そのためタリバン時代に多くの人が難民あるいは国内避難民になった土地である。この地での人びとの暮らしや教育の状況を詳しく見るための調査である。ケニアで行なったIST法を使用して調査を行なった。バーミアンはハザラとサイードからなる複合民族地域であり、民族や性によって教育行動が異なることなどが分かった。この調査結果は院生の博士論文やいくつかの論文として発表することができた。[*15]

写真0－3　2002年最初の技術調査団とアミン教育大臣との会談（右端が内海）

8　国際緊急人道支援

アフガニスタンから帰国後、紛争や災害後の復興支援、すなわち国際緊急人道支援のあり方に関する調査や研究を進めることになった。調査地としては北部ウガンダ、東ティモール、南スーダン等である。これに関しては、本書のなかのそれぞれの章で述べることにしたい。

国際緊急人道支援における教育分野の支援に関しては、規範となるスタンダードがなかった。国際機関や国際NGO、研究者の間で組織されたINEE（Interagency Network for Emergency Education）が二〇〇四年に緊急教育支援最低基準（Minimum Standard for Emergency Education）を発表し、その日本語訳を依頼された。二〇〇四年版は大阪大学の院生と翻訳した。そして、二〇一〇年改訂版はお茶の水女子大学の学生と翻訳し、INEEのWEBに載せるとともに冊子としても発表することができた。

おわりに

ながながと述べてきたが、一九八一年にマレーシアに赴任して以来国際教育協力にかかわってきた。国際教育協力という言葉もなく、ODAの片隅でわずかに行なわれていた教育協力が国際協力の重要な分野となった三五年であった。こうしたなかでやりがいのある仕事をさせていただいたことをありがたく思っている。また、マレーシアでもアフガニスタンでも、それまでの自分の経験をすべて生かすことのできる仕事を与えられた。逆に言うと人の歩みとはそれぞれのときへの準備としてあるのだと思う。

【付記】　本稿は、二〇一一年四月一五日　第七回アフリカ教育研究フォーラム（神戸大学大学院国際協力研究科）において、お茶の水女子大学定年退官を記念して行なった講演の記録をもとに、内海成治（二〇一二）「アフリカの教育調査の10年、そしてそれ以前」『アフリカ教育研究』第二号、一－二〇頁として掲載された。今回、タイトルを変更し、加筆訂正した。

＊1　当時の農学部は学科ごとに入学するが、学科内の専攻は教養部を終えて三回生になるときに決めることになっていた。農林生物学科には応用昆虫学、実験遺伝学、応用植物学、植物病理学の四講座があった。

＊2　二〇〇二年にアフガニスタン教育省に派遣されたとき、木原先生と当時のアフガニスタン教育大臣が歓談する写真の載ったパンフレットを手にしたことがある。

＊3　寺田寅彦（一九三二）「映画芸術」小宮豊隆編（一九九三）『寺田寅彦随筆集第三巻』岩波文庫ワイド版、二〇一－二三八頁。

＊4　UTSUMI Seiji（1983）"The Videodisc : It's Possibility as an Educational Media," *Journal of Science & Mathematics Education in S.E.Asia*, vol.6, no.1, pp.41–46.

＊5　UTSUMI Seiji（1982）*ETV Handbook : A Training Manual on ETV Production for Teachers & Educators*, SEAMEO-Regional Centre for Education in Science and Mathematics（RESCAM）.

＊6　内海成治・久保田賢一（一九八七）「受入研修におけるカリキュラム開発」『国際協力研究』三巻二号、九三－一〇五頁。UTSUMI Seiji & KUBOTA Kenichi（1988）"Curriculum Development for Group Training Courses in Japan," *Technology and Development*, vol.1, no.1, pp.103–115. 内海成治（一九八九）「技術協力における教育メディア選択の課題」『国際協力研究』第五巻第一号、四一－五四頁。

＊7　内海成治（一九九三）『教育メディア開発論――国際協力と教育メディア』北泉社。

＊8　内海成治（一九九七）『トルコの春、マヤの子どもたち――国際教育協力の現場から』北泉社。

＊9　ＪＩＣＡ（一九九四）『開発と教育援助研究会報告書』ＪＩＣＡ国際協力総合研修所。

＊10　内海成治（一九九七）「ホンジュラスの教育事情」内海成治『トルコの春、マヤの子どもたち――国際教育協力の現場から』北泉社、二六六－二七一頁。

＊11　内海成治（一九九七）「マヤの子どもたち――グアテマラにて」、「マヤ女子教育プロジェクト――グアテマラ再訪」内海成治『トルコの春、マヤの子どもたち――国際教育協力の現場から』北泉社、二四二－二四六頁および二七二－二七七頁。

＊12　Carr-Hill, R. & E. Peart（2005）*The Education of Nomadic Peoples in East Africa : Review of Relevant Literature*, UNESCO Publishing. Carr-Hill, R. et al.（2005）*The Education of Nomadic Peoples in East Africa : Synthesis Report*, UNESCO Publishing.

＊13 マサイの調査に関しては、『アフリカ教育研究』第六号（二〇一六）に文献リストを含めた紹介が特集論文として掲載されている。

＊14 内海成治編（二〇〇四）『アフガニスタン戦後復興支援――日本人の新しい国際協力』昭和堂。

＊15 景平義文・岡野恭子・宮坂靖子・内海成治（二〇〇七）「紛争後のアフガニスタンにおける教育の課題に関する研究――バーミヤン州ドゥカニ地域の事例より」『国際教育協力論集』第一〇巻二号、一―一四頁。

第Ⅰ部　伝統的社会と近代教育の位相——ケニア——

第Ⅰ部は伝統的社会と近代教育の位相と題して、アフリカの伝統的生活様式を色濃く残している社会にあって近代教育システムがどのように受け入れられているか、あるいは教育システムがどのように変容しているかを考える。こうした問題意識を持って二〇〇〇年からケニアのマサイとスワヒリ地域の学校の調査を行なってきた。

はじめに取り組んだのはナロック県の小学校で、そこで採用した調査法がIST法という手法であった。これは全校生徒のインタビューを複数年行なうことで、進級、落第、退学を明確に跡づけることと、校長・教師へのインタビューや生徒の家庭訪問を組み合わせて、生徒の動向を重層的に理解しようとする方法である。上記の課題を検討するためには、学校の精密な進級構造を調べることとその深い理解が必要だと考えたからである。

また、小学校を中途退学したマサイの女性を継続的に訪れ、その後の生活を知ることで、学校教育の意味について考えた。

このIST法を使って同じケニアのラム島の調査も行なった。同じ教育システムのもとで異なる民族がどのような対応をしているかの比較研究を目指した。同時に同じマサイでもタンザニアのマサイの教育についても予備調査を行なったが、これは継続することができなかった。

ここにまとめた論考は、さまざまな機会に発表した文章であり、論旨が重複しているところも多いが、その章だけを取ってもある程度理解できるようにとあえてそのままにした。

第1章　アフリカ教育調査考

はじめに

生物学の世界には、「アウグスト・クローグの原則」という、聞き慣れない法則がある。これは研究にはもっとも適した対象があるという原則のことで、逆に最適な研究対象があるからその研究が進むことを意味している。たとえば、小麦は細胞遺伝学研究に大変有効で大きな成果を上げたのである。こうした法則がアフリカの教育研究、それもフィールドワークを主体とする研究に当てはめることが可能かを考えてみたい。

しかし、自然科学と社会科学は同じように科学的研究方法を使うとはいえ対象の選定や研究態度に大きな違いがあり、こうした原則から大きく逸脱しているであろう。そこで、ここでは生物学で有効な原則がどうして社会科学の世界ではうまくいかないのかを、アフリカでの教育調査を例として検討したいのである。これを考えるための素材は自分自身の研究領域しかないので、はじめに自分のフィールド調査について述べてから本題に入ることにしたい。

1　ナイロビにて

一九八八年、私は国際協力事業団（当時）ＪＩＣＡケニア園芸プロジェクトの短期専門家として一か月半ほどナイロビと少し北のティカに滞在した。はじめてのアフリカでの仕事だったと思う。園芸プロジェクトは農家にマカデミアナッツの栽培を普及することを目指しており、栽培法の視聴覚教材の作成が仕事であった。これを手始めにアフリカのいくつかの国を訪れたが、それぞれマンデートのある派遣であり、基礎調査や評価、あるいはプロジェクト立ち上げのための資料を作成するのが仕事であった。

その後、ＪＩＣＡから大学に移って五年目の二〇〇〇年六月一日から九月三〇日にかけての四か月間、日本学術振興会（ＪＳＰＳ）ナイロビ研究連絡センター所長として滞在することを許された。一年まで滞在可能なのであるが、大学での仕事もあり、夏休みを入れての四か月間ということにしてもらった。私は講義や学生の指導に不熱心な教授であったが、やはりいろいろ気にしていたようだ。そのときの仕事は、ナイロビ研究連絡センターを訪れる研究者のお世話で、駐在員のＭ君が長期で滞在していたため、時間があれば自分の研究をしてもよいということであった。五〇歳を過ぎてはじめて得た海外で自分の研究をする時間である。なんとか、年来の念願である国際教育協力にかかるフィールド調査をしようと考えたのである。

これまでの案件形成やプロジェクト評価の調査ではスケジュールを消化しながら、プロジェクトのメニューを考え報告書の内容に沿って調査をするのである。調査には専門家と言われる大学の教員なども同行することもあるが、もともと日本には開発途上国の教育開発政策に詳しい専門家はごくわずかであった。私自身も教育開発にかかるフィールドワークというのは考えにくかった。

しかし、国際教育協力が開発途上国の子どもの未来にかかわることであるならば、子どもの学びのニーズに即したものでなくてはならない。そのためには子どもの生活を探る必要がある。いったい、私たちが普及を目指している近代教育システムは子どものニーズを充足していると言えるのであろうか。これまでの国際教育協力にかかわる調査は到底この疑問に答えているとは言えないであろう。子どものニーズを探るには、子どものいる場所で、子どもと向かい合っての調査が必要である。また、学校や家庭に出かけて行って、実際に子どもと出会うこと、すなわち教育のフィールドに出かけねばならない。

ナイロビの研究連絡センターはアフリカをフィールドとする多様な研究者が立ち寄るところである。研究者や学生がここに立ち寄るのは、センターで研究者の車や機材を預かっていること、ケニアの調査許可証取得の事務を行なっていること、あるいは情報収集のためである。人類学、霊長類学、動物学、昆虫学、植物学、言語学、社会学、地質学、政治学、経済学等々、日本とアフリカのさまざまな分野の研究者や学生と知り合い、話すことができた。そんななかで国際教育協力における調査を行なうのにどのようなフィールドと調査方法がよいのかを考えた。

2　アウグスト・クローグの原則

アウグスト・クローグ（A. Krogh、一八七四－一九四九）は骨格筋における毛細血管の制御機構の研究で一九二〇年にノーベル生理医学賞を受賞したデンマークの動物生理学者である。コペンハーゲンには彼の名を冠した研究所があるという。彼は『生理学の進歩』（一九二九年）のなかで次のように述べている。「研究にはその研究に適した実験動物の選択が非常に重要である。私の恩師であるボーア[*1]は、片肺だけのガス交換を測定する方法を考案したが、その研究の過程で、彼はある種のカメでは、気管が頸部で2本の気管支に分かれていることを発見した。私どもは「このカメは呼吸生理学の研究のために創造された動物である」というジョークをしばしば言い合っていた。私は疑いもなくカメと同じように、生理学における特定の研究のために〝創造〟された多数の動物が存在すると信じている。ただ、そのような動物の大多数は未知であって、そのような動物の発見と入手を動物学者にお願いしなければならない」。彼のこの言葉は、クエン酸回路の発見で有名な生化学者のクレブス（H. A. Krebs、一九〇〇－一九八一）の「アウグスト・クローグの原則――研究には最適な動物が存在する」という論文によって有名になった。[*2]

これまでの話は山口恒夫（二〇〇〇）の『ザリガニはなぜハサミをふるうのか――生きものの共通原理を探る』（中公新書）の五三頁以下に出ている話である。ある研究に最適な素材というものは確かにあるし、またそうした素材があることによりその分野の研究が急速に進むことがある。クレブスはなぜこのような論文を書いたのか。クレブスがクエン酸回路（クレブス回路）の研究を行なったのはハトの胸筋細胞に含まれるミトコンドリアである。そのミトコンドリアは他の動物のものと比べて強靭で実験操作によっても容易に壊れないのである。クレブスはこのハトをクエン酸回路研究のために与えられた動物であると考えたのであろう。

私はかつてあるビール会社の研究所に勤務して、酵母の研究をしていた。酵母は単細胞植物であるが、核と染色体を持つ高等植物であり、核酸そのものを取り出すことが難しく分子遺伝学の材料としては適当ではない。それでも、私はビール会社の研究員であるから酵母を材料として細胞遺伝学的研究に従事していたのである。ところが一九七〇年ごろに、蛋白質合成にかかる転換ＲＮＡが酵母から抽出され、これまで健康薬品や牛の飼料にしていた酵母粕が研究用に大量に求められるようになって驚いたことがある。

このように生物学の世界で有効と思われるアウグスト・クローグの原則は、私たちの課題であるアフリカの教育研究に当てはめることができるであろうか。

3　アフリカの教育について

一九八〇年代から九〇年代のアフリカの教育に関する言説は、教育による国家の統合論と同時に、近代教育の不平等なアクセスによる国家内の民族の分断、あるいは教育の普及はかえってアフリカの矛盾を強めているという二つの論が共存していた。たとえば、一九九二年に出版された日野舜也編『アフリカの21世紀第2巻　アフリカの文化と社会』（勁草書房）のなかにもそれはうかがえる。日野は次のように指摘している。

異なる言語を話し、習慣や考え方を異にし、かつそういう差異を互いに容認し合って共生社会をつくりあげてきた、多くの諸部族集団を内部にかかえつつ、かつ強力に国民的合意を結集させるということは極めて難事である。国民意識を作りあげるのに最も必要な基礎条件は、やはり教育である。（日野　一九九二、二四八頁）

ここでは多様な民族集団から構成されているサブサハラアフリカにおいて国民的意識を創成するには教育が必要であるとしている。教育による国家統合論である。一方で、同じ本のなかで「アフリカの教育」を担当した小馬徹はその最後の部分で、アフリカにおける人口爆発は科学技術教育の直接的な結果の一つであると批判し、さらに次のように指摘する。

アフリカ各国が、今迫られているのは、「大衆の水増し教育」かそれとも少数のエリート教育かという報われることの少ない二者択一である。この二者択一は、実は、土地を初めとする生産手段及び所得の公平な分配を果たして実現できるのか、さもなければ、このまま新西欧主義路線を突き進んで、学無き大衆と少数のエリートからなる「二つの国民」化を容認するのかの政治的選択にも繋がっている。

アフリカの独立と発展の申し子として、祝福を受けて生を受け、機能主義的教育観という温かな産着にくるまれ、慈まれて育ってきたアフリカの教育は、今や、はっきりと鬼っ子の相貌を呈し始めた。未成熟のままでも成長を止めず、圧し潰さんばかりに重みを増してくる背中の愛児を振返る、母なる「国民国家」の眼差しには、漸

く困惑と懐疑の色が混じり始めている。（小馬 一九九二、一八五−一八六頁）

このように小馬は、近代教育は学なき大衆と少数のエリートを作り、国家の分断、さらには不安定化を導くという近代教育の失敗論を色濃く反映した論調に終始している。こうした近代教育に関する否定的な意見は開発経済学からも指摘されている（たとえばトダロ『開発経済学』）。

こうした近代教育に対する批判的意見は、ロナルド・ドーア（一九七八）の学歴病批判と同様、アフリカの教育の現状に対する反応の一つである。[*3] これは近代教育への期待が大きく、多大な投資や支援が教育に投入されているにもかかわらず、経済発展、民族融和、民主的政治体制が構築されないことに対する不満あるいは不安の表われであろう。

国際教育協力の課題はＥＦＡ（Education for All）であり、近代教育システムを世界の隅々まで行きわたらせることが主要な目的とされている。[*4] そのため教育の普及が困難な地域で、近代教育の普及を阻害する要因を明確にすることが課題であった。アフリカで教育が普及していないのは伝統的社会と都市貧困地域である。それぞれの地域・社会はアフリカに限らず世界の各地に存在している。ただ、アフリカには遊牧民・牧畜民が多く、また都市貧困地域も大きく、教育の課題もこうした地域や民族に集中しているのである。

二〇〇〇年のＪＳＰＳナイロビ研究連絡センターに赴任してすぐに、ダルエスサラームに出張する機会があり、当時のシェラトンホテルに宿泊した。ナイロビと比べるとダルエスサラームはとても暑い。少し時間があったので、さっそくプールに出かけた。シェラトンホテルは市内にあるにもかかわらずリゾートホテルとしての機能も有しているのであろう、そこのプールは縁のでこぼこした変形プールで、泳ぐのには向かないけれども、プールサイドでゆったりするのには楽しそうなプールであった。そこで、プールサイドの椅子に寝転んで、青い空と白い雲を見るともなく見ていた。そのとき、本来水泳のために考えられたプールが目的によっていろいろな形になるのだなと気が付いた。であるならば、近代教育システムという形式も、それぞれの地域や子どものニーズによっていろいろに変わっているのではないか、あるいは、一つの教育システムをいろいろな思いで使っているのではないかと考えたのである。つまり、伝統的社会の教育ニーズは何なのか、伝統的社会における近代教育システムの形はどのようなものであるのか、近代教育システムは伝統的社会にあってはどのようなものとして機能しているのか。こうしたことを明確にすることが必要だと思った。

そこで、調査のテーマを「伝統的社会と近代教育の位相」と仮に名付けた。近代教育システムが伝統的生活様式を色濃く残している社会においてどのように受け入れられているか、受け入れられていないのか。逆に近代教育システムが伝統的社会に生きる人びとと子どものニーズや生活に対してどのような配慮を行なっているのかを探ってはどうかと考えた。

このような調査を行なうのにどのような調査方法を採用し、ケニアのどこを選べばよいのであろうか。それも四か月の短期間、資金はない、使える人数も非常に限られている。使えるのは時々訪ねてくる私のゼミの学生のみという条件である。

4　なぜマサイなのか

ケニアで伝統的社会を探すとなるとどこがいいのだろうか。ケニアには伝統的な生活様式を強く維持している民族が数多くある。北のトルカナ、レンディーレ、中部のサンブル、東のソマリ等々である。しかし、私はどうしてもマサイの村を訪ねたいと思ったのである。それを触発させたのは、大学生のときに読んだ伊谷純一郎の『ゴリラとピグミーの森』のなかの次の文章ではないかと思う。この本のなかのマサイに触れた部分が強く印象に残っていたのである。この部分は伊谷がナイロビからアルーシャへのバス旅行の際の記録のなかにある。

南下するにしたがって、マサイが姿をあらわしはじめる。長身の槍を持ち、痩身に赤土色の布ひとつまとった原野の牧民、文明にそっぽを向いた連中だ。未婚の男は、ちょんまげのようなものを頭にゆい、赤土と脂をねったものを顔にぬっている。女は頭をくりくりにそり、首のまわりにドーナツを平たくしたような、赤、黒、黄、青、白などのビーズ玉でつづった首輪を、二重にも三重にもはめている。細長いひょうたんに水を入れて、かれらは、この焼けただれたような原野を、ウシとヒツジの群れを追い、ロバの背にわずかの荷物をのせて、飄々とさまよっている。（伊谷 一九六一、一六－一七頁）

かれらは、ハムの血をひいた美しい目鼻立ちをもっている。もともとは、エチオピア高原の方からウシを連れて南下し、このあたりに住みつた連中の子孫だ。（同書、一八頁）

それにしても、マサイを見ていると、文化の根づよさといったものを、つくづくと感じさせられる。彼らのなわばりの中に、高速道路ができ、文明の象徴ともいうべき高級車が、ものすごいスピードで走ってゆく。にもかかわらず、かれらがこの西欧文明から吸収したものといえば、たまたま事故をおこして捨てられた自動車の、古タイヤを切り取って作ったサンダルくらいのものなのだ。マサイも、いまではおそらく、ウシの乳と血だけで生活しているようなことはないであろう。しかしいまでも、牛糞でかためた背の低いにわか作りの家に住み、ウシの群れとともに荒れ果てた原野を彷徨するという基本的な生活の様式を変えようとしないのだ。ケニアの南の動物保護区をマサイに返したところが、わずか二～三年で、そこのライオンをことごとく殺してしまった、という話を聞いた。何千年来のこの未開な生活の中に、かれらはなにものにも替えがたい、かれらなりの誇りをもっているのだろう。（同書、一九頁）

短く歯切れのよい文章を積み上げていくヘミングウェイの文体を参考にして書いたといわれている伊谷純一郎の初期の作品である。[*5] 今から見ると若干勇み足とも思える記述もあるが、その文体も相まって若い私の想像を掻き立てるのには十分であった。

センターを訪れる日本の人類学の研究者に聞いてみると、現在マサイを研究対象としている人はほとんどいないという。つまり、マサイ自体の研究は過去のものということである。アンボセリ国立公園周辺のマサイを対象として、象とマサイの関係をテーマとしている研究が行なわれている。しかし、アフリカを対象とした人類学あるいは社会学の研究者で教育をテーマとしているケースはほとんど見られないのである。特に教育をテーマとして伝統的社会でのフィールドワークが行なわれていないことが分かった。

マサイの教育に関する研究としては、ホランド（Holand）の「Horns of Dilemma」がナロックの奥のレメクとロイタでの調査をもとに、カナダのマギール大学の博士論文として提出したものが出版されていた。これをナイロビ大学のブックショップで手に入れた。彼の研究はナロックの二つの地域での成人の面談による教育歴や教育観の調査である。それによると、マサイにとって近代教育はマサイの文化に対して悪い影響を与えるものと見られており、マサイは近代教育に敵対的であると結論付けていた。

また、マサイの教育に関して、小馬（一九九二）は前掲書のなかで以下のように指摘している。

独立後、ケニア政府によって、マサイの土地のうち比較的降雨量の多い地域で、家畜牧場化と換金作物の導入に伴う土地私有化が試みられた。同時にそこに、寄宿制の中学校（引用者注――中等学校）が設立された。それは、最僻地の新設校であるから、小学校修了試験の成績が劣悪でも入学できるので、マサイではなく農耕民族や農牧民族の子弟が競って入学する結果になってしまった。結局彼等が卒業後定住して、政府の開発計画の担い手となった。（一八〇頁）

ケニア政府による定住化政策は二〇〇〇年以降かなり強くなり、私たちの調査地の周辺でも、土地の私有化が進み、これまでの共有地が有刺鉄線によって囲い込まれている。私たちのインフォーマントの一人であるマサイの教師は三〇エーカーの私有地を所有し、トウモロコシや豆を栽培している。

新設中等学校には、ここに指摘されているような現象は私の知る限りでは見ることができない。僻地に作られた中等学校は教育水準が低いため、高等教育への資格試験であるＫＣＳＥ（ケニア中等教育資格）においてよい成績が期待できない。結局中等学校を中退するか、高等教育機関に行けないために職に就けないケースが多い。そのため、農耕民族の家庭は優秀校への選好が強く、僻地の新設校にはマサイが進学するのである。逆にマサイの地域の小学校に他の民族が転入・編入して、国立中等学校への割り当て制を利用して低いＫＣＰＥの成績でも質の高い国立中等学校等へ行くことを目指すのである。

また、小馬は、マサイの教育の課題についてケニヤッタ大学のシフナ（D. N. Sifuna）の論文をもとに次のように指摘している。

マサイの不幸は、ケニア政府が策定した農耕＝定住民の価値観に基づく開発計画を一方的に押し付けられたことにある。シフナは、マサイの社会・文化的な「移行」そのものが自己目的化されてはならず、「移行」はあくまでもマサイ社会の内的発展の手段であるべきだと主張する。[*6] 彼は、乾燥地帯に学校を建てることは必要だが、その学校には学力の如何を問わないでマサイだけを入学させるという例外的措置を講じるべきであって、学校における「国民統合」をここで強要してはならない、と述べている。国民国家の実質化をめざすこの錦の御旗は、農耕民と共に定住化したごく少数のマサイが、広大な土地を蚕食して、大多数のマサイを一層追い詰める口実として使われうるからである。（小馬　一九九二、一八〇頁）

また、日野（一九九二）はアフリカの近代化を、伝統的部族本位制社会から国民本位制社会への移行であるが、新たな社会は伝統的部族本位制の諸システムが機能しており併存していると言う。

> アフリカの伝統的部族本位制社会は、くりかえすが、部族というものを中心に据えて、自己の帰属意識も、他者を分類する基準も、それに従って行こうという社会である。現在の多くの独立国民社会の中でも、多くの人びとは、自分がタンザニア人であることよりは、自分がチャガである、マーサイ《（ママ）》であるという意識が、建て前ではともかく、心の中では今のところまだ優先していることを読み取れる。二つの国に二分されたタンガニィカマーサイと、ケニアマーサイにとっては、マーサイは同族であり、二つの別の国民であることは二の次である。（日野一九九二、二四九－二五〇頁）

このような、教育とマサイをめぐるいくつかの指摘はあるのであるが、実際にマサイランドにおける学校の状況がどうなっているのかは、先のホランドやシフナを含めて日本の研究者もほとんど触れていないのである。それゆえ、私たちがこの時点で近代教育とマサイの関係を実際の学校をフィールドとして調査することに意味があるのではないかと考えた。というか、マサイこそ伝統的社会における近代教育の受容を考えるのにふさわしい対象と思えたのである。

5　マサイの小学校調査

二〇〇〇年以来のナロック県のマサイの小学校での調査に関してはこれまでいくつかの論文にまとめているので、

ここではその調査結果よりも、こうした調査を通じて何を感じたかを述べることにしたい。[*7]

マサイの小学校の調査にあたって、国や州、地域の学校データも収集するが、ともかく実際の学校や子どもの状況を把握することを心がけた。そのため、多くの学校を調査するよりも少数の学校の全生徒を時間をかけて調査することを選んだ。子どもの進級、落第、中途退学を調べて精密な進級構造分析を行ない、また教師や家庭のインタビューにより教育ニーズを把握することを目指した。ある学校の全在籍生徒を複数年にわたって個別にインタビューしてその動向を把握する方法をIndividual Students Tracing Method（IST法、個別生徒追跡法）と名付けた。はじめは、ナロック県のなかで優秀校と底辺校を一校ずつ選んで、二校で開始した。そのうちの一校は現在まで調査を続けている。また数年前からは、八学年までない学校、いわゆる不完全小学校を選んで調査を行なった。

IST法によるデータから、フローダイアグラムを作成し、さらにある年を基準として、ある学年に在籍している生徒一人ひとりの進級状況を表わす個別生徒フローダイアグラムを作成した。こうした分析を通して、ナロックのこの地区のマサイの小学校の特徴として分かってきたことは次の点である。

①小学校（ナーサリーを含む）で中途退学と留年（リピート）が非常に多い。教育省では無償化以後、落第を禁止しているというが、実際には多くの生徒が落第し、また中途退学している。ただ、中途退学に関しては、一つの学校を中心とした調査では転校が十分把握できないために、不正確である。この点は生徒の追跡調査を行なう必要がある。

②五年生生き残り仮説。カリキュラムの進度や教育言語の対応が小学校の前半と後半で異なるために、五年生まで進級すると、中途退学は少なくなる。

③リピートの要因。落第の要因は多様であるが、これまでの調査でもっとも多いと思われるのは欠席による低学力である。学力は学期末と学年末に地区別に実施される試験の成績で判断される。テストの成績には英語力が大き

な要因を占めている。経済的要因、すなわち現金がないという理由は、無償化されていないユニフォームや靴などが購入できないことを意味している。欠席の原因は、子どもの家庭内での労働力（老人や幼い子のケア、水汲みなど）や小獣（ヤギと羊）の世話を優先するためである。また、中等学校に進学すると経費がかかるため卒業試験を回避して進学を遅らせるケースもある。

④中退の要因。割礼、労働、妊娠・出産、結婚、家の移動、親の離婚、死別等の家庭や子どもの要因、教員忌避という学校側の要因もある。

また、個別生徒フローダイアグラムから分かってきたことは次の点である。

①生徒をマージナル・グループ（中退あるいはリピートを繰り返す）、コア・グループ（順調に進級）、中間グループ（リピートしながら進級）として分類し同定することができる。

②学校全体でのそれぞれのグループの割合を出すことができる。

③調査したある小学校ではコア・グループ二〇％、中間グループ五〇％、マージナル・グループ三〇％であった。このコア・グループ二〇％は、他の学校の調査からも、リピート経験者が七〇から八〇％程度であることから、妥当性のある数字と考えられる。

④個々の生徒のリピートや進級の原因は、それぞれ個性的であり一概に原因をまとめることは難しい。

こうした調査の結果、現在、考えているとりあえずの結論は次の通りである。マサイの社会は伝統的な生活様式や価値観を保持しているという点では強靭である。同時に生業である牧畜が旱魃《かんばつ》や疫病によって大きな被害を受けること、牧畜の基盤である共有地が私有化によって狭隘になっていること等によって危機的な状況にあることなどから脆弱さを併せ持った社会であると思う。一方、独立後に導入されたケニアの近代教育は数度の改革が行なわれてきたにもかかわらず、国の定める全国一律の教育システムとシラバス、厳格な卒業試験制度、教師中心の教授法、テストによる進級制度など不寛容で柔軟性に欠けている。それゆえ、マサイの社会とケニアの教育システムは固い木をすり合わせたようにさまざまな軋みを生じており、子どもはこの軋みのなかで切り裂かれている。また、マサイの社会は、いやケニアの社会と言ってもよいと思うが、多くの問題を抱えている子どもの生活を保障し、その人権を守るソーシャルネットが極めて不完全である。そのため、学校と教師は、たとえ十分ではなくても子どもの保護に関しては大きな意味を持つ。私たちは子どもの家庭の事情も含めて教師から極めて正確な情報を得ることが多い。実際に教師は子どものさまざまな問題を子どもの側に立って意見を言うことが多いのである。私たちは、調査を通して、学校と教師が子どものソーシャルセキュリティの最低限の保障を担っているという新たな側面、すなわち学校の多様で複合的な役割が見えてきたのである。

また、かつてのようにマサイの社会が近代教育に敵対的であるということは感じられない。これは小馬やホランドが間違っていたのではなく、今世紀に入ってマサイの、いや伝統的社会の近代教育に対する見方が大きく変わってきたのではないかと思われる。すなわち、先に述べたようにすべての子どもに教育をというEFAの目標は、現実に追い越されてしまったのではないか。

本来EFAのためには伝統的社会が近代教育の重要性を理解し、同時に教育システムが人びとや子どもが受け入れやすい形に変化することを求めていたはずである。実際にはグローバル化の波に飲み込まれるかのように、伝統的社会も教育システムを受け入れざるを得なくなった。しかし、近代教育システムは受け入れられたことによってこれまで以上に厳格に運用されるようになってきている。そのため、ソーシャルネットの不十分な社会で学校と教師は教育の担い手であると同時に子どもの保護という子どもと社会をつなぐ役割を担うことになったと思われる。

こうした認識に立つと、これまでの国際教育協力のあり方は根本的な変革を迫られていると思うのであるが、これはまた別の論点である。

6　とりあえずの結論

さて、こうした論点を検討すると、「アウグスト・クローグの原則」はアフリカの教育研究には適用できないことは明らかである。その理由は二つあると思う。一つは私たちが対象としているアフリカの教育は動的なものだからである。ある局面を裁断してその構造を見ただけでは、あまり意味がない。事態は常に動いている。それゆえにある瞬間の構造は、次の構造への前提、つまり、条件あるいはベクトルでしかないのである。これは社会科学の宿命である。しかし、だからこそその分析は必要であり、やりがいがあるとも言える。つまり、アフリカの教育研究には未来を予測することが含まれているからである。

二つ目はフィールドワークの持つ臨床的側面である。ミッシェル・フーコーに『臨床医学の誕生』という著作がある。フーコーの言わんとすることは私には十分に理解できないので、この著作を含めてフーコーの邦訳や解説を書いた神谷美恵子の文章を引用する。

初期の臨床では、医師はいわばこの図表（引用者注――疾患を平面図におとしたもの）を頭に入れて患者に接した。患者においては認められる症状をこの図表に照らしあわせ、その座標によって症状の位置を決定（ルペレー）することができれば、その症状はそのまま病徴（シーニュ）となり、患者の病気がなんであるかを物語る記号（シーニュ）となる。この場合、患者は病を担う偶発事項にすぎず、まなざしは個人というものを知覚する構造を持っていなかった。この時期の臨床を、フーコーは真の意味のクリニクとは考えていない。真のクリニクとは、のちに完成するような、複雑なまなざしの構造を持ち、しかも病床の傍で師と弟子とがともに真実を探求すると

いう教育のかたちをも備えたもの、とする。(神谷 一九七二、五〇頁)

フィールドワークとは対象の傍らに立つことである。それは、自らが保持している図表に対象を当てはめることではなく、自らが学ぶことである。それは医学の特徴ではなく対象が人間や社会であるあらゆる科学の持つ特徴であろう。それゆえに、アフリカでのフィールドワークを中心とした教育研究は、「アウグスト・クローグの原則」が当てはまらないのである。

私自身この長年のケニアでの教育調査から実に多くのことを学んだ。しかし、こうした学びも常に新たな相貌を示して、私を驚かすのである。そして、考え方を根底から覆されてしまうのである。調査の方法が未熟だからだとの指摘もうなずけるのであるが、それ以上に事態が大きく変化しているのだと思う。ある意味では、教育がグローバル化している現代は、人類のこれまで経験しなかった新しい事態を生み出しているからではないかと思う。それがアフリカに集中的にそして象徴的に実現しているのではないかとも感じている。

【付記】 本稿は、内海成治(二〇一〇)「「アウグスト・クローグの原則」はアフリカのフィールドワークに適用可能か」『アフリカ教育研究』第一号、一-一一頁として発表されたもののタイトルを変更し、加筆修正したものである。

＊1 C. Bohr(一八五五-一九〇一)、物理学者ニール・ボーアの父。
＊2 一九五三年に細胞の物質代謝の研究でノーベル生理医学賞を受賞した。
＊3 R・N・ドーア(一九七八)『学歴社会——新しい文明病』岩波書店。
＊4 この思いはケニアでの調査を進めてゆくなかで大きく変わっていくことになるのであるが、当時はそう思っていた。
＊5 齊藤清明氏(京大山岳部OB、毎日新聞社、総合地球環境学研究所教授を歴任)のご教唆による。ヘミングウェイのどの小説を参考にしたのか分からないが、その特徴のよく出ている「武器よさらば」の終わりの部分、主人公のヘンリーの恋人

キャサリンが死産のあと出血が止まらずそのまま死に、その病室に入る場面を引用してみよう。「「いや、入る」とぼくは言った。「まだ入ることはできません」「おまえが出ていけ」とぼくは言った。「もう一人もだ」だが、かれらを外に出してドアを閉め電気を消したものの、何の役にも立たなかった。それは彫像にさよならを言うのに似ていた。しばらくしてぼくは部屋を出て、病院を後にし、街の中を歩いてホテルへ戻った」。

＊6　こうした主張を行なっているシフナの論文は次のものである。Sifuna, D. N. (1984) *Indigenous Education and Development: The Kajiado Example*, Institute of African Studies, University of Nairobi.

＊7　内海成治・高橋真央・澤村信英（二〇〇〇）「国際教育協力における調査手法に関する一考察――ＩＳＴ法によるケニア調査をめぐって」『国際教育協力論集』三巻二号、七九－九六頁。澤村信英・山本伸二・高橋真央・内海成治（二〇〇三）「ケニア初等学校生徒の進級構造――留年と中途退学の実態」『国際開発研究』一二巻二号、九七－一一〇頁。内海成治（二〇〇三）「国際教育協力における調査手法」澤村信英編『アフリカの開発と教育――人間の安全保障をめざす国際教育協力』明石書店、五九－八一頁。内海成治（二〇〇七）「開発途上国の教育を考える」小泉潤二・志水宏吉編『実践的研究のすすめ――人間科学のリアリティ』有斐閣、二六七－二六九頁。

第2章

二〇〇〇年のケニア・ナロック調査報告

——カタカラ小学校の事例

はじめに

二〇〇〇年の七月と九月にケニア南西部ナロック県の二つの小学校を調査した。調査の目的はケニアにおける近代教育システムが地域社会のなかにどのように組み込まれているか、また逆に導入された学校教育が地域社会にどのような影響を与えているかを探ることである。

ナロック県は、南はタンザニアに接し、東隣のカジヤド県とともにケニア内のマサイの居住地域（マサイランド）である。調査した二つの小学校の生徒はほとんどがマサイである（マサイ以外は教師の子どもが多い）。マサイは遊牧を生業とし、伝統的生活様式を色濃く残している人びとである。このマサイの社会にもケニア独立以来、近代教育システムが導入された。

ある社会はそれが社会の成立の要件として伝統的な教育システムを持っている。そこに近代教育システムが導入されると、それは伝統的教育システムと併存し、重層的構造をとることになる。近代教育システムの導入は地域社会と伝統的教育システムに大きな影響を与えるが、逆に近代教育システムとしての学校もその理念型とは大きく異なったものとなる。たとえば、同一年齢の子どもが一つの学年を構成すること、男女の数がほぼ同数であることなどは、ナロックの小学校には当てはまらない。また、近代教育システムも一つの文化であるから、それが伝統的な社会に与える影響も文化的な諸相に及んでいるはずである。学校の存在自体とそれが与える知識は人びとの世界観や人生、時間や空間の構造に大きな影響を与えているのではないか。

近代教育システムは、すべての子どもが識字や計算の基礎を学習し、市民としての態度を育成し、社会に参加する基礎を形成することを目指している。しかしそのあり方は、理念とは遠く外れ、就学率は不十分で、特に女子の就学率が低く、中途退学者が多い、教育の質は低く、最終学年においても読み書きの不充分な子どもがいる等々、さまざまな問題が指摘されている。近代教育システムの歪みは、それが生まれた西欧社会の土壌と異なる地域に導入されることによって引き起こされる構造的なものである。それゆえに、この調査は伝統的社会のなかに導入された近代教育システムの構造的変化を解明しようとする試みと言うこともできるであろう。

開発途上国の教育の状況がどうであろうと、その地域の子どもは家庭、近代的教育システム、伝統的教育システムの三つの相を通して学び、成長しているのである。そのなかで育つ子どもの姿を明確にし、子どもの生活を、そしてその成長を豊かなものにすることが、国際協力の原点であり、国際教育協力の目指すところである。それゆえに子どもを中心としてある社会における教育システムの構造的解明は不可欠な要請である。

これまで、こうした地域社会の教育と近代教育システムの構造的解明を目的とした教育学的調査研究は少なくともアフリカでは目にしていない。それゆえに私たちは、調査手法そのものの開発を行ない、その実践によって子どもの成長に焦点を当てた教育システムの構造的解明の糸口を摑むことを試みたのである。

西洋近代社会が公教育を基本とした近代教育システムとしての学校制度を生み出し、一方で伝統的社会には伝統的教育システムが内包されている。マサイ等の東アフリカの遊牧畜民は集団での割礼による「年齢組」が教育システムとして機能している（Sankan, S. S. 1971）。こうした伝統的社会に導入された近代教育システムは伝統的社会やその教育システムの影響を受けて歪み、同時に近代教育システムの影響を受けて、伝統的社会やその教育システムも変形する。たとえば割礼、特に女子の割礼は学校の休みの時期（ケニアの場合には一二月）に行なわれるようになってきている。

こうしたなかで子どもは家庭と二つの教育システムという三つの頂点を持つ三角形のなかで活動する。子どもは「ユニフォームの世界」（学校）と「ビーズの世界」（伝統的教育システム）を往復しているのである。

ここでは近代教育システムとして小学校を、地域社会としてマサイのコミュニティを取り上げる。近代教育システムは就学前教育、小学校、中等学校（日本の高等学校にあたる）、高等教育までを含んでいるが、今回の調査ではナーサリーを含む八年制の小学校が対象である。

1 調査の背景

今回の調査に先立って、一九九八年七月から八月にかけて、ナイロビ、キシイ、マクエニ、カジヤドの四つの県で小学校と中等学校の調査を行なった。その際の目的は、教師行動の分析、特にフランダース法[*1]を使用した授業におけるコミュニケーション分析によって授業の特徴を明らかにすることであった。そのため、授業のビデオ収録と校長への半構造的インタビュー、教師アンケート等を行なった。その結果明らかになったことは、教師の意図としては生徒の活動を中心とした授業展開を目指しているにもかかわらず、実際の授業は教師中心であり、生徒の活動は断片的であった。つまり、授業内容はプログラム学習的に細かく段階化され、教師の質問はナローで、質問に対して生徒が集団的に応答する場合が多い。それゆえ授業は教師と生徒が活発にコミュニケーションしているように見えるが、実は教師の強いコントロールのもとに生徒が動かされているのである。この原因には、教師教育と試験制度が大きな影響を及ぼしている（内海成治 一九九八）。

カジヤドではこうした調査の他に小学校の生徒のアンケートを行なった。カジヤド県はナロック県と同様にケニアのマサイランドの中心であり、生徒のほとんどはマサイである。カジヤドの県視学官は小学校の課題として、女子の就学率が低いこと、特に中途退学が多いことを指摘し、その原因としてマサイの生活習慣、たとえば女性の早婚を挙げた。そこでカジヤド県の南部、タンザニアとの国境の町ナマンガ近郊の小学校で五年生の生徒にアンケート調査を行なった。このアンケートのなかで、将来どの学校まで進学したいかの項目に、予想に反して男女差がほとんどなかった。これは多分、五年生に進学するまでに、教育要求水準の低い家庭の女子は退学しているのではないかと考えられる。

また、五年生の女子生徒数が非常に少なかった。その原因として、校長・教師へのアンケートやインタビューからは、視学官と同様に早婚や貧困などが指摘された。しかし、中途退学の状況や、それぞれの生徒についての特定の原因を調べることはできなかった。そのために、ある学年のある時点での調査ではなく、全学年の調査が必要なこと、一人ひとりの生徒を継続してトレースすることの必要性を強く感じたのである。なぜならば、生活習慣や貧困によって就学しないことや結婚による中途退学もあるであろうが、それは親や子どもの人生のあり方に対する選択として行なわれているのであり、その人生の時間がどのように構造化されているかにかかっているからである。つまり、近代教育システムとしての学校が、人びとの意識のなかでどのように考えられているのか、また、地域社会のなかにどう位置付けられているかを明らかにすることが必要なのである。そして近代教育システムが人びととコミュニティのなかにどのように構造化されているのかを明らかにしなければならない。そのことを今回の調査においては明確に意識し、構造的解明と呼んでいるのである。

2　調査手法

今回の小学校調査にあたってはいくつかの手法を採用した。すなわち生徒一人ひとりの個人ファイルの作成、授業記録、教室の環境記録、校長インタビューと教師アンケートである。このなかでも特にＩＳＴ法（Individual Students Tracing Method）と名付けた生徒一人ひとりの記録を集める方法は、今回の調査にあたって開発したものである。

ＩＳＴ法――個人ファイルの作成

ＩＳＴ法は生徒の現在の状況を把握するためのファイルを作成し、さらに毎年継続的に追跡してファイル化し、それを分析することで個人のレベルから学校全体の進級構造を明らかにする手法のことである。また、校長・教師へのインタビューと家庭訪問（特に長期欠席者や中途退学者）によって生徒の動きの背景を調べるのである。

ＩＳＴ法の内容は以下のようなものである。

①小学校の全生徒のファイルを作成し、そのファイルは毎年追加的に更新する。
②ファイルの内容は、個人情報シート、身体シート、写真シート、経済状態チェックシートの四枚である。
③ファイルは学校と調査隊が共有する。ただし、経済状態チェックシートは調査者の主観が強く入るため日本語で記入し、調査隊が保管する。
④身体シートは身長、体重を継続して記入できるシートである。
⑤写真はファイルに添付し、同時にプリントを生徒に配布する。

こうした写真を含めたシートをファイルとして作成し、生徒の履歴をフォローしていく調査方法を、ＩＳＴ法と名付けた。Individual Students Tracing Method の頭文字を取ったものである。この方法の特徴は、いくつかのファイルを重ねたもので、データないしはアンケートだけではないこと。次の年の調査の際にファイルを増やしていくことができること。写真があるために、個々の生徒の表情が摑めること。身長体重などの身体に関するデータも含めること等である。その意味は個々の生徒を全人的にとらえることを形として表わすことである。また、写真撮影はカメラを通して調査者と生徒が物理的に向かい合うこと、身長体重の測定を通して調査者が実際に一人ひとりの生徒と触れ合うことができる点にある。「向かい合う」ことや「触れ合う」ことは一見小さいことのようであるが、異文化と「向かい合い」そして「触れ合う」ことは相互の理解の第一歩である。

さらに在籍している全生徒のファイルを作成することで、その後の変化を学校全体として（マクロ）、そして生徒一人ひとりの追跡（ミクロ）にも使用することができる。

ファイルに記入するにあたっては、担任教師または調査補助員と用紙記入者の二名、身体測定も測定者と記入者二名で担当し、誤記入のないように配慮した。調査当日欠席している生徒は、写真配付日にデータ作成を行ない、できるかぎり、多くの生徒を調査できるようにした。しかし、登録していても、まったく出席していない子どもとたまたま調査日に欠席した子どもの区別は十分につかなかった。間隔を空けた二日間の訪問日の両方に欠席している子どもは長期欠席として扱った。今回の調査は今後の進級構造を把握するための基礎資料である。

それぞれの学校には一人ひとりのレポートブックとそのもとになる記録がある。それは個人の学期末、学年末の県および郡の試験の結果（素点と序列）を記入したものである。将来的にはその記録もファイルの一部とするべきであるが、今回はあえて突き合わせをしなかった。その理由は、これまでの生徒と教師の関係が試験の成績を中心としたものであることから、生徒の身体的、表情的な成長に視点を移すことにこのファイルの意味があると考えたからである。将来的には成績や家庭訪問の記録も合わせた生徒を、より多面的に見守ることのできるファイルになることを目指すべきであろう。

【授業記録】

一九九八年調査同様に授業をビデオで録画した。今回は全記録ではなく、授業の中のインストラクションの部分のみを記録した。これは前回の分析で授業は前半のインストラクションと後半のエクササイズにはっきり二分されていることが分かったからである。そしてエクササイズでは教師は机間巡視によって、個々の生徒の答え合わせを行なうために、後半は授業としてのコミュニケーション分析ができないからである。しかし、今回の記録は校長や県教育局との話し合いのなかで話題としたが、本論文には含めなかった。分析の結果は、基本的に内海（一九九八）の結果と同じ状況だったからである。

【教室環境の記録】

それぞれの教室の、机の配置、四つの壁面の様子等を記録した。これは建物の材質が一様でないために教材を貼れる場合とそうでない場合がある。しかし、同じ材質でも教師によってまったく状況が変わっていた。今回の学校では複式授業は行なっていないため、それぞれの教師の考えが教室環境を規定していると考えられる。

机の配置は、授業中は各教室で大きな変化はない。そして自習時にはそれぞれの生徒が思い思いに机を動かして気の合う生徒同士で学習しているが、今回の記録には含めなかった。

【校長インタビューと教師アンケート】

校長と授業のビデオ撮影を行なった教師にはアンケートを行なった。校長のインタビューはファイルデータの解明に不可欠であり、データの解釈を行なうために適宜インタビューを行なった。教師アンケートは教員資格や授業に対する態度を明らかにするために行なった。

3　調査地域
――ナロック県の教育概要――

ナロック県（Narok District）はケニアの南部、タンザニアと国境を接している。ナロック県と隣のカジヤド県がいわゆるマサイランドといわれるマサイの居住地域である。マサイはケニアとタンザニアにまたがる草原サバンナ地域にすむ牧畜民である。一九九九年の部族構成データでは人口は約六〇万人でケニア全体（二八七〇万人、一九九九年国家統計速報値）の二・一％を占めている。

マサイは長身の美しい姿と赤い衣裳、華麗なビーズによる飾り、槍によってライオンに立ち向かう勇気、独特の踊りなどによって広く知られている民族である。ケニアでアンボセリやマサイマラ国立公園にサファリに行く途中、そして公園のなかでも牛やヤギの群れの世話をしているマサイをよく見かけることから、観光客にも親しい存在である（マサイ族の概要は佐藤俊（一九八九）と岡崎彰（一九八七）の二つの事典に要領よくまとめられている）。

ナロック県は六つの地区から構成されているが、そのなかの二つの地区、すなわちセントラル地区（Central Division）とマオ地区（Mau Division）からそれぞれ一校を選んだ。学校選定にあたっては、県教育局と相談し、条件の異なる学校であること、アクセスが比較的容易であることを条件とした。本論文ではそのうちの一つの学校について報告する。

ナロック県は面積一万七一二八平方キロ、人口は二六万二〇六六人（一九八九年のセンサス）、人口増加率は六・二五％で、ケニアでもっとも人口が増えている県である。その理由としては、ナイロビに隣接している地域での人口の流入とマサイの出生率が高いことが指摘されている。人口のプロジェクションでは、一九九九年に約四九万人、二〇〇一年には約五六万人と見込まれている（ナロック県開発計画一九九七－二〇〇一による）。

表2－1　ナロック県の生徒数、教室数（2000年）

学年	生徒数（人）	男子（人）	女子（人）	教室数
S1	10502	5886	4616	330
S2	9540	5381	4064	312
S3	8380	4684	3696	298
S4	7697	4126	3571	286
S5	6406	3562	2844	255
S6	5305	2971	2334	235
S7	5019	2776	2243	222
S8	3446	2073	1373	192
合計	56205	31459	24746	213校

出所：ナロック県教育局資料

ナロック県の教育状況

ナロック県教育局における調査時点での統計では、小学校の数は二一三校、生徒数五万六二〇五人（男子三万一四五九人、女子二万四七四六人）、教師は一八二九人（男性一二〇四人、女性六二五人）である。学年毎の生徒数、学級数は**表2－1**の通りである。

これによると生徒数、教室数ともに学年が上昇するに従って減少していること、女子が男子より少ないことが分かる。この表から近似的に残留率を計算すると全体で三二・八％、男子三五・二％、女子二九・七％である。三〇％程度しか八年生に進級していないことになる。次学年への進級率を計算したものが**表2－2**である。

表2－2　ナロックの近似的進級率

学年	全体	男子	女子
1–2	90.8	91.4	88.0
2–3	87.8	87.0	90.0
3–4	91.8	88.1	96.6
4–5	83.6	86.3	79.6
5–6	82.8	83.4	82.1
6–7	94.6	93.4	96.1
7–8	68.7	74.7	61.3
平均	85.7	86.3	84.8

進級率が悪いのは七年から八年に進級するときで、全体で六八・七％であり、女子が六一・三％と非常に低くなっている。つまり、七年生で落第ないし中退する生徒が多いのである。六年から七年への進級率が非常によい数字になっていることは、七年で落第、留年する生徒が多いことを表わしている。そのことは三－四年、四－五年にも言える。つまり四年生から五年生への進級が難しいのである。そのため四年への進級率が高くなるのである。

ナロック県全体の進級率はおよそ$y = -10x$の直線、つまり毎年一〇ポイントの生徒が中途退学ないしは落第をしていることを表わす直線で示すことができよう。そこに高学年（五年生）への進学時と卒業試験を受験せねばならない八年生への進学時に一つの壁があるためにこの直線から上下に外れるのである。実際に八年生の生徒数は一年生の三〇％であるから毎年一〇％の生徒が中途退学していると理解されるが、各進学時に一〇％の生徒が脱落しているのではなく、五年と八年の進学における落第が中途退学に大きな影響を与えていることが考えられる。そのため四年生と七年生は生徒数が増加し進級の線が直線からはずれるのである。

男女比は全体では五六：四四、一年生では五六：四四。八年生では六〇：四〇である。いくぶん女子の中途退学率が高くて八年生の男女比率は四ポイント悪くなっている。

二一三校の小学校のうち二〇九校が通学制で、そのうち公立学校は二〇七校、私立二校、全寮制小学校が四校ある（公立か私立か不明）。中等学校は一三、就学前学校（ナーサリー）は三六五校である。高等教育機関としては教員養成校一校、農業訓練センター（Farmers Training center）一校がある。

調査小学校

今回調査したカタカラ小学校（Katakara Primary School）の概要は以下の通りである。

カタカラ小学校は公立小学校で、セントラル地区のンコベン（Nkoben）にあり、県事務所のあるナロック市からマサイマラ国立公園方面に一〇キロ、そこから北にラフロードを五キロ行った地点にある。ラフロードでは、トムソンガゼルや野生のロバが見られる。すぐ近くに小さな飛行場がある。あたりは乾燥したサバンナであるが、トウモロコシ畑を見ることができる。学校の運動場の中央に幹の直径一メートル程の切り株が横倒しになっている。一九九九年一二月に象により倒されたとのこと。二〇〇〇年はケニア全体が旱魃に襲われたが、この地域の旱魃は特に激しかったという。小学校の水不足は深刻であり、小学校で必要なものの第一は雨水用タンクだとのこと。

学校の創立は一九八七年。現在の登録生徒数はナーサリーから八年生まで合わせて一五一人、各学年一教室、教師は九人、うち一人はナーサリーの教師で学校が独自に雇用している。教師の民族はマサイが四人、メルーが三人、キクユが二人で、校長は二八歳のマサイである。

教室は二棟に分かれており、その他にナーサリーの教室、トイレがある。校長室は六年生の部屋を区切って作ってあるが、職員室はなく、教員は校舎の前の古い井戸の周りで休んでいる。また校内には校長の家一棟、教員宿舎として三家族が住める棟割長屋が一棟ある。教員宿舎とは別に、鉄製の簡易住宅一棟がある。

セントラル地区には九つの小学校があるが、カタカラ小学校は卒業試験の成績はもっとも悪い学校である。

写真２－１　カタカラ小学校５年生の生徒（2001年７月撮影）

4　調査結果と考察

カタカラ小学校の生徒ファイル、校長および教師のインタビュー等から読み取れる結果は以下の通り。

生徒数

カタカラ小学校の登録生徒数はナーサリーも含めて一五一人。登録生徒数とは、一月に学校が始まり生徒の登録が

表２－３　カタカラ小学校の登録者数と調査生徒数

登録者（2000年1月）				調査生徒数（2000年7月）		
学年	男子	女子	合計	男子（%）*	女子（%）*	計（%）*
N**	12	12	24	18（150）	15（125）	33（137.5）
S1	19	10	29	14（73.7）	7（70.0）	21（72.4）
S2	10	8	18	8（80）	7（87.5）	15（83.3）
S3	8	5	13	4（50）	4（80）	8（61.5）
S4	11	5	16	9（81.8）	3（60）	12（75）
S5	7	9	16	7（100）	9（100）	16（100）
S6	7	3	10	7（100）	4（133）	11（110）
S7	9	3	12	10（111.1）	2（66.7）	12（100）
S8	11	2	13	11（100）	2（100）	13（100）
計	94	57	151	88（93.6）	53（93.0）	141（93.4）
計（Nを除く）	82	45	127	70（85.4）	38（84.4）	108（85.0）

*調査数における％は登録者に対する割合である。
**Nはナーサリー、S1はスタンダード1（Standard1）の意味で1年生である。

行なわれ、一月の末が登録の締め切りだが実際には二月までの登録生徒数がその年の基準となる生徒数である。しかし、生徒数は年間を通して増減が激しく、ナーサリーの子どもは増えてゆくが、早魃等で親とともに移動する子どもや長期欠席によって減少する。

調査できた生徒数は一四一人。ナーサリーを除いた小学校の生徒は一〇八人であった（表２－３）。この人数は調査当日とフォローアップ調査の二日間に休んでいた生徒は入っていない。小学校においてはスポーツデイやフェスティバルで遠出した翌日は休む生徒が激増する。しかし、今回の調査前日はそのようなイベントはなく、また予め私たちの調査日は学校側に伝えてあり、欠席のないように依頼していた。それゆえ、この数はかなり正確な在籍者であると思われる。

残留率および中退率

ナーサリーも含めた学校全体の残留率は九三・四％、中途退学率は六・六％である。ナーサリーを除くと、残留率八五％、中途退学率一五％である。全体を見ると男女の中退率に差はない。男女比率は登録者では六五：三五、調査者数では六五：三五である。

ナーサリーでは登録者数より調査時点での生徒数が増加している。これは、学校が始まってからでも親が子どもを入学させたいと思えば、いつでも入学させるからである。カタカラ小学校ではナーサリーでは入学試験やインタビューはなく、またユニフォームもない、必要な経費は教師の給与として生徒一人年間三〇〇シリング（約四五〇円、以下円への換算は二〇〇〇年のレート）である。

一年生（S1）への入学にはインタビューと成長をチェックするために手で頭の上から反対側の耳を触らせているとのこと。またユニフォームに約五〇〇シリング（七五〇円）、学校経費として約七〇〇シリング（一〇五〇円）必要である。校長の話では経済的な点で通学できない子どもが多いという。確かにS1の登録者は二九人だが、在籍者は二一人（七二・四％）に減少している。これは登録だけして実際には登校してこない生徒が多いからであろう。一年生の減少は同時に調査したオラシティ小学校でも七七・五％であるから、ここだけの現象ではない。県の教育局への報告は登録者数で行なわれるため、この地区の就学率の実態は二〇％以上下回っていることになる。

生徒数の減少は一年生だけではなく低学年（S1からS4まで）に多い。低学年全体で七三・七％である。特に女子が減ったわけではなく男女同じように減少している。それに比べて、高学年（S5からS8）では登録者と調査生徒数に大きな差はない。これはS5まで進級した生徒は中途退学することが少ないことを意味している。

男女比率

カタカラのデータには県全体の中退率に見られる四→五および五→六年の落込みはない。また、八年進級への落込みもない。このことは何を意味しているのであろうか。一つは中学年における落第が相殺されて見かけ上、中退が出ていないことが考えられる。特に調査生徒数での五年生の男女の逆転はめずらしい現象である。六年生以上の女子が少ないのに五年生の女子が多いということは女子の落第が多いことを意味しているのではないか。この点を校長に確認すると、五年生一六人のうちリピーターは六人、女子四人、男子二人である。この学年にリピーターが多い理由として、カタカラでは六年から卒業試験の準備を行なうため、六年進級を厳しくしているとのことであった。

表２－４　カタカラ小学校の学年別男女比率（%）*

	登録者		調査生徒数	
学年	男子	女子	男子	女子
N	50.0	50.0	54.5	45.5
S1	65.5	34.5	66.7	33.3
S2	55.6	44.4	53.3	46.7
S3	61.5	38.5	50.0	50.0
S4	68.8	31.3	75.0	25.0
S5	43.8	56.3	43.8	56.3
S6	70.0	30.0	63.6	36.4
S7	75.0	25.0	83.3	16.7
S8	84.6	15.4	84.6	15.4
計	62.3	37.8	62.4	37.6
計（Nを除く）	64.6	35.4	64.8	35.2

*四捨五入のため合計で100にならない場合がある。

表２－５　低学年と高学年との男女比率の比較

	登録者			調査生徒数		
学　年	男子	女子	合計	男子	女子	合計
S1 - S4 （%）	48 (63.2)	28 (36.8)	76 (100)	35 (62.5)	21 (37.5)	56 (100)
S5 - S8 （%）	34 (66.7)	17 (33.3)	51 (100)	35 (67.3)	17 (32.7)	52 (100)
合計 （%）	80 (64.6)	45 (35.4)	127 (100)	70 (64.8)	38 (35.2)	108 (100)

学年別の男女比率は**表２－４**の通りである。五年生の逆転を除くと低学年は大きな差がなく、高学年に行くに従って男女差が拡大する傾向がうかがえる。これを低学年と高学年とに分けて比較すると、その傾向が目立たずに、大きな変化がないということになる（**表２－５**）。こうした生徒数はさまざまな要因と統計的な浮動を含んでいるからであろう。

生徒の年齢

各学年の平均年齢は**表２－６**の通りである。実際の年齢を定めるのは困難である。ファイル作成時に誕生日を記入できたのは、教師の子どもだけである。高学年になっても自分の誕生日を知らない生徒は多い。それゆえ年だけ記入したが、その信頼性は疑問である。しかし、それが現在のよりどころであ

表2－6　各学年の平均年齢*

学年	ナーサリー	S1	S2	S3	S4	S5	S6	S7	S8
平均年齢	5.1	7.5	10.0	10.1	12.3	13.8	14.4	15.5	16.2

*2000年の誕生日が来ているとの想定で年齢を計算した。たとえば1990年生まれは10歳である。

るから、これに基づいて計算した。

ナーサリーは三歳から八歳までの子どもがいるが、最大値は五歳である。ここにはベビーナーサリーとナーサリーに分かれて在籍していると考えられる。各学年ともに生徒の年齢に大きなばらつきがある。これは入学年齢の違いと落第によるものである。

S1は平均七・五歳であり、続くS2、S3は一〇歳台と変則的である。しかしS4からはほぼ一定の割合で加齢している。S1への入学を年齢ではなく身体の成長を基準として許可しているために、年齢のばらつきは当然と思われる。

マサイの男性は同時に割礼を受けたものが一つの年齢集団（年齢組）として生涯にわたって大きな影響を受ける。年齢組は一四年から一六年ごとに各地域で行なわれるために、こうした学年における年齢の違いは意識の上では大きな問題にならないのかもしれない。インフォーマントの調査でも落第を恥ずかしがる傾向はうかがわれない。

村落と住所

カタカラ小学校のキャッチメントエリア（通学区域）にある村落は二つである。K村とR村である。K村八五人（六〇・三％）、R村五三人（三七・六％）、学校内に居住している教師の子弟が二名、不明一名である。かつてカタカラ小学校の学区はすべてK村であったが、R村がK村から分かれて一つの村落単位になったということである。つまり、Kと呼んでいた村の一部がR村となったのである。

住所はすべての生徒が学校の住所P.O.BOX 67である。郵便配達制度のないケニアでは私書箱を利用する必要があるが、郵便局の私書箱の利用料は年間三〇〇〇シリングと高価であることと、村の人びとは手紙を書いたり受け取ったりすることがほとんどないからである。これは習慣とともに識字率の低さを物語っていよう。

通学時間

一四一人のうち学校から通学している教師の子弟二名と不明一名を除いての通学時間の平均は三四・三分である。集落別ではK村が二八・四分、R村が四三・八分である。もっとも遠方からの通学は九〇分で五名いた。

親の職業

父親の職業は牧畜業が一一八人で八三・四％を占めている。次に農業が八名で五・七％。この二つの伝統的な生業以外の給与によって生活するものは、警察官六名、ガードマン／ウオッチマン三名、運転手一名、教師一名であった。母親の職業は主婦が一三〇名で九二・二％を占めている。その他スモールビジネス／ビジネス／ハウスヘルプが四名で、これは農産物を小売りしていると思われる。また、教師が四名であった。

カタカラ小学校の生徒は父親が牧畜で母親が主婦という、典型的なマサイの家庭から通学している生徒が大部分である。

家庭での言語

スワヒリ語九名、不明二名以外はすべてマサイ語である。スワヒリ語を家庭で話しているのは教師やドライバーなど父親が教育を受けた家庭である。逆にこの地区ではスワヒリ語は学習する言語であり、教育がないと話すことができないのだと思われる。

写真2－2　カタカラ小学校校長・副校長と8年生13人。マサイの正装での卒業記念写真（2001年7月）

重　婚

兄弟姉妹が通っている家庭が二二家族あった。そのうち母親の名前が異なっているケースが一六家族である。母親は二人ないし三人である。ケニアでは法的には重婚は禁止されているが、慣習として広く行なわれていることが分かる。

そのうち家庭でスワヒリ語を話しているケースが二つあった。それもすべての夫人の家でスワヒリ語を話しているのではなく、ある夫人の場合に話している。これは母親の教育水準によって言葉を変えているためであろう。

5　今後の課題

IST法の有効性

今回の調査は今後のトレースの基礎であり、その有効性は今後の課題であり、現在の時点で云々することはできない。長期にわたる調査を前提にしつつもそれぞれの時点でそれなりの結果が得られることは、上記の調査結果に見る通りである。中途退学する率は非常に高いが、その原因は多岐にわたっていることが予想される。それは一つひとつ実証的に検討する基礎として十分ではないとしても必要な資料はこの方法で集められると思われる。学校、調査者そして生徒それぞれに役に立つという調査前の試みはある程度達成されたと考えられる。

これと同時に、ファイルを見ながらのデータの分析をするなかで、これまでの調査とは異なる感触を得ている。一つは写真が添付されていることにより、一人ひとりの生徒と対話しているかのように感じたことである。これはこれまでの調査のデータ分析ではなかったことである。これは単なる調査者の感傷ではなく、一人ひとりの生活に迫ることを促すものである。また将来的にはこうした写真の表情の分析（たとえばはにかんでいるとか強い意志を感じる等）も重要であると思われる。

【付記】　本論は、内海成治・高橋真央・澤村信英（二〇〇一）「国際教育協力における調査手法に関する一考察——IST法によるケニア調査をめぐって」『国際教育協力研究論集』第三巻二号、広島大学教育開発国際協力研究センター、七九－九六頁をもとにタイトルを変更し加筆訂正したものである。

＊1　Flanders, Ned A.（1970）*Analyzing Teaching Behavior*, Addison-WesleyPublishing Company による一〇カテゴリーに生徒の活動を二つ加えた一二カテゴリーで行なった。

第3章

伝統的社会における近代教育の意味

――イルキーク・アレ小学校の調査

はじめに

国際教育協力の現在の課題は Education for all（以下ＥＦＡ）、すなわち、すべての子どもが教育を受けるようになることである。ＥＦＡは国連ミレニアム開発目標（ＭＤＧｓ）の一つでもあり、二〇一五年がターゲット年である。そのために開発途上国においてもＥＦＡは開発目標の一つであり、重要課題として積極的に進められている。それゆえ、援助する側とされる側、つまりあらゆる国において、教育の普及は最大の政治課題である。

二〇一〇年代に入って開発途上国においても小学校の就学率は九〇％程度になっており、残りの一〇％（いわゆるラスト一〇％）がＥＦＡのターゲットになっている。この残りの一〇％は、最貧層や辺境地域の人びと、多くの困難に直面している子どもを対象としており、もとより教育の普及が困難なケースである。その難しさのなかでももっとも難しいものの一つが、いわゆる伝統的な社会の子どもの教育であると言われてきた。

近年は伝統的社会が近代教育に対して敵対的であるとか、教育行政が不適切であるからとの一面的な指摘は少なく、この原因は複合的であることが広く認識されて来ている。また近年、伝統的社会において近代教育への志向性はいっそう強まっている。それゆえ、新たな社会と教育の関係が始まっていると考えられる。実際にマサイの小学校で何が起きているのかをＩＳＴ法を使って調査研究したのが本章である。

1　遊牧民とその教育

遊牧民（牧畜民）は東アフリカの人口の一〇％程度を占めている。ただし、ウガンダは農耕民が多く、遊牧民は五％と少ない。また、ナイジェリアなどの西アフリカでも遊牧民の数は東アフリカと同様ではないかと考えられる。現在アフリカでの教育課題の一つが遊牧民の教育参加である。

どうして遊牧民の近代教育への参加が問題なのであろうか。これは二つの側面から考えられる。一つは教育の供給側の要因で、学校の数が充分でなく、また学校の配置（School Mapping）が適切でないため、広い地域に分散して居住している遊牧民の子どもにとってアクセスが困難なことである。次に遊牧民側の要因として、近代教育に対する忌避が挙げられる。これは、近代教育が自分たちの固有の文化に敵対するとして、子どもを学校に通わせないというものである。これは遊牧民に対する一種のステレオタイプ化した言説である。この遊牧民を含めた伝統的な社会が近代教育と敵対するということは、最近の研究ではほとんど聞かれなくなった。逆に遊牧民においても近代教育の必要性・重要性が認識されて、それぞれの生活・生業の様式と学校システムとをどのようにかみ合わせるかが課題になっているとの指摘がされている（湖中 二〇〇六）。私の考えも同様であるが、ここ数年の調査のなかで、さらに子どもの学校への通学の重要性への認識が進み、人びとの生活にとってもっとも重要な課題となっていると感じている。この点に関しては考察の部分で検討したい。

パリにあるユネスコ国際教育計画研究所（ＩＩＥＰ）では遊牧民の教育をめぐって調査とワークショップを行ない、その報告書を出している。その報告書のなかで遊牧民の教育課題として以下の三点を提言している。

一つは遊牧民側の要因に対しては、教育を受けた子どもを遊牧民の社会に統合できる教育の必要性、すなわち教育の内容を遊牧民の生活に寄り添ったものとすることである。二番目は、未就学や中途退学の要因の精査が必要なこと。三番目は遊牧民の社会的、経済的な周辺化に関する調査の必要性である（Carr-Hill & Peart 2005；Carr-Hill et al. 2005）。

私たちは二〇〇〇年からマサイランドで調査を行なってきたが、これまでの調査で、いくつかのことが分かってきた。まず、マサイの学校ではケニアの平均と比べて中途退学と留年が非常に高いことである。ケニアの教育省では公的には留年は認めていないが、現実には七〇％程度の生徒が留年を経験しているのである。

次に生徒の進級をトレースすると五年生まで進級すると八年まで行き卒業する子どもが多い。これを五年生き残り仮説と呼んでいる。ケニアの小学校は八年間であるが、カリキュラムや教員の配置が前半四年と後半四年に分かれている。五年生から教科担任制になり、カリキュラムの進度が速く、英語の教育言語としての重要性が増加する。すなわち五年生からは卒業試験であるＫＣＰＥ（Kenya Certificate of Primary Education）に向けての学習に切り替わる。ＫＣＰＥの成績は学校にとっても教師にとっても評価に直結しているので学校としては五年生に進学させることに慎重になる。そこを乗り越えられないと留年をくりかえして中途退学するリスクが増加する。

ケニアの教員がリピートと呼ぶ落第の原因であるが、経済的要因すなわち貧困がその原因だと言われるが、私たちの調査では次のことが分かってきた。遊牧民は貧しいから学校に子どもをやらないと言うが、マサイは決して貧しくない。私たちのフィールドにあるスワ村の市場では牛（牝牛や去勢牛）は日本円で一頭三万円くらいで取引される。それゆえ一〇〇頭の牛を持っていれば三〇〇万円、五〇〇頭で一五〇〇万円の財産である。多くの牛を持っているマサイは決して少なくない。しかし、その財産を子どもの教育に使用しようとはしないのである。マサイにとって牛は、その所有そのものが重要だと言われている。

では落第の原因は何か。学校が生徒を落第させる理由は学力不足である。生徒の学力は学期末テスト、学年末テストの結果によって測られる。こうしたテストは地区の共通テストとして実施され、地区内での成績が公表される。このテストの成績を左右する大きな要因は生徒の英語力である。英語が分からなければ問題そのものが分からないし、答えを選ぶこともできないからである。家ではマー語（マサイ語）を使い、市場ではスワヒリ語を使っているが、英語は学校で学習する言語である。それゆえ、学校の欠席は英語力に影響を与える。

また、KCPEの成績が学校や教員の評価にかかわっているため、成績の悪い生徒を八年生に進級させない場合もある。あるいは、親が落第させる場合もある。これは中等学校に入ると寮費をはじめかなり経費がかかるため、七、八年生で落第させて、無償の小学校に在籍させる選択をするのである。

中途退学（ドロップアウト）の要因は男の子と女の子では異なっている。男の子の場合には、第一に割礼を契機とした生活の変化が挙げられる。男子は割礼を受けるとモラン（戦士）階級になり、モランだけの集団生活に入る。この間に就学年齢をオーバーしてしまうのである。まれに三年生や四年生に年齢の非常に離れた生徒が戻ってくることもあるが、多くはそのままマサイの生活に入るのである。男の子の今一つのドロップアウトの原因は小獣（ヤギや羊）の世話である。これは主に男の子の仕事で、朝から夕方まで草のあるところに放牧するのである。

女の子の場合は母親の仕事の手伝いが重要である。女性は搾乳、水汲み、子どもの世話、洗濯、炊事、畑仕事等、多くの仕事を担っている。女の子は母親の仕事の一部を手伝うのである。電気や水道のない社会での家事は大変な労働であり、母親の仕事の手伝いとはいえ大仕事である。また、割礼を受けた女の子は、結婚するまでの間、自由に恋愛のできる時期になる。その結果、妊娠・出産する子もいる。小学校では出産した生徒を復学させることはない。教育省では妊娠・出産による退学がないように指導しているが、現場の校長は認めていない。これまで多くの小学校をおとずれたが赤ん坊を連れた小学生は見たことがない。出産した女性はそのまま退学して結婚するのである。

マサイの場合には天候によって家を移動する場合がある。旱魃《かんばつ》が続くと、緑を求めて牛とともに移動する。ナロックの場合には西のナエバシャ湖やナクール湖まで移動する。その場合、家庭で搾乳のために置いておく牛も飼育が困難になり家族そろって移動するケースが多い。

今一つのドロップアウトの原因は、親の離婚や死別である。一夫多妻のマサイでは家族構成が複雑で、家庭内不和による離婚が多い。また老年に近い男性でも経済力があると若い妻を娶る。その場合子どもが小さいうちに父親と死別する場合が多くなる。父親を亡くした子どもは母親とともに再婚相手に引き取られるが、通学を継続できない場合もある。

その他子どもが学校に来なくなる大きな理由は、教員忌避である。ケニアの教員の教授法は教師中心で厳格である。また、学期末、学年末さらには卒業試験に向けて厳しく成果を求める。その上学校内での規律も厳しく鞭も日常的に使われている。また教員宿舎への水汲みや掃除などに女子生徒を使うことも多い。女子生徒に対する男性教員からのセクハラも問題である。一九九〇年代には教師による女子生徒の妊娠が問題となりキャンペーンが行なわれた。こうしたことから教師を嫌い学校に来なくなる生徒も少なくない。

2　調査地域と「小さい学校」

マサイの居住地域はケニアとタンザニアにまたがっており、ケニアでの人口は六〇万人程度である。私たちの調査地域は首都のナイロビから西にタンザニア国境まで広がる大地溝帯にあるナロック県である（二〇一〇年から南北に二つの県に分割され、私たちのフィールドであるマオ地区は北部ナロック県であるが、ここでは便宜上ナロック県とする）。マオ地区はナイロビから車で二時間ほどである。

現在ケニアは二〇〇三年から始まった小学校無償化政策以後、小学校の数が急速に増加している。ナロックの小学校数は、二〇〇七年のデータでは四〇二校、生徒数は約五万人である。総就学率は約一〇五%、男女別就学率は女の子のほうが少し低いが、大きな差はない。

ケニアでは八学年まで学級が揃っている学校をKCPEの受けられる学校という意味でKCPE学校あるいは完全小学校（full primary school）と呼ぶ。八年生までなくて三年や五年までの学級しかない場合や途中の学級が抜けていて八学年ない小学校は不完全小学校（non complete primary school）と呼ばれている。この不完全小学校はさらに二つの種類に分けることができる。一つは、新設校で一年生から学年進行で大きくなっていく学校と、いつまでも三年生あるいは五年生までしかない学校である。後者の学校を私たちは「小さい学校」と呼んでいる。

ナロック県内の小学校の二〇〇三年のデータによると県内には三三六校の小学校があり、そのうち完全小学校二九八校、不完全小学校三八校で、約一一％である。二〇〇七年には学校数が四〇二校であるから、この数字を当てはめると四四校になるが、新設校や僻地校が多いので、その数はもっと多いと思われる。二〇〇三年にマオ地区には一五の小学校があったが、そのうち六校（四〇％）が不完全小学校である。ナロック県全体よりかなり高い率になっているのは新設校が多いこともあるが、建物の建設や教員配置が十分に行なわれていないためであろう。そのうち三校が学年進行中の小学校で、三校が小さい学校である。今回報告する小学校はそのなかの一つのイルキーク・アレ小学校である。

このような「小さい学校」はなぜ存在するのであろうか。一つは政府の財政不足と不適切なスクールマッピングによるものである。ケニアにおいては県教育局が小学校を建設するが、それ以外にコミュニティが県の教育局と相談して、自分たちが建設した建物を認定してもらい、教員の派遣を要請する。しかし、採用できる教員の数は国からの枠によっており、どの小学校に何人の教員を派遣するかは県教育局の判断による。そのため十分な教員が揃わずに不完全小学校ができてしまう。教員数が足りなくても複式学級や二部制をとることで対応できると思われるが、ケニアではこうした対応策は原則としてとられない。その理由は教員の過重負担を避けるためだと言われている。

小さな学校の役割は何か。これは伝統的社会における近代教育システムの受容を探ることでもあるが、とりあえずの仮説として次の二つのことが考えられる。

一つは短期間であっても教育を受けることが可能になることである。マサイにとってはたとえ短い間でも学校に行くことが重要で、英語やスワヒリ語の習得、計算能力が身につけられることへの期待である。今一つはマサイは広い地域に散村形態で居住しているため、子どもが小さいうちは遠くの学校に通えない、そこではじめは近くの小さい学校に行かせ、成長して遠くまで行けるようになったら別の完全学校に移るのである。あるいは、親族に子どもを預けて学校に行かせる場合もある。この二つはマサイによる近代教育の受容のあり方であり、消極的な対応と積極的な対応であると思われる。

写真３－１　イルキーク・アレ小学校、左手に２本のアカシアの大木がある。

３　イルキーク・アレ小学校

イルキーク・アレ小学校は大地溝帯のなかの草原にある小さい学校である（**写真３－１**）。周辺の草原にはシマウマ、ガゼル、キリンが生息しており、時々学校をのぞきに来るという。学校の敷地内には二本の大きなアカシアがある。イルキーク・アレというのはマサイ語で二本の木という意味で、それを学校の名前にしている。目印のない平原では子どもはよく迷子になる。ハイエナなどの野獣のいるサバンナで迷子になることは大変危険なので、目印があることは学校にとって大切である。学校は四つの教室に校長室を兼ねた教員室がある。校舎はコミュニティが建築したが、国際ＮＧＯからの支援もあり、小さな学校としてはめずらしく床がコンクリートでできている（**写真３－２**）。学校を中心として、二・八キロの範囲にある一四の家庭（ボマ）から生徒は通学している。平均は一六七〇ｍである。

表3－1に二〇〇三年から二〇〇七年までの登録した生徒数と校長を含めた教員数を示した。この表から分かるように生徒数が年によって増減している。そしてある学年の生徒がそのまま進級していない。

4　フローダイアグラムの作成

二〇〇五年から二〇〇七年までの三年間のIST法による生徒のデータから進級構造を視覚化するためにフローダイアグラムを作成した（図3－1）。この図は毎年三日から一週間程度学校を訪問してインタビューした生徒の個票から作成したものである。調査期間中ずっと欠席していた生徒は含まれていない。

フローダイアグラムは学校研究の基本の一つで、子どもの動きを視覚化することができる。このダイアグラムから見て取れるイルキーク・アレ小学校の特徴はリピートとドロップアウトが多いことである。たとえば二〇〇五年の二年生は一二人いたが、二〇〇六年に三年生に進級したのは四人で、二人はリピート、六人はドロップアウトした。二〇〇六年の二年生は一〇人在籍

写真3－2　イルキーク・アレ小学校の校舎と生徒

表3－1　イルキーク・アレ小学校の生徒数と教員数（2003－2007年）

	生徒数				教員数
	1学年	2学年	3学年	合計	
2003	21（6）	15（5）	12（4）	48（15）	2（1）
2004	9（4）	10（7）	12（4）	31（15）	2（1）
2005	11（3）	13（5）	15（2）	39（10）	3（2）
2006	11（6）	10（6）	13（5）	34（17）	3（2）
2007	23（8）	15（9）	12（7）	50（24）	3（2）

出所：学校の生徒登録簿による。（　）内は女子生徒数。

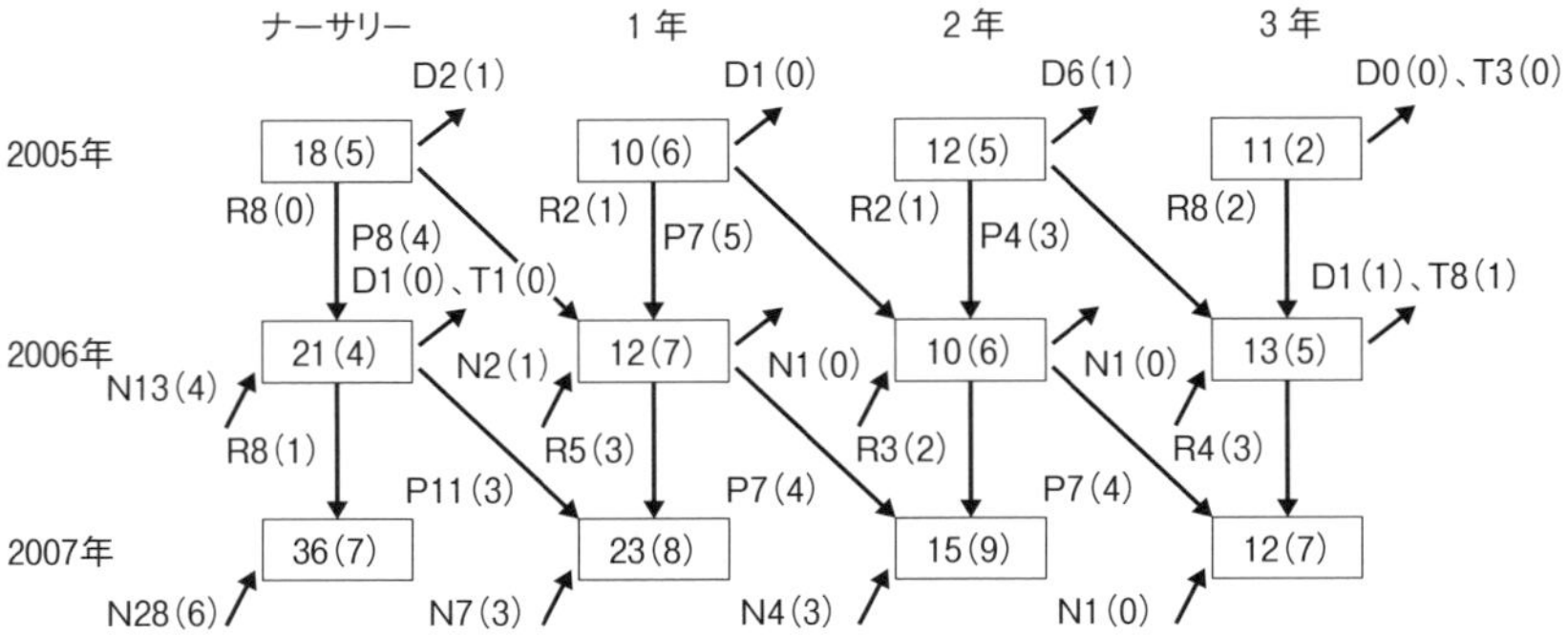

凡例：P＝Promoted（進級者）、R＝Repeated（留年者）、D＝Disappeared（長期欠席者）、N＝Newcomer（転入生）、T＝Transfer（転校生）

図3－1　生徒フローダイアグラム（2005－2007年）

していたが翌年には七人が進級し三人がリピートしている。

このフローダイアグラムはリピート、ドロップアウトそして転入生がどのくらいいかが分かる。しかし、同じ生徒が二回続けてリピートしたり、ドロップアウトしたと思った生徒が戻るなどの個別の生徒の動きを摑むことができない。そこで、ある年のある学年（組）の生徒の進級、リピート、ドロップアウトの軌跡を図示するようにしたのが、個別生徒フローダイアグラムである。[*1]

5　個別生徒フローダイアグラム

図3－2は二〇〇五年ナーサリークラスの個別生徒フローダイアグラムである（ナーサリークラスのため園児と言うべきであるが生徒に統一した）。二〇〇五年に在籍していた一八人の生徒の二〇〇七年までの軌跡である。毎年新たに入学する生徒やリピートでクラスに入ってくる生徒もいるが、それらを除いて二〇〇五年の一八人のみを表現したものである。その一八人は二〇〇六年には八人が一学年に進級し、八人の男子生徒がリピートした（ナーサリークラスでは学年構造を取らないのでリピートという表現は若干抵抗があるが、ケニアの教員の発言に従ってリピートとする）。進級した八人は二〇〇七年に三人が二学年に進級し、五人がリピートしている。また二〇〇五年から二〇〇六年にかけて二人がいなくなったが、そのうち

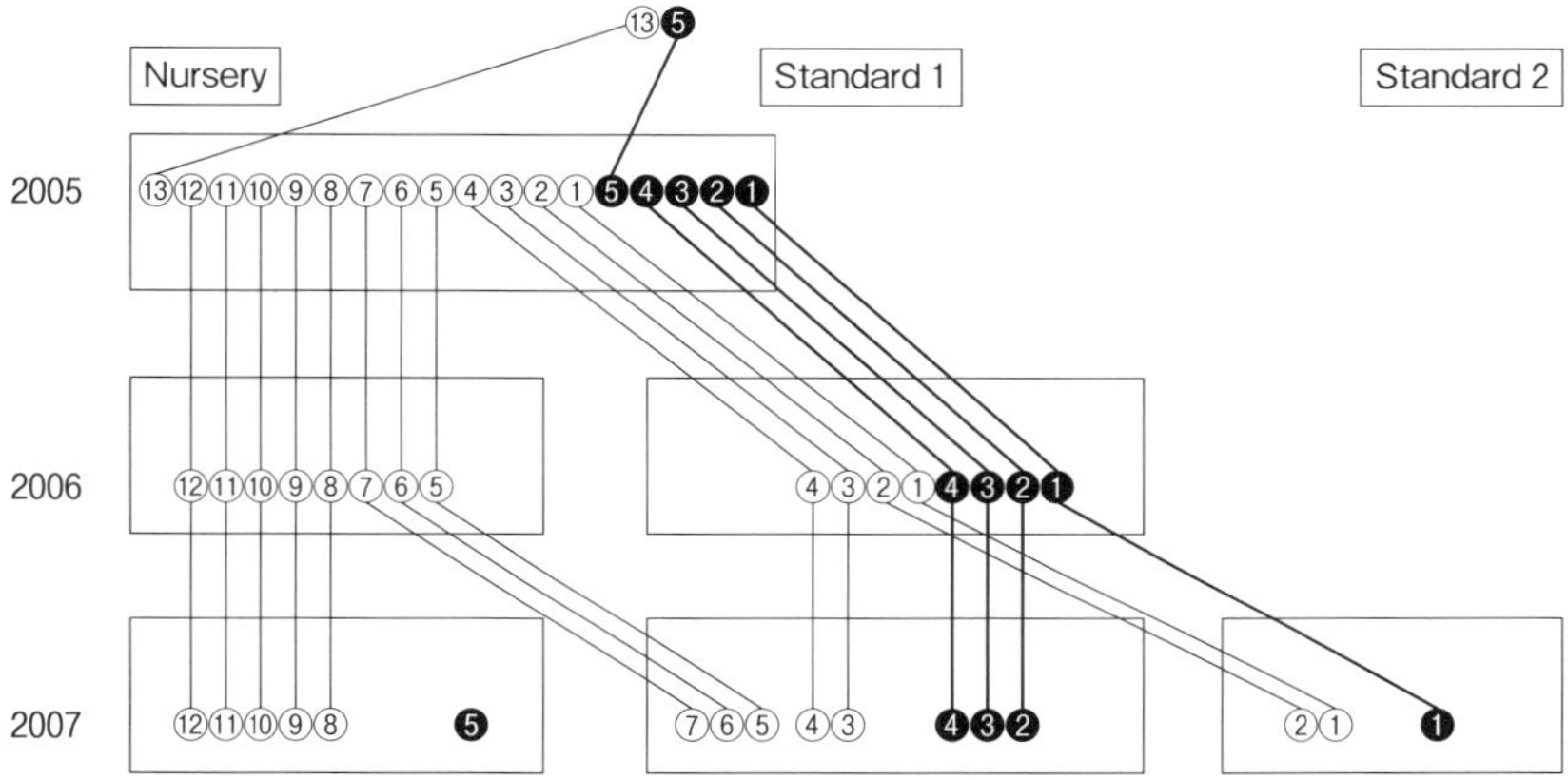

⑬はその後も学校に来ていない
⑤は2007年にナーサリークラスに復帰

注：白丸は男子生徒、黒丸は女子生徒である。

図3－2　2005年ナーサリークラスの個別生徒フローダイアグラム

一人は二〇〇七年に復帰した。この図から分かることは生徒の動きが複雑なことである。単にリピートやドロップアウトするだけではなく、続けてリピートする生徒や再び戻ってくる生徒がいるのである。順調に進学・進級する生徒とリピートを繰り返すもの、進級してリピート、リピートして進級する生徒、ドロップアウトする生徒、再び戻ってくる生徒と複雑な軌跡が見て取れる。

図3－3は二〇〇五年の一年生一〇人の個別生徒フローダイアグラムである。一年生一〇人のうち七人は翌年二年生に進級した。その七人は二〇〇七年には四人が進級し三人がリピートしている。つまり二〇〇五年の一〇人のうち順調に進級したのは四人ということになる。また二〇〇六年にいなくなっていた生徒は二〇〇七年に二年生として戻っている。

図3－4は二〇〇五年の二年生である。この年の二年生は男子八人女子四人の合計一二人であった。そのうちの男子五人が二〇〇六年以降学校に来ていない。これは二〇〇五年から二〇〇六年にかけての大旱魃のためこの地域も大きな被害があり、シマウマや羊が大量に死滅した。そのため多くのマサイが草と水を求めてナイバシャ湖やナクール湖方面に牛とともに移動した。その後二〇〇七年になっても戻ってきていないのである。

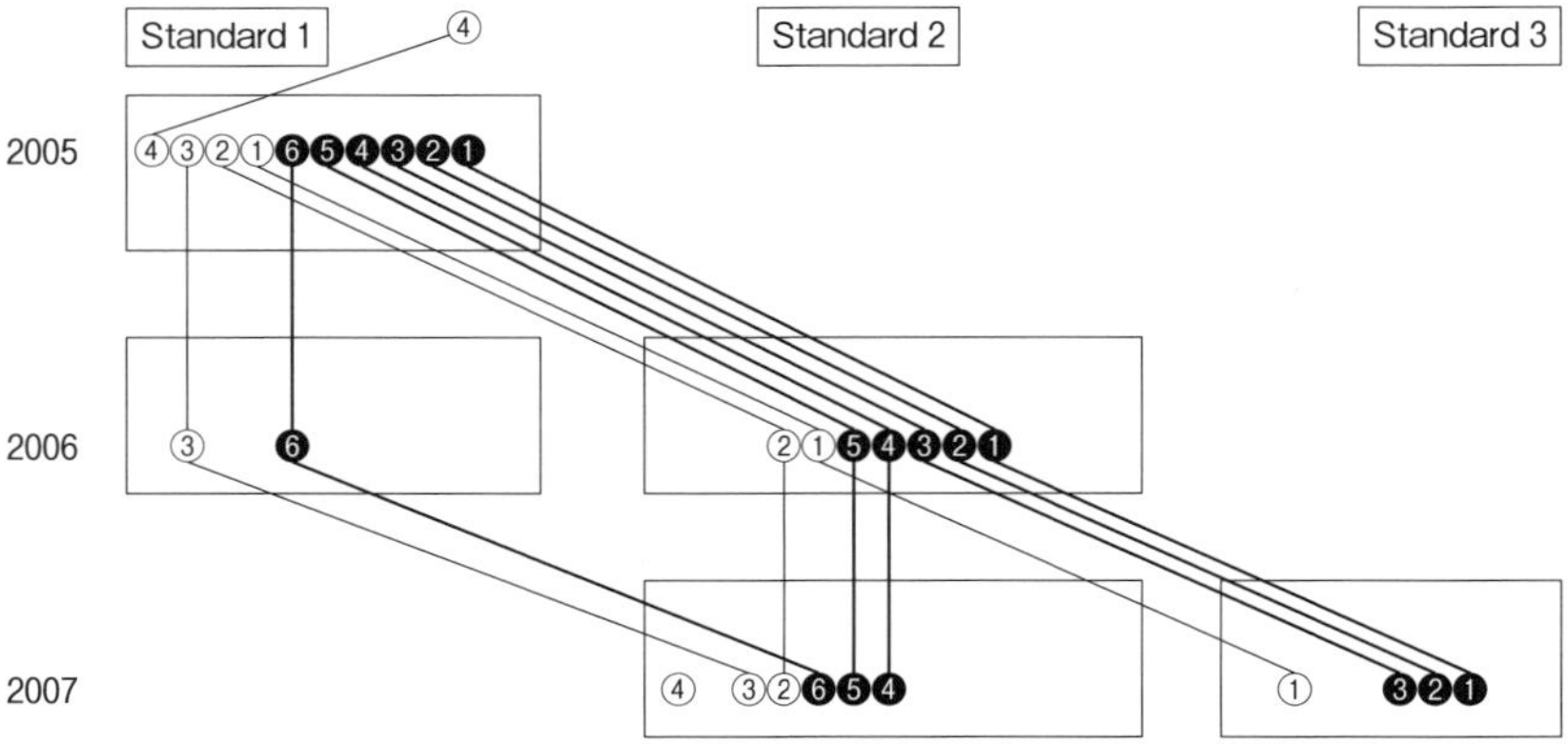

④は06年には長期欠席であったが、07年に２年生に進級して復帰した。

図３−３　2005 年１年生の個別生徒フローダイアグラム

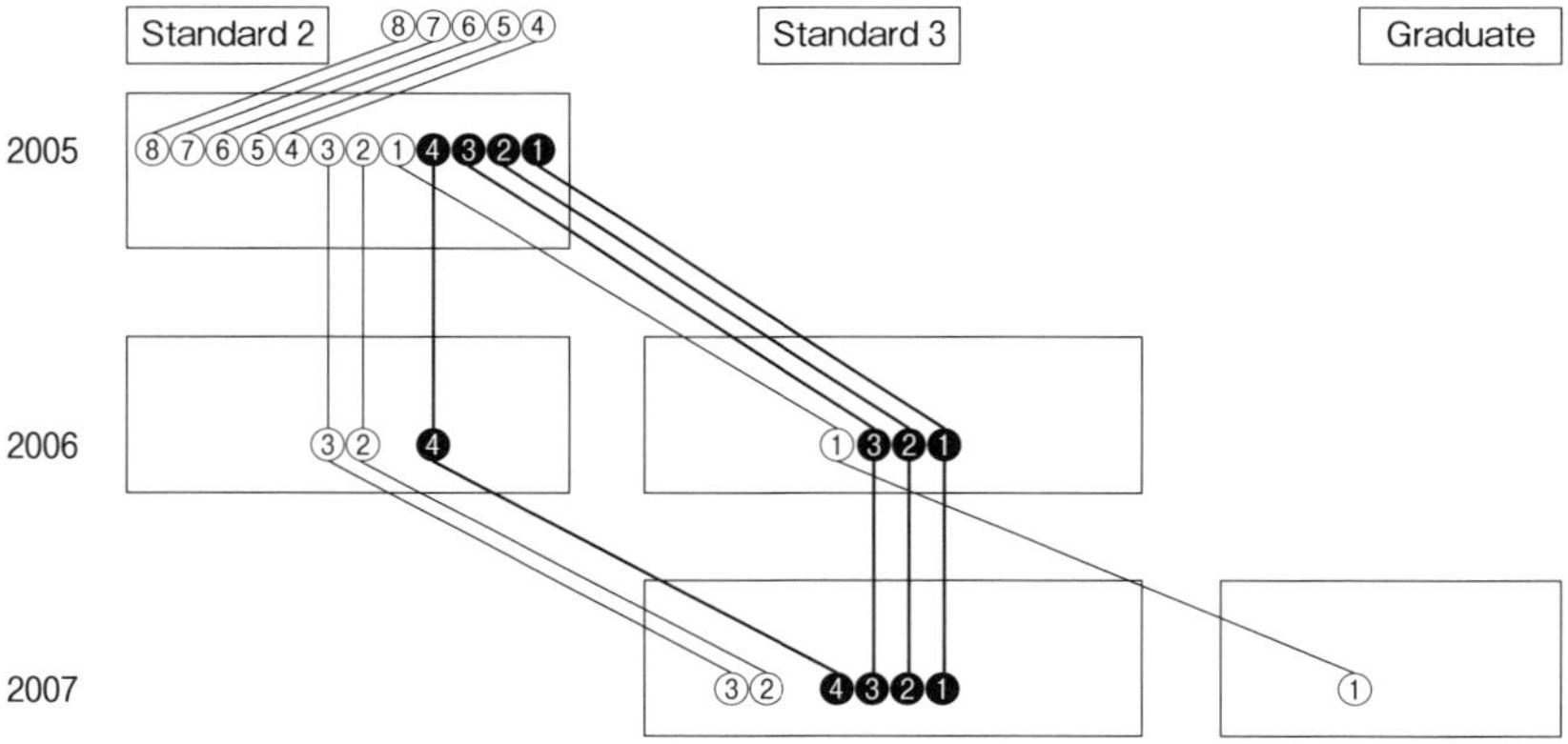

①の生徒はイルキークアレから近隣の完全学校の４年生に進級した。

図３−４　2005 年の２年生の個別生徒フローダイアグラム

表3－2　2005年の生徒における3グループの割合

学年	コアグループ	中間グループ	周辺グループ	合計
ナーサリー	3（1）	8（3）	7（1）	18（5）
1年生	4（3）	6（3）	0（0）	10（6）
2年生	1（0）	6（4）	5（0）	12（4）
3年生	8（4）	20（10）	12（1）	40（15）
合計	16（8）	40（20）	24（2）	80（30）
割合	20（26.7）％	50（66.7）％	30（6.7）％	100（100）％

（　）内は女子の内数と割合

6　三つのグループ

個別生徒フローダイアグラムによって個々の生徒の軌跡を視覚化することができた。さらに順調に進級する生徒、リピートしながらも進級する生徒、ドロップアウトあるいはリピートを繰り返す生徒を把握することが可能となった。私たちは毎年順調に進級していく生徒をコアグループ（Core group）と名付けた。このグループは学習熱心で出席率もよく、クラスの中心的存在である。リピートを繰り返したり、ドロップアウトしてしまう生徒を周辺グループ（Marginal group）と名付けた。このグループは学校から離れマサイの社会に戻ってゆく可能性が高い。リピートしながら進級しているグループを中間グループ（Intermediate group）とした。個別生徒フローダイアグラムからこの三つのグループの生徒数を出すことができる。

イルキーク・アレ小学校における三つのグループの人数と割合を示したものが**表3－2**である。全体でコアグループが二〇％、周辺グループが三〇％、中間グループが五〇％となった。女子では周辺グループが少なく中間グループが多くなっている。イルキーク・アレ小学校でのこの数字は周辺の小学校と比べて高い傾向はあるものの特に高いわけではない。近隣の学校での調査でも高学年では七〇％程度の生徒がリピートを経験している。

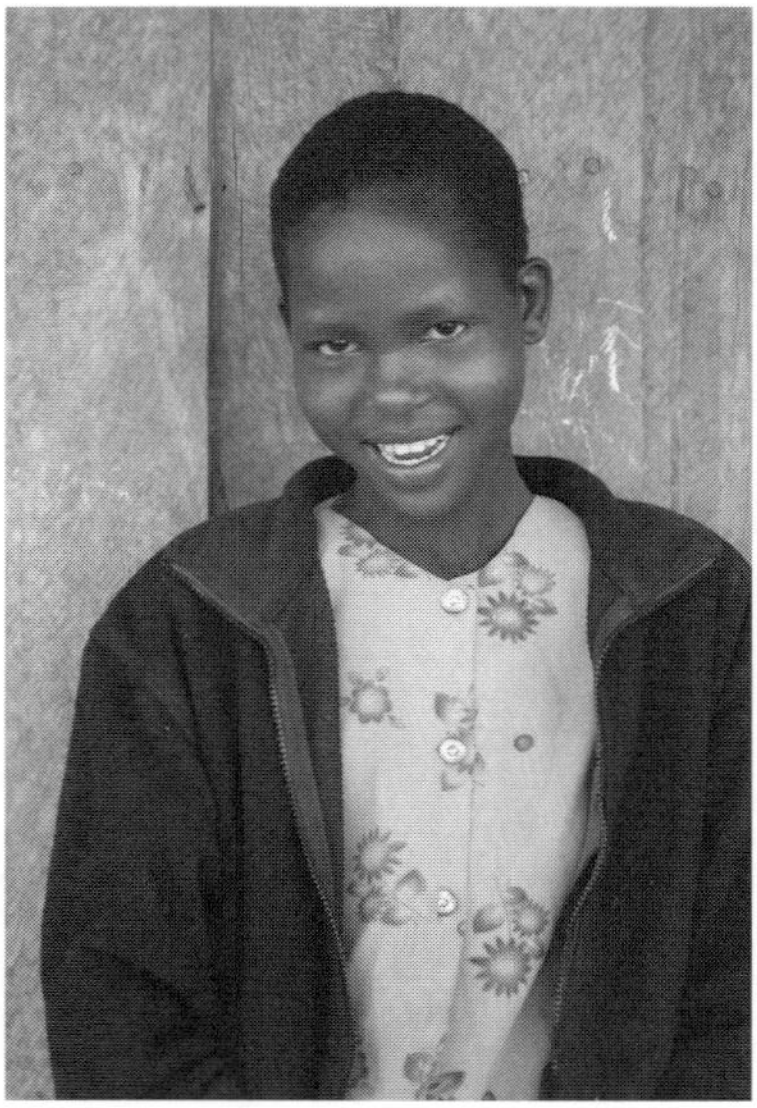

写真３－４　ナイアノイ（2005年）

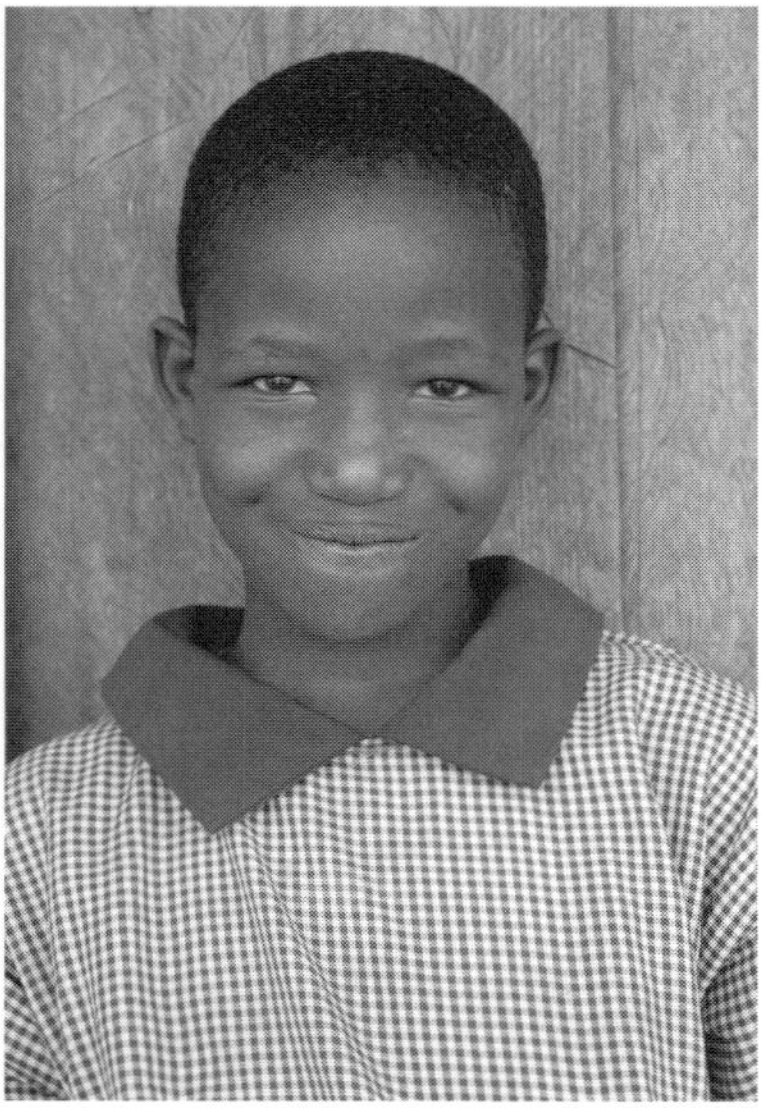

写真３－３　ナイセンケ（2005年）

7　二人の女子生徒のこと

問題は、どうしてある生徒がコアグループで、ある生徒が周辺グループなのかということである。ＩＳＴ法は一人ひとりの生徒のインタビューや家庭訪問を複数年行なうために、それぞれの生徒の進級やそのバックグランドをチェックすることができる。

写真３－３のナイセンケ（Naisenke）は二〇〇五年には一年生であった。**図３－２**の女子の❸の生徒である。順調に進級し、二〇〇七年には三年生になっていた。ナイセンケの家は学校から一〇分程である。両親ともに亡くなっていて、結婚している姉に養われている。姉は教育を受けた経験がない。ナイセンケに聞くとお姉さんが教育熱心で彼女の通学を支えているという。確かに身だしなみもよく、制服をきれいに着こなしている。

写真３－４はナイアノイ（Nayanoi）という生徒である。二〇〇五年当時三年生であったがすでに一一歳（一九九四年生）で背の非常に高い女の子である。三年生を二回リピートしており、周辺グループの子どもである。通常

このように年齢も大きい周辺グループの生徒はドロップアウトして、結婚しマサイの社会に入るケースが多い。ナイアノイの両親は離婚し、母は再婚した。義父はナイアノイを受け入れず、彼女は祖母（写真３－５）と一緒に住んでいる。祖母は白内障と思われるがほぼ失明状態で、ナイアノイが世話をしている。そのため欠席が多く、また英語力が低いために成績が悪い。それがリピートの原因である。私たちは祖母の家をマサイの女性教師とともに訪問して話を聞いた。訪問したとき、祖母は裸同然であったが、「少し待ってて」と言って家に入り、小ざっぱりした服を着てマサイビーズを身につけてインタビューに答えてくれた。マサイの年配の女性はほとんどそうであるが学校教育を受けたことがない。しかし、祖母は私の手をしっかり握って「孫のナイアノイには教育を受けさせたい。わたくしと同じ人生を歩ませたくないのだ。ぜひ助けてほしい」と必死で訴える。同行したマサイの教師にも頼むのである。私は彼女の非常に強い意志とナイアノイへの愛を感じた。

写真３－５　ナイアノイの祖母（2005年撮影）

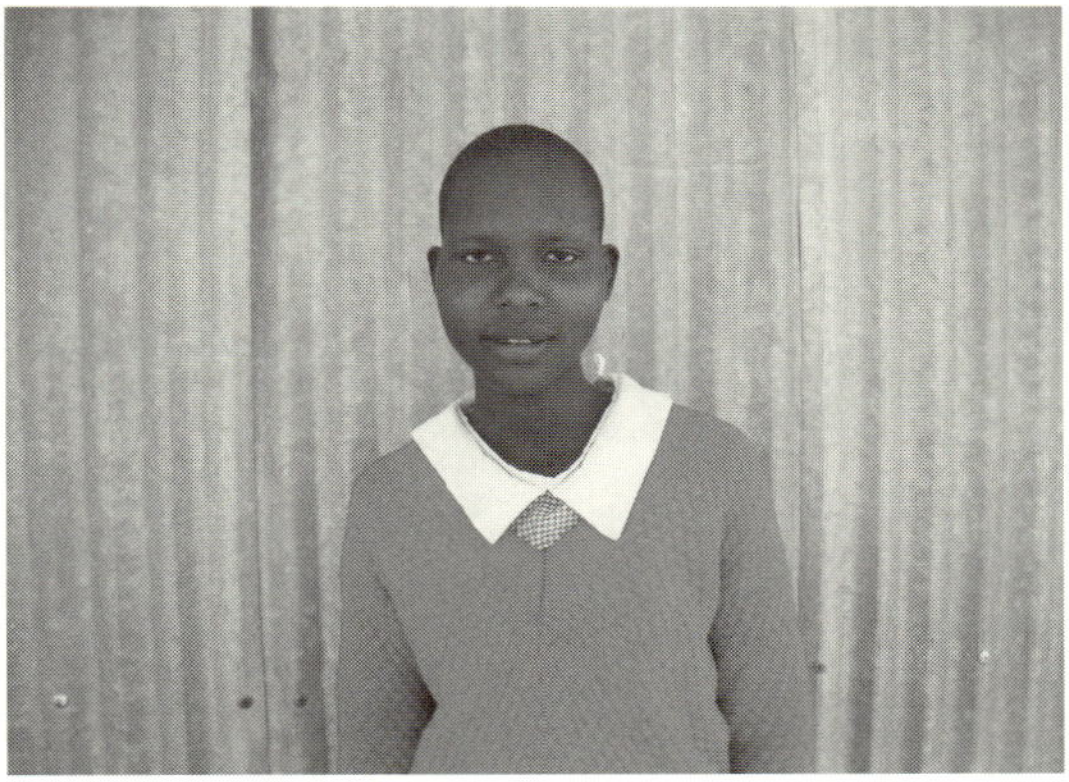

写真３－６　ヌクレ小学校６年生のナイアノイ（2011年５月７日撮影）

　その後、ナロックを訪れる際にはナイアノイに会って近況を聞いている。ナイアノイはイルキーク・アレ小学校の三年を修了し、近隣の完全小学校であるヌクレ小学校の四年に編入した。その後進級して二〇一一年には六年生になった。**写真3－6**に見るように、イルキーク・アレのときとは異なり真新しい学校の制服を着て、顔つきもしっかりしている。担任教師に聞くと、成績はよくはないが悪くもなく、中位の成績であり、欠席も少ないという。祖母のことを聞くと「元気にしている」とのこと。支援者（スポンサー）を見つけることができたのだ。

8　伝統的社会における近代教育システムの役割

政府の土地私有化による定着化政策により近年マサイの社会は大きく変容している。とはいえ、伝統的生活様式は強靱であり伝統的な価値観が生きている。また、牧畜を中心とする生業は旱魃などの天候に左右され、ときに口蹄疫などの病気が蔓延する。親の死や離婚等により、親と生活することが困難なケースも多い。マサイの社会は強靱さと脆弱さを内包している。こうした社会のなかでマサイの子どもは多くの役割を担い、マサイの社会に幼ないときから組み入れられている。

一方、ケニアの近代教育システムは不寛容で柔軟性を欠いた硬いシステムである。硬いというのは、学期末・学年末テストによる進級、KCPEによる進学制度、権威主義的な教育方法、日常的な体罰、母語と異なる教育言語など、生徒に優しくないシステムということである。

それゆえにマサイの社会とケニアの教育システムはそれぞれに硬質であり、両者の関係にはさまざまな軋みが生じている。その軋みが子どもを切り裂いているように思える。その二つのシステムの軋みが**図3－2**から**図3－4**に見られる生徒の軌跡の線が折れている原因であると思う。線が折れているのはマサイの社会とケニアの教育システムの間で切り裂かれている子どもの状況を表わしている。

また同時に、小学校はさまざまな家庭の事情によって十分な安全を保障されていない子どもを最低限保護する場としても機能しているように思える。伝統的な社会は問題を抱えた子どもの生活を社会的に保障する、いわゆるソーシャルネットが不十分である。それゆえに不完全な学校であっても学校につながっていることは子どもにとって大きな意味がある。つまり、伝統的な社会の持つソーシャルネットだけでは教育を保障できないのである。

この小さい学校では子どもが出たり入ったりしている。小さい学校は完全学校と比べると、ユニフォームの厳格な着用がないなど、ある種の自由がある。つまり、完全学校に比べるとある種の寛容さを備えているように思える。小さい学校には先に述べた短期間の就学施設、あるいは遠くの完全学校に行けるようになるまでの間に合わせの教育施設ということだけではなく、子どものソーシャル・セキュリティの担い手としての意味もあるように思える。

学校そして教師は複合的な役割を担っている。教育の効率という観点からはリピートやドロップアウトの多い学校は効率の悪い学校である。しかし、伝統的社会のなかで子どもの生活と未来を切り開く役割は近代教育システムとしての学校しか担えないのである。ナイアノイの祖母に見られるように、教育に子どもの未来がかかっていると考える女性は多い。それは現在の成人女性の子どものころには女の子が教育を受けるチャンスがなかったからである。

こうした教育への期待はマサイの社会に着実に広がっている。経済がグローバル化しているなかで、教育への期待も大きく変化しているのである。しかし、教育政策や教育支援はこの状況への充分な対応ができていない。つまり、人びとの意識はＥＦＡをはるかに超えて、教育への過度の期待に向かっているのである。

現在は開発援助や緊急人道支援のなかで教育・学校は重視されているが、それは学校が単に学ぶ場なのではなくて、子どもを守る場、保護する場としての役割も含めた多様な側面が重視されているからである。同様に、伝統的な社会にあっても近代的教育システムは多様な役割を担っており、また担わなければならないのである。しかし、ケニアに限らず多くの開発途上国の近代教育システムは不寛容で硬いシステムである。人びとの教育に対する認識と期待の高まりのなかで子どもに寄り添った教育システムを構築するために子どもの生活を視野に入れた調査と国際教育協力が必要になっているのである。

おわりに

イルキーク・アレ小学校の調査をもとに伝統的生活様式を色濃く残した社会マサイにおける近代公教育の役割を検討した。ここでは教師が子どもの最低限のソーシャル・セキュリティの担い手であると仮定した。私たちが学校を中途退学した女子生徒の家や結婚後の卒業生の家を訪ねる際はマサイの教師に案内してもらうのである。学校を離れた子どもでも教師はしっかり把握している。

教師は学校のなかでの授業と生徒指導を行なうばかりでなく、子どもの保護と生涯にわたってのケアを担う存在である。学校教育が硬直化しているなかで、教師はいっそう生徒に寄り添うことが求められているようである。これは、遠いアフリカのマサイの話ではないだろう。

【付記】 本論は、二〇〇五–二〇〇七年を中心に長期にわたる現地調査結果をまとめたものである。調査には澤村信英教授（大阪大学）、大阪大学学生院生が参加した。本調査に関してはさまざまな機会に論文・学会発表を行なっている。たとえば内海成治・澤村信英・高橋真央・浅野円香（二〇〇六）「ケニアの「小さい学校」の意味——マサイランドにおける不完全学校の就業実態」『国際教育協力論集』第九巻第二号、二七–三六頁。

＊1 個別生徒フローダイアグラムは大阪大学院生であった中川真帆（現在富士通）が作成した。

第４章

マサイの学校選択の要因分析

――教育調査におけるＧＰＳの可能性

はじめに

二〇〇〇年から現在まで、大阪大学と広島大学の調査チームはケニアのマサイの居住地域における教育調査を行なってきた。第3章で述べたように二〇〇五年以後は、八年生まで揃っていない不完全小学校のイルキーク・アレ小学校でのＩＳＴ法による分析を行なった。

二〇〇五年七月から八月にかけての調査ではＧＰＳ（Global Positioning System）による学校に通学している家庭の分布状況の調査によってこの小学校のキャッチメントエリア（通学圏）を明らかにすることを試みた。マサイの家は一人の長老（父親）と複数の夫人がボマと呼ばれる囲いのなかにそれぞれ家を持っている。ボマの中央には乳牛や小獣を入れておくペンと呼ばれる囲いがある。子どもたちはこのボマから通っている。

通学区のないケニアでは家にもっとも近く、通学に便利な小学校が選ばれる。入学には校長の面談が必要だが、成育が基準に達していれば断わられることはない。それゆえ、特に小学校低学年の段階では通学の便を考えて学校選択が行なわれていると考えられる。マサイランドのようにサバンナの草原が続くと目印になるものがなく子どもが迷子になることも多い。またサバンナにはハイエナやジャッカルなどの肉食獣や毒蛇やサソリなどの危険が大きいので通学距離を短くする必要性は高い。逆にそのために三年生しかない学校であっても村人によって作られたとも言えるのである。

しかし、三年生までしかない学校の場合には学校を続けるには別の学校に進学しなければならない。進学を希望する親は何を基準に学校を選択をしているのであろうか。その基準を明らかにするため進学希望校とボマとの距離を調べた。本章ではこの調査の結果から、ＧＰＳの教育調査における可能性を検討する。

1　ＧＰＳとは

ＧＰＳとはグローバル・ポジショニング・システム（Global Positioning System）の略であり、直訳すると全地球測位システムであるが、ＧＰＳがすでに日本語として通じる。これはアメリカが運用している衛星測位システムを利用した現在位置を測定するシステムのことである。アメリカは、軍事用に約三〇個のＧＰＳ衛星を運用し、地球上のあらゆる地点において数個のＧＰＳ衛星の電波を利用し、自分の現在位置を知るシステムを構築している。

ＧＰＳ衛星は原子時計を搭載し、時刻のデータ、衛星の軌道の情報などを送信している。ＧＰＳ受信機にも正確な時計が設置されている。受信機はＧＰＳ衛星の電波を受信し、発信－受信の時刻差と電波の伝播速度（三〇万㎞／秒）から当該衛星からの距離を計測する。受信機が三個のＧＰＳ衛星との距離を計測すれば、受信機の位置が決定できる。しかし、受信機に搭載されている時計は衛星の原子時計ほど正確でないため、誤差が大きい。そのため実際には四個の衛星からの距離を計測して補正している。また、ＧＰＳ衛星は静止衛星ではなく約二万㎞の高度を一周約一二時間で動いている。

ＧＰＳの測位原理

ＧＰＳ測位の原理は、まず通常の世界においては光速が一定であること。

つまり光速ｃは $c = 2.99792458 \times 10^{8}$ m/s である。

ＧＰＳ衛星と受信機がともに正確な時計を搭載していれば、受信機からの送信時刻と衛星からの受信時刻の差の時間に光の速度を掛けると距離が計算できる。

光の速度ｃ×時間差ｔ＝距離ｒ

こうして求められる距離ｒは、衛星の三次元の位置座標（X, Y, Z）と受信機の位置座標（x, y, z）との関係が以下のようになる。

$$r^2 = (X - x)^2 + (Y - y)^2 + (Z - z)^2$$

ＧＰＳ受信機の位置である三つの変数、x、y、zの値を得るには最低三つの連立方程式を解く必要があるため、三つ以上のＧＰＳ衛星を受信しなければならない。つまり、三個の衛星からの距離が決定できれば、二つの球面による円にさらに一つの球面が加わる。円と球面は二点で交わり、受信機はそのうちの一点に位置するからである。

ＧＰＳ衛星の原子時計は実際には誤差があるが正確とみなすことができるのに対してＧＰＳ受信機は通常のクォーツ時計程度の精度であるために誤差が生ずる。しかし、この誤差は先の三つの衛星からの距離値にもう一つの衛星からの距離を考慮することで原理的に誤差を取り除くことができる。それぞれの誤差は一定ではないが、それぞれの誤差が打ち消す方向に働くために誤差が小さくなるからである。

GPSに利用する衛星と受信機の間の通信の変調方式はSS（spread spectrum）変調方式と呼ばれ、FMやAM変調などに比べて広いバンド幅を低電力で送信できるために、データを復調できない秘話性と送信していることを隠すことのできる秘匿性に優れ、同一バンドを多重利用できるのである。

擬似雑音系列の開始位置の時刻を定めておけば、復調時に精度よく送出時刻を知ることができることも特徴の一つで、GPSではこの特徴を活かして測位とデータ（軌道の情報などが含まれる）の送信を同時に行なっている。また、GPS衛星は本来軍事用に開発されているために、ミサイルや誘導爆弾に利用する非常に精度の高い電波を使っており、民間利用ができない。民間利用できる未暗号化データの精度では、正確な緯度経度から一〇m以内の座標しか得られない。しかし、これは短時間での精度であり、長期間受信し続けることにより精密な測量も可能である。

GPSの測位法にはコード測位方式と搬送波測位方式とがあるが、搬送波測位方式は、精度は高いが高価なため高精度の測量が必要な場合に用いられ、一般にはコード測位が使われている。コード測位の誤差は一〇m程度である。

なお、今回の測定に使用したGPS受信機はGARMIN社eTREX VISTAである。

2　GPSによる調査方法

調査の第一の目的はイルキーク・アレ小学校の通学圏を確定することである。これには各家庭（ボマ）を訪問してその位置を測定し、学校からの距離を計測する必要がある。今一つの目的は、三年生修了後に、進学する小学校を選ぶ際に学校との距離（通学時間）がどの程度影響を与えているかを確かめることである。そのために、各家庭の親に現在イルキーク・アレ小学校に在学している子どもの進学希望先を聞き、各小学校とボマとの距離を明らかにする必要がある。

車のフロントガラスの下にGPS受信機をセットし、イルキーク・アレ小学校から順次家庭訪問をして、それぞれのボマの緯度経度ならびに高度を測定した。また、近隣の三つの小学校の緯度経度ならびに高度も測定した。道路に関しては、車の通れる道をプロットして、各学校への道をプロットした。

しかし、ボマは草原に孤立しており、人や家畜の通る道はあっても、車の通れる道路は存在していない。そのため、校長や教員に同行してもらうことにした。校長も同行の教師もマサイのため、迷うことなくかなり的確に道案内してくれた。

通常、ボマはアカシアの枯れ枝あるいは有刺鉄線によって囲まれている。野獣の侵入を防ぐためである。GPSで車の通った軌跡をトレースするとともに、ボマの入り口でその緯度経度を測定した。

3　調査結果

学校とボマの位置関係

学校には二本の大きな木があるが、ボマは疎林の中のボマもあれば木のない草原のボマもある。一四のボマから子どもが通っている。もう一つ学校の近くにあるボマからはかつて子どもが来ていたが、調査時には移動して空き家になっていた。この一八ボマがイルキーク・アレ小学校に通学しているすべてのボマである。大きな小学校の場合には二〇〇程度のボマから子どもが通学しているが、イルキーク・アレは非常に小さな学校と言える。

各ボマとイルキーク・アレ小学校と近隣の三つの小学校との距離・標高差を、GPSによって実測したものが、それぞれ**図4－1**および**表4－1**である。また、**図4－1**には進学希望先も図示した。

オラシティ小学校（Olasiti Primary School）はマオ地区でもっとも古く、教師数一六人、生徒数は八二五人（二〇〇五年）ともっとも大きな小学校である。イルキーク・アレの脇の幹線道路を西に二キロほどのドカモジャ集落から北へ三キロほど入った丘の上にある。イルキーク・アレのある平原と比べると丘陵にあり周辺は疎林である。この小学校

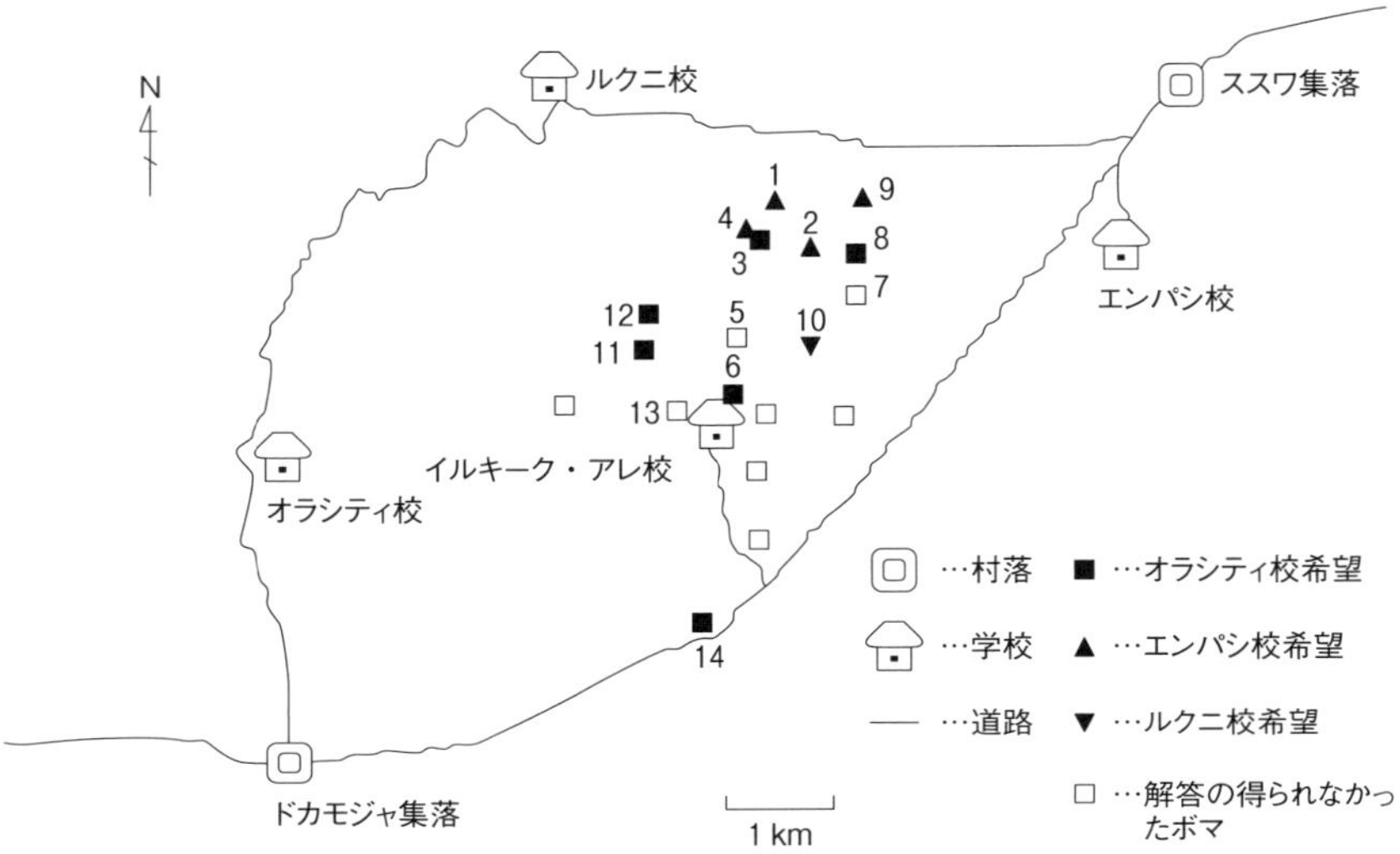

注：図中の道路は車で通行可能な道の軌跡を図示したもので、必ずしも道路としてできているわけではない。数字のないボマはかつて生徒が通学していた家、あるいは遠隔地に遊牧に行き無人となっている家を示す。

出典：内海（2009：150）

図４－１　４つの小学校とボマの位置関係図および進学希望

は男女の寄宿舎や教員宿舎も備えており、小学校卒業試験（ＫＣＰＥ）の成績もよい。

エンパシ小学校（Empaash Primary School）は、ススワ集落を見下ろす丘の中腹にある小学校で英国国教会系のアフリカインランド教会（ＡＩＣ）が設立して、現在公立になっている小学校でＡＩＣエンパシ小学校が正式の名前である。教師数八人生徒数二五〇人である（二〇〇五年）。ススワ集落は近隣でもっとも大きな集落である。水曜日と土曜日にマーケットと家畜の市が開催され、ウシやヤギ・羊の取引が行なわれ、大きな賑わいを見せ、近隣の商業経済センターである。

ルクニ小学校（N/Lukuny Primary School）は近年設立された完全小学校で、疎林のなかに作られた校舎はトタンである。幹線道路をススワ集落から西に五キロほど入ったところにあり、車が通れる道が整備されている。教師数五人生徒数一五八人と近隣の三つの完全小学校のなかでもっとも小規模な学校である。

イルキーク・アレ小学校から各ボマまでの距離

表4－1　ボマと小学校の距離および標高差*

ボマ	標高（m）	イルキーク・アレ		オラシティ		エンパシ		ルクニ	
		距離（m）	標高差（m）	距離（m）	標高差（m）	距離（m）	標高差（m）	距離（m）	標高差（m）
1	1,641	2,300	4.0	6,500	113	4,200	－14	2,900	40
2	1,642	2,100	3.0	6,700	112	3,800	－15	3,500	39
3	1,640	1,900	5.0	6,200	114	4,300	－13	3,000	41
4	1,646	2,000	－1.0	6,000	108	4,500	－19	2,700	35
5	1,651	900	－6.0	5,600	103	4,700	－24	3,300	30
6	1,648	400	－3.0	5,500	106	4,900	－21	3,700	33
7	1,630	2,200	15.0	7,100	124	3,200	－3	4,200	51
8	1,632	2,400	13.0	7,200	122	3,200	－5	4,000	49
9	1,630	2,800	15.0	7,500	124	3,100	－3	3,900	51
10	1,633	1,400	12.0	6,400	121	3,900	－6	4,000	48
11	1,650	1,200	－5.0	4,500	104	5,800	－23	2,800	31
12	1,652	1,400	－7.0	4,700	102	5,700	－25	2,500	29
13	1,649	500	－4.0	4,800	105	5,500	－22	3,500	32
14	1,666	1,900	－21.0	5,300	88	6,200	－39	5,500	15
平均（m）	1,643.6	1,671	1.4	6,000	110.4	4,500	－16.6	3,536	37.4

＊ボマと学校とのGPSによる緯度経度標高から計算したボマからの直線距離であり、実際の通学路ではない。

はもっとも遠いボマで二・八キロメートル、最短で〇・四キロメートル、平均は一・六キロメートルである。これらのボマは平原であるために標高差は一五メートルからマイナス二一メートルの範囲で平均はマイナス一メートルである。

図4－1のボマの番号は**表4－1**と対応している。

ボマを学校から見ることは難しい。しかし、多くのボマからはイルキーク・アレ小学校の校庭の二本のアカシアを見ることができる。こうした木が平原での重要な目印であることが分かる。逆に大きな二本のアカシアがあるからここに学校を設立したのである。ボマの多くはイルキーク・アレ小学校とエンパシ小学校およびルクニ小学校の三角形のなかの東に寄ったところに位置している。

その理由として、一つはオラシティ小学校のある西側の丘陵地帯は、標高一七五四

表4－2　ススワ地区の4小学校の生徒数および教師数（2006年6月現在）

小学校名	1年	2年	3年	4年	5年	6年	7年	8年	合計	教師数
イルキーク・アレ	22 (12)	16 (9)	18 (6)	—	—	—	—	—	56 (27)	3 (2)
オラシティ	125 (73)	126 (73)	120 (56)	126 (64)	123 (53)	86 (40)	101 (42)	78 (28)	885 (429)	17 (7)
エンパシ	70 (35)	51 (22)	54 (24)	40 (18)	27 (11)	24 (11)	17 (9)	9 (5)	292 (135)	8 (5)
ルクニ	30 (15)	26 (11)	39 (19)	26 (13)	21 (7)	9 (5)	19 (6)	4 (2)	181 (78)	7 (0)

注：カッコ内は女子の内数。データ上の合計生徒数が学年別数値から再計算した合計と異なる場合（オラシティ）、再計算した数値を優先した。
出所：ススワ地区教員センター資料

表4－3　進学希望小学校と他の小学校のボマからの平均距離

進学希望校	イルキーク・アレ	オラシティ	エンパシ	ルクニ
オラシティ	2300m	5567m	5017m	3750m
エンパシ	1850m	6675m	3900m	3400m
ルクニ	1400m	6400m	3900m	4000m

注：標高差は無視した。

メートルと、イルキーク・アレと比べて一〇〇メートル以上も高いことである。二つ目としては、ボマから西にオラシティまでの丘陵地帯では灌木が茂っており住居を作るには不適切だからである。三つ目としてはオラシティ校が寄宿舎を備えた大規模校であり、かつ成績優秀校であるため、オラシティ周辺の子どもははじめからオラシティに行くからであろう。

これら三校の学年別生徒数および教師数を比較したのが**表4－2**である。この表から分かるように生徒数が年によって増減している。そしてある学年の生徒がそのまま進級していない。また学年はじめの一月に登録した生徒がかならずしも通学するわけでもない。

進学希望校との位置関係

一四のボマで生徒の親（あるいは保護者）のインタビューを行ない、イルキーク・アレで三年終了後、どの小学校に進学したいかを聞き、その結果も地図に表記した。三つのボマでは進学を考えていないか、決めていなかった。答えのあった一一ボマのうち、オラシティ小学校を希望するボマが六（番号3、6、8、11、12、14）、エンパシ小学校が四（1、2、4、9）、ルクニ小学校が一（10）という結果であった。それぞれ希望しているボマと各小学校の距離の平均は**表4-3**の通りである。

これを見るとオラシティ小学校への進学を希望している六つのボマのオラシティまでの平均距離は五五六七mで、エンパシやルクニより遠いのである。またエンパシを希望している四つのボマのエンパシまでの距離は三九〇〇mでオラシティよりも近いがルクニよりわずかであるが遠い。さらにルクニを希望しているボマは一つであったが、そこはエンパシよりもわずかに遠いボマであった。このように進学希望校は距離すなわち通学時間とは異なる要因が強く働いていることが分かる。

希望する学校までの距離を一として、他の学校の距離の値を求めると次のようになる。オラシティ希望ボマでは、オラシティが一、エンパシ〇・九〇、ルクニは〇・六七である。エンパシを希望するボマでは、エンパシを一とし、オラシティは一・七一、ルクニは〇・八七、ルクニ希望ボマはオシティ一・六、エンパシ〇・九八となる。すなわちオラシティへの進学を希望する親は、オラシティ小学校はエンパシよりも一〇%、ルクニよりも三三%選好度が高いことになる。エンパシを希望する親にとって、エンパシ校はルクニより一三%選好度が高い。ルクニ希望の親はエンパシよりも二%選好度が高いことになる。

このことから、学校との距離が三〇%以上違うと近い学校を選ぶが、三〇%以内であると距離よりも、それ以外の学校の評価や名声によって学校を選択していると言えるであろう。

今回の計算では標高差や道の状態等は無視して距離だけを目安とした。実際には、イルキーク・アレの通学エリアからオラシティ校は標高が高く、通学路は灌木の中を縫って行くので、距離以上に通学が困難である。また、エンパシ校はススワ集落に近く、ススワ山麓の少し高くなった丘の上にあり、幹線道路から見ることができる。そのため、通学には便利であるが、イルキーク・アレに通学させているボマとは氏族（クラン）の違い等の心理的距離があると考えられる。

このように距離以外のさまざまな要因が学校選択には効いている。それがどの程度であるかは、ＧＰＳによる正確な距離の測定からうかがうことができるのである。

４　考察と課題

ＧＰＳ使用により明らかになったこと

ＧＰＳによるデータから広い地域に散在する生徒の通学圏を明らかにすることができる。マサイの居住区のように地図が不正確で道路が極めて限られている場合には、ＧＰＳによる各ボマの同定は確実であり、信頼性が高い。また、近隣の学校までの距離を比較することにより、各学校選択の違いをある程度数値化することが可能となる。今回の調査はあくまでも少数のボマでの試験的な試みであるが、学校選択が距離以外の要因に左右されていることが明らかになった。

ＧＰＳの課題

ＧＰＳでは距離と高度差を正確に計測できるが、実際の子どもの通学路を表わしているものではない。草原では子どもは通常直線距離を歩いて通学するが、途中には灌木や有刺鉄線で囲われた私有地もある。またイルキーク・アレとオラシティの間は小高い丘があり、イルキーク・アレとルクニの間には小山がそびえているため、それぞれ迂回しなければならない。それゆえ正確には子どもの通学路を視覚化して計測することが必要である。

ＧＰＳの操作は簡単になり、またカメラに搭載されて、写真を撮ることでその位置が分かるようにもなった。それゆえにＧＰＳの可能性は広がっているが、他のデータとどのように組み合わせるかが重要になっていると言えるであろう。そうでないと単なるデータの羅列となるからである。それゆえGPSデータを使用する意味を明確にしておく必要がある。

ボマをたずねて

今回訪問したボマはいずれも一六〇〇mを超える高地にある。そのために朝夕は寒く、日中は赤道直下の太陽に照らされて非常に暑い。一日の温度差は二〇度を超えるであろう。そこに暮らしているマサイの家は、驚くほど質素である。木の枠組みにマニアッタ（土と牛糞を混ぜあわせたもの）を貼り付けた円形ないしは楕円形の家には窓はなく、また家のなかで常に火を起こしているためとても煙い。これはハエや害虫を駆除する意味もある。それぞれのボマではどこでも歓迎してくれ、ミルクと砂糖たっぷりのマサイのお茶をいただくことが多かった。

そして、教育について尋ねると大変熱心に語ってくれた。マサイにおいてもかつてとは異なり、学校教育と自分たちの生活の折り合いをどうつけていくかが課題となっている。また、母親は教育熱心だが、男親は概して冷淡であったことも課題である。

写真4－1　マサイの家族、一つのボマに複数の夫人と子どもが生活している

こうしたボマを訪問して親と話をすると、遊牧民が近代教育に敵対的であるという言説はまったく感じなかった。これはすでに学校に通わせている親へのインタビューだったからかもしれない。しかし、子どもを学校に通わせていない親からも学校の重要性を認識していることはうかがえた。特に母親は娘に「自分のような人生は送らせたくない」という強い意見を聞くことが多かった。

新しい機器をどう使うのか

新しい機器の出現は調査方法を大きく変える。たとえば、携帯電話やデジタルカメラの普及である。携帯電話を使えば、マサイの校長や教師と日本から電話で打ち合わせができるのである。また、出席簿や生徒の成績一覧を筆記するのは大変な手間であったが、デジタルカメラで撮っておけば、すぐに再現できる。こうした新たな機器による調査の簡素化は、時間や費用の軽減になるが、調査そのものに影響を与えるわけではない。

ところが、ここで紹介したGPSの出現は新たな調査の可能性を与えてくれた。もっともGPSは、動物に付けてその移動や遠隔地の学校や保健所のマッピング等に使用されてきた。今回の報告では、広い地域に孤立しているマサイの家庭と学校の位置関係を明らかにするためにGPSを導入したものである。

ただし、GPSは人工衛星とのやり取りにより、現在地を測定するものであるが、基準点の取り方で絶対値が変わってくる。たとえばケニアの中央部を横切る赤道を今回使用したGPSで計測したところ、基準の取り方で何百メートルも赤道の位置が変わるのである。ケニアの国道沿いにも、ここが赤道だというサービスエリアが離れたところに二か所ある。私たちの計測では、その二つのサービスエリアの中間の鉄道の踏切あたりが赤道を示す南緯零度を示していた。つまり、GPSで測定できるのは相対的な距離であり、絶対値には多少の誤差があることを理解する必要がある。

学校との物理的距離と心理的距離

ケニアには学区がなく、どの小学校にも校長の許可で入学できる。そのため、必然的に評判の高い学校に子どもが集まる。しかし、幼い子どもは通学の手段がない限り家の近くの学校に行かざるを得ない。

実際には、いくら評判が良くてもあまり遠い学校に行くことはできないので、次善の策を講じることになる。また、評判の良い学校を選好するのは親の教育への意識ともかかわる。それゆえに、正確な学校への距離を測り、学校選択の傾向を調べることで、逆に学校の評価および親の教育意識を探ることができるであろう。もっとも、こうした評価や意識はそれぞれに絡み合っているために正確な評価はできないが、少なくとも傾向は見ることができる。

今回の調査では、その選好度を希望学校と実際の距離の差から「距離が三〇%以上異なると近い学校を選ぶが、三〇%以内であると距離よりも、それ以外の学校の評価や名声によって学校を選択しようとしていると言えるであろう」と推定した。こうした学校選好の態度の要因には物理的距離と心理的距離の二つの要素があり、その関係のなかで学校選択が決められるとした。今回の四つの学校の場合には物理的距離のファクターが約三〇%程度であるとの結論である。今回の場合には三年生までしかない学校の別の学校への四年次編入の調査である。それゆえに、幼いナーサリーや一年生の入学にはもっと物理的距離のファクターが強く出るはずである。そこにイルキーク・アレ小学校のような不完全小学校の意味があるとも言える。つまり、イルキーク・アレは近隣の完全小学校の分校としての機能を果たしているのである。

このような知見は、限られた予算のなかで学校をどのように配置するかを検討するときに必要なことである。すなわちスクールマッピングは単に距離の問題ではなく、親や子どもの学校への心理的距離も重要だという指摘である。つまり、近隣に評価の高い学校があると、かなりの距離でもそこに通学したがり、人びとの生活している場の近隣に学校を作ってもそこが機能しない可能性があるからである。

これは学校格差の問題でもある。オラシティ小学校は、この地域でもっとも古い伝統のあるトップ校である。生徒数も教員数も多い。また、寄宿舎やホールの建設も進み、電気も通じている。こうした学校は、寄付も集めやすく、成績もよい。他の学校との格差が広がり、学校間のヒエラルキーができてしまう。県教育局の扱いもこうした優秀校、大型校への教員配置が優先されやすい。また、二〇〇三年の初等教育無償化後、各学校への配分予算も登録生徒数がもとになるので、生徒数の多い学校には大型の予算が配分されることになる。それゆえに、新設校や不完全小学校の教育の質を上げる努力が必要とされる。そうした施策は学校間の心理的距離を弱め、近くの学校を選好させることで子どもの負担を軽くすることができるからである。

おわりに

新しい機器の導入は、ともすれば導入することに意味があるような調査を招きやすい。今回のＧＰＳを導入したマサイの学校と家庭のマッピングは、道がない地域での地図作りである。この作業はＧＰＳがなくては到底無理な仕事である。また、ＧＰＳで得られた結果は明確であり、多くの知見を得ることができた。そのなかでも、学校の選好が物理的な距離と心理的な距離のかかわりのなかで決まることが明らかになった。このことは、伝統的社会においても教育の重要性が広く認識されていることを示している。また、教育への認識が高まればますます心理的な要素が大きくなることも考えられる。逆にこうした調査から学校の評価を検討することもできるであろう。

【付記】 この調査は二〇〇五年の夏に以下のメンバーとともに行なった。澤村信英（現大阪大学教授）、高橋真央（現甲南女子大学准教授）、内海祥治（岩手県畜産協会）および大阪大学学生・院生である。ＧＰＳデータの取りまとめと作図は内海祥治が担当した。

第5章
マサイの少女、ジョイスとの出会い

はじめに

私の研究室には二〇〇〇年以来のケニアの学校調査の記録が四つの大きめのプラスチックボックスに収められている。二〇〇〇年九月の最初の調査の際に作成した個人ファイルの内の一枚は思い出深い。そこにはこう書いてある「2000年9月22日作成、ジョイス・クラル Joyce Kurraru、1984年生まれ16歳、6年生」。この小学校の制服であるエンジ色のセーターに薄いピンクのシャツ。セーターは綺麗でシャツは洗濯されていて汚れは見られない。濃い褐色の肌、短く刈られた髪、ひたいは発達し、厚い唇は軽く開いて、前歯がのぞいている。上目使いのアーモンド型の目。好奇心と自尊心、そして恥ずかしさが入り混じった不思議な表情をしている。恥じらいを隠すために単に無感情を表わそうとしているのかもしれない（写真5－1）。

ジョイスの父のマタール（Matarh）は農牧の他に呪術師として村の診療所の前の木の下に立って、患者への祈りを

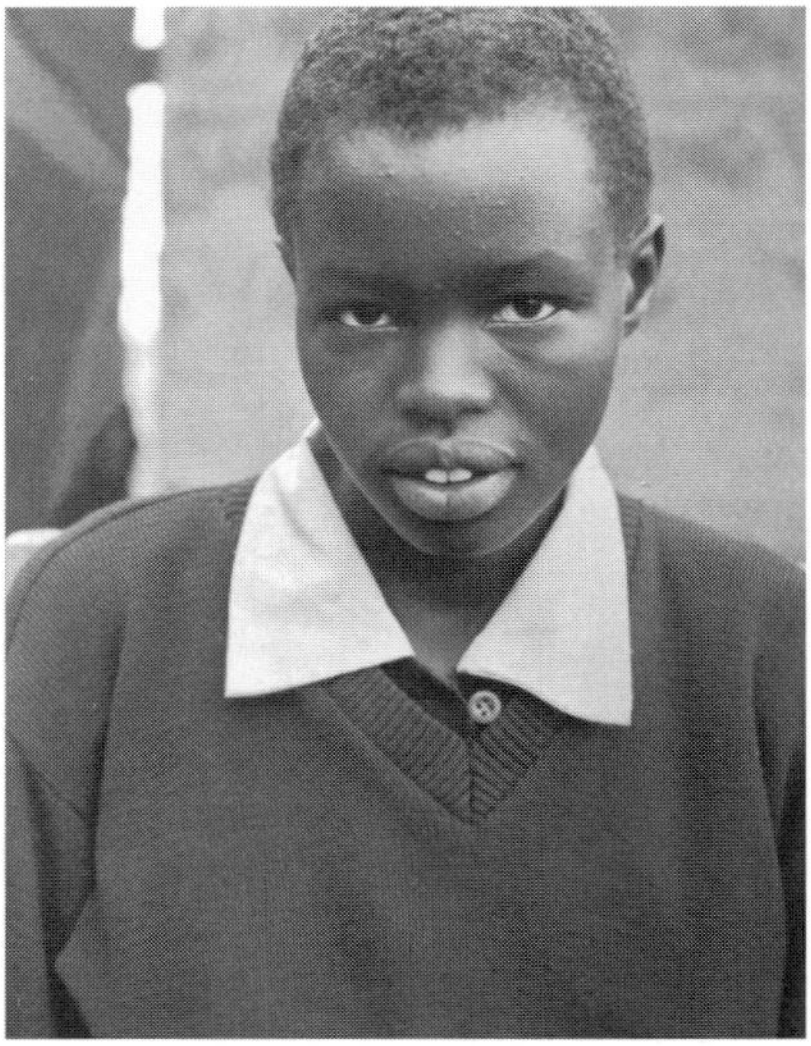
写真5－1　ジョイス（2000年9月撮影）

行なっている。母マルゲイト（Margate）との間に三男二女があり、ジョイスは末っ子である。彼女は一九九六年一二月に割礼をうけ、将来の希望は看護師である。

ジョイスは二〇〇一年には学校にいなかった。八年制のケニアの小学校では中途退学である。中退の理由は出産である。その後、別の男性と結婚した。私たちはその後何度かジョイスの家を訪問し、話を聞き、その生活を見てきた。私はジョイスとの会話を通して近代教育の意味を考えた。たとえ六年足らずの学校教育であったとしても、それがジョイスにとっては非常に大切な経験であることを実感したからである。そのなかで私は、教育の意味、人生の意味を知らされたように思っている。いったいジョイスは何を私に教えてくれたのだろうか、それをここで語りたいのである。

はじめに私がジョイスとどういうところで出会ったかを述べることにしよう。

1　オラシティ小学校

最初にジョイスと会った翌々年の二〇〇二年一〇月、私たち（内海、澤村信英広島大学助教授（当時））は再びケニアのナロック県で過ごした。ナロック県は首都ナイロビの西、大地構帯内部のサバンナ地帯で、マサイの居住地域マサイランドである。南のススワ山の大爆烈火口と北のマオ山塊にはさまれたマオ地区が私たちのフィールドである。二〇〇〇年、二〇〇一年に続いて、子どもの進級の状況や身体的成長などを確認するとともに何人かの生徒の家庭訪問を行なった。使う車は走行距離二〇万キロを越えているカローラである。四輪駆動車が必要なのであるが、貧乏調査では贅沢も言っていられない。食事は自炊である。ナイロビから通う日には弁当を持参し、小学校に泊まるときは、パンをかじる。当時のマサイの小学校には電気はなく、水も雨水である。トイレがあるだけありがたい。その分、山並みに沈む太陽を味わい、夜は存分に南十字星を仰ぐことができる。

ケニアの小学校は八年制であるが、就学前クラスが設けられているので実質的には九年制である。しかし、就学前クラスは教師の給与が県から支給されないために、コミュニティが教師の給与を負担する。とはいえ、就学前クラスにはユニフォームがなく、教科書や試験もないので、教員給与を負担しても、負担自体は小学生の三分の一である。各学年を通して中途退学が非常に多く、一〇〇人の一年生が八年生になると二〇人以下になる。特に女子の中途退学が多い。

調査している学校の一つであるオラシティ小学校には、遊牧民であるマサイの子弟を通学させるために寄宿舎が設けられ、上級生を中心に男女それぞれ二〇名が寄宿している。中途退学を防ぐよい方法だが、実際には異なった目的のために使われている。遠方に移動する遊牧民の子どもではなく、進学準備のために比較的豊かで進学熱心な家庭の子どもが寄宿している。マサイの家には、電気や勉強のための椅子机がないので、寄宿舎に入らないと卒業試験でよい成績を得られないからである。寄宿舎にはランプが用意されており、家庭の仕事からも解放される。しかし、寄宿舎は食事代を含めて年間一万一〇〇〇シリング（約一万二〇〇〇円）必要なため、現金収入の少ないマサイにとってはかなりの負担である。

2　ボマにて

マサイの家庭はボマ（Boma）と呼ぶ。囲いの意味であるが、囲いはあったりなかったりする。ボマは家長（長老）

を中心とした家族が共同で生活する場である。そのなかには第一夫人以下の何軒かの家が立ち並ぶ。家は角の丸い四角形ないしは円形である。組み上げた木の枝に土と牛糞を混ぜたものを塗り固めたものである。家々の中央に、ペンと呼ぶ乳搾り用の牛やヤギや羊の囲いがある。学校から帰った子どもたちはユニフォームをマサイの服に変えて、幼い兄弟の世話、ヤギや羊の世話、水汲みをする。

オラシティ小学校は生徒数五〇〇人（当時）の大きな小学校である。通学可能な区域内のボマは二五〇で、そのうち約二〇〇のボマから生徒が通学している。ほとんどのボマには学齢期の子どもがいると考えられるので、約二〇％のボマの子どもはまったく通学していないのである。しかし、残りの八〇％のボマでもすべての子どもが通学しているのではない。

二〇〇二年の調査では約一〇のボマを訪問調査した。ボマへの訪問は、学校を通して、長老に連絡し、長老の居るときに訪問することが許される。ボマを訪ねるにはお土産（紅茶、砂糖、マーガリン等）を第一夫人に手渡す。インタビューはどのボマでも、長老と第一夫人にのみ可能であった。

約半数の長老は学校の重要性を強調していた。なかにはマサイの生業である遊牧の危機を背景にしていると思われる発言もあった。牛以外にも、ヤギ・羊の数が減り続けている状態にあるため、子どもを学校に行かせることで賃仕事につかせることが重要であるとのことである。

一九八〇年代から断続的に続く旱魃《かんばつ》や牛疫の流行によって、遊牧の民であるマサイにとって非常に厳しい状況が続いている。また、ナロック県では二〇〇一年から土地登記法が実施され、多くのマサイが三〇エーカーから五〇エーカーの土地を所有するようになったことも背景にあろう。

英領時代に、マサイをはじめとする遊牧民でもすべてのボマから子どものうち一人は学校に行かせることが義務付けられていた。その義務規定はすでにないのであるが、いまだに県教育局はこの規定にこだわっている。そのためマサイのボマではナーサリーにだけ通わせるとか、末子や障がいを持つ子どもを通学させるケースが多かったようだ。

長老のなかには、子どもの将来を考えると、女の子であっても社会に参加するには学校に行って何らかの資格を得ることが必要であるという声が聞かれた。しかし、現金収入が極端に少ないマサイの現状では、小学校はともかく、年間一万五〇〇〇シリング（約一万六〇〇〇円）必要な中等学校に通学させることは困難であるという。

3 ジョイスとの再会

ジョイスは二〇〇〇年九月の調査では小学校六年生であった。翌二〇〇一年は通常なら七年生だが、学校に来ていない。マサイの学校では多くの生徒が長期欠席や中途退学をするが、たいがいは五年生以下である。親が遊牧の牛とともに遠隔地に出ると、子どもも同行することが多い。二〇〇〇年は雨が少なく、私たちの調査地点であるスワ山の近くは草の成育が非常に悪く、西のナクール湖の周辺まで遊牧が行なわれた。そのため子どもの長期欠席が多かった。しかし、二〇〇一年は幸い雨が多く、生徒の多くも戻ってきていた。

ジョイスの家はどうだったのであろうか。二〇〇二年の調査の際にジョイスの家に家庭訪問を行なった。ジョイスの家は小学校から歩いて二〇分ほどで、学校にもっとも近いボマの一つである。ボマといってもジョイスの家はマニアッタの家と木造の家屋、それに高床式の穀物倉庫、雨水をためるタンクを備えている。非常にめずらしいタイプである。彼女の兄が中等学校を中退して、コミュニティの開発委員会に勤めていることが原因であろう。近代的な技術がボマに導入されている。しかし、穀物小屋は雨漏りがして使われておらず、タンクも壊れてしまっている。水は五〇メートル程離れたところにあるダム（一〇メートル四方を浅く掘ったもの）から汲んでいた。

私たちが訪ねたとき、ジョイスは水を汲みにいっているというので、ダムのほうに歩いて行った。途中にバケツが道に置いてあり、ジョイスの姿が見えない。私たちは学校の教師と一緒に来たので、学校を中途退学したことで私たちから怒られると思って姿を隠したようだ。そこで、しばらくのあいだ兄や祖母から話を聞いた。

写真5－2　ジョイスと子ども、家の前で（2002年7月撮影）

三〇分ほど話をして、いよいよ帰ろうとするときにジョイスが現われた。一昨年写真を撮って、インタビューした私たちを憶えていて、正装をして現われたのである。黄色と赤のマサイドレスに身を包み、ビーズをつけ、子どもを抱いている。一歳ぐらいの女児である。二〇〇〇年九月には妊娠していたのであろう。子どもが生まれたので退学したのである。小学校では、出産は退学を意味している。子どもの話を聞き、そして、結婚するのかと聞くと、目に涙を浮かべてうなずくのである。小学生から急に母親になっている**写真5－2**は私に眩暈《めまい》を起こさせる。

マサイの女性は割礼を終えると、割礼後の男性（モラン）との恋愛関係に入り、結婚も可能となる。しかし、結婚は父である長老の決めた男性と結婚する。それゆえに恋愛によって子どもができた場合であっても、子どもの父親と結婚するとは限らない。私たちの調査でも父親と母親の年齢は非常に離れている場合が多く、また重婚（polygamy）は一般的である。子どもは実の父親ではなく結婚した相手の子どもとなる。

4　その後のジョイス

私は、ジョイスとのインタビューを終えて、汗とほこりにまみれて学校に戻る間、近代学校教育とは何だろうかと思わざるをえなかった。子どもを生んだジョイスは、その子どもと一緒に親の決めた男性（多くは父親と同じ年齢組の男性）と結婚する。ほとんどは第二夫人、第三夫人である。その意味では、日本における一〇代の妊娠や未婚の母とはかなり異なる。伝統的なマサイの社会では、日常的なことなのである。ジョイスの学校生活はマサイとしての人生にとってはその一コマでしかない。

学校サイドから見れば、ジョイスは中途退学者である。そして、ジョイスはマサイの女性として生きる。ジョイスのファイルには将来の職業として看護師と記されていた。これはかなわぬ夢となった。ジョイスは近代部門への参加を閉ざされているのである。

マサイの側から見れば、ジョイスの恋愛と出産という選択はマサイの社会システムのなかで合理的な選択であり、彼女がその後結婚し、マサイの女性として生きていく上で、何らの疵瑕となるべきものではない。看護師という彼女の夢は、学校を続けられたらという前提の上でのとりあえずの答えなのである。しかし、ジョイスの涙が伝統社会と近代教育システムの分裂の谷間に流れていることも確かなことである。

ジョイスの選択には、家庭が貧しいがゆえに通学が困難であること、母の世話、水汲みや乳搾りなどボマでのさまざまな仕事がその背景にある。同時に美しいビーズをまとい、マサイの青年との楽しい語らいと恋があることも確かであろう。彼女はボマと学校、つまりビーズの世界とユニフォームの世界を彷徨したのである。

写真5－3　2011年のジョイスと母親

その後何度かジョイスとその夫ジョンを訪ねてインタビューを行なっている。**写真5－3**は二〇一一年のジョイスと母親である。恥じらいを含んだ表情は変わらないが、確かな生活を獲得した人生への自信を感じさせる。結婚して九年、すでに三人の子どもがいる。はじめの子は小学校に行っている。夫のジョンはバスで一時間以上かかるナロック市の肉屋に住み込みで働いている。ジョイスは政府から供与された三〇エーカーの土地にトウモロコシを植えている。たわわに実ったトウモロコシ畑を丁寧に案内してくれた。また、新しい家を立てているところであった。伝統的なマニヤッタの家であるが、ジョイスが中心になって建築している。農業や家づくりは女性の仕事であるとしても、独立した女性として生きていることを感じさせる。これは彼女の教育経験によって裏打ちされた生きる自信ではないかと思う。教育は卒業証書ではなく、何を学んだかが重要なのではないか。

農業、家作り、子どもの教育、ジョイスは楽しそうに語ってくれた。英語は少しおぼつかなくなっているが、私との会話は成立している。ジョイスの子どもたちは学校に行くのが当たり前になっている。看護師というジョイスの夢は中途退学によって達成されなかったが、マサイの女性としてしっかりと生きていることが伝わってくる。ジョイスの存在は、私に教育の意味を教えてくれるのである。

写真5－4　ジョイスと夫のジョン（2011年7月撮影）

5　近代教育システムとは何か

短期間ではあったが、ジョイスが学校教育から得たものは何だろうか。ジョイスは次のものを得ていると思う。すなわち、英語やスワヒリ語による会話、世界を理解する概念、人生に対する見通し等である。こうしたいくつかの面の知を持ち合わせていることを、私はかつて知が結晶化していると表現した。つまり、対自認識の獲得であり、他者との人間関係の構築であり、また人生に対する柔軟な態度を身につけていることである。このような人間を三木清の言葉を借りれば「幸福」と呼んでよいものだろうと思う。三木清はゲーテを引用して「幸福」とは人格であるとし、それは外化するのだという。つまり、「幸福」な人格は人に寛容であり、親切であり、人に対する配慮があることだという。ジョイスの母親マルゲイトはとてもよい人である。つつしみ深く落ちついている。マサイの社会では立派な女性だと思う。しかし、母とジョイスは決定的に異なっている。それは人生に対する見通しであり、家庭を自己の責任において引き受けることだと思う。変容するマサイの社会に対応していく力、夫とともに人生に立ち向かっていく力を教育が培ったのではないか。

知を得ること、同世代の友人を得ること、社会のなかの一員であることを自覚すること、これこそ近代公教育が目指すものであろう。すなわち、一人ひとりの子どもを包み込む多重な世界に生きていく柔軟な精神を培うのである。私たちは、そうした子どもから学ぶのである。ジョイスは私たちに教育の本当の価値を具現化して教えているように思えるのである。

こうした研究調査のあり方を、神谷美恵子（一九七二）はミッシェル・フーコーを紹介しつつ臨床的態度と呼んだ。つまり、研究者・専門家は自ら構築した診断のマトリックスに対象を当てはめようとする。そうではなく、自らのマトリックスからはみ出して、あるいは壊して新たな地平を切り開く関係性の構築を促す態度である。そこに習えば、私たちのマサイ調査からの学びは臨床的フィールドワークとでも呼べるものではなかろうか。

学校関係者や長老のインタビューから聞こえてくる声とは別に、マサイの子どもにとって、伝統的社会における学校の役割は極めて限定的なものであり、将来を預ける強さも保証もない脆弱なシステムでしかないのである。伝統的社会における近代化の課題は人類学の分野からも近代化か伝統かというオルタナティブではなく、伝統的社会の視点を取り入れた近代化の必要性が指摘されている（Ohta. I 1993、湖中真哉 一九九六）。ジョイスの場合に見られるように妊娠・出産を退学に結びつけてしまうリジットな学校観を変えて、やり直しのできるソフトなシステムにすること、またマサイにとっても役に立つ教育内容など、伝統的社会の学校にかける期待に即して学校を変革することが求められている。
その際の視点は一人ひとりの子どもの社会的な生の保障でなくてはならないだろう。そのための学校への支援策、国際教育協力の方向性は、一人ひとりの子どもの生、すなわち子どもの喜びと悲しみを見据えた研究から学ばなくてはならないのである。

【付記】　本章に述べた長期にわたる調査は澤村信英教授（現大阪大学）をはじめ多くの大阪大学の学生・院生との共同で行なった。その成果は資料の中の私のさまざまな文献に記した。たとえば、内海（二〇〇九）、内海（二〇一一）、内海（二〇一二）など。

第６章

スワヒリ社会における近代教育の変容

――国際教育協力の再検討

はじめに

現代にまで続く公教育制度は、一七八九年七月一四日に始まったフランス革命のさなかにコンドルセによって構想された[*1]。幾多の紆余曲折を経たフランス革命は一八〇四年一二月二日のナポレオンの皇帝就任によって幕を閉じた。ところが、革命のさなかに獄中で構想されたコンドルセの公教育の理念は、このナポレオンによって現実のものとなった。樺山紘一（一九九八）は次のように指摘している。

全国、そしてすべての身分にわたる基礎教育という理想は、まさしく啓蒙主義の正道である。ナポレオンは、費用や人員の不足を承知のうえで、これを制度に結実させた。すべてのフランス人子息は、同じ教育を受けるべきだ。理想は、必ずしも完遂しなかったとは言え、近代フランスはここに高らかに宣言されて、未来を約束される

だろう。[*2]（樺山　一九九八、五〇頁）

ナポレオンの時代から二〇〇年が経過した。このナポレオンの理想は実現しつつあり、世界の隅々まで初等教育が行なわれるようになった。つまり、啓蒙主義の申し子であるＥＦＡ（Education for All、万人のための教育）は、一九九〇年という東西冷戦の解消という世界史的に大きな節目の年に国際教育協力の目標となった。そして二〇〇〇年の国連ミレニアム開発目標（ＭＤＧｓ）の一つとして二〇一五年をターゲットに取り組まれた。

二〇〇〇年の時を経て、ＥＦＡは私たちの手に届く目標となり達成可能な課題となったのである。近年のイスラム過激派による女子教育に対する攻撃は大きな問題であるが、女子も含めて、ＥＦＡに反対する政府や地域は基本的にはなくなっている。

確かに、私たちがこれまで調査してきたケニアの辺境の地、マサイやスワヒリの人びとの住む地域でも初等教育は普及している。しかし、辺境の地での公教育のあり方はその社会や子どもの置かれている状況によって他の地域と大きく異なっている。こうした地に住む子どもも公教育の普及によって地球市民として世界に参加する可能性はあるとはいえ、そのあり方は先進国の子どもとはかなり異なっている。それは、これまで辺境と言われてきた地域であっても、世界の政治経済の動きのなかで大きく変動しており、そこに暮らす人びとと子どもの生活に大きな影響を与えているからである。

また、この変動は教育のあり方、学校のあり方、親の教育への態度をも変容させている。さらに子どもは、教育の普及によりグローバル社会に組み込まれるが、それは、決して受け身ではなく、子どもは教育によって世界市民としての意識を持ち、変動する社会に立ち向かっていくのである。では、こうした子どもたちへの国際教育協力の課題は何であろうか。そして私たちはどのような協力を行なうべきなのであろうか。

本章は、こうした疑問を検討するために、グローバル化に伴う、どのような変化が学校と子どもに起きているのかを考えることで、改めて近代公教育の持つ意味について考えたい。そうしたなかで、現代における国際教育協力の課題を問い直してみたい。

この章で扱う地域は、ケニアのなかでもインド洋に面したコースト州のラム県である。そのなかでもラム島の西のはずれにある小さな村とそこの小学校である。扱う範囲は小さいが、数年にわたる調査のなかから、学校の変容と課題を抽出し、国際教育協力の現在の課題を考えることにしたい。

1　ケニアの教育

ケニアは、一九六三年一二月一二日にイギリス保護領から独立した。独立直後から一九六〇年代は順調に経済発展を遂げた。しかし、一九七〇年代のオイルショックおよび世界的な農業一次産品価格の下落等の影響を受けて、ケニアの経済は停滞した。これにより、ケニア政府は国際通貨基金（ＩＭＦ）と世界銀行の支援を受け、一九八〇年代に構造調整計画を導入した。この経済の低迷と構造調整政策は教育にも大きな影響を与え、コストシェアリングあるいは受益者負担の名のもとで、それまでは無償だった小学校の授業料が徴収されることになった。その結果、初等教育総就学率は一九八〇年の一一五％（男子一二〇％、女子一一〇％）から一九九〇年代後半には八六‐八九％にまで落ち込んだ（澤村 二〇〇四）。

そうしたなかで、一九九〇年以降のＥＦＡの動向を受けて、各国の教育協力が初等教育に集中した。こうした動向を受けてケニア政府は二〇一五年までの初等教育完全普及を政策目標とし、二〇〇三年に初等教育無償化政策を導入した。これにより、二〇〇三年には、総就学率一〇二・八％（男子一〇五％、女子一〇〇・五％）、純就学率は八〇・四％（男子八〇・八％、女子八〇％）にまで回復した（Ministry of Education 2009）。ただし、ケニアの教育課題の一つは就学率の地域格差であり、無償化政策後も地域格差は依然として大きいままである（澤村編著 二〇〇六ａ）。

ケニアは、二〇〇〇年代後半は大統領選挙後の混乱や近隣諸国（南スーダンやソマリア）からの難民の大量流入等で、政治的な混乱が続いているが、経済は好調である。教育については、就学率は大きく変化していないものの人口増加率が高いために、生徒数および学校数は激増している。二〇一一年の初等教育の生徒数は九八六万人と人口の約二五％である。小学校数は二万八五六七校と日本の小学校数を超えている（澤村・内海 二〇一二）。

ケニアの教育制度は、初等教育八年、中等教育四年の八・四制である。これは一九八五年の教育改革で、それまでの七・四・二制に代わって導入されたものである。ケニアの学年は一月に始まり、一一月に修了する。教授言語は英語だが、共通語であるスワヒリ語は教科として力を入れている。また、小学校では一九八五年の新制度から、音楽、美術、家庭科、技術など以前は学校では教えていなかった教科も必修科目に含めるようになった。

一九八六年から初等教育修了試験ＫＣＰＥ（Kenya Certificate of Primary Education）が導入された。ＫＣＰＥは第八学年の終了時（一一月）に実施される統一試験で、試験科目は英語、スワヒリ語、数学、理科、社会科（地理・歴史・公民・宗教）の五科目である。毎年、一一月上旬に三日間にわたって実施され、その受験者数は毎年増加している。

小学校の教員養成は初等教育教員養成学校（Primary Teacher Training College）で行なわれる。初等教員養成学校の入学資格はケニア中等教育修了証書（ＫＣＳＥ）が必要となる。就学期間は二年間で、教授法と教科内容も学ぶ。

ケニアの教育の特徴は、統一カリキュラム、英語による教育、厳格な試験制度であると言えよう。カリキュラムに関しては、これまでシラバスが教育省によって決められていたが、近年ケニア教育研究所（Kenya Institute of Education：ＫＩＥ）が行なうようになった。いずれにしろ、こうしたシラバスに基づいて試験が行なわれるため、教師はシラバスを完全に教えることが求められる。それゆえ、教授法はプログラム学習的であり、子どもは早く学習目標に到達することが求められる。また、教師は強い権威を持っており、鞭打ちも日常的に行なわれている。

2　ラムの概要と教育

ラム県はケニア南東部のインド洋上のラム島と周辺の島々および海峡をはさんだ大陸部から構成されている。ラムはコースト州最大都市のモンバサの北西三〇〇キロメートルに位置しており、古くからアラブの影響を受けたスワヒリ文化圏の港湾都市として発展した。ラム島の面積は約六〇平方キロメートルで、島内にはラム、シェラ、マトンドニ、キプンガニの四つの町および村がある。

ラムは一四－一五世紀にかけて、中東に象牙や香辛料を輸出する貿易拠点として栄えた。特に、一八世紀はラムの黄金期であり、モンバサに次ぐ東アフリカ有数の港町として繁栄し、今もその名残の遺跡が残されている。一九世紀以降、ラムは衰退していったが、その理由は交易の不振と井戸が枯れることによる水の供給が不十分になったからだと言われている。

写真6－1　ラムの港（2008年撮影）

ラムにはアラブとアフリカの文化が混淆した独特のスワヒリ文化が花開き、その文化は今も色濃く残っている。町は海岸沿いに白い壁と椰子葺き屋根の美しい家が立ち並ぶ独特の景観である。二〇〇一年にユネスコ世界遺産に登録されている。この町並みと美しい海岸とが相まって、ヨーロッパからの観光客の多いリゾート地であり、多くのホテルが点在している。

3　調査地キプンガニ集落

私たちの調査地であるキプンガニ集落は、ラム島西岸部、つまりラム市と島をはさんで反対側に位置する集落である。ラム市街から徒歩でおよそ二時間、ダウ船と呼ばれる木造帆船で二時間ほどの距離にある。キプンガニとは、スワヒリ語の米を意味するムプンガ（mpunga）に由来している。これはこの村に最初に住み着いた人が稲の栽培を行なっていたからだという。

遠浅の海岸に沿って椰子葺きの平屋の家屋が連なり、集落内では牛や鶏、ロバなどが飼育されている。漁業が中心であるが、ラム島の近海は漁に適していないため北のソマリア国境の近海で漁をして、ラム市に水揚げする。そのため一回の漁は一－二か月かかる。また、キプンガニ集落の海辺ではダウ船の建造も行なわれている。

キプンガニ集落の女性は、いくつかの家に集まって、ンオンゴ（ng'ongo）と呼ばれる草の織物で敷物や籠を生産している。これも、この集落の重要な生業である。漁業による収入は、一回の漁で一人当たりおよそ二五－五〇USドルである。一方、女性が家内マニファクチャーの形で生産するンオンゴの売り上げは、一人当たり月におよそ二〇USドルになる。つまり、男性も女性も同じような収入がある。逆に女性の収入は漁労に比べて安定していると言える。

村の人口は統計がないので実際に集落内を歩いて数えたところ世帯数は六〇戸で人口四三三人と推定された（中川・内海 二〇〇九）。集落住民のほとんどはイスラムであり、クランはスワヒリの一氏族のバジュン（Bajun）である。集落内の血縁関係は深く、各家庭の結婚や離婚、蒸発、子どもについての事情は集落内で共有されている。

近年、キプンガニ集落の周辺はリゾート地として開発が進んでおり、三つのリゾートホテルが営業を行なっている（二〇一二年）。キプンガニ周辺は季節によって天候が悪く海が荒れるため、通年の営業は行なえず、七月から翌年三月までの営業である。こうしたホテルで働く季節従業員や野菜等の栽培のために大陸部からの移住者が増加している。彼らのほとんどはバンツー系の農耕民ミジケンダであり、宗教はキリスト教あるいはノンレリジョン（無宗教）と言われる人びとである。移住者はホテル内か集落外の内陸部に居住し、家の周囲で農耕に従事している。そのため、内陸部の人びとは、集落のバジュンから「シャンバ（Shamba：スワヒリ語で畑を意味する）の人」と呼ばれている。つまり漁業に従事せず、農耕をする人という意味で差別化されているのである。こうした大陸部からの移住者の子どもはキプンガニ小学校に通っている。

4　キプンガニ小学校

キプンガニ集落の公的な教育施設は公立のキプンガニ小学校（写真６－２）のみである。小学校にはナーサリーが併設されている。また、集落内にはイスラムの教育施設であるマドラサが開設されている。

キプンガニ小学校は、村が校舎を用意し政府が教員を派遣する形で、一九七六年に設立された。当時は二クラス、教師二名、生徒一五名で、校舎は泥壁で作られた二教室の建物であった。ところが、キプンガニのリゾートホテルに滞在したイギリス人のグループが、学校を見学し、帰国後チャリティ組織「キプンガニ・スクール・トラスト」（The Kipungani Schools Trust）を設立し支援が開始された。現在の学校はコンクリート造り、椰子葺きの立派な校舎である。そのため、キプンガニ小学校は、ラム島の他の小学校に比べて、建物や施設は充実している。ちなみにキプンガニ・スクール・トラストは現在も活動しており、ホームページを見ると、キプンガニ小学校以外の島内、大陸部の学校の支援も行なっている。[*3]

写真６－２　キプンガニ小学校全景

キプンガニ小学校の生徒数は、二〇〇八年から二〇〇九年にかけては若干の減少が見られるものの、全体として増加傾向にある。二〇〇九年の登録生徒数九四人（男子五三人、女子四一人）、教員は校長を含め七人である。また、二〇〇七年には六年生と七年生、二〇〇八年には七年生、二〇〇九年には八年生のクラスが欠けた不完全小学校である。櫛の歯の抜けたような構成で、教師の数に合わせて、子どもの数の少ない学年を

表6－1　キプンガニ小学校生徒数（登録者数）（2001年および2005年－2009年）

年	1年	2年	3年	4年	5年	6年	7年	8年	合計
2001	13(4)	11(3)	13(3)	—	9(7)	—	11(0)	—	47(17)
2005	12(7)	13(6)	13(6)	—	7(2)	8(2)	14(5)	—	67(28)
2006	12(9)	11(5)	14(5)	13(5)	—	11(3)	7(2)	14(5)	82(34)
2007	15(10)	10(8)	12(5)	14(5)	13(5)	—	16(5)	—	80(38)
2008	10(4)	16(9)	8(7)	12(5)	16(6)	18(8)	—	17(6)	97(45)
2009	22(9)	8(2)	13(8)	8(6)	12(4)	14(5)	17(7)	—	94(41)

（　）内は女子の内数
出所：現地での聞き取り調査

開設していないのである。ちなみに、ケニアでは複式学級は、教員の負担が大きいとして行なわれていない。

授業は午前八時〇五分から一限が始まり、授業一コマは三五分である。午前中に六限、昼休みを挟んで、午後に二限の授業がある。

キプンガニ小学校のＫＣＰＥの成績は、二〇〇八年度、ラム県全体でＫＣＰＥ受験校六六校中六〇位と非常に低い（District Education Officer Lamu 2009）。

小学校および付属のナーサリーには学校協議会（School Management Committee）が学期ごとに開催される。学校協議会では、宿題の徹底や学校が抱える問題について保護者に伝え、協力を求める。また、保護者は教員に教育に関する要望などを伝える。学校協議会には毎回ほぼ集落内の保護者全員が参加する。親が出席できない場合は親戚が出席することもある。実際の協議会に同席したが、保護者が積極的に発言していることが印象的であった。

5　キプンガニ小学校の進級構造

私たちの学校調査は三年にわたって在籍生徒を個別面談して個票を作成する。その際に写真撮影を行なって個人を同定している。この結果を基に生徒一人ひとりを跡づけて、進級行動を追跡するとともに学校の課題を明確にするＩＳＴ法（Individual Student Tracing Method）である。ＩＳＴにより生徒一人ひとりの情報を継続的に累積し、これによって学校全体の進級構造を明らかにすることができ、さらに個別生徒の進級の軌跡を捉えることができる。キプンガニ小学校では予備調査の後、二〇〇七年から二〇〇九年にかけて調査を実施した。子どもへの質問項目は名前、性別、年齢、民族（クラン）などの基本的なデータの他に、両親の職業や学歴、学校の出席状況や過去のリピート状況、マドラサ通学の有無などである。生徒インタビューは各学年の担当教員一人と用紙記入者一人の二人で行なった。使用言語は主に英語である。ナーサリーや低学年の生徒で英語が話せない場合は、担当教員がスワヒリ語を用いて質問し、用紙に英語で記入した。

ＩＳＴ調査に基づいて作成した二〇〇七年から三年分の進級構造図（フローダイアグラム）が**図６－１**である。ナーサリーは明確な学年制をとっていないためにリピートという概念は当てはまらないが、ここでは教員のインタビューに基づいて、擬似的ではあるがナーサリーも三年の学年制をとっていると仮定した。

小学校と付属ナーサリーでは異なる進級構造となっている。小学校では、在学期間の八年間のうち二〇〇八年までは留年する生徒は見られなかったが、二〇〇九年には一年生、五年生、六年生にそれぞれ一人ずつ、二年生に二人の生徒に留年措置が取られている。留年の原因について、校長は生徒の保護者からの要求があったためという。しかし、二〇〇八年まではリピートが見られなかったのである。校長が変わった二〇〇九年にリピートが始まっていることは、学校側の方針の変化が影響していると考えられる。すなわち、二〇一〇年度のＫＣＰＥの成績の向上を意図して校長が成績の悪い生徒を留年させたと思われる。ＫＣＰＥの成績が、校長の評価に直結しているからである。

また、二〇〇七年、二〇〇八年には付属ナーサリーではなく外から一年生に転入する生徒は見られなかったが、二〇〇九年では八人（うち四人が女子）の生徒が一年生に転入（入学）している。また、全体の転入生の数は毎年増加している。また、転入生よりも長期欠席あるいは不明の生徒が多いことも特徴である。転入の理由については、のちに考察するが、大陸からホテル労働者としての移住に伴うものである。また、長期欠席あるいは不明の理由は、集落内では不就学の学齢期の子どもや児童労働などは見られないので、成績上位校へ転学や移住者の帰還あるいは移動が考えられる。

小学校の学年別の平均年齢は、一年生が八・三歳、二年生が九・六歳、三年生が一〇・〇歳、四年生が一〇・〇歳、五

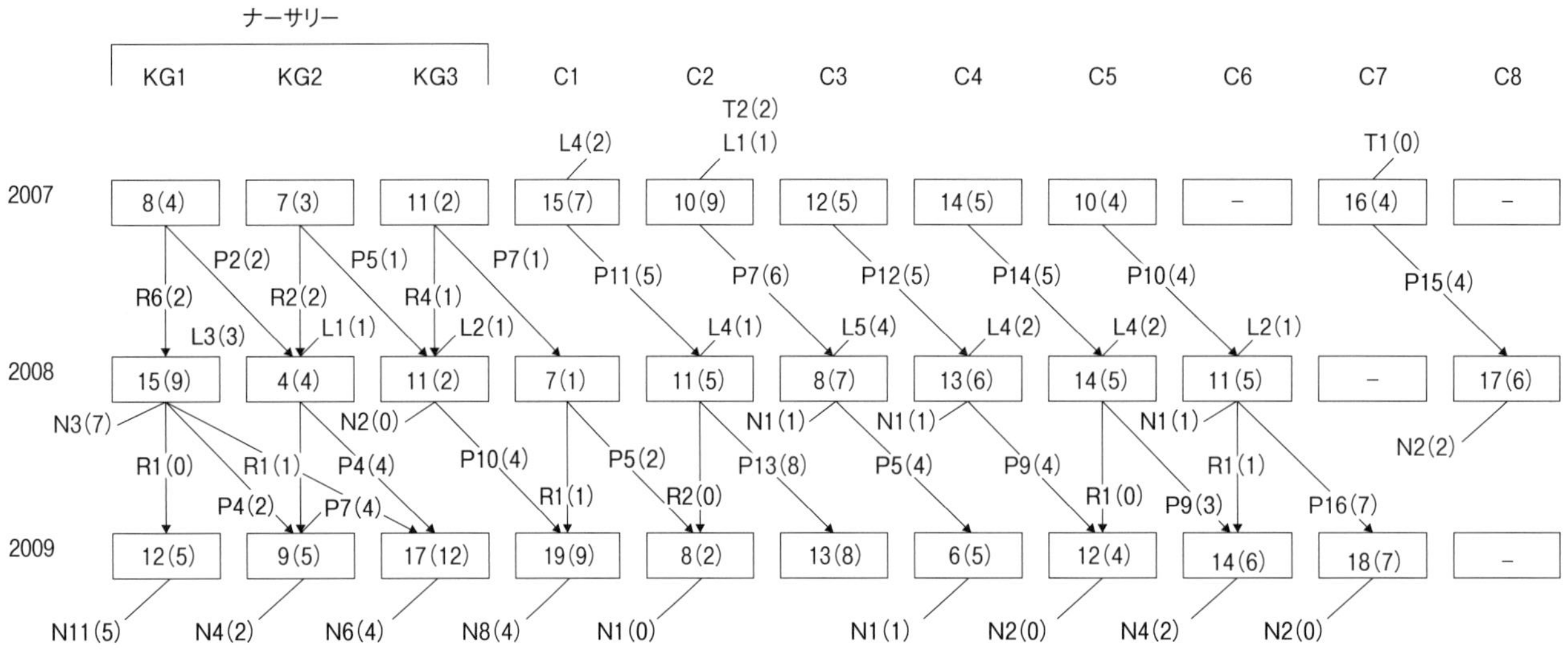

P：Promoted(進級)　R：Repeat(リピート)　N：Newcomer(転入)

T：Transfar(転出)　L：Longtime absentee(長期欠席)

注1)（　）内の数字は女子生徒数である。

注2) 2009年の転入者を除くすべての生徒数は，2007年，08年，09年すべての調査時に出席が確認でき，3年分の個票を作成することができた生徒数を表わしている。

図6－1　キプンガニ小学校全体の進級構造図（フローダイアグラム）

年生が一二・四歳、六年生が一三・三歳、七年生が一五・〇歳である。小学校一年生の就学学齢は六歳であるから、平均して就学学齢よりも二年ほど年長の生徒が多い。

6　キプンガニ小学校の生徒の民族構成および居住地

二〇〇九年の小学校全体の民族内訳（ナーサリーを含む）は、バジュン七八人（六〇・九％）、次いでギリアマが三三人（二五・八％）、ボニ（Boni）七人（五・五％）、キクユ四人（三・一％）、サニェ（Sanye）三人（二・三％）、その他[*4]が三人（二・三％）であった。二〇〇八年と比べると、バジュンが一人、ギリアマとボニが五人ずつ増えている。ナーサリーと小学校を比べると、バジュン以外の生徒はナーサリーより小学校のほうが多い。

　キプンガニ小学校に通う生徒はキプンガニ集落内（village）から通う子どもと、島の内陸部のシャンバ（shamba）から通う子どもの二つに分けることができる。キプンガニ集落内から通う生徒は八一人で、シャンバから通う生徒は四七人である。約四割の生徒がシャンバから通っている。居住地域による住民と子どもの特徴は以下のとおりである。

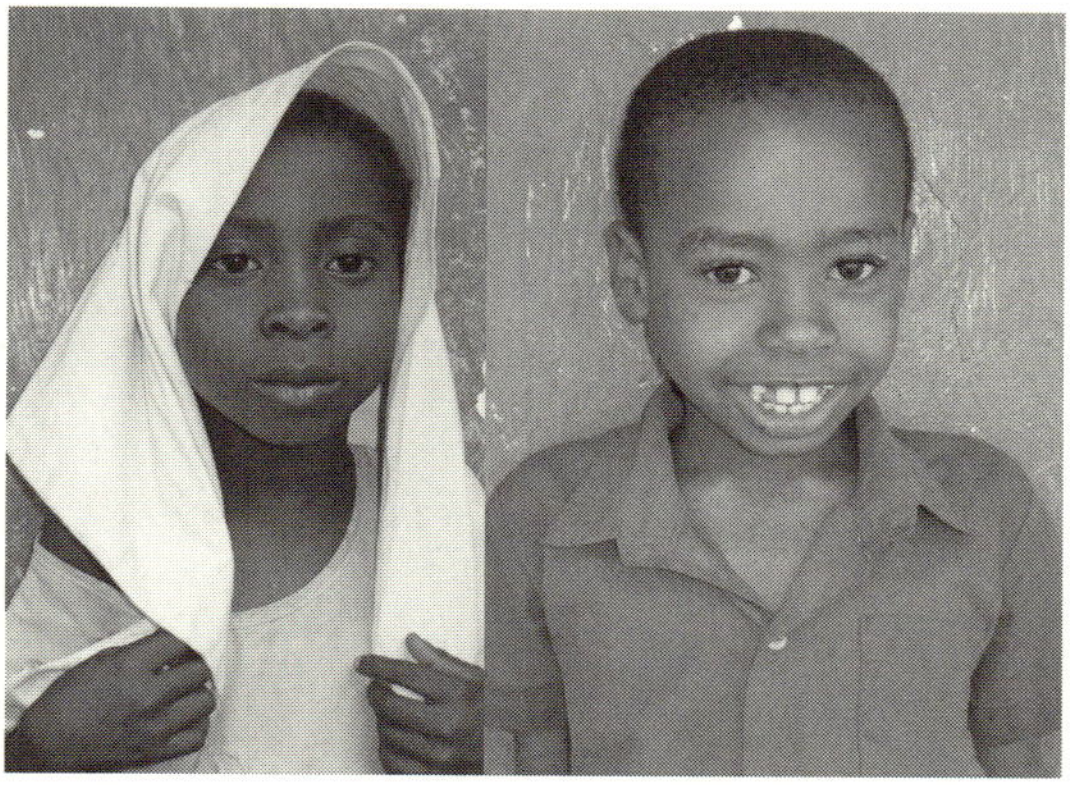

写真6－3　キプンガニ小学校の生徒（2008年撮影）

【民族】

シャンバに住む生徒と、キプンガニ集落内に住む生徒はその民族の内訳も、生活の様式も大きく異なっている。キプンガニ集落内にはバジュン七六人、キクユ三人、その他が二人である。キクユは教師の子弟であり、キプンガニ集落はほぼ全員がバジュンの集落である。

一方シャンバ地域には四七人の生徒が住んでいたが、民族の内訳は、圧倒的にギリアマが多く、シャンバの生徒全体の七四・四％（三五人）を占める。次いでボニが五人、サニェが三人、バジュンとその他が二人ずつである。

【通学時間】

家から学校までの通学時間は、キプンガニ集落内の子どもの平均は五・六分である。シャンバの子どもの通学時間は、平均五二・五分であり、もっとも通学時間の長い生徒は九〇分である。シャンバの生徒四七人中三一人（六六・〇％）が通学に六〇分以上かかっている。通学時間が長いため、シャンバに住む生徒の欠席が多いことがインタビューの結果から分かった。

【職業】

キプンガニ集落の生徒の保護者の職業（主に父親）は、全体の約四〇％（三二人）が漁師である。ダウ船と呼ばれるスワヒリの伝統的な木造帆かけ船（近年はエンジンも併用する）に乗って漁を行なう。次いで多いのは、集落の近くにあるリゾートホテルで働く者で、その割合は二三・五％（一九人）。彼らはホテル内の料理、サービス、警備、修繕などのほか、周辺の畑で農作業を行なう。その他にも、集落内に商店を構えて商売をしているものや、家畜の売買を行なう者などである。一方、母親のほとんどは主婦である。家事の傍ら、家々に集まって家庭内マニファクチャーによるンオンゴ（ng'ongo）の敷物や壁材等を織っている。

シャンバの保護者（父親）の職業は、四七人中二五人（五三・二％）が農業に従事している。シャンバ地域では、畑で主にココナッツやマンゴーを栽培している。しかし、この地域は砂地が多いため十分な収穫を得ることは難しい。次に多いのはホテルに雇用されている者で一一人（二三・四％）である。キプンガニ集落内で一番多い漁師は二人であった。

シャンバに住む人びとは、キプンガニ集落のように集住していない。ほとんどは土地を借り家族単位で移住してきたのである。また、シャンバに移住した人を頼って親戚の子どもが預けられていることもある（中川・内海 二〇〇九）。

【教育歴】

キプンガニ集落内に居住している生徒の父親の学歴は、全体の約七〇%にあたる五七人が初等教育修了である。中等教育修了は八一人中三人で三・八%、高等教育修了は五人で六・二%、学校に通っていない・不明は合わせて一六人で一九・八%であった。約八〇%の父親が教育を受けていた。母親の学歴は、七一・六%（五八人）が初等教育修了である。中等教育修了は五人で六・二%、高等教育修了は一人で一・二%、学校に通っていない・不明は合わせて一八人で二二・二%であった。初等教育、中等教育に関する限り父親と母親では大きな差はなかった。若干母親のほうが良いくらいである。高等教育を受けているのは教師が主であるが父親のほうが多い。

シャンバ居住者の父親の学歴について見てみると、四七人中二二人（四六・八%）が初等教育修了程度であり、中等教育と高等教育を修了した人はそれぞれ一人（二・一%）ずつである。学校に通っていないと答えたのは二三人（四八・九%）である。一方、母親の学歴は初等教育修了が二二人（四六・八%）であり、中等教育および高等教育に通ったものはいない。学校に通っていないと答えたのは二五人（五三・二%）である。シャンバの住人はキプンガニ集落内の人びとと大きく異なり、両親共にほぼ半数が教育を受けていない。これはラムのように古くから発展した海岸部の民族と大陸部の民族との間に教育水準に大きな差が存在することを示している。少なくとも親の世代が就学期にあった二〇年前、一九八〇年代の大陸部の就学率は五〇%程度だったことがうかがえる。

7　キプンガニ小学校の変化と課題

キプンガニ小学校では、二〇〇三年の初等教育無償化政策以降、生徒数は年々増加しており、二〇〇九年には二〇〇一年の二倍にあたる生徒が在籍している。また、近年のリゾート開発の結果、ホテルでの従業員や労働者として大陸部からミジケンダと総称される民族集団のなかのギリアマやボニが徐々に移住してきている。移住者は海岸部ではなく、島の中心部に居を構え、シャンバの人と呼ばれており、集落内の人びととは生活形態が大きく異なる。また、集落内の生徒は民族や生活背景、マドラサへの通学など同一性が高いのに対し、シャンバに住む生徒はさまざまな地域の出身であるため、シャンバの人といってもそれぞれの民族や生活背景が異なる。シャンバに住む保護者は、集落内に住む保護者に比べ、小学校との心理的距離が遠いと考えられる（中川・内海 二〇〇九）。また、彼らの学歴から見ても同様のことが言える。

これまでのキプンガニ小学校は、血縁関係のある同族集団の密な結びつきによって課題が共有され、その解決が図られてきた。しかし、大陸からの移住者が増え、こうした同質性の高い社会から徐々に変容を遂げている。これによって、以前のように集落内で学校全体について把握し、運営していくことが難しくなっている。

キプンガニ小学校における課題として、まず給食制度の導入が挙げられる。小学校は午前の授業の後、昼休みをはさんで午後の授業が行なわれる。キプンガニ集落内に住む生徒そして教員は自分の家に帰って昼食をとる。しかし、シャンバに住む生徒は学校と家を往復する時間がないため、昼休みを学校で過ごす。子どもたちは学校側からわずかに支給されるスナックや、周辺に生えている木の実などで空腹を満たしている。全体の約四割がシャンバから通っている現状を考えると、給食制度を整えることは喫緊の課題である。校長やナーサリーの教員の話によると、給食についてはNGOに話はしているものの、まだ実現可能ではないという。

また、シャンバから通う生徒はその通学時間の長さから学校を休みがちになる。集落内に住む生徒はマドラサの授業で学力を補うこともできるが、シャンバに住む生徒は宗教上の問題からマドラサには通わない。こうした生徒に対して、教員が特別に授業の時間を設けるなどの対応策が必要であろう。

8　グローバル社会における教育の課題

加速化する移住と外部のまなざし

二〇〇〇年以降の好調な経済成長を受けて、ラム島周辺のリゾート開発が急速に進められた。その結果、ラム島のなかの辺境の地であるキプンガニ集落周辺にもリゾートホテルが建設され、ヨーロッパからの観光客とともにホテルでの仕事を求めて移住者が増加した。

観光客の増加はキプンガニ小学校を新たな枠組みのなかに組み込むことになり、ヨーロッパからの支援を受けることになった。観光客が学校を見学したことがきっかけである。こうした事例は、私の知る限りでもたくさんある。二〇一五年二月にケニア、ナロック県のイルキーク・アレ小学校を再訪した。この学校は三学年までの小さな学校であった。しかしナイロビとマサイマラ国立公園を結ぶ幹線道路の脇にあるため観光客が立ち寄るのである。こうした観光客の訪問がきっかけで、二〇一四年にドイツのライオンズクラブから一〇〇万ユーロ（約一億三〇〇〇万円）の寄付が行なわれることになった。二〇一五年七月に八学級の校舎のほかに四つのドミトリーや食堂の建設が完成した。

外部の支援は学校の置かれている状況を一変させるのである。キプンガニ小学校も小さな辺境の集落の小学校とは思えない校舎と設備である。また、そのことが移住者の子どもが通学する誘因にもなっている。

グローバル社会においては、小さな島のリゾートにも世界から観光客が訪れるようになる。そのためそこで働く人間も周囲の小さな集落の人間だけでは賄いきれず、外からの移住労働者が増える。特にイスラムで漁業を中心とするバジュンにとってホテルでの仕事と農耕は難しい。そのためクリスチャンあるいはノンレリジョンのミジケンダ、特にギリアマの移住者が急速に増加したのである。

留年の問題

二〇〇七年から二〇〇九年にかけての特徴的な変化は、ナーサリーのみならず小学校でもリピートする生徒が出てきたことである。

ケニアは法的には自動進級であり、リピートはないことになっている。その背景には、二〇〇三年の初等教育無償化政策がかかわっている。初等教育が無償化されたことで、内部効率を上げる必要が出てきたのである。すなわち、小学校において留年する生徒は、その分他の生徒より長い初等教育を受けることになり、その結果、政府の教育予算を増大させることになる。これを防ぐため、成績にかかわらず小学校では留年措置をとらせない方針がとられている。キプンガニ小学校では留年措置を防ぐために、ナーサリーにおける進級基準を厳しくしている。しかし、二〇〇九年の調査で小学校におけるリピートが確認されたことは、こうしたナーサリーでの対応策が必ずしもうまく機能しなくなったことを表わしている。

二〇〇九年度に起きた小学校でのリピートはこれまでになかった事態であり、新たな現象である。私たちがこれまで調査してきたマサイの居住地区の学校ではリピートは極めて日常的に行なわれている。これは学校教育の歴史が浅く、学力の幅が大きな生徒集団を卒業試験に対応させるための措置として行なわれている。しかし、ラムでの教育水準はマサイと比べて格段に高い。そこでリピートが行なわれるようになったことは、いくつかの要因があると思われる。

一つは、KCPEの成績を上げるために校長が新たな措置を導入した可能性である。これは、校長の評価がKCPEの成績によって左右されるために行なわれたと思われる。二つ目は、移住者子弟の入学により、学力に幅ができたことである。移住者の住まいは学校から遠いため欠席が多いことや居住環境が悪いため勉強することが困難なこと等による学力不足である。ケニアの教授言語は英語であるため大陸からの移住者の子どもにとって学習が困難なことも考えられる。

内海（二〇〇八）は、近代教育システムが伝統的社会に受容されるのは、その生活世界が取り入れることができる部分あるいは取り入れられる形に変形することで学校教育が受け入れられるとし、それゆえに取り入れやすい学校システムが考えられるべきであるとしている。キプンガニにおけるナーサリーのリピートは、小学校における自動進級や移住者を受け入れるために必要な方策であり、またキプンガニ集落の人びとが生活のなかに近代教育をうまく取り込むためのシステムであったと言える。しかし、小学校におけるリピートや移民の加速化により、さらに新しい学校システムが必要となっていると言えるのではないか。

何故移住するのか

キプンガニ小学校に転入する生徒が増えている理由は、集落周辺のリゾート開発が進み、多くの労働力を外に求めた結果である。転入生の保護者はホテルにかかわる仕事に就くことが多いが、ホテルは通年営業ではないため、保護者のほとんどは季節労働者である。母親や子どもなどの家族は以前住んでいた場所に留まらせて、父親だけ単身で働きに来ることもできる。しかし、あえて家族で移住してきているのは、近くに学校が存在しているからであろう。移住者は子どもの通える学校があるから家族とともに移住するのではなかろうか。つまり、学校の存在が家族ぐるみの移住を行なう理由と考えられる。そのことは、大陸部における教育開発が不十分であるがゆえに、教育施設の整っているラムへの移住が選択されたとも言える。

何が起きているのか

ＥＦＡ政策や社会のグローバル化によって人びとの教育への意識が高まっている。それゆえに移住に際して教育へのアクセスが重要な要素となっている。このことは移住者を受け入れる地域の学校にとって新たな挑戦である。一つは学校がより多様な人びとや子どものニーズに対応していかなくてはならないことである。これまでの一つの集落や一つの民族の生活に対応した学校から、より多くの子どもへの教育機会の提供という近代教育システムの持つ普遍的な課題に応えることが要請されているのである。

今一つは、宗教的文化的に多様な子どもへの対応である。つまり教育言語や教育内容の見直しが必要となっていることである。これまでのキプンガニ小学校の生徒は基本的に公教育システムとイスラムの教育システムであるマドラサとの二つの学校に通っていた。そこにキリスト教や伝統的な宗教形態の子どもが加わることは、学校の役割の大きな変化をもたらすのである。子どもの心の課題に向き合う必要が出てきている。

このように、地域の変容は学校の変化を要請しているが、それはよりグローバルな市民の育成へと向かう変化でもある。

9　グローバル社会における国際教育協力の課題

これまで、スワヒリのラム島の辺境の地にあるキプンガニ小学校の変容を見てきた。これはグローバル化する社会における住民と学校の対応の結果である。静かな漁業の村キプンガニは、リゾートの建設によって、観光客が訪問するようになり、学校施設が充実し、継続してさまざまな支援が行なわれるようになった。これは政府の無償化政策と相まって学校の教育環境の向上に大きく貢献している。また、ホテルの増加に伴い、集落の民族と異なる民族が移住してきた。キプンガニ小学校があるために移住者は子どもとともに移住している。それはキプンガニの教育環境が移住者の出身地よりもよいからであろう。そして移住者の子どもが増加することは新たな教育課題を生起させている。

公教育は国の教育であることを前提として発展してきた。ところが、開発途上国ではいたるところで、大小さまざまな教育支援が行なわれている。その理由は、世界的なＥＦＡの高まりとともに国際教育協力が比較的安価にできることがある。

ＥＦＡの高まりは支援する側と支援を受ける側の二つの側面から見てとることができる。支援する側から見れば、劣悪な教育環境に対する思いとともに、子どもの未来を創る学校への期待などにより、支援者が集まりやすいことが挙げられる。また学校建設は目に見える支援であり、結果が明らかなことも共感を呼びやすい。

学校の側から言えば、親の教育熱の高まりから、生徒の成績向上、上級学校への進学のために、学校環境のいっそうの改善が必要となっている。たとえば、水、電気、給食や寄宿舎の建設などである。これは、親からの支援ではできないため、外部の支援が要請されるようになる。

これまでEFAの障害の一つとして考えられてきた親の無理解は今世紀に入ってからはほとんど見られなくなったと思う。逆にキプンガニの例のように子どもの教育も移住の原因になっているのである。これはケニア以外にも私が調査してきたウガンダや東ティモールでも見ることができた。

教育協力の特徴として学校建設等は他のインフラ建設と比べると安価であり、多くの要因を分析するまでもなく、教育環境を良くするということで進めることができる支援である。そのため、国際機関、ODA、のみならず予算規模の小さいNGOにおいても対応可能である。

しかしながら、キプンガニの例で見てきたように外部の支援は、それだけで終わらないさまざまな影響を与える。それはグローバル化する世界のなかに学校もあるということを示している。つまり、国際教育協力もグローバル化した世界のなかでの出来事であり、協力の目的そのもの以外に多くの影響を与えているのである。それゆえに国際教育協力の計画実施にあたっては、繊細な英知と柔軟な対応が求められているのである。

【付記】 ラムの調査は二〇〇七年－二〇〇九年を中心として数年にわたって行なった。この調査に参加したのは澤村信英広島大学教授（現在大阪大学教授）、大阪大学院生の中川真帆（現在富士通株式会社）、お茶の水女子大学学生の佐川朋子（現在東京女子医科大学）他数人の学生・院生である。

ラム島の教育をテーマとした論文としては、中川真帆・内海成治（二〇〇九）、澤村信英・内海成治（二〇〇七）などがある。

＊1　コンドルセ『人間精神進歩史』第一部および第二部、渡辺誠訳（一九五一）岩波文庫。

＊2　樺山紘一（一九九八）「革命とナポレオンのヨーロッパ」前田昭雄・土田英三郎他編『ベートーヴェン全集第5巻』講談社、四九－五八頁。

＊3　http://thekipunganischoolstrust.com/

＊4　ガラ（Galla）、ディゴ（Digo）のほかバジュンとギリアマの混血や不明の子どもが含まれる。

第Ⅱ部　紛争後の国への教育支援——アフガニスタン——

第Ⅱ部は、アフガニスタンの教育支援を取り上げる。アメリカ同時多発テロを受けて、アフガニスタンのタリバン政権に対する攻撃が始まり、二か月後には新たな暫定政権が樹立された。国際的関心が高まるなかで、日本も多額の援助を約束した。援助重点項目の一つが女子教育であり、いち早く教育支援が開始された。私は二〇〇二年四月の最初の技術協力調査団に参加し、その後二度の短期派遣を経て、同年一一月から一年間、教育協力アドバイザーとしてカブールで勤務した。

アフガニスタンの政治情勢、治安情勢ともに不安定な時期ではあったが、教育復興のはじめの段階にかかわることができた。混沌とした状況のなかでの復興支援は日本にとってもはじめての経験であり、私も手探りのなかで、さまざまな政策立案とその実施に翻弄された。以下の三つの章は、そうしたなかで考えた記録である。いろいろな機会に発表したものであり、いくつか重複がある。できるだけ重複を避けるようにしたが、論旨を明確にするためにカットできない場合もあり、その点お許しいただきたい。

特に7章はアメリカのブラウン大学での日本のODAをテーマとしたワークショップでの英文の発表資料が元になっているため、アメリカの研究者への日本のシステムの説明という側面もあり、多少くどい感じがする。日本のODAについて詳しい研究者でも最近の状況については不案内だからである。今一つ加えるとこのワークショップではアメリカの研究者からは日本のODAのミリタリズムに関する懸念が表明され、いささか面食らった。しかし、近年の日本のODA政策を見ると、こうした点を早くから見ていたアメリカの研究者に敬意を表わしたくなる。

第8章は東北支援後にアフガニスタン支援を振り返って書いたものである。世界が大きく変わっていくなかで国際協力はどうあるべきかを考えた。

第9章は大阪大学で行なった公開シンポジュウムでの報告である。他の分野の研究者や市民の方にも分かっていただけるようにアフガニスタンでの日本の支援について説明したものである。

第７章
アフガニスタン教育支援
――日本の国際協力における新たな課題

はじめに

二一世紀は、不幸なことに「戦」の文字で象徴される年で始まった。二〇〇一年九月一一日のアメリカの中枢部で起きた同時多発テロの衝撃的な映像は私たちの脳裏に焼きついている。そして、この事件は世界を大きく変えてしまった。それに続いて、アフガニスタンのタリバン政権とアルカイダへの攻撃が続いた。アフガニスタンの戦乱に終止符を打つべく、一二月にはドイツのボンにおいて反タリバンの各グループによる暫定政権が発足した。さらに翌二〇〇二年一月にアフガニスタン復興支援国際会議が東京で開催された。東京会議では世界各国ならびに国際機関から総額四五億ドルにのぼる巨額の支援が約束された。日本政府も二年半のうちに五億ドルの支援を行なうことを表明した。

この東京でのアフガニスタン復興支援国際会議では、外務省がピース・ウインズ・ジャパン（ＰＷＪ）などのＮＧ

Ｏの会議への参加を拒否したことから、外務省の体質が問題となった。田中真紀子外務大臣が外務省首脳との確執によって辞任するという政治問題に発展した。

アフガニスタンの状況はその後、新憲法の制定、大統領選挙、議会選挙が多少の混乱はあったが無事実施され、二〇〇六年には地方議会選挙が実施された。しかし、アフガニスタンの治安は以前より悪化しており、国際的な支援も充分に行なわれているとは言いがたい状況である。

こうしたアフガニスタンやその後のイラクにおける政治プロセスと援助プロセスは、これまでの国際協力と大きく異なっている。日本の国際協力も、その影響を受けて大きく変化した。それは一言で言うと、日本の国際協力政策とその実施方法が国際的な流れに本格的に巻き込まれたということである。すなわち、国際協力において日本が世界と歩調をあわせるようになったことを意味し、同時に日本のこれまでの独自性が急速に失われることも意味している。こうした日本のＯＤＡの変化は国内の政治プロセスの動向の影響も受け、二〇〇八年には国際協力銀行の解体と有償資金協力（円借款）部分のＪＩＣＡとの統合が行なわれた。また、これに伴い首相を長として経済産業大臣、外務大臣、財務大臣、官房長官をメンバーとする対外経済協力会議の新設、内閣官房事務局がＪＩＣＡと無償資金協力を所轄することになった。

アフガニスタン支援を契機にして日本の国際協力はどういう方向に変化したのか。そしてその意味と課題は何か。アフガニスタン支援とその後の展開から考えてみたい。

私自身は、二〇〇二年四月に日本がアフガニスタンに送った最初の技術協力調査団に参加した。引き続き五月、八月に教育省への教育協力専門家として短期間滞在した。その後、二〇〇二年一一月から二〇〇三年一一月まで一年間、教育協力アドバイザーとして教育省および高等教育省に対する政策アドバイスと援助協調を行なった。日本からの教育分野の援助案件の形成と実施にもかかわった。その後は日本国内においてアフガニスタン支援を行なってきた。また二〇〇六年二月に始まる文部科学省の第四回国際教育協力懇談会委員として教育協力を中心としたＯＤＡ政策の立案にかかわった。

アフガニスタン支援の特徴を、教育分野を例として、現場で起きたことと、日本の国内で起きたことの二つの面で分析する。まず、現地での教育の現状と支援活動の実際を述べることにする。次にこうしたなかで日本はいったいどのような支援を行なったのか、その特徴を分析する。三番目に日本国内でこうした支援を行なうために何が行なわれたのか、それはこれまでの政策決定および実施方法とどのように異なるのかを検討したい。最後にこうした国内と現地での動きが日本の国際協力にどのような影響を与えているのか、またその意味は何かを論議することにする。

1　アフガニスタンの教育の現状

二〇〇二年四月にはじめてアフガニスタンを訪れた。カブール市の南西部は一九九二年以来の内戦で戦場となり、廃墟であった。鉄筋コンクリートのビルは崩れ落ち、日干し煉瓦で造られた家は朽ち果てていた。まるで古代の遺跡のような町並みが続いていた。そうしたなかで、新政権が動き始めた。その象徴が女子も通える学校である。

アフガニスタンの新年そして学校の始まりは三月である。二〇〇二年三月に学校が始まった。その年の四月にいくつかの学校を訪問した。カブール市内の南部にあるアヤ・イスラム女子小中学校は、廃墟のなかで授業が行なわれていた。建物は崩れており、屋根、ドア、窓はない。床は土で、雨上がりの地面はところどころに水溜りがある。子どもたちは乾いた土や石に座り、先生の話を聞いていた。校庭で先生を囲んでいるクラスもある。壊れた教室の壁には地雷を除去した「＋」のマークが白ペンキで大きく書き込まれている。校長室や教員の部屋にも机や椅子等の家具はまったく見当たらない。

この女子中学から車で数分のところにあるガジ高校という一二年制男子名門校がある。堂々とした二階建ての建物が残っている。しかし、よく見ると枠組みだけである。仮設のはしごを昇ると、そこかしこに黒板が掛けられて、生

写真７－１　再開されたカブールの女子学校、建物がないため壁にそって作られた教室で学ぶ（2002年４月撮影）

徒が熱心に先生の話に耳を傾けている。居眠りをしたら転落してしまう。壁が壊されて大きな広間のようになった一階は、ぎっしりと小さな女子児童で埋まっている。ところどころに黒板が立てられており、女の先生が授業を行なっている。男子校でも四年生までは女子を受け入れているのである。

どの学校に行っても一年生の数が非常に多い。タリバン時代に女子の就学が禁止されていたからである。年齢の離れた女の子が一つのクラスで勉強している。それも非常に熱心に先生の話に耳をかたむけている。女子クラスの先生は女性である。女性の就業が禁止されていたため、数年ぶりに教壇に立つことができた。

近代学校教育が始まって二〇〇年。その歩みは決して平坦ではなかった。第二次世界大戦後の状況あるいは、最近の一〇年間を見てみても、教育の普及は急速である。すべての子どもが教育を受けるという理想は、手の届く課題になった。こうした時代にアフガニスタンでは、女子の就学、女性の就業の禁止という暴政が行なわれていたのである。しかし、こうしたなかでも学校を追われた女性教員の多くは、タリバンに隠れて家で女の子たちを教えていたのである。それゆえに、学校の再開とともに、女性教員が戻り、学校に行けなかった女の子が戻ってきたのである。奪われた時間を取り戻すかのように熱心に先生の話を聞いている（写真７－１）。

二〇〇五年八月にカブールとバーミヤンの学校の調査を行なった。都市部の学校では再建が軌道に乗り、帰還難民や流入する人びとの子どもの就学は女子も含めて順調である。同時にバーミヤンなどの農村部でも帰還難民によって村作りが急ピッチで始められていた。そして、帰還難民を中心に教育に対する関心が急速に高まっており、どの学校も子どもで溢れていた。こうした帰還難民の教育熱の高まりを「難民化効果」（Refugee Effect）と名付けている。この現象はアフガニスタンのみならずシエラレオネやルワンダ等でも同じ状況が起きている。難民への教育支援が行なわれたことと住みなれた土地を追われた経験は、家族が生き抜くために教育が重要であることが広く認識されたのだと考えられる。

新年度の教育集会

アフガニスタンの新年は三月二一日で、その日に学校も新年度が始まる。新政権になってから、新年度の日に全国教育集会が教育省の主催により、大統領の出席のもとに行なわれるようになった。カブール市の中心部にあるアマニ高校（ドイツ高校）で行なわれるのが恒例である。二〇〇三年三月二一日に行なわれた集会に私も参加した。カルザイ大統領（当時）は、会場を見渡してアマニ高校の講堂が一年前に比べて立派になったこと、生徒の合唱団が組織されて歌声が響き渡ったことなどに触れて、この一年間の教育の分野が大きく前進したこと、さらに教育の普及を図り、日本やドイツのように科学技術による復興を願っていると述べた。また、スピーチの最後に、アフガニスタンの教育が発展して、大統領が教育について先頭に立って語るのは、私が最後であってほしいと、痛切な表情で語っていたのが印象的であった。

この教育集会のなかで、カヌーニ教育大臣（当時）は教育の優先政策は、学校建設、教員研修、カリキュラム改訂の三点であることを強調し、それぞれの施策を述べた。学校建設は各州ごとに八五校、合計二七二〇校の新築改築が目標であること、教員研修を推進すること、古いカリキュラムは早急に改訂すること、教員の待遇改善策として給与の五〇％アップを政府にはかっていることなどに触れた。

二〇〇三年から全国学力テストの優秀者をこの席で表彰することになり、前日に行なわれた最終テストの優秀者が壇上に並んだ。トップの一二年生（高校三年）には賞金一〇〇〇USドルと一〇〇〇USドル相当の腕時計が贈られた。教員給与が年間五〇〇USドル位であるから、賞金の総額は実に四年分の教員給与に相当するわけで、これがアナウンスされると会場からどよめきが起きた。

教育予算

二〇〇三年度の教育分野全体での開発予算の割り当ては二億五〇〇〇万USドルである。教育分野には教育省、高等教育省、社会労働省、女性課題省の四省庁が含まれる。二億ドルが教育省、二八〇〇万ドルが高等教育省、社会労働省二〇〇〇万ドル、女性課題省二〇〇万ドルの割り当てである。それ以外の経常経費に関する予算は別枠である。それは政府全体で七億ドル程度であり、そのなかには教員も含めた公務員給与などが含まれる。

開発予算は財務省が各分野各省に割り当てたもので、当初六か月にこの割当額でドナー（援助機関・国際機関・NGO）からの支援によってプロジェクトを実施してもよいという額である。つまり、予算と言っても約束された予算ではなく、各省の努力で実施すべしという努力目標とでも言うべきものである。

こうした予算にもかかわらず、二〇〇三年度に教育省が計画した開発プロジェクトの合計は三億ドル程度、高等教育省は八七〇〇万ドルと、この割当額をオーバーしている。また、ドナー側が提示しているプロジェクトの総額は、教育省に対して九五〇〇万ドルと計画の三〇％、割当予算の半分程度である。高等教育省にオファーされた支援は二六〇万ドルと一〇％に満たない額である。教育省、高等教育省は外からのプロジェクトを導入して、その優先順位を付けて、二億五〇〇〇万ドルの割当をいかに早く実施するかという課題に直面したのである。

しかしながら、優先順位をつけるまでもなく、二〇〇三年度（二〇〇四年三月まで）に実施された教育省のプロジェクトはオファーされた三〇％の半分程度で、予算全体の一六－一七％に過ぎなかった。そのため翌年の二〇〇四年度の開発予算は実際にドナーから提案されたプロジェクトを積み上げて形成することになった。つまり、海外からの予算の裏付けのないプロジェクトは計上しないということである。

教育統計

これまでのところ信頼に足る全国的な教育調査は行なわれていないが、ユニセフが教育省と共同で何度か調査結果を公表している。たとえば二〇〇二年一二月の資料では、生徒数は一年生から一二年生までの合計で三一二万五一二〇人、そのうち男子二二〇万五三〇七人（七〇・五七％）、女子九一万九八一三人（二九・四三％）となっている。教育省によると二〇〇三年の生徒数は四二〇万人、二〇〇四年度は五〇〇万人以上と推計されている。学校数は全部で七〇一〇校である。また、教員は七万人、そのうち女性教員は二万人程度である。女性教員と女子生徒の割合は全体の三〇％程度であるが、女子生徒も女性教員も都会に集中しているため、地方の学校において女子生徒や女性教員の占める割合は非常に低い。私が訪ねたバグラム州、ロガール州、カンダハル州、バーミヤン州などの状況を見る限り、女性教員は一〇％程度ではないかと推定される。

学校の改修

二〇〇二年一〇月末の教育省の発表では全国で七〇五校の修理が行なわれた。二〇〇三年の再建・修理は三三〇校が計画されている。カブールではほとんどの学校の修理が始まっている。しかし、ドナーの支援の取り組みには濃淡があり、完成していない学校も多い。たとえば、カブール市内にあるもっとも古い高等学校であるハビビア校は四階建ての堂々たる校舎であるが、窓ガラスは完全になくなり、弾痕が壁一面に広がっている。しかし、改修の目途が立っていない。大きな学校だけに必要な金額が集まらないという。

地方ではユニセフとスエーデン支援委員会の役割が大きい。ただ、カブールから近い州では改修が活発に行なわれているが、国境に近い州や治安の悪い州での学校改修、再建は遅々として進んでいない。今後、地方ではアメリカ（一三〇〇校）、世界銀行（二一〇万ドル）、韓国（四〇〇校）が建設を計画しており、日本はカブールとカンダハル州等に五〇校程度の学校建設を計画している。

教育省では学校修理を最重要課題としており、全国三二州でそれぞれ八五校、全国で二七二〇校の学校建設および修理を目標としている。これにより二二〇万人の生徒がよい環境で学べる計画である。しかし、人口やニーズの濃淡があるにもかかわらず全州一律の計画は後に述べる教育支援の調整機関で問題となっている。

また、ドナーは先に述べたように治安のよいカブールや主要都市でのプロジェクトを実施しがちで、教育省の意向とはうまく整合していない。特に一二年制のリセ（高等中学校）のような大きな学校の建設・改修は地方ではほとんど行なわれていないのが現状である。

学校の建物の修理や建設はそれなりに進んでいるが、机や椅子、教材等の整備は大きく立ち遅れている。特に、地方では教育への期待が非常に高まっており、教室はどこも過密であるが、施設（井戸やトイレなど）、備品（机・椅子・黒板など）、教材（教科書や地図など）は圧倒的に不足している。建物の建設に比べて目立たないために遅れていることもあろうが、教育の質の改善の点からは十分な支援がこれらの面に行なわれる必要がある。

カリキュラム改訂

教育省はカリキュラムの改訂を重点課題として、二〇〇三年から三年間で一年生から一二年生までの新カリキュラムを整備する計画を発表した。二〇〇四年度は一年生から四年生まで、次の年に五年生から八年生まで、最後の二〇〇六年度に九年生から一二年生までのカリキュラム改訂を行なう計画である。これまでアフガニスタンにはシラバスあるいは指導要領のような教科書作成の根本となる、いわゆるカリキュラムはなく、カリキュラムの改訂とは教科書の改訂を意味していた。カリキュラムを作成する局は編集翻訳局（Department of Compilation and Translation）で、教科書の編集とダリ語からパシュトン語への翻訳を仕事としている。カリキュラム改訂の指針は二〇〇二年八月のカヌーニ大臣の教育計画に盛り込まれているが、それは一年から一二年まで整合性を持つこと、平和、人権、女性などへの配慮、イスラムやアフガニスタンの伝統への配慮など、大まかな規定であり、具体的なカリキュラムの指針は先送りされている。

カリキュラム改訂に対するテクニカル・ワーキング・グループ(TWG)での論議は、学年ごとの学習の目標やシラバスを作成してから教科書を編集するという、一般的なカリキュラム開発の手順を踏むことと、改訂したカリキュラムや教科書を実施に移すための方策を行なうことの必要性である。そのためにあまり拙速に走ることなく時間をかけてカリキュラム改訂を行なうほうがいいのではないかということであった。そして、ユニセフの支援でコロンビア大学教員養成大学院(Columbia University Teacher's College)から四人の専門家が、二〇〇三年九月から一二月にかけて教育省に派遣されカリキュラム改訂作業を支援した。

そのうえで、ユネスコやデンマークの支援によりカリキュラム改訂のモデル校を全国で三〇校程度を選定して、改訂されたカリキュラムの試行と評価を行なうこととした。また、日本は新カリキュラムと連動してモデル校への支援と指導書作成ならびに教員研修を中心としたプロジェクトを計画し、二〇〇五年度から開始した。

高等教育の状況

二〇〇四年の時点での、アフガニスタンの高等教育機関は六つの総合大学と三つの単科大学、四年制の教育大学が一一校、二年制の教員養成校一四校のあわせて三四校であった。そのうち二年制の教員養成校は教育省の所轄であるが、それ以外は高等教育省の所管である。

高等教育機関への進学は全国統一試験の結果による。新政権になって最初の統一試験は二〇〇二年三月に行なわれ約二万人が受験、五月に一万七〇〇〇人の合格が発表された。採点と集計のすべてを手作業で行なったために二か月かかってしまった。第二回目の二〇〇三年度の統一テストは二〇〇二年一二月三一日に一回目、一月末に二回目の試験が行なわれた。二回目の試験は帰還民等で一回目の試験に間に合わなかった学生のための試験である。今回は二万一〇〇〇人が受験し、一万六〇〇〇人が合格、五〇〇〇人が不合格となった。試験の採点集計はアフガニスタンではじめてマークシート方式を採用したので、すべての作業がイランで行なわれた。

統一試験の当日、会場は軍隊が出て警備にあたるなど物々しい様子であった。また、受験資格の中等教育修了資格の証明を得るために、教育省の中等教育局は連日帰還難民で埋まり、階段や廊下も歩けないほどであった。こうした様子から、教育省では四万人の受験生を予想したが、実際には二万人強で、大量の試験用紙が無駄になってしまった。

二〇〇五年にはバーミヤン大学が開設されるなど地方での高等教育の整備の機運が高まっている。これもすべて海外からの支援であり、バーミヤン大学はアメリカ、オランダ、スイスが支援している。これは国際的な教育援助動向として、基礎教育と同時に高等教育の重要性の認識が高まっていることも関係している。

新憲法と教育

新憲法の制定は二〇〇一年一二月の暫定政権の発足時から一年半後に行なうことが明言されていた。当初の予定より遅れたが二〇〇四年一二月に憲法制定ロヤ・ジルガが開催され、翌年一月に新憲法が制定された。憲法における教育条項については教育協力アドバイザーとして私がもっとも力を入れたところであった。

新憲法においてどのような教育条項を盛り込むかを中心課題として教育高等委員会（メンバー一二名）が結成され、二〇〇二年一二月にパリのユネスコ本部で第一回会合が一週間にわたって開催された。会合には教育省、高等教育省両大臣が出席し、開会式には松浦ユネスコ事務局長（当時）が挨拶した。委員のほかに各国の専門家も招かれて意見を交換した。この会合では、検討すべき課題を整理し、課題ごとにワーキング・グループを形成し、二〇〇三年六月の第二回会合までに報告書を出すことになった。第二回の委員会は二〇〇三年六月にカブールで開催された。イラク情勢等のために開催が危ぶまれたが、予定通り行なうことができた。教育高等委員会での主な論点は次の五点が主なものであった。

①教育条項を何条にするか

アフガニスタンの政情は依然として不透明であるのでできるだけ多くのことを憲法で規定することが、安定した教育のために必要である。しかし、憲法の性格上重要な規定四条のみとし、学校教育法および高等教育法を早急に整備することとした。

②義務教育の年数およびカリキュラム

義務教育の議論は九年と一二年に分かれたが、九年以上の義務教育規定は現実的でないということで、現状のまとまとすることになった。カリキュラムを全国統一にするか県の独立性を認めるかも論議された。

③無償教育を何年にするか

一九六四年の憲法では高等教育（学士課程）まで無償である。これは高等教育進学者が少数の時代の規定であり、一万五〇〇〇人以上が高等教育に進学する現在では、財政的に無理である。高等学校までを無償とするべきである。

④男女共学をどうするか

国際機関からは男女共学への強い要請があるが、現在のアフガニスタンの状況では、この規定を盛り込むことは困難である。女性の教育の重要性を盛り込むことが重要である。

⑤教育言語をどうするか

現在のダリ語とパシュトン語に加えて、北部で使われているトルコ語系のウズベク語を新たに教育言語に加えるか。これに関しては、教科書作成や教員養成の現状から、三教育言語の実施は困難である。しかし、少数言語の尊重を盛り込む必要がある。

こうした議論を踏まえて、二〇〇四年一月に決定された新憲法における教育条項は次の四条である。

第四三条：学士課程までの無償教育および九年間の義務教育
第四四条：女子教育の振興、遊牧民の教育、識字教育の必要性
第四五条：統一カリキュラムの制定
第四六条：私学規定（法律により設立可）

第四三条はこれまで通りの高等教育までの無償規定であり、教育高等委員会の議論とは異なっている。高等学校までを無償とするという委員会草案が提出されるとカブール大学で反対デモがあり、政治的な決断によって決められたものである。そのため国立大学のレベルの低下を見こして、私立大学の設立を可能とする私立学校規定が盛りこまれた。それ以外の条項は高等教育委員会の草案が反映されたものとなった。

障がい児教育

二〇〇三年一〇月に日本のイニシャティブで、アフガニスタン教育大学で障がい児教育ワークショップが開催された。これはアフガニスタンにおける障がい児教育の状況を共有し、今後の課題を検討するもので、多くの政府関係者、大使館、国際機関、NGO、学校関係者約一〇〇名が集まった。開会式には高等教育大臣、殉教者・障がい者省大臣が挨拶を行ない、また、二名の知的障がい児の母親が子どもと一緒に参加した。アフガニスタンには盲学校と聾学校がそれぞれ一校しかないこと、障がい児教育の体系的な取り組みが行なわれていないこと、特に知的障がい児の教育施設はまったくないことなどが報告された。

これを受けて、憲法ロヤ・ジルガにおいて、カヌーニ教育大臣が、障がい児の教育は重要であり、障がい児も健常児と同様の教育を受ける権利を持っており、障がい児が健常児とともに学べる教育を行ないたい、と述べた。また、

第五三条は障がい者の権利を規定した条文であるが、そのなかに障がい者の社会的参加や統合に関して必要な措置をとることや、障がいやハンディキャップを持った個人の権利を保障することなどが盛り込まれた。

2　教育協力の枠組みとシステム

アフガニスタンへの教育協力には多くのドナー（国際機関、援助機関、ＮＧＯ等）がかかわっている。また、それぞれのドナーは独自の教育協力の方針や援助様式（スキーム）を持っている。ところが、アフガニスタン政府、教育省の能力（キャパシティー）が不十分なため多様なスキームに充分に対応することができない。そのため教育協力を調整する新たな組織の形成が重要であった。

コンサルタティブ・グループ（ＣＧ）とテクニカル・ワーキング・グループ（ＴＷＧ）

予算の項で触れたように多くの援助機関がそれぞれの方針と方法に基づいて支援を行なうために教育省の計画との間に齟齬が生じてしまう。こうした支援策の調整や整合性を保つための工夫としてＣＧとＴＷＧが形成された。私のアドバイザーとしての仕事はこの二つの組織を通して協力を具体化することであった。

コンサルタティブ・グループ（Consultative Group：ＣＧ）とは各分野、各省の予算や計画のための実施促進グループのことである。分野を横断して複数の省庁が参加して作られた。教育分野のＣＧには教育省、高等教育省、社会労働省、女性課題省の活動が含まれている。教育分野のＣＧで中心となる機関（フォーカル・ポイント）は、教育省、ユニセフとアメリカが任命され、ＣＧ会合の議長は教育大臣と駐アフガニスタンアメリカ大使が行なうことになった。教育のフォーカル・ポイントには当初ユニセフと日本が考えられていたが、アメリカが教育のフォーカル・ポイントに名乗り出たのである。各国は各分野のＣＧのうち三つの分野でフォーカル・ポイントになることが要請された。日本は道路、武装解除、農業分野を選んだ。教育分野CGはECG（Education Consultative Group）と名付けられ、二〇〇三年二月六日に第一回会合が開催され、以後毎月最後の土曜日に開かれることで合意した。ECGは、決定機関ではないが、政府と援助機関が直接意見を交換できる場である。政府のキャパシティや財政基盤が脆弱で援助機関との協調が必要な場合には有効であると思う。

二〇〇三年一月以降、予算を検討するため援助機関と教育副大臣との会議が断続的に開催された。三月になって新年度が始まり、先に述べた教育開発予算の割り当ての提示も行なわれたので、三月二九日に開催された第二回ECGで、決定をスピードアップするために、ECGの下にテクニカル・ワーキング・グループ（TWG）を形成することが決まった。TWGでは具体的な施策や方針、支援を調整するためのより専門的な検討機関であり、次の六グループが設置された（二〇〇四年度からは①と②、④と⑤が合同し、四つのTWGになった）。

①カリキュラム・教師訓練（Curriculum and Teacher Development）
②教育政策と改革（Education Policy and Reform）
③高等教育（Higher Education）
④職業技術教育とノンフォーマル教育（Vocational/Technical Education and non-formal Education）
⑤就学前教育（Early Childhood Education）
⑥教育施設（Education Infrastructure）

各TWGの議長は教育省の副大臣あるいは局長が務めるが、TWGの招集や議題を決定する担当機関を置いた。たとえばカリキュラム・教師訓練はユニセフ、教育政策と改革は世界銀行、高等教育はユネスコが担当する。TWGは少なくとも二週間に一度は会合を持ち、ECGに検討内容を報告することが義務付けられている。それぞれのTWG

にはＮＧＯも含めて教育分野の支援団体の代表であれば誰でも参加できる。このＴＷＧは参加者が常にメールで連絡を取り合い、次の会合までに意見を交換するなど、非常に実質的な組織である。

ＣＧを中心とする復興支援受け入れ態勢は、二〇〇五年にはグラント・マネージメント・ユニット（ＧＭＵ）がハンドリングするようになり、ＴＷＧの役割が減少した。ＧＭＵは世界銀行等のファンドへのアクセスを中心としたものであり、総合的な支援策の構築や国際機関・援助機関・ＮＧＯの連携の場としての機能は持っていない。支援の総合調整は教育省の計画局があたることが期待されているが、二〇〇六年当時は、充分に機能していなかった。全面的な行政改革が行なわれる機運もあり、今後キャパシティビルディングに支援が必要となることは間違いない。

3　日本の教育支援の方針

日本のアフガニスタン支援は国際機関を通じての資金協力と、二国間で行なう無償資金協力や技術協力の二つの枠組みがある。資金協力はユニセフのバック・ツゥー・スクール・キャンペーンや国連開発計画を通じての緊急雇用プロジェクト（ＲＥＡＰ）による学校建設のような成果を挙げている。ここでは二国間での直接支援である無償資金協力と技術協力について見てみたい。ここには日本のアフガニスタン教育支援のポリシーがうかがえるからである。

日本のアフガニスタン教育支援の柱は公教育の拡充、教員養成を含めた高等教育の強化、識字教育の三つである。これまで実施してきた支援は、教育省・高等教育省への長期・短期専門家派遣、学校建設、女性教員研修、識字教育、大学教官の日本での研修、国費留学生の受入れ等である。援助のスキームとしては専門家派遣や研修員受入等の技術協力、学校建設のための緊急開発調査と無償資金協力、学校修理や機材・教材のための草の根無償資金協力など多岐にわたっている。

具体的なプロジェクトとしては次のようなものがある。

①教育省および高等教育省のキャパシティビルディング

これまで長期および短期専門家を教育省と高等教育省に派遣した。分野としては政策アドバイザー、教員研修、教科教育、障がい児教育である。

②女子教育支援

女子教育の水準は極めて低いため、女子教育の振興策として、女子小中学校の建設と日本での女性教員研修が行なわれている。女性教員研修事業はお茶の水女子大学等の五女子大学コンソーシアムによって行なわれており、二〇〇六年までに三六名の女性教員が日本での研修に参加した。この研修は女性だけを対象にダリ語で行なわれており大きなインパクトを与えている。

③識字教育

教育省識字局との連携により、コミュニティセンターを通してのNGOによる支援と、教育省との連携による五万人識字プロジェクトが開始された。

④学校建設

カブール、カンダハル、マザリシャリフにおいてあわせて五〇校の再建、新設を行なっている。

⑤国費留学生の受入れ

二〇〇六年までに毎年一〇名から二〇名程度を受け入れている。大学院レベルが中心であるが学部レベルの留学生も受け入れている。ここでも女性教員への配慮が行なわれており、数名の女性が日本の女子大学に留学している。

4　アフガニスタン支援における日本の対応

教育分野の支援も含めたこれまでの国際協力は技術協力と無償資金協力に関しては外務省とＪＩＣＡが案件形成と

実施を担ってきた。アフガニスタンへの日本の支援は二〇〇二年の東京でのアフガニスタン復興支援会議に見られるように、首相がイニシャティブを発揮した。また、教育支援に関しては文部科学省が、女性支援に関しては総務省が積極的にかかわっている。また同時に国連機関（ＵＮＤＰ、ユニセフ、ＵＮＨＣＲ等）に大量の資金が投入されている。また、ＮＧＯへの資金提供組織であるジャパン・プラットフォーム（ＪＰＦ）を通してＮＧＯにも多額のＯＤＡ資金が投入されている。さらに海上自衛隊が他国の艦艇のための給油を行なった。これは現在のイラクへの自衛隊派遣の先駆をなすものである。

このようにアフガニスタン支援は多面的かつ総合的なものであり、予算の総額から見ても、これまでの個別の国への国際協力にはなかった額になっている。なぜこのようなことが起きたのであろうか。いくつかの原因が考えられる。第一に、アメリカを中心とする国際テロ組織への戦いに、日本として顔の見える援助をする必要があった。そのため首相主導でさまざまな動員策が図られ、これまでのＯＤＡの枠組みを超えざるを得なかった。

第二に、アフガニスタン支援は緊急・復興支援としてこれまでの開発支援とは異なる非常に早い時点から開始された。それゆえに外務省・ＪＩＣＡの行なってきた開発支援スキームでは対応が難しかった。

第三は、文部科学省や総務省などの職員が国際化に対応できるようになったことが挙げられる。国内向きの省庁で、国際的な事業は国際機関や外務省に頼ってきた省庁が自前の戦略を持つようになったのである。

第四は、日本のＮＧＯが力を付けてきたことである。アフガニスタン支援をめぐってＮＧＯ問題が起きたことも、ＮＧＯを通しての支援が強化された原因である。

5　アフガニスタン支援の特徴

これまで見てきたアフガニスタンにおける復興支援の特徴は次の五点にまとめることができると思う。

一つ目は援助協調である。援助協調は現在では多くの国でさまざまな形で行なわれている。しかし、アフガニスタンでの援助協調は、ある特定のセクターにおける援助協調ではなく、全面的・構造的に行なわれた。それは戦略的援助協調（Strategic Aid Coordination）とでも言いうるもので、強い形の協調である。カンボジアや東ティモールと異なり、アフガニスタンでの国連の関与は、いわゆる「ライトフットプリントアプローチ」（light footprint approach）と言われる弱い関与であった。そのため、アフガニスタン新政権がイニシャティブをとることが求められた。しかし、キャパシティーの弱い政府だけでは復興計画の立案や実施は困難であり、必然的に国連機関や援助機関が中心にならざるを得なかったのである。これまでのような政府と対話する援助協調ではなく、支援する側で具体的な立案を行なわざるを得ない形での協調が行なわれた。

二番目は「シームレスな支援」が行なわれていることである。これは緊急支援、復興支援、そして開発支援と、復興開発の時間軸にそった支援形態が連続的に行なわれていることを意味している。

三番目はシームレスな支援のためには「多様なアクター」の存在が必要なことが挙げられる。これまでの国際緊急人道支援においては、まず国連難民高等弁務官事務所（ＵＮＨＣＲ）や国際ＮＧＯ「国境なき医師団」のように難民や被災民への緊急人道支援を目的とした団体が活動した。その後にユニセフや世界食糧計画（ＷＦＰ）などによる復興支援が入り、さらに開発支援として国連開発計画（ＵＮＤＰ）、世界銀行、ＪＩＣＡなどの援助機関が支援を行なった。支援の時間軸にそってそれぞれの機関が活動するケースが一般的であった。援助協調は基本的には開発支援における協調であった。しかし、ここアフガニスタンでは援助がシームレスに行なわれるために、多くのアクターが同時並行で活動しているのである。

四番目の特徴としては「支援空間の拡大」が挙げられる。アフガニスタンは和平協定や武装解除がいまだに行なわれていない段階から支援が始まった。そのため、治安状況が悪く危険な地域にも支援が行なわれている。これはこれまでの国際協力の空間が拡大したことを意味している。そのために国際協力の課題として平和構築や良い統治などが取り上げられるようになった。

五番目は、援助の実施における「政府のオーナーシップの尊重」が挙げられる。二〇〇四年一〇月に大統領選挙が行なわれたが、それまでアフガニスタンでは選挙は行なわれておらず、カルザイ政権は先進国を中心とした国際会議が生み落としたものであり、暫定政権および移行政権としての位置付けであった。政府の建て直しは遅々として進んでいないのでキャパシティーは不十分で、国民的な権威も弱いにもかかわらず、支援機関は、そのオーナーシップをたとえ形式的であっても尊重しているのである。

こうしたアフガニスタン支援の特徴は、今後の国際協力の一つの方向性を示している。また、これはこれまでに例がないものであるため、日本も含めた援助機関は対応に苦慮していることも事実である。援助機関はこれまでのマンデートを越境・拡大した形でアフガニスタン支援を行なっているために、実施にあたっては多くの課題に直面せざるを得ないのである。

6　今後の日本のＯＤＡへのインプリケーション

これまで述べてきたように、二一世紀に入ってからの国際協力の世界は大きく変容している。どのように変化し、それは日本のＯＤＡにどのような影響を与えるのでろうか。これからの国際協力を考えるキーワードのいくつかを検討したい。

多様なアクター

これまで国際協力を考える際にＯＤＡを中心とすることにあまり疑問を感じなかった。しかし、二〇〇二年一月のアフガニスタン復興支援会議への一部ＮＧＯの排除問題に見られるように、これは国際的に見て大きな間違いであった。国際協力の大宗をＯＤＡが占めるというのは日本だけで通用する神話なのである。

たとえば、アフガニスタンの保健医療分野の援助調整は米国のＮＧＯであるＭＳＨ（Management Service for Health）が行なっており、保健省内に事務所を備えている。ＭＳＨはアフガニスタン全土の保健センターの調査を実施するなど基礎的なデータの収集もしっかり行なっており、そのためアフガニスタンの復興領域のなかでも保健医療分野は大きな成果をあげている。また、教育分野ではユニセフが中心となって支援そのものと援助調整を行なっている。ユニセフのバック・トゥ・スクール・キャンペーンは三〇〇万人の子どもを学校に戻すという大きな事業であった。国際的にはＮＧＯや国際機関の存在は非常に大きく、二国間援助機関（ＯＤＡ機関）を凌駕する場合も多い。

また同時に二国間援助機関もさまざまな機関があることを知る必要がある。ＯＤＡ研究ではアメリカ、イギリス、ドイツ、フランス等の援助大国と言われる国々の援助機関が研究の対象になってきた。しかし、これまで研究対象にならなかった韓国、イタリア、スペイン、デンマーク、スエーデン等のＯＤＡ実施機関がアフガニスタンでは活発に支援を行なっている。また、中国、インド、イラン、ロシア等の動きからも目が離せない。たとえば、女の子の学校ユニフォームは中国が支援し、インドはバスや教科書印刷の支援を約束している。

このように、国際協力のアクターは大きな広がりを見せており、世界的な規模で国際協力のうねりが起きているように思える。これは私たちに見えていなかったというだけではなく、二一世紀の世界的な現象として捉える必要がある。つまり、二〇世紀の国際協力は先進国が開発途上国に行なう支援という位置付けでよかったが、いまや国際協力はあらゆる国と機関の関心事なのである。

総合的なアプローチ

国際協力の課題は地域に根ざした人びとのニーズの充足へとシフトし、そのため社会的文化的な配慮が必要になったのは一九九〇年代の特徴であった。経済協力開発機構開発委員会（ＯＥＣＤ・ＤＡＣ）が一九九六年五月に発表した

「21世紀に向けて――開発協力を通じた貢献」報告書には、開発目標として四領域七目標が挙げられていた。四領域とは貧困、教育、保健、環境である。これらの領域はいずれも人びとの生活に直接かかわる分野である。また、具体的な目標のなかには、二〇一五年までに初等中等教育における男女格差の解消、リプロダクティブヘルス分野では、妊産婦が保健医療サービスを受けるなど、ジェンダーに対する配慮が含まれている。教育やジェンダーのように地域の文化や社会慣習、人びとの生活に根ざした事柄に対するアプローチは必然的に総合的な取り組みを必要としている。

たとえば、女子教育を推進しようとする場合、女の子の通学の阻害要因には学校と地域の二つの側面がある。学校側の配慮としては、適切なスクールマッピング、女性教員の配置、トイレの設置、給食設備、結婚・出産した女性を受け入れることなどが挙げられる。さらに、落第や中途退学を阻止するため、進級制度を柔軟にすることや校長や教師の訓練も必要である。また、通学にかかる経費の問題も大きい。ユニフォームやテスト代など親の経費はかなりの額になる。こうしたことは政策的配慮や教育支援として実施可能である。しかし、これだけで女子の通学が保障されるわけではない。

女子の通学を阻害しているもう一つの側面は地域の社会的慣習や宗教的要因である。こうした要因は歴史的・文化的に形成されたものであり、一気に変わることはない。地域開発を中央と地方・地域が連携してさまざまな政策を総合的に実施する必要がある。

教育の課題と同様に貧困や環境なども事柄自体が非常に複雑で、社会・経済・文化の諸領域にまたがっている。こうした課題においては、課題そのものが総合性を要求しているのである。それゆえに、総合的な課題への対応として、先に述べた多様なアクターが、セクター横断的に連携することが要請されている。

ODAとNGOの連携

NGOの特徴としては、ODAや国際機関とは異なり、多様性や緊急的な対応にあると考えられていた。しかし、

ＮＧＯはＯＤＡや国際機関のできないことを実施する補完的な組織ではなく、いまや国際協力の重要なアクターと位置付けねばならない。

国際協力が本格化して以降、すなわちおよそ四〇年間に国際情勢は大きく変化し、開発や援助に関する考え方も変遷を繰り返してきた。そして援助を実施するシステムも変化した。たとえば、従来からのわが国の国際協力の手法が、貧困、環境、教育、保健医療、女性支援などの社会開発領域への協力に適合的でないことが強く指摘され、ＯＤＡシステムの改革も進められているが、その一つの表われが、ＮＧＯとの連携である。

なぜＮＧＯとＯＤＡの連携は必要なのであろうか。これはＯＤＡがこれまでのように狭い意味での開発協力を行なうことから、内容を大きく膨らませているからである。一つは対象が社会開発分野に変化し、さらに紛争の予防や平和構築の分野のように、まったく新しい領域が国際協力の重要分野になってきたからである。

二つ目は、支援の時間的な広がりが大きくなったことである。これまでの開発支援から、東ティモールやアフガニスタンの例に見られるように緊急支援、復興支援へと時間軸が拡大している。

三つ目は新しい課題と同時に、新しい地域や国が支援の対象となっている。パレスチナやアフガニスタンのように現在紛争が続いている地域も国際協力の場となったのである。

二一世紀に入り、国際協力の課題は多様化し、時間的にも地理的にも拡大した。これはＯＤＡ実施国にとって新しいチャレンジであり、これまでの支援の方法論や組織論の変革が迫られている。それゆえにＯＤＡ実施機関だけで取り組める課題は極めて限定的であり、国際機関やＮＧＯとの連携は必然である。逆に、それなしには課題に応えることができないのである。いまやＮＧＯとＯＤＡの連携の課題とは、どのように拡大していくのかということだと思われる。

新たな研究課題

国際協力の変化を一言で言うなら、対象分野および時間的・地理的な拡大である。そしてそれに伴って文化的配慮のみならず多様な側面を総合的に判断することが重要になってきている。そのことは、必然的に新たな国際協力研究のあり方を要請している。

紛争解決や平和構築のための国際協力は、これまで経済学を中心として行なわれてきた国際開発・国際協力研究が政治学や国際関係論、世界システム論などとの距離を狭めたことを意味している。また、地雷除去や武装解除などの協力はこれまでの選挙協力から一歩踏み込んだ協力であり、国際協力にとって新たな研究領域である。

時間的な拡大は、これまでの開発支援から緊急支援・復興支援を視野に入れた取り組みを必要としている。たとえば、開発支援では視野に入ってこなかった要員の派遣やテクニカルなサポートの整備なども重要である。東ティモールやアフガニスタンでは、派遣要員の住居の確保や本国との連絡方法なども不十分なままで支援を始めざるを得なかった。これまでほとんど論じられてこなかった領域である。緊急支援と開発支援ではまったく考え方、支援方法が異なっている。それをシームレスに行なうにはどうしたらいいのであろうか。また、地理的空間的な拡大は、これまで以上の地域研究との連携が求められている。

教育協力の分野で言えば、アフガニスタンの教育の専門家はほとんどいないのである。これは日本に限らず、英文で書かれたアフガニスタンの教育の著作は本当に数えるほどしかなく、学術的な研究書は手にしていない。国際協力の広がりは、研究手法の変革と同時に、学問分野や手法の拡大と変更を迫っているのである。

7　現在の日本のＯＤＡの動向と今後の課題

二〇〇六年一月二六日の主要新聞は政府の発表として国際協力銀行（ＪＢＩＣ）の解体を報じた。これは政府系金融機関の統合の一環として行なわれたものである。国際協力銀行は一九九九年一〇月に海外経済協力基金（Overseas

Economic Cooperation Fund：ＯＥＣＦ）と日本輸出入銀行が統合して設立されたもので、六年という短期間で再び解体されることになった。円借款を担当する部分はＪＩＣＡに統合されることになる。これにより、日本のＯＤＡはＪＩＣＡによる技術協力と円借款、外務省による無償資金協力の二本立てとなる。政府はこれに伴い、首相を長とする対外経済協力会議を新設し、この会議の下にＯＤＡ全体を所轄する内閣官房事務局が作られることとなった。

この体制はアフガニスタン支援で述べた首相および官邸主導のＯＤＡがより具体的になったものであると捉えることができる。また一方では日本のＯＤＡの特徴であった有償資金協力（円借款）を中心としたＯＤＡ増加策が破綻したことを意味していると考えることもできる。日本は他のＯＥＣＤ諸国が技術協力と無償資金協力を中心に展開しているにもかかわらず、自助努力を促進することを理由に返還の必要な借款によるＯＤＡを進めてきた。ところがアフリカ等の低開発国や紛争後の国への緊急復興支援が重要となるなかで円借款の出番が減少してきたのである。日本もアフガニスタン支援を契機に国際的な援助動向と機を一にする形でＯＤＡ体制を大きく変換したと見ることができる。このことは同時にアジアを中心とした日本のＯＤＡ政策の変換をも意味している。こうしたなかですでに述べたような新しい対応を迫られているのである。

二〇〇五年九月の国連六〇周年を記念する国連総会特別首脳会合では小泉総理（当時）が国連ミレニアム開発目標ＭＤＧｓへの協力とアフリカ支援策を打ち出した。これを受けて文部科学省では、「アフリカ教育支援イニシアティブ」を行なうこととなった。これは、「国連大学アフリカ教育支援イノベーションセンター」を設立し、二〇一五年までのアフリカ支援の具体的な処方箋を作成するための国際的な調査研究プロジェクト（国連大学特別事業拠出金）の実施である。

また、文部科学省は新たな教育支援策を検討するために、第四回国際教育協力懇談会を二〇〇六年二月に設置した。ここでの検討課題としては、今後の国際教育協力のあり方、わが国の大学が有する「知」の活用、国際協力に関する理解と参加の促進等が挙げられている。

アフガニスタン、イラクへの緊急復興支援を契機とした日本の新しいＯＤＡの政策立案と実施体制は、緊急復興支援のみならずＯＤＡ全体に拡大されることになった。こうした体制の変化は二つの側面を持っている。すなわち、日本のＯＤＡが国際的な動向への緊密さを増すと同時に、日本の国益への配慮や日本独自の政策を行ないやすい状況になったことを意味している。それゆえ、日本はこれまで以上に国際機関、援助機関、ＮＧＯとの対話と連携を進めることが必要となっている。さもないと日本の国益のみが前面に出てしまい国際的に孤立する恐れがあるからである。

【付記】　本稿はブラウン大学で行なわれた「トランスナショナリズムワークショップ」（二〇〇五年二月一〇日－一二日）での報告をもとにした。このワークショップはカイ・ワーレン（kay Warren）ブラウン大学教授が中心になり、日本からは藤原帰一東大教授、田中由美子ＪＩＣＡ国際協力専門員などが参加した。またワークショップの発表論文は、ワークショップのファシリテーターであったデビット・レーニィ（David　Leheny）プリンストン大学教授によってまとめられ、出版された。D. Leheny & K. Warren ed.（2010）*Japanese Aid and the Construction of Global Development Inescapable solutions*, Routledge.

第8章

変容する社会と国際協力の課題

——アフガニスタン支援考

はじめに

私がはじめて国際協力に携わったのは一九八一年、三五歳のときだった。その年の夏から三年間マレーシアのペナンにある地域国際機関の一つである東南アジア文部大臣機構・地域理数教育センター（SEMEO/RECSAM）に教育テレビ・視聴覚教育専門家として赴任した。RECSAMでの仕事をはじめとして、その後、ＪＩＣＡと大学で教育分野の国際協力に携わってきた。主なフィールドは、東南アジアから中南米、そしてケニアやウガンダ等のアフリカへと広がっていった。

二〇〇二年からは調査団や短期・長期の専門家としてアフガニスタンに行くようになった。その後、紛争後の国と地域、すなわちシエラレオネ、東ティモール、ルワンダ、北部ウガンダ、南スーダン等で教育を中心とした国際緊急人道支援にかかる調査研究を行なってきた。

そして、国際協力にかかわってから三〇年が経過し、三〇代半ばであった私は六〇代半ばを過ぎた（二〇一二年当時）。一貫して国際協力に携わってきたが、その間に国際協力を取り巻く環境は私の思いをはるかに越えて大きく変わった。この三〇年間の世界の変化はのちの歴史家が激動と呼ぶのにふさわしい状況であったと思う。特に一九九〇年代の社会主義圏の崩壊と紛争の続発、二一世紀に入ってからのアフガニスタンや東ティモール、南スーダンさらには「中東の春」と言われるチュニジア、エジプト、リビア、シリア等の変化は、まさに激動と呼ぶにふさわしい状況であり、これは現在進行形である。

二一世紀に入ってからの世界の変化に対してさまざまな国際協力の理論と実践が試みられている。しかし、ここではこれまでの振り返りではなく、今後どのような国際協力が必要なのかを東北やアフリカそしてアフガニスタンでの経験を踏まえて考えてみたい。もちろん私の見聞きできたのはほんのわずかな部分でしかない。しかしそこに今後のあり方を考えるヒントもあるのではないかと思う。

1　変わる世界

東北で

二一世紀に入って一〇年目の二〇一一年は激動の年であった。三月一一日、東日本大震災は大地震と大津波によって未曾有の被害に見舞われた。私は、その一か月後から、当時勤務していたお茶の水女子大学の教員や学生と東北に出かけた。陸前高田や気仙沼等を訪れ、まさに息をのむ思いであった。大津波とその破壊の後を目にして、こんなことが起きるとは信じられなかった。「奇跡の一本松」と言われた大きな松の木を残してすべてなぎ倒された一万本を超える松林の向こうに静かな海が広がっていた。この陸前高田の海を見ていると、「地球は生きている。そしてこの生きている地球と共存する社会の形成が必要なのだ」と感じた。多分、自然を素朴に信じ、自然を人間の支配下にお

写真８−１　陸前高田、海岸部は何もなくなった。（2011年４月21日撮影）

けるとの思いへの反省だと思う。私自身の地球観や自然観が根底から崩される思いである。スピノザが『エチカ』のなかで批判している自然観に私自身が陥っていたのである。

> 実に彼らは自然の中の人間を国家の中の国家のごとく考えているように思われる。なぜなら彼らは、人間が自然の秩序に従うよりもむしろこれを乱し、また人間が自己の行動に対して、絶対の能力を有して自分自身以外の何ものからも決定されない、と信じているからである。[*1]

被災した方々を避難所や仮設住宅に訪れる機会があった。おろおろと訪ねるだけであり、胸ふさがる思いであった。ただ、被災した東北の方々の優しさに励まされた。

今一つは大津波による東京電力福島第一原子力発電所の炉心溶融の大惨事である。科学技術の勝利が一瞬にして敗北へと変わったと思った。福島はフクシマとして記憶されることであろう。あってはならないことが起きたのである。人間の営みとそれを支える科学技術を長期的な視点から見直さねばならないことを教えられた。

五木寛之（二〇一一）は東北の状況を第二次世界大戦後の東京をはじめとする焦土と化した街並みを思い出させるが、今回の状況は六五年前と大きく異なっていると言う。かつては「国破れて山河あり」であり、耐えがたきを耐えて人びとは国の復興に邁進することができた。しかし、今回は「山河破れて国あり」だという。大きく傷ついた国土を前に、国と人びとの間に大きな亀裂が存在しており、復興に邁進することを困難にしていると言うのである。また、政府の発表を信じることのできないなかで、原子力発電所の事故が終息したとしても使用済み核燃料との共存を考えると、人びとは動物的感覚で生きるしかないという。つまり、「第一の敗戦のときは明日が見えた。今は明日が見えない。だからこの瞬間を大切に生きる」のだという（『日本経済新聞』二〇一一年八月三日文化欄）。

私はそこまでペシミスチックではない。震災、そして原発事故からの復興はまだやっと緒についたところであり、今後の復興にはさまざまな難事が予想され、五木寛之氏の言う事態もあり得るであろう。しかし、いま言い得ることは、今回の復興過程はこれまでの第二次世界大戦後、あるいは阪神淡路大震災とはまったく違ったものになるということである。この復興には日本人のみならず人類の知恵が試されているからだ。すなわち自然をコントロールするのではなく、地球や自然との共存を前提とした社会の形成が行なわれなければならないからである。

世界から

二〇一一年五月三日、オバマ大統領はアルカイダの指導者オサマ・ビン・ラディンをパキスタンにおいて殺害したことを発表した。二〇〇一年九月一一日のアメリカ同時多発テロから足掛け一〇年である。この殺害に関してはパキスタン領内でのアメリカ軍による軍事攻撃の正当性に関して議論があったが、アフガン紛争の一つの終焉という見方が多かった。そしてアメリカ軍はアフガニスタンからの撤退の準備に入った。時間はかかると思うが米軍の撤退が始まるのである。また、アフガニスタンのいくつかの州では多国籍軍から現地軍へ権限移譲が行なわれている。私も何度か訪れたバーミヤン州では、州都バーミヤンの中心付近に展開しているニュージーランド軍が現地の軍と警察に治安の権限を移譲して、撤退する。この報道を聞きながら、やっとここまで来たかという感慨を持った。今後のアフガン情勢は予断を許さないが、新政権の成立以来一〇年を経て、新たな段階に入ったことは確かであろう。

二〇一一年七月九日に長年の独立戦争を経て南スーダンが独立した。北のスーダンと油田地帯を含む国境の未確定等、不安定要因は多いが、長い紛争の後の新しい出発である。東ティモールの独立以来、二一世紀二番目の独立国である。ただ、独立直後から北部のスーダンによる石油パイプラインの閉鎖など多難な出発である。独立戦争が激化してからでも二〇年、二〇〇万人以上の死者を出した激しい闘争の末の独立である。経済的には石油収入以外、ほとんど収入がなく、まさに一からの出発である。日本はＰＫＯ軍への参加を含めて国際協力が本格化するであろう。経済的社会的インフラの整備が急務であるが、あわせて産業育成、人材育成など多面的な支援が同時に行なわれる必要がある。また、国際機関や援助国による協調の枠組みがすでに動いているが、アフガニスタン同様にＮＧＯの関与も大きくなるであろう。

一九九〇年のソ連邦の崩壊から始まった各地の紛争が二〇年を経て新しい段階を迎えているようである。しかし、各地での紛争は終結したわけではなく、ソマリア、コンゴ民主共和国、ブルンジ、スーダンのダルフール地方等々紛争やテロの報道は連日のように行なわれている。また、二〇一〇年から始まった中東の春は拡大している。エジプトやリビアでは新しい政権が誕生した。ソ連圏の崩壊を導いた東欧での変化の再現を思わせるアラブの春であるが、どのような帰結を迎えるのか目が離せない。

写真８－２　南スーダン、ジュバ第１女子小学校（2009年３月撮影）

2　変容する社会と国際協力

アフガニスタンを考えると、この国への支援はこれまでの国際協力のあり方の変更を迫るものである。アフガニスタンの政治情勢、治安状況が極めて不透明なために、こうした変化を現時点で検証することは難しいが、第7章で詳しく述べたような私自身がかかわってきた教育協力の分野においても、大きな変化が感じられた。こうした変化はこれまでの国際協力のあり方にどのように変更を要請しているであろうか。

BHNは開発の前提である

一九九〇年代の国際協力においてBHN（Basic Human Needs）の充足が人びとへ直接かかわる支援として重要性を増していた。今世紀に入って、国連ミレニアム開発目標（MDGs）が掲げられたように、目標そのものは変わらないとしても、その手法は大きく変化していると思う。

教育や近代医療の普及は目覚ましく、人びとの生活にとってなくてはならないもの、すなわち教育や医療は開発目標ではなく、開発の前提と認識されるようになった。人びとは保健医療施設や教育施設のないところには、もはや住むことができないのである。二〇一一年に始まったミャンマー難民の日本への第三国定住第一陣として来日した若い母親が、日本でまず行ないたいこととして「子どもに教育を与えたい」と語っていた。

東日本大震災後の復興にとって重要課題は生活の保障である。これはとりもなおさずBHNが文字通り生活の基盤であり、その上で、復興が考えられねばならない。これは開発途上国支援やポストコンフリクトあるいは災害後の緊急支援でも同じことである。

このような前提に立つとこれまでのコミュニティ形成を支援し、その後にコミュニティによる学校や診療所を建設するというパターンは変化せざるを得ない。二〇世紀の終わりから今世紀にかけて世界の教育水準は飛躍的に向上し、近代医療はかつてない規模で普及した。これにより人びとの意識は大きく変わったのである。そうした変化に合わせて開発の目標および方法は変化を余儀なくされているのである。

アフガニスタンの難民がパキスタンやイランから帰還したのは、難民キャンプの生活の質もさることながら、アフガニスタンの復興に希望が見えたからではないか。その希望とはアフガニスタン全土での学校の再建であり診療所や病院の復興だと思う。つまり、復興の前提は難民や国内避難民のもとの場所（オリジナル・プレイス）への帰還とコミュニティの再建であるが、それが行なわれるにはオリジナル・プレイスにおけるＢＨＮの整備が不可欠なのであり、特に学校の再建は、重要である。

パキスタンのアフガニスタン難民キャンプでは、高等教育も含めた教育が積極的に行なわれていた。そのため、難民の教育水準はアフガニスタン国内に比べて高くなった。こうした難民家族がアフガニスタン国内に帰還するには、難民キャンプで受けた教育を続けられるように同等以上の教育水準が必要である。そのためには教育分野の国際協力が目に見える形で積極的に行なわれなくてはならないのである。

フィードバックを前提とした柔軟なシステムの必要性

それぞれの国・地域における変化は、社会経済、歴史、民族、文化、宗教等の違いによってさまざまである。大きな方向性はあるとしても、その表われ方、速度、規模は多様である。こうした多様な変化に対応するには、現場の状況を素早くフィードバックして政策や活動に反映することを可能にする柔軟なシステムを構築することが必要となる。こうしたシステムは変化を前提として形成されるシステムであり、必然的に現場重視、個人重視の民主的なシステムでなくてはならない。

しかしながら、多くの開発途上の国・地域は伝統的文化を色濃く残した社会であり、民主的なシステムとは言えない。そこに国際的・近代的システムをそのまま持ち込むことは、人びとのニーズを反映することにはならないであろう。それゆえにこうしたシステムの運用には丁寧な調査研究と想像力が必要とされる。

アフガニスタンの教育復興の場面では、たとえば、男女共学をどうするかが大きな問題であった。イスラムの国であるアフガニスタンでは、小学校低学年以上は男女別である。そのため、地方では中等教育以上の女子学校が少ないことが、女子の中等教育就学率が低い原因である。そのことが、地方に女性教員が少ないことの原因になっている。しかし、都市部はともかく農村での男女共学を進めることは大きな混乱を招きかねず早急に導入することは困難である。

多様なアクターの連携と開かれた国際協力の必要性

前章で述べたようにアフガニスタン復興支援の特徴の一つとして多様なアクターが参加したことが挙げられる。これには政府のキャパシティが不十分なために代替的に援助機関間の協調とＮＧＯの参加が要請された側面が強い。しかし、ＢＨＮの充足と人びとの生活の向上をテーマとすると、そのニーズは多様化せざるを得ない。また目標と活動を多様化することなしに、開発を進めることは不可能になってきている。これは経済インフラ支援であっても同様である。それゆえに多様なアクターの連携が要請されるのである。多様なアクターとは国際機関、ＯＤＡ機関、国際ＮＧＯ、ローカルＮＧＯ等の既存のアクターのみならず企業、住民組織、市民ボランティア、さらには生徒・学生もアクターであり、連携の対象と考える必要があろう。

これは、海外での活動のみならず、日本国内の活動においてもいっそう多くの組織、市民、学生、生徒の参加が求められる。特に若者の情熱や意欲を国際協力に結びつける枠組みの構築が急務である。すなわち青年海外協力隊等の国際ボランティア活動の推進、高校・大学における国際開発・国際協力にかかわるコースや講座の開設、ＮＧＯに対する資金供与のシステムの拡充、市民を対象とした国際協力活動、留学生の拡充などの施策の推進等である。こうした施策により、市民、青年らの思いを受け止めるために国際協力がこれまで以上に開かれなくてはならない。

かつてアフガニスタンに派遣された際にカブール教育大学内に事務所を持ったことがあり、教育大学への支援も行なった。草の根文化無償資金協力で大学にバレーボール、バスケット、テニスなどの施設が供与されることになった。しかし、バレーボールのネットやバスケットのゴールなどの設備だけが供与の対象であった。バレーボールやバスケットボール、テニスのラケットなどは消耗品のため無償資金協力で供与することができず除外されることを知った。ネットとゴールだけでは実際にスポーツをすることができない。これらはアフガニスタンでは高価で大学が手に入れられない。そこで、私は日本の大学や高校に呼びかけて古くてもいいからボールやテニスラケット、ユニフォームなどの寄付をお願いした。やがて、大きなコンテナ一個分のラケット、ボール、ユニフォームなどが日本から送られてきた。草の根文化無償資金協力によるスポーツ機材の贈呈式が駐アフガニスタン日本大使の臨席のもと行なわれたが、その横に日本の市民からの物品が山のように積まれており、大変喜ばれた。小さな呼びかけにもすぐさま応えてくれる日本の人びとの熱い気持ちに感動したことが忘れられない。

おわりに

東日本大震災復興やアフガニスタン支援について触れながら国際協力の今後を考えてきた。私自身がかかわっている事例から世界は変わることを実感し、そのためにはどうしたらいいかを考えてきた。人びとの意識の変化、柔軟な支援システムの必要性、多様なアクターの連携、開かれた国際協力等の思いはアフガニスタンのみならず、ケニアの伝統的社会、北部ウガンダの国内避難民支援、東ティモールの復興支援においてもまったく同じであった。

第二次世界大戦後始まった国際協力は二一世紀に入って大きな曲がり角に直面していると思う。国際協力がどうあるべきかは一つひとつの実証的研究の積み重ねから演繹すべきであると思う。そして、内戦の影響を受けた人びと、被災した人びと、子どもたちの声に素直に耳を傾けることから始めるべきだと考えている。なぜならば国際協力はこうした人びとと私たちがともに生きる世界を形成するための働きかけだからである。

【付記】 アフガニスタン・ケニアには大阪大学の院生、ケニア、ウガンダ、東ティモールにはお茶の水女子大学の学生が同行した。それぞれ修士論文、卒業論文の作成のためのフィールドワークであった。そうした論文のエッセンスをまとめて一書を上梓した。それが内海成治編著『はじめての国際協力――変わる世界とどう向きあうか』昭和堂、である。それを編集しながら考えたことがこの文章である。

＊1　スピノザ（一六七七）『エチカ――倫理学』（上）畠中尚志訳（二〇〇六）岩波文庫ワイド版、一六五頁。

第９章

ポストコンフリクト教育支援のためのディスコース

はじめに

私は、人間の安全保障には詳しくなくて、もっぱら教育の支援をやってきました。二〇〇一年のアメリカ九・一一同時多発テロ以降、アフガニスタンのタリバン政権への攻撃が始まり、同じ年の一二月にはカルザイ政権が誕生しました。二〇〇二年一月には東京でアフガニスタン復興国際会議が行なわれ、日本の支援策として二年半に最大五億ドルを拠出することが発表されました。そのアフガニスタン支援の五つの重点分野の一つとして教育、特に女子教育への支援が取り上げられました。タリバン時代に女性の教育・就業が禁止され、女子の就学率が三％という状況だったからだと思います。教育分野の国際協力の専門家が少なかったこともあり、私が担当することになり二〇〇二年四月の最初の技術協力調査団に加わって、何も分からずにアフガニスタンに行きました。

「行ったからには責任を持ってやるように」ということで、その後二度短期で派遣され、二〇〇二年の一一月から一年間、教育大臣アドバイザー（教育協力）としてカブールに滞在しました。また、これを契機にその後もポストコンフリクト支援を自分のテーマとして調査研究を行なうようになりました。私は国際協力事業団（現国際協力機構、JICA）の国際協力専門員としてもっぱら開発支援に従事しておりました。緊急人道支援には不案内だったのですが、誰かがやらなくてはいけないということで、アフガニスタンに出かけました。

今日は、はじめにアフガニスタンでの経験をお話しして、そのあともう少し広げて、復興過程における教育にはどんな問題があるのか、教育復興支援について、国際機関や援助機関がどんなことを考えているかをお話しします。最後に今後日本は国際緊急人道支援に関してどんなことを考えていかねばならないのかといった点をご報告したいと思います。

1　カブールに行く

アフガニスタンでは、足早に新政権が発足し、復興支援が始まりました。私は教育協力アドバイザーとして特に新憲法の制定など法整備に一番関心を持って、さまざまな会議に出席しました。教育復興にはいろいろな面がありますが、開発支援ではあまり意識しなかった法整備が、ポストコンフリクトの状況では非常に大事だということに気付きました。そのため特に新憲法の教育条項の論議を積極的にフォローしました。新憲法の教育条項の草案作りのため教育高等委員会を立ち上げ、二〇〇二年一二月にパリのユネスコ本部で第一回の会合を持ちました。

私のカウンターパートは当時の教育大臣のユノス・カヌーニ氏（**写真9－1**）で、暗殺された北部同盟のマスード将軍の腹心でタジク人を代表する政治家の一人でした。非常に有能で、英語の苦手な彼とダリ語のできない私ははじめは通訳を入れて話をしていましたが、数か月後には英語で直接話ができるようになりました。

憲法に関しては、ラテンアメリカなどでは憲法の教育条項が非常に多いのですが、日本は二六条（二項に分かれてい

写真9－1　カヌーニ教育大臣（2002年7月撮影）

る）のみです。アフガニスタンは、義務教育規定、無償教育の規定、教育言語の規定があり、もう一つ私立学校の規定を新しく入れて、合計四条です。

私たちが教育高等委員会でもっとも時間を割いてディスカッションしたのは、教育無償化の議論です。アフガニスタンの学制は六・三・三・四ですが、これまでの一九六四年憲法では、大学の学士課程まですべて無償でした。つまり、教育は国がすべてを無償でやる。ですから私立学校はありません。明治期の日本のように大学が少数のエリート養成の場であれば、無償でもかまいません。しかし、二〇〇二年に新しく始まった大学への入学者は一万七〇〇〇人というように、大学は大衆化しつつある段階です。それを無償にするのは無理だと判断しました。そこで高等学校まで無償にし、大学は有償にする草案がまとまりました。

ところが、それが発表されたとたんに、カブール大学の学生が大規模なラリー（抗議デモ）を行ないました。政府は学生の動きに敏感で、一転、学士課程まで無償ということになりました。無償にしますと、教育財政が破綻してしまうのですが、その道理が通らない政治情勢なわけです。

アフガニスタンはご承知のように多民族国家であり、パシュトゥン、タジク、ウズベク、ハザラといろいろな民族がいます。これまでの教育言語はダリ語とパシュトゥン語の二つでした。トルコ語系のウズベク語は人口も多いので教育言語としてはどうかという議論がありました。しかし、実態として教科書の三言語化や三つの言語での教員養成が難しいということで、二言語のままということになりました。その代わり、少数民族の文化と言語を尊重するという文言が憲法のなかに入りました。

それから、アフガニスタンには戦争による障がい者が多く、また、近親結婚が多いこと、幼児の栄養不足、妊婦の

栄養不良なども あって障がい児も非常に多い。障がい児の教育の権利を保障するために教育条項ではなく障がい者の権利と保障を規定した別の条項のなかに、「障がい児の教育の権利」が入りました。これは私たちが強く主張した点であり、よかったと思っています。

2 二〇〇二年の教育の状況

アフガニスタンの当時の様子を振り返りながら、状況を説明します。**写真9－2**は教育省の建物です。社会主義政権の時代、特に一九八〇年代のソ連占領時代に、情報と教育が大事にされましたので、情報文化省が一〇階建てのビルで、教育省が五階建てのビル、他の省庁とは異なる立派な建物です。長引く内戦で電力が不充分で、エレベーターが動きません。また、暖房もないので、一八〇〇メートルの高地にあるカブールでは、冬には室内でも頭が締め付けられるぐらい寒かったことを覚えています。

写真9－2　アフガニスタン教育省（2002年4月撮影）

教育省があるのはカブールの北側です。カブールの町の真ん中にアサマール山という山があります。一九九二年の内戦でカブールの町は戦場になり山の南西側は、完全に廃墟と化していました（**写真9－3**）。

町の南西部にある宮殿はカブールの象徴的な建物ですが、ひどい状態で放置されていました。このカブールの南西部は文教地区でアフガニスタンで最初の高等教育機関であるサイド・ジャマルディン教員養成校やカブール大学があります。サイド・ジャマルディン教員養成校は、アメリカの援助でき

写真９−３　廃墟が続くカブール市の南西部（2002年４月撮影）

写真９−４　サイド・ジャマルディン教員養成校（2002年４月撮影）

た、すてきな建物だったのですが、悲惨な状態でした（写真９−４）。外壁は崩れ、内部は完全に略奪されていました。この学校は、二〇〇六年にイタリアとアメリカの支援によって修復され、きれいな建物になっています。

カブール大学は、建物はあまり破壊されていませんでしたが、内部のすべてのものが略奪されていました。兵舎になったので兵隊が暖を取るためにあらゆる燃えるものを燃やしてしまったということです。そして、壁のなかの配線も含めて金属などの売れるものはすべて持ち去られてパキスタンで売られたということです。

当時、アフガニスタンの名門校はリセと言い、六・三・三の一二年制の学校です。カルザイ大統領の出身校のハビビア高校は英語で教えるリセです。また、フランス語のリセ、ドイツ語のリセなどがあります。カブールの名門校ガジ学校は、すてきな二階建ての建物でしたが、ほぼ完全に壊されていて、特に二階の部分は壁も天井もなくなっていて眠ったら落ちてしまいそうでした。仮設のはしごをつけて授業が行なわれていました（写真９−５）。

その近くにある中学校まであるスリイスラム女学校は、完全に壊されていました。ここは地雷が多く、まず地雷除去をして、すぐに学校が始まりました。ドアもなく、机と椅子を入れると盗まれてしまうので、何もないところで授業が始まりました（**写真9－6**）。この学校は二〇〇三年には日本の支援で、二階建てのきれいな学校に再建されました。

カブール市内のリセは、コンクリート作りのしっかりした建物が多いのですが、どこも瓦礫の山となっていました。そんななかでテントや壁にテント地をかけて「教室」として授業が行なわれていました。瓦礫は校舎を再建するときに使うので大事に保存しています。

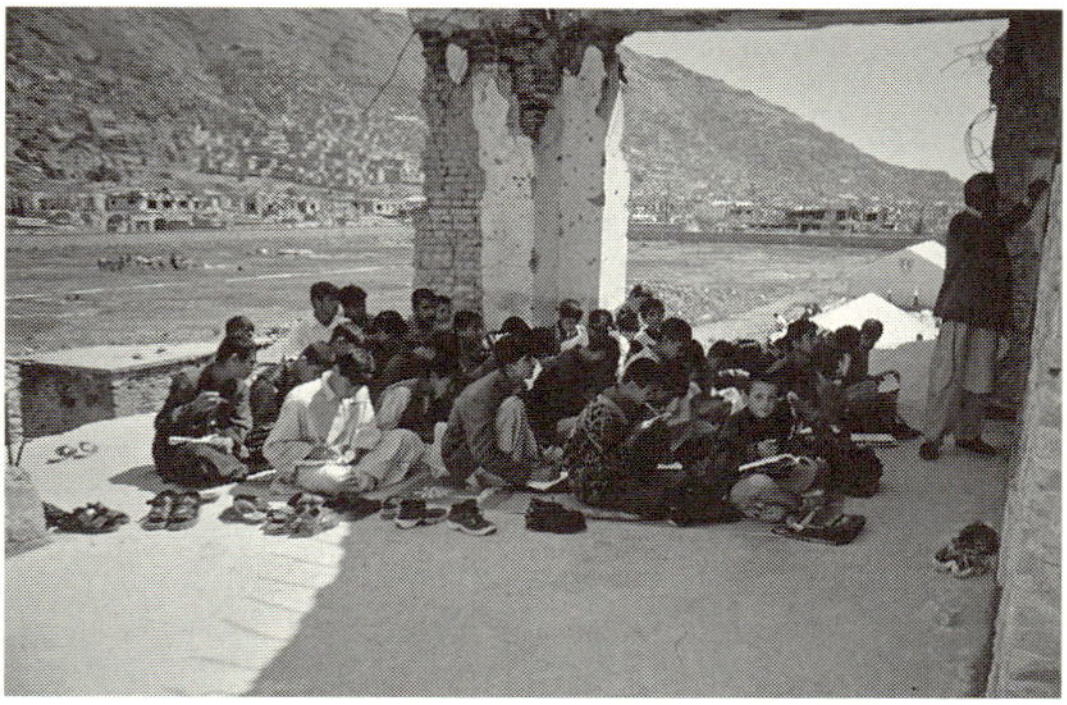

写真9－5　ガジ学校（2002年4月撮影）

写真9－6　スリイスラム女学校（2002年4月撮影）

カブール市内を離れて農村部に行くと状況はもっと悪くなっていました。**写真9－7**は、カブールのすぐ南のロガール州の女子小学校の六年生の「教室」です。この学校は文部科学省の「アフガンキッズ募金」で学校建設の資金は用意されているのですが、なかなかできあがりません。このあたりでは女子小学校が放火されたり、建設会社に脅迫状が届いたりして、建設を始めることができないのです。建物はできないのですが女子生徒はたくさん通学して授業が始まっていました。ロガールはカブールに近いために女の先生が揃っていることも理由の一つだと思います。これは二〇〇三年の夏の写真です。テントのなかにビニールや絨毯を敷いて授業が行なわれていました。

写真9－8は、カブールの北の米軍

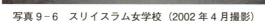

写真９－７　ロガール州の女子小学校（2003 年７月撮影）

写真９－８　パラワン州バクラムの女子小学校（2003 年７月撮影）

基地のあるパラワン州バグラムの女子小学校です。ここもロガールと同じように女子小学校はなかなかできません。当時のパラワン州では、男子小学校一〇校に対して女子小学校は一校という割合でした。民家の庭にテントを張って授業を行なっていました。

こうした状態に対して、何かしなければいけないと思いました。床に長時間座って授業を受けるのは大変なわけです。少なくとも机と椅子は必要だろうと、カブール近郊に教育省が机と椅子の工場を作り配布を始めました。また、ＮＧＯやＪＩＣＡの資金でいくつかの学校に緊急に机・椅子の支援が行なわれました。**写真９－９**は机と椅子の贈呈式の様子です。生徒はとても喜んでくれました。アフガニスタンはペルシャ文学の伝統があって、詩の国ですので、自作の感謝の詩を朗読してくれました。式のあとすぐに机・椅子をテントのなかに運んで、授業が行なわれました。

贈呈式に参加して、こうした子どもたちの様子がうれしかったのですが、ふと、学校で机と椅子で勉強するのは当たり前のことではないかと、気が付きました。その当たり前のことに喜び、感謝している子どもたちを不憫だと感じ胸が痛くなったことを覚えています。とにかく今のマイナスの状態から普通の状態に戻すのが、緊急支援で重要なことなのだと思いました。

学生にこの写真を見せて、「緊急支援というのは、われわれが享受している普通の生活を取り戻すための支援ではないか。子どものニーズを充足することだ」と説明しました。ところが、学生から「普通の生活というのは何ですか。日本とアフガニスタンでは普通の生活といっても違うのではないか。先生は、机と椅子を支援するのは子どもたちのニーズに合っていると言うけれども、本当にそれがニーズなのですか」と質問を受けました。確かに、そうだと考えこんでしまいました。子どもたちの教育ニーズとはいったい何なのだろうか、もう少ししっかり子どもの生活を調べ声を聞く必要があると思いました。その後、バーミヤン州をフィールドとして子どもの教育を阻害している要因は何かを探りました。その話をしてからまとめに入りたいと思います。

写真９－９　パラワン州・机と椅子の贈呈式（2003年７月撮影）

3　バーミヤンでの調査

バーミヤンはアフガニスタンのなかでもハザラジャードと言われる少数民族ハザラの居住地域です。ハザラはイスラムシーア派で、スンニ派のタリバンはハザラを敵視しバーミヤンに攻め込み、多くのハザラを殺しました。そのためバーミヤンのほぼすべての住民は、国外に難民化するか、国内避難民になった経験があります。ハザラとタリバンとの間に協定ができて、徐々に戻ってきていましたが、本格的な帰還は新政権樹立後の二〇〇二年からです。私たちが調査を始めた二〇〇五年頃は、コミュニティの再建が始まった時期でした。

バーミヤンの有名な仏教遺跡の大仏はタリバンによって破壊されました

写真9－10　バーミアン州バンデミール湖（2005年9月撮影）

写真9－11　バンデミール小学校1年生の女子（2006年8月7日撮影）

が農業の盛んなところで、主な作物はジャガイモと小麦です。特にバーミヤンのジャガイモはよく知られています。

　私たちは、二つの地点で調査しました。バンデミールとデュカニというところです。バンデミールは州都のバーミヤン・センターから車で三時間ぐらい西に行ったところです。バンデミール湖という美しい湖があり、湖面の高度は二八〇〇メートル、あたりの山の高さは三千数百メートルという所です（写真9－10）。バンデミール湖はいくつかの湖が階段状に連なっていますが、二番目の湖の湖畔に唯一の小学校で調査をしました。

　バンミールの人びとは山の麓の湖畔に住んでいます。農耕と牧畜、牛、ヤギ、ロバを飼っています。冬の間は湖の近くの家に暮らしていますが、夏は暑さと害虫を避けるために、山の上の移住地アイラックに住むという生活を繰り返しています。村は二八〇〇メートルくらいですが、アイラックは三千数百メートルのところにあり村からは二、三時間かかります。

　冬は積雪が多いので、学校の冬休みは長く逆に夏休みはありません。バンデミール地域にはおよそ五〇家族が暮らしていますが、そのうちの半数以上は、夏の間はアイラックに移ります。そこから学校まで通うのに三時間ぐらいかかるので、小さい子どもや女の子は通学できません。ということで夏は子どもの数が減ってしまいます。一年生は女の子でも二〇人以上の生徒が登録していますが、夏の間は四分の一の五人の女の子しか通学していませんでした（写真9－11）。

今一つの調査地点はバーミヤン・センターから四〇分ほど南に入ったデュカニの谷です。バーミヤンの南には四〇〇〇メートル級のバーバー山塊がそびえていて、そこに何本かの深い谷があります。デュカニの谷はそのうちの一つです。谷の全長は一五キロぐらいで、かつて、タリバンが攻めてきたときに、逃げ遅れた人は山の奥に逃げこみました。そこで凍死や餓死した人がたくさん出たという悲劇の谷でもあります。

写真9－12　デュカニの谷、後ろはバーバー山（2005年8月撮影）

デュカニの谷は急峻な渓谷ですがところどころに平坦な土地があり、そこに農地が広がっています。ヨーロッパと同じようにジャガイモと小麦を輪作しています。平坦な部分は畑で人びとは山肌に住んでいます。谷には約三〇の小集落（クレスタ）があり、七〇〇家族五〇〇〇人が住していると推定しています。

谷の中ごろのもっとも大きな集落に小学校があります。この学校でIST法という複数年の全校生徒の調査をしました。詳しいことは、一緒に調査をした大学院生と共同で論文にしました。[*1]

分かったことは、この谷はハザラが中心ですが、ハザラだけではなく、人口の約四分の一はサイードです。このあたりの農地のほとんどはサイードが所有しており、ハザラは小作をしています。サイードは経済的にも宗教的にも上位層で、ハザラの人たちは周辺化されていると言えます。しか

写真9－13　水を運ぶハザラの女の子（デュカニ村パルジュイ集落2005年8月撮影）

し、人口的にはハザラが多数派です。

デュカニ学校には五年生以上の高学年には女の子が非常に少なく、特にハザラの女の子で五年生以上は在籍していません。サイードの女の子が少しいます。男の子のほうは、ハザラの男の子が高学年でもいますが、逆にサイードの男の子は少ないのです。

サイードは大変教育熱心です。田舎の小学校は教育水準が低いので、ここには男の子を通わせないで、バーミヤン・センターやカブールの学校に男の子を送っています。そのため、この村の小学校はサイードの女の子とハザラの男の子がマジョリティで、サイードの男の子とハザラの女の子は極めて少ないという構造になっていることが分かりました。

どうしてハザラの女の子が学校に来ないのか。いろいろ原因があると思われるのですが、一つは地理的な要因です。ハザラは、学校がある谷の中央部ではなく、谷の奥や山肌に住んでいるケースが多いので、通学距離が長くなります。また、この学校には男の先生しかいませんので、それも原因の一つでしょう。そして何よりもハザラの教育への関心の低さが原因のようです。集落の家を訪ねて両親にインタビューをしました。すると、「この村では女の子は四年生より上は学校には行かせない」と言うのです。その理由は家事の手伝いや絨毯作りをするからということですが、何よりそれが村の慣習だからだと言います。かつて小学校が四年までだった名残か、あるいは生活が厳しくて女の子の手を借りることが必要だからかもしれません。

この地域には、やっと小型の水力発電機によって電気が来ましたが、水道はありません。そのため、女の子は水汲みや家事に忙殺されています（写真9－13）。私たちが訪ねた家ではどこでも見ていて気の毒なくらいに、女の子、特に長女が忙しく働いていました。

　こういう状況が分かってきたのですが、それに対する支援も考えねばなりません。分校や経済的支援、アドボカシー等いろいろやることがあると思います。アフガニスタンのことはこの辺にして、こうした状況を踏まえて、ポストコンフリクトの教育について話したいと思います。

4　紛争後の国の教育の特徴

　紛争後の国の状況を見ますと、教育施設が破壊され、教員は不足し、教材・教科書が行きわたっていません。つまり、リソースが圧倒的に不足しています。それにもかかわらず、先ほどの学校の状況を見ても分かるように、難民や国内避難民の帰還、教育熱の高まりによって生徒数が急増します。これは何もアフガニスタンに限ったことではなくて、シエラレオネや南スーダンでも同じです。建物がないのに生徒が増えて、テントや木の下で授業する状況が起こるのです。ポストコンフリクト下で教育熱が高まるということをどのように考えたらいいのでしょうか。私はとりあえず「難民化効果」(Refugee Effect) と呼んでいます。

　今一つは、教育行政を担当する官庁のキャパシティが低く、財政基盤が脆弱なことが挙げられます。それから、カリキュラムを改訂する必要性が出てきます。また、南スーダンや東ティモールのように教育言語が変化する場合もあります。東ティモールではインドネシア語からポルトガル語に、南スーダンではアラビア語から英語に教育言語が変わりました。

　紛争後の国における統治と支援の形態として、大きく三つあると私は思っています。一つは、新しく政府が形成され、新政権のオーナーシップを尊重する形態です。アフガニスタンやイラクでは、国連は一歩下がった形で統治を行いました。逆に、こういう国土も人口も大きな国ですと財政的にもキャパシティ的にも国連が前に出られないということだろうと思います。ライト・フットプリント・アプローチと言われています。

二つ目は、東ティモールやカンボジアで見られたように、国連主導の統治形態です。紛争直後は国連統治機構が前面に出て、行政や復興支援を実施していました。比較的小さな国で行なわれますが、それはその国のマンパワーが圧倒的に不足している場合だと思います。

三つ目は、国際機関やNGOなど、援助機関のイニシアチブで復興を行なう形態です。シエラレオネや大地震後のハイチではそういうやり方だったと思います。シエラレオネでは世銀や各国の援助機関がそれぞれの分野を実質的に担っていました。

同じポストコンフリクトといっても、統治の形態によって、外部からの支援のアプローチの仕方もそれぞれ変わってきます。いくつかの国際機関・援助機関を訪れて、緊急・復興支援における教育支援にかかる政策とオペレーションについて担当者にインタビューを行ないました。それはJICAの客員研究員の研究資金で行ない、昨年（二〇〇六年）「復興支援における教育支援のあり方」という報告書を作成しました。*2

UNDP（国連開発計画）は、ご承知のようにUNOCHA（国連人道問題調整事務所）と一緒に、紛争や自然災害後の緊急支援において関係機関間によるクラスター制の形成を訴えています。

ユネスコのIIEP（国際教育計画研究所）では緊急支援の要員の養成コースを実施しており、そのカリキュラムやテキストの開発を行なっています。JICA大阪国際センターと大阪大学は、IIEPから講師を招いて、アフリカのポストコンフリクト教育復興研修コースを行なっていますが、そこではIIEPのテキストを活用しています。

緊急教育支援の分野にINEE（The Inter-agency Network for Education in Emergencies）という組織があり、小さな事務局がニューヨークの国際NGO、IRC（国際救援委員会）のなかにあります。以前はパリのユネスコに置いていました。どこかに本部があるというよりも、基本的にはバーチャルなネットワーク組織です。INEEでは教育支援のためのミニマムスタンダードを開発しました。その日本語訳を私の研究室で作成し冊子にしましたが、これはINE

Eのウェブに載っています。このミニマムスタンダードは、緊急教育支援のはじめから終わりまで徹頭徹尾「パーティシパトリーアプローチ」で、「参加」ということをキーワードにしています。[*3]

UNHCR（国連難民高等弁務官事務所）は、教育支援はマンデート外とする組織で、ジュネーブの本部には教育担当者は一人しかいません。しかし、難民キャンプの教育に関しては熱心に取り組んでいます。難民キャンプや帰還難民の間では教育熱が非常に高いからです。さらに近年は、初等教育から中等教育まで視野を広げて支援が行なわれています。その際の目的は「帰還と復興、開発までを視野に入れたシームレスな支援が必要だ」ということです。ただ、UNHCRの仕事は基本的には緊急難民支援であり、初等教育が中心です。その後の復興・開発支援ができません。そのため中等・高等教育の支援はドイツや外部の財団と連携して行なっています。

ユニセフはもともと教育支援に熱心な機関ですが、最近は学校をまず再建して、そこを通して子どもの保護と支援をすることを目指しています。学校を教育の場としてだけではなく、子どもたちに対する支援をするための場、すなわち学校の複合的な効果を追求する政策をとっています。

世界銀行やUSAID（米国国際開発庁）は、これまで開発支援でも復興支援においても基礎教育だけを対象としていました。つまり、一九九〇年の「万人のための教育（EFA）」世界会議後の基礎教育に特化した支援を行なってきました。日本は基礎教育にプラスして中等教育、高等教育、職業教育までを視野に入れた教育支援を行なっています。ところが、この二つの援助世界の巨人が近年になって相次いで教育分野の援助方針を変えて、中等・高等教育分野を支援するようになりました。

特にUSAIDは、これまで教育支援は一〇〇%基礎教育だったのを七五%に下げて、二五%は中等・高等教育支援をするという大きな変更を二〇〇五年に行ないました。アフガニスタンには教育省のほかに高等教育省があり、その初代の大臣であるファエズ大臣は、アメリカの大学でペルシャ文学の教授でしたが、アフガニスタンに戻ってきた人です。彼は、「アメリカに行って高等教育の支援をしてほしいと強く訴えたけれども、一顧だにされなかった」と言って、涙していたことを思い出します。

世銀は二〇〇二年ごろから、やっと高等教育支援をするようになりました。当時のウォルフェンソン総裁がアフガニスタンに来て、額は少ないのですけれども、いち早く高等教育支援を表明しました。その三年後にＵＳＡＩＤもするようになったというわけです。

イギリスのＤＦＩＤ（英国国際開発省）は、もともと援助協調を非常に強く打ち出して、アフリカを中心に教育支援を行なっています。最近、「脆弱国家における教育支援」というペーパーを発表しました。紛争後の国を「フラジャイル・ステイト」と名付けるのはいかがなものかと思うのですが、このペーパーは、援助協調を基準に据えながら、さまざまな援助スキームを駆使して支援していこうというものです。この背景にはポール・コリアーなどのポストコンフリクトにおけるコンフリクトリスク軽減のための総合的な支援という考えがあるように思います。

緊急復興教育支援の全体的な動向としては、基礎教育支援からの拡大だと思います。教員養成や高等教育、職業教育などにも拡大しつつあります。それからユニセフは「教育支援というのは総合支援の中心なのだ、学校を中心にして支援ができる」と強く主張していますが、ユニセフの場合は、特に子どもの誘拐や子どもの安全保障という面から、学校を基点とした政策とオペレーションを強く打ち出しているためだと思います。

私は先のＪＩＣＡへの報告書のなかで「ポストコンフリクトと難民支援のバランス」の必要性を訴えました。というのは、難民キャンプでの支援を手厚くしますと、逆に帰還しにくくなります。ケニア内にある南スーダン難民のカクマ難民キャンプがいい例ですが、南スーダンの教育開発が進まないと、カクマで基礎教育・中等教育を受けた難民が南スーダンに戻れないという現象が起きています。そのことに対して当時の南スーダン暫定政府の教育担当官は強い不満を持っていて、自分の国をしっかり支援してくれないと、いくら難民を支援しても帰還につながらない。難民支援と南スーダンに対する支援は別のものだということを強調していました。

5　緊急復興教育支援のあり方

緊急復興教育支援のあり方で、私がアフガニスタンにいたときに強く感じたことがあります。一つは、短期的な対応と長期的な視点をどうバランスさせていくかです。たとえばポストコンフリクト下では圧倒的な教員不足が起きます。アフガニスタンの場合は、一二万人の教員が必要なのに現状は七万人でした。急いで教員養成をしなければなりません。緊急に教員を養成するには二つの方策が考えられます。一つは、かつてアフガニスタンもそうだったのですが、高等学校のなかに小学校教員養成課程を作って、高等学校を卒業した人を教員にする方法です。そうしますと、教員養成大学に行かなくても教員になれるので、緊急に大量の教員を養成できます。今一つは高等学校を出た人間をとりあえず代用教員にして、研修を繰り返すことによって正規の教員にするという道です。

当初、ユネスコ国際教育計画研究所（ＩＩＥＰ）を中心にした高等教育支援調査団からは、「高等学校の師範学校化をやったらどうか」という提案がありましたが、私は「それはやらないほうがいい。それをやると教員の質が下がってしまう。高卒段階で正規の教員ということにすると、その教員は三〇年、四〇年仕事をして校長などにもなるわけで、教育全体の質を大きく損なうおそれがある。だから、高卒人材はすぐに正規の教員にするのではなくて、あくまでも代用教員にして、資格付与教育を順次実施するやり方のほうがよい」と強く主張しました。短期的に必要なことと、長期的な対応をうまくバランスさせていくことが必要です。

それからセクター間で言えば、キャパシティビルディングと法整備です。教育全体としては法整備が非常に重要で、憲法の下のさまざまな教育法規をしっかり作成していかねばなりません。特にこれは資格との関係が大きいのです。たとえば難民キャンプのなかにも医学校などに行く難民の子どももいます。その資格をどうするのか、弁護士の資格をどう付与するか、大学入学資格をどう認定していくのかなどです。

アフガニスタンの場合は、高等学校卒業というのは重要な資格ですので、偽免許状が横行しています。今教員をやっている人たちのなかでも、地方では多くの偽の卒業証書があると言われています。そのことを皆知っているのですが、誰も言わない、言えないのです。

私が教育省に勤めていたとき、三階に中等教育課があるのですが、そこは常に長蛇の列ができていました。帰還難民が、中等教育卒業資格認定をしてもらうためです。認定されると大学受験資格ができますし、中等教育を卒業していれば、公務員や警察官などさまざまな職業に就けるからです。

また、ポストコンフリクトということで国際的な関心は一時的に高まるのですが、それはやがて下がってしまいます。現在、アフガニスタンへの関心はイラクの紛争のために大分下がってきていますが、逆に今こそこれまで以上に支援が必要なわけです。国際的な関心と復興過程のギャップは常にあると思います。そのことを計算しておかねばなりません。

6　日本の役割

次に日本のことを考えてみたいと思います。日本の開発支援はこれまで長いＯＤＡの歴史があるため、ＯＤＡを企画立案し実施するシステムが人材も含めて形成されています。しかし、国際緊急人道支援に関してはあまり経験がありません。そのため、政策立案は割とうまくいっていると思うのですが、オペレーションのシステムがうまく動いていない感じがします。というのは、緊急復興支援の場合は、開発支援のオペレーションと違うスピードが要求されます。そのためには東京から現地への権限の移譲が重要ですので、それを行なえる体制を早く確立する必要があるのではないかと思います。

もう一つ、ＵＮＨＣＲにしてもユニセフにしても、自分たちでオペレーションしていません。オペレーションは基本的にはＮＧＯが行なうシステムをとっています。そのためにＮＧＯとのよい関係を構築する必要があります。日本ではＪＩＣＡが直営するかコンサルタントへの委託の形をとっており、ＮＧＯが関与するケースはほとんどありません。日本の外務省やＪＩＣＡには「国内で信頼できるＮＧＯがない」と言う人もいますが、そうであるならばＮＧＯを育成する必要があります。そのためにはＮＧＯとの連携を積極的に行なうことが重要です。

国際ルールの尊重ということでは、国際機関のなかではクラスター制がかなりできています。「それは、あくまでも国連内部の問題だろう」という発言をする人もいますが、やはり、クラスターはある程度尊重していく必要があるのではないか。それから、先ほどのミニマムスタンダードや保健や食糧の分野でのスフィアプロジェクトなどの国際的なスタンダードができていますので、そういうものはしっかり尊重していく必要があるのではないか。そこで言われていることは、ＮＧＯとの連携とも関係があるのですが、基本的には地域のパーティシペーションを大事にしていくということです。参加型の緊急復興支援は国際的な動向だからです。

それから、これはアフガニスタンに行ってすごく感じたのですが、早期にニーズアセスメントを行なって、どういう支援をどういう順番でやるのかというニーズの発掘とプライオリティ付けを行なうことが重要です。私は割と早い段階でカブールに行っていたので、ユニセフやユネスコが行なう教育分野のニーズアセスメントに積極的に参加して、そのなかでかなり発言した記憶があります。「国の開発政策が出てから、それに沿った支援をしましょう」という声もありますが、それは逆です。そうではなくて、ニーズアセスメントをして、国家開発計画のなかに日本がやるべきことをしっかり押さえておかないと、いい援助はできません。

そのためにはどうしたらいいのか。ニーズアセスメントができる人間、国際会議をリードできる日本人を育成することが急務だろうと私は思っています。そうした人材育成には、経験を積んでもらうことが基本だと思います。それから戦略的な人材育成をやっていかなければいけない。これは役所がやって、役所のキャリアを育成すればいいという問題ではなくて、大学や民間の人材のなかからも、そういうことができる人を戦略的に作っていく必要がある。これはほっておいてできることではありません。

ポストコンフリクトの状態では、支援に個人はかかわることができないのですから、国とか大学とかが積極的にそういう人材を育成するという視点に立って、人材に能力をつけていく必要があると思います。教育分野でも、そういうことができる人間を少なくとも一〇人ぐらいは育成しなければいけない。私のようなロートルではなくて、若い人で思いを持った人がたくさんいるわけですから、そういう思いを形にすることを大学や国はやっていく必要があると思っています。

最後になりますが、私が今後の課題と思っているのは「難民化効果」です。難民になるということはすべてを失うことです。アフガニスタンの農民は、土地を失い家畜を失うわけです。ですから、どういう状況でも失われないもの、知識・技能や資格などに対するニーズが高まると思います。であるがゆえに、帰還難民の教育熱は高い。また、そういう家族の思いを知っている子どもたち、つまり家族の思いを内面化した子どもたちは、非常に熱心に勉強します。教育熱の背後にはそういうことがあるはずです。そういうなかで、いったい本当のニーズは何なのか。机と椅子と建物ではないのではないか。将来への見通しとか、キャリアモデルの提示とか、進学の可能性等が重要なのではないかと思っています。

それから、難民キャンプと紛争当事国への教育支援のバランスをどういうふうにしたらいいのかを見ていきたいと思っています。来年以降も、ルワンダ、南スーダン、北部ウガンダなどを、こんなことをテーマにして調査していければと考えています。

以上で報告を終わります。どうもありがとうございました。

質疑応答

――先生がフィールドワークされたバーミヤンの学校の話ですが、これはサイードとハザラという二つのグループがあって、それが同じ学校に通っているということですね。

内海　そうです。

――この両者の社会的な関係は安定しているのかどうかということと、宗教施設は共用しているのかどうか、それから、宗教施設が教育内容に対してある程度影響を与えるようなことがあるのかどうか、その点を教えてください。

内海　アフガニスタンの村落の場合、シューラという組織が男女別に、男のシューラ、女のシューラがあります。バーミヤンでは、シューラの長は基本的にサイードで、その下にハザラの人たちがいるという構造だと思います。ハザラの人たちはサイードを宗教的なエリート階級として尊重しているように思いました。同じシーア派ですので、宗教施設は共有しています。

経済的には、サイードが土地を所有し、ハザラは小作という形です。そこに経済的なさまざまな面でコンフリクトがあるのかは、私たちが今まで見ている限りでは、あまり聞いたことはありません。家庭に入ってかなり丁寧なインタビューをしていますが、そういうなかでサイードの悪口とかは聞いたことはないです。そういう意味では、やはり安定しているのだろうと思っています。

――教育に対して宗教的な影響が及ぶのかどうか。

内海　アフガニスタンは、教科として宗教科がありまして、イスラムを教えることになっています。そこでは基本的なイスラムの考え方や礼拝の仕方を教科書に基づいて教えています。現在問題になっているのは、スンニ派とシーア派で礼拝のやり方が違うので、一つの教科書でいいのかということです。最終的に国会で一つの教科書、シーアとスンニの両方が受け入れられる宗教の教科書を作ることが決まりました。

ですから、影響があるのかというと、かなり大きな影響があると思うのですが、教育省としては宗教省の考え方を受け入れて、その教科に関してはあまり教育省として一つの方針を出すということはしないで、ある意味で世論に任せているという状況だと思います。

【付記】 この講演は、二〇〇七年一二月一五日、大阪大学文系研究戦略ワーキング「人間の安全保障」第三回ワークショップ（大阪大学総合学術博物館待兼山修学館三階セミナー室）で行なった「ポストコンフリクト教育支援のためのディスコース」である。ワークショップの冒頭に世話役の栗本英世教授から趣旨説明があり、最後に総合討議が行なわれたが、これは割愛した。

＊1 景平義文・岡野恭子・宮坂靖子・内海成治（二〇〇七）「紛争後のアフガニスタンにおける教育の課題に関する研究——バーミヤン州ドゥカニ地域の事例より」『国際教育協力論集』第一〇巻二号、一一一四頁。

＊2 内海成治（二〇〇六）『復興支援における教育支援のあり方』客員研究員報告書、国際協力機構・国際協力総合研修所。

＊3 内海成治監訳（二〇〇六）『緊急教育支援ミニマムスタンダード』（INEE, “Minimum Standard for Education Emergencies, Chomical Crises and Early Reconstruction”）大阪大学人間科学研究科（ＩＮＥＥウェブサイトに掲載）。また、このミニマムスタンダードは二〇一〇年に改訂版が発表された。この二〇一〇年版も日本語版を作成した。内海成治監訳（二〇一一）『緊急教育支援ミニマムスタンダード２０１０』（INEE, “Minimum Standard for Education Emergencies, Chomical Crises and Early Reconstruction”）お茶の水女子大学国際協力センター。

第Ⅲ部

新しい国際協力への挑戦——ウガンダと東ティモール——

第Ⅲ部では、「新しい国際協力への挑戦」としてウガンダと東ティモールの状況を報告することにしたい。アフガニスタンは新しい国づくりへの緊急人道支援であり、国際協力の新しい経験である。ウガンダと東ティモールも紛争後の課題に対する支援のあり方を探るものである。

第10章は一九九九年と二〇〇〇年にJICA短期専門家として派遣され、教育分野の援助に関して調査した私のフィールドノートの一部である。セクターワイドの援助協調は各国で行なわれたが、教育分野ではウガンダがもっとも早い事例であろう。この援助協調には日本は参加しなかったのであるが、私は教育開発専門家として援助協調の会議に参加した。ウガンダはビクトリア湖を取り囲むように広がった国土と湿潤な気候によって東アフリカでもっとも農業の盛んな国である。ウガンダの農村は緑の海に取り囲まれている。また、東アフリカのなかでもっとも教育が普及している国でもある。それゆえに教育援助も各国が行なっていた。特に北欧の国々がかかわっていたために、よりインパクトのある支援としてコモンバスケット方式の援助協調が考えられたのだと思う。

第11章はウガンダの国内避難民の帰還支援に関する報告である。ウガンダは独立後度重なるクーデターや戦闘によって大きな混乱が起きている。特に北部ウガンダは「神の抵抗軍」との内戦のなかで人口の九〇%以上が国内避難民となりキャンプに強制的に移住させられた。また、「神の抵抗軍」は、多くの子どもを拉致誘拐して、男の子は少年兵に、女の子や女性は兵士の妻にしたり軍の手伝いをさせた。その詳細は不明だが六万五〇〇〇人の子どもが犠牲になったという。国内避難民の存在は国境を越えた難民ほど知られていない。そのため国内避難民への支援はあまり報道されない。ここで取り上げる北部ウガンダの紛争による国内避難民とその帰還は、知られざる悲劇と言っていいと思う。JICAの北部ウガンダにおける国内避難民帰還支援プロジェクトは、IDPに対するはじめての支援ではないかと思う。ここで何が課題でどのような支援が行なわれているのかを現地調査で見ることにしたい。

東ティモールの二つの章は、NGOによるコーヒーのフェアトレードと企業によるCSRとして行なわれているトイレ建設支援についての調査報告である。フェアトレードとは開発途上国の人びとへの支援の一つとして、より公正な価格での取引と消費が行なわれることである。フェアトレードは比較的新しい言葉であるがすでに市民権を得ていると思われる。そしてフェアトレードは市民が国際協力にかかわる手軽でかつ大きなインパクトを与える活動である。

また、企業CSRは、企業にとって重要な活動となっているが、まだ広く知られているとは言いがたい。特に実際に開発途上国でどのような支援となっているのかはあまり伝わっていないようである。

第Ⅲ部で扱うのは国際協力のなかでも新しい動きであり、その動向は今後の日本の国際協力に関して見逃すことのできないものであり、現状と課題を検討した。

第10章 ウガンダの教育改革と支援

——教育分野の援助協調

はじめに

一九九九年三月二二日‐四月八日と二〇〇〇年四月一日‐一六日に、短期間ではあるが、ウガンダに出張して現地で教育改革の現状を見る機会があった。当時進められていたウガンダの教育改革の現状と援助協調に関して報告したい。またその際に草の根無償資金協力で建設された小学校を視察し、さらに小学校の授業を観察したので、そこから見えるウガンダの授業の特徴についても述べることにする。

1 出張の背景と目的

ウガンダに対する教育分野の技術協力は集団研修コース参加を除くと一九九八年六月から一二月にかけてＪＩＣＡ

企画調査員を派遣することで開始された。その後、一九九九年三月に企画調査員のカウンターパート二名（教育計画局長および教育プログラム課長）の個別研修が行なわれた。ついで短期専門家が一九九九年三月に一名、二〇〇〇年に二名派遣された。これとは別に一九九九年一〇月に無償資金協力による小学校建設の基礎調査団が派遣されている。

ＪＩＣＡ短期専門家が相次いで派遣される理由としては、ウガンダの教育改革に多くのドナー（援助機関・国際機関）が協力して実施していること、セクターワイドアプローチないしは教育分野のＳＩＰ（Sector Investment Program）として新しい援助協調が行なわれていることが挙げられる。それゆえにウガンダの教育分野支援のレビュー会合に日本人専門家が参加することは重要であり、強くコミットしている援助国の状況を摑むことができるからである。

短期派遣の目的は教育改革やＥＳＩＰ（教育分野投資計画）の状況について専門家の立場からカウンターパートにアドバイスを行なうことにあり、同時に、今後のわが国の教育協力について検討することである。

2　ウガンダの概要

ウガンダは東アフリカの内陸国で、南東側はビクトリア湖に面している。西にはアルバータ湖やマチソン滝、南西部の山岳地帯には五〇〇〇メートルを超えるルーエンゾリ山がそびえている。緑豊かな国土は美しく「アフリカの真珠」と呼ばれている。

面積は二四万一〇三五平方キロ、人口は二〇二五万六〇〇〇人（一九九六年）、人口増加率二・八％である。首都はカンパラで人口九五万人。国土のほとんどが一〇〇〇メートルを超える高原のため赤道直下にもかかわらず、気温は二一－二三度であり、季節変化はあまりない。降雨量はビクトリア湖西岸と南西部の山岳地帯では二〇〇〇ミリと、東アフリカ三か国ではもっとも多い。ただし北東部のカラモジャ地方は五〇〇ミリ以下で乾燥が激しい。

民族は複雑で、人口の多い順にバガンダ、テソ、アンコレ、ソガ、チガ、ランゴ、ギス、ルグバラ、トロ、ニョロなどが有力な民族である。

ウガンダの公用語は英語であるが、共通語としてスワヒリ語も広く使用されている。しかし、ウガンダの人に聞くと、スワヒリ語はアミン（大統領）の言葉あるいは軍隊の言葉だといって、あまり好感を持っていないようである。英語は、かつてはマイナーな言語で、地方では部族語が優位であると言われていた。しかし、近年の学校教育の普及によって、地方でも英語が話されるようになった。学校訪問では英語で不自由なくコミュニケーションできる。

宗教はキリスト教が普及しており、南部地方にはカトリックが多く、北部にはプロテスタントが多数である。ウガンダはフランスとイギリスの勢力がぶつかっていたところであり、カトリックとプロテスタントの宣教が競って行なわれた。それが現在のキリスト教の分布に現われている。

政治体制は一九八六年にムセベニ大統領が政権を把握して以来、「国民抵抗運動（ＮＲＭ）」（現在はウガンダ人民共和軍（ＵＰＤＦ））の単独政党による体制が続いている。ＵＰＤＦは教育省の人たちと話しているとよく出てくる単語であるが、かなりシニカルな響きで使っているように見受けられる。民主主義の体制として複数政党制がふさわしいのであろうが、アフリカの政権交代の現実、以前のオボテ政権時代の複数政党制の失敗などから一種の諦めの雰囲気が感じられる。しかし、ムセベニ大統領は二〇〇七年には複数政党制に移行するとの見解を示している（その後の状況については第11章参照）。

3　ウガンダの教育の課題

教育関係の指標を二〇〇〇年のレビュー会合での報告からいくつか挙げると次の通りである（いずれも一九九八年の統計である）。

・小学校純就学率：九二％
・小学校総就学率：一二二％　男子一二九％、女子一一四％
・学歴のある教員（大学卒業）：男五五・五％、女五四・〇％
・教員資格保持者：男四四・五％、女四六・〇％
・教師／生徒率：小学校一年および二年　一一〇対一、三年から七年　五五対一
・初等教育予算の対ＧＮＰ比：九・三六％（一九九八年）、七・二四％（一九九九年）
・小学校四年残存率：九三・五％
・小学校修了率：七三・一％（一九九七年）

現在のウガンダの教育改革における緊急性の高い課題としては、小学校建設、ＴＤＭＳ（教師訓練管理システム）と視学制度の整合性、カリキュラムと教材開発等が挙げられる。

一九九九年三月の調査においては、ウガンダ教育省では大阪大学に研修にきた経験のあるマリンガ教育計画局長およびマヨカ教育プログラム課長（当時）に主にインタビューを行なった。二〇〇〇年の四月の調査は教育改革レビュー会合に出席することが業務内容であったが、さまざまな機会に援助関係者とインタビューを行なった。インタビューの結果から課題の小学校建設、ＴＤＭＳ、教材にかかるINSTEPの内容を記しておきたい。

小学校建設

ＥＳＩＰによると、新たに必要な小学校の教室建設の目標は二〇〇三年までに二万五〇〇〇教室である。これを実現するためにさまざまな方法で教室建設支援が試みられてきたが、今回のレビューでは学校施設無償資金（ＳＦＧ：School Facilities Grant）による建設が主流になってきた。ＳＦＧは学校やコミュニティーの要請に基づいて、中央から

郡（ディストリクト）へ資金を供与するシステムである。

①ＤＦＩＤの学校建設

一九九九年の調査の際にケニアに立ち寄り英国開発省（ＤＦＩＤ）でウガンダの小学校建設に関するインタビューを行なった。ＤＦＩＤケニア事務所（ウガンダを兼轄）のカッカルディー氏によると英国のウガンダに対する学校建設はおおむね次のようであった。

・現在行なっている学校建設パイロットステージの状況

二一〇教室が完成し、二〇〇教室を建設中であり、二〇〇〇年の一月までに完成する予定。一教室当たりのコストは家具とトイレを含めて四〇〇〇ポンドである。このパイロットで採用しているのは現地の工法であるが、新しいプレハブ工法での建設も試みる予定である。一二州で二〇教室程度、合計二四〇教室を考えている。今年のレビューでは一九九九年に四一六教室が完成、二〇〇〇年で一二六教室が完成し、目標を達成している。こうしたやり方で英国が考えているのは、援助資金の八〇％から九〇％が現地に落ちるようにすることである。

・ＥＳＩＰの学校建設の評価について

ＥＳＩＰには英国、世銀、オランダなどが参加しているがその評価を現在ＤＦＩＤ（二名）とオランダ（一名）のコンサルタントが評価報告書を作成中である。そのコンサルタントの一人であるマイケル・ホール（Michel Hall、ロンドンサウスバンク大学）は建築の専門家で日本が注目しているハイドロフォームによる建設の評価をしている。それによるといくつかのハイドロフォームの問題点が指摘されている。[*1] ハイドロフォームを作る機械の性能が弱く、でき上がったハイドロフォームに強度の点でばらつきがある。それとでき上がった建物のコーナーが弱い（この報告書は一九九九年三月に教育省に提出済）。

・今後の計画

英国はＥＳＩＰの一環として一九九九年八月までにウガンダに対して新たに一〇〇〇万ポンドの支援を行なうことを決定した。そのうち三〇〇万ポンドは教科書の供与、七〇〇万ポンドは小学校の建設にあてるとのこと。教科書の供与はＵＳＡＩＤが行なう予定であるが、ＤＦＩＤとしては地方分権化に伴って郡に条件付きのファンドとして供与される。小学校建物への支援は現地コミュニティを支援する形で実施され、次のような参加型開発である。

まず、英国からの資金は郡の教育事務所に小学校建設のためのファンドとして供与される。コミュニティ（村）は土地を確保し、壁の建設を行なう。それぞれの村には大工がおり、そうした人が中心となって、村人が作るか大工が請け負って壁の建設を行なう。壁ができたところで村は郡に学校建設の支援を申請する。郡ではでき上がっている土台と壁の状況を見て、支援を決める。もし土台や壁の状況が建物建設に不適当と判断されれば支援はしない。支援が決定されると、セメント、窓枠、屋根材などの教室とトイレを完成するために必要な資材が供与される。村ではこうした材料を使って、大工に建築を行なわせる。大工や労働の手間賃は村が負担する。教室に必要な家具も供与される。現在ＤＦＩＤは学校建設を四県で行なっている。

②その他の学校建設プロジェクト

・世界銀行、ＴＤＭＳ：次に述べるＴＤＭＳの一環として一五県で実施。一九九九年で二六九〇教室（完成は一四二〇）、二〇〇〇年の目標は一一二九教室（二月現在で一五八完成）。
・オランダ、ＣＡＰ／ＳＦＧ（Community Action Plan/School Facilities Grant）：オランダのＳＦＧによるパイロットプロジェクト。ネビ県など四県で実施。一九九九年で六四〇教室（三二〇完成）、二〇〇〇年で三二〇教室（二〇八完成）。
・オーストリア・アイルランド：オーストリアはキソロ県で一九九九年に四〇教室、二〇〇〇年で三〇教室それぞれ完成。アイルランドはキバレ県で一九九九年に七二教室、クミ県で八〇教室完成。
・ＡＤＲＡ：ＮＧＯだがデンマークＤＡＮＩＤＡの資金によって一〇県で学校建設を行なっている。一九九九年は目標二四〇教室のうち二〇六が完成。

・ウガンダ政府の自己資金：目標六二四教室のうち四八〇完成。予定が一年遅れている。

ＴＤＭＳ

ＴＤＭＳとはTeacher Development Management Systemのことで、直訳すると教師訓練管理システムとでも訳すことができる。これは教員現職訓練の実施システムである。通常現職教育（現職教員の研修）は中央または地方の学校視学制度がそれにあたるものだが、ウガンダでは学校視学制度とは別に新しいシステムを全国的に展開している。中等教育におけるINSTEPと並ぶ初等教育段階におけるウガンダ独自の訓練システムである。このプロジェクトには世銀、ＵＳＡＩＤ、オランダ、アイルランドなどが共同で支援を行なっている。さらにＴＤＭＳにはＵＳＡＩＤがＳＵＰＥＲ（Support for Uganda Primary Education Reform、ウガンダ初等教育改革）プロジェクトを展開しており、ＴＤＭＳで必要なカリキュラムや教材の開発を支援している。

INSTEP

INSTEPとはImproving Secondary Education through Better Resources and Teacher Educationプロジェクトのことで直訳すれば良い教材と教師教育を通しての中等教育改革である。これはＤＦＩＤのプロジェクトで英国の教育コンサルタント大手のＣｆＢＴが実施機関であり、専門家もＣｆＢＴから派遣されている。INSTEPは中等教育強化のために、ＴＲＣ（Teacher Resource Centre）と呼ぶリソースセンターの形成と現職教育を行なうプロジェクトである。プロジェクト期間は四年六か月で、三つのフェーズによって実施されてきた。第一フェーズは一九九五年に始まり、六か月間の準備期間、第二フェーズは一九九六年から九七年、一九九八年からこれまでは第三フェーズで、二〇〇〇年で終了する。全体の予算額は四三五・七万ポンドである。INSTEPの目的は「数学、理科、英語の教育の質を現職教育とＴＲＣの全国的ネットワークを通して向上させる」ことである。そのため技術協力とＴＲＣの建設および機器、教材の供与が行なわれている。

ＴＲＣは三五の県をカバーする二七か所に設置されている。これは中等学校のなかに設置されるもので、オートバイ、コンピュータ、タイプライター、複写機などの活動に必要な機器と教材がセットされている（オートバイは八、コンピュータは一七のＴＲＣのみ）。リソースの内容は英語、数学、理科（物理、化学、生物）のパケットタイプのキットである。

英語のキットはリーダー、教科書、リファレンス等でこのキットによって学級文庫ができるようになっている。数学は教師・生徒キットで、幾何のさまざまな図形や数学の機器が入っている。理科のパックはそれぞれ物理、化学、生物で六つの単元ごとのキットが完成している。これはINSTEPの特徴の一つでそれぞれ八つのキットを作成する予定であるが、六つで終わりそうとのことである。

それぞれのキットはＯレベル（日本の中学校）段階のもので、内容は五〇％は英国から、残りは現地で購入ないしは開発した。こうしたキットをＴＲＣに常設し、学校はそれを必要に応じて借りるのである。ＴＲＣの運営費は利用する学校およそ一〇校が負担することになっている。またＴＲＣにはＶＳＯ（英国のボランティア派遣組織）のボランティアが派遣されている。現在は二名だが、これまでに延べ八名派遣された。

現職教育はかなり幅広く行なわれており、校長へのマネージメント研修、カリキュラムの研修等さまざまな研修が実施されている。そのなかで中心的なものは三五の各県から教科に関するキーとなる視学官、教師を教科ごとに二名（英語、数学、物理、化学、生物）、計一〇名に四日間の研修を六回、合計二四日間行なう研修である。この研修を受けたグループをセントラルチームと呼び、それぞれの県でカスケード方式によって現職教育を実施するのである。

プロジェクトは一応の目的を達したので一九九九年で終了する。現地のコーディネーターは、英国の支援がなくなるとオートバイのガソリン代すらなくなってしまうのでＴＲＣの継続的運営に不安を表明していた。英国はケニアにおいても初等教育のリソースセンターを設立するプロジェクトを行なっていたが、これも英国の支援終了後、動かなくなっている。サステナビリティに問題があるように思われる。

4　二〇〇〇年のレビューに参加した印象

第三回のＥＳＩＰレビュー会合（二〇〇〇年四月）に参加した印象を日記風に記してみたい。

・四月四日（火）雨のち曇

昨日ウガンダに到着し、レビューの一環の地方セミナーに参加するためにカンパラから車で一時間北にあるジンジャに来て宿泊した。朝四時ごろ一度目がさめる。雨である。それも激しい雨。部屋が暗くて眺めもないので、なんだかインドネシアにいる気がした。もう一度寝たら八時だった。食事をして九時に会場に行ったが、ほとんど人がいない。九時半にかなり集まって、東部地区のセミナーが始まる。

セミナーの討議は熱心だが、時間がまったく守られないのと、あらかじめ何の打ち合わせもないようなので、大変疲れる。みなが言いたいことを勝手にしゃべっている感じである。午後は三つに分かれてグループ討議。どう分けるかでひともんちゃく。

サンセットホテルの名前にふさわしく、ナイルの源流の眺めは素晴らしい。夕食はバーベキュー。アイルランドのケビンとオランダのアナと一緒に食べる。

・四月五日（水）雨のち晴れ

朝はまた激しい雨。昨日の最後の会議で明日は八時半と言うので、八時半に会場に行ったが、誰もいない。なんということだろう。司会者も参加者もまったく時間を守るという意識がないのだ。始まったのは九時四〇分。本当は九時にスクールビジットのはず。まったくお構いなしに一一時まで会議を行なう。それからスクールビジットというのにそれに関しては何の話もない。どうしたものかと待っているうちに一一時半ごろに出かけることになった。私はカムリ県の小学校を見に行くグループに参加した。カムリの小学校にピアニカを二本持って行った。カムリの教育事務所の職員が一本事務所にもくれという。

カムリでは二つの小学校を見学する。他の参加者は子どもたちや教師にはほとんど関心を持たず、校長に予算やジェンダー、親の参加のことを聴いて終わりという感じ。行政官ではあっても教育者という感じはしない。寂しいことである。

カムリの小学校は、昨年行ったムコノ県の学校より貧しいようだ。学校給食もひどい設備で、貧弱な食事である。しかし子どもたちはとても感じがよい。

三時半ごろジンジャを出て、四時半にカンパラのホテルに着く。

・四月六日（木）くもり

六時に目がさめる。雨こそ降っていないが曇空。まだ真っ暗である。六時半ごろから夜明け。丘の麓に雲がかかり、丘がシルエットで浮かび上がりとても静かで美しい。アフリカの魅力だと思う。

ＥＳＩＰの会議は九時から国際会議場で行なわれた。今日の議題は午前中がポストプライマリー戦略で、職業教育も含めたセカンダリーの拡大戦略の話。午後は四地区に分かれて行なったフィールドトリップの報告である。マリンガ教育局長も出席し、昨年会ったプライマリーの国務長官も司会を行なっていた。今回のレビューの進行すべてウガンダ人が行なっている。

五時から援助国だけの会議が行なわれた。次の六か月レビューの課題などを話し合った。ＥＵの担当官が、六か月レビューでおおむね良好ということで進めていっては困る、しっかりした報告システムとモニタリングが必要だと主張し始めた。これはＳＩＰの大きな課題であろう。システムをユニバーサル化（国際的に通用すること）しようとしても国家がある限り、それを乗り越えることはできないのである。

・四月七日（金）晴

今日は歩いて国際会議場に行く。会議場はクーラーが効き過ぎていて寒い。上着を着て縮こまって、会議を聴く。会議は学校建設や教科書の話がメインで参考になった。事務の効率化を目指して、地方分権や制度の一元化を図ってきているのに、予定通りには行かないようだ。

夕方、七時から教育省主催のレセプション、アフリカーナホテル。世銀の専門家と話をした。

・四月一〇日（月）くもり

八時半にホテルを出て国際会議場に。今日はえらく警備が厳しい。

教育インフォメーションシステムの話の後に分科会。初等教育の分科会に参加。人数が多いので、サブ分科会に分かれる。カリキュラム分科会に出席。イギリスのケニア事務所で地域の教育協力を担当しているアレンがウガンダサイドにかなり食い下がっていた。「主要四教科のカリキュラム改訂がうまく行っていないのに、なぜ九教科の改訂に入るのか」、「教科書や教材の支援として学校に直接資金が行くようにしたのに、自分が見学に行った学校ではどこにもその資金による教材などなかった」というのである。ウガンダ側は、「まさにそれがウガンダの問題なのだ」という。この答えにアレンは激怒して荒れてしまうのである。

・印象

六か月レビューはかなり大規模に徹底して行なわれている。それゆえ、レビューのためのレビューという気がしないではないが、援助国、政府、地方政府、父母代表、国会議員、コンサルタント等が一堂に会して自由に意見を述べる場は重要である。ＳＩＰの透明性を高めるのに役に立っている。しかし、教育改革は全国的な規模での展開にもかかわらず、援助国は限られた地域でプロジェクトを実施しているので、必ずしもウガンダ政府のプライオリティーに基づいた政策の実施になっていないようである。また、国際、国内を問わず、ＮＧＯの参加がないのは物足りなかった。今後の課題であろう。

5　草の根無償資金協力による小学校建設

この機会に一九九八年度の草の根無償資金協力によって教室、トイレ、教員宿舎が作られた二つの小学校を見学した。この協力はムコノ県政府の要請によるものであり、いずれもハイドロフォーム工法による建設である。引き渡しが終わっていないために教室内を見ることはできなかったため外観を見て、校長から話を聞いた。

【ルエザ小学校】

国道から一五分ほど入ったところで、雨が降っていたこともあり四輪駆動車でなくては困難な道路である。校長を含めて教師六人、生徒数二六七人（一年五九人、二年四一人、三年三七人、四年四七人、五年四一人、六年四二人）。七年生の学級はない。七年生は卒業試験や中学進学を控えており、町の学校へ編入するケースが多く、この学校では編成できないとのことである。

丘の斜面にあり、既存の教室は四つ。旧校舎に並んで新しい校舎が建設されていた。ハイドロフォームの外壁は塗装されていることもあって美しく仕上がっていた。屋根はトタンである。外壁に雨がかからないように屋根が大きく張り出しており、また土台も広くできているため、立派に見える。なかを見ることはできなかったが、屋根が広い分外光がどの程度なのか気になる。ドアと窓は木製であるがしっかりできている。

トイレは充分校舎から離れていた。教員宿舎は低いところに既存の校舎に隠れるようにできていて好ましい印象を与えている。

【セタ・ウメガ小学校】

セタ・ウメガ小学校は国道から五〇mほどの町中の小学校である。教師七人生徒四九一人（男子二七一人、女子二二〇人）（一年一三五人、二年一一五人、三年七三人、四年五九人、五年五〇人、六年三九人、七年二〇人）。

ここの校舎の色は同じハイドロフォームでも土の色の違いか、茶色である。屋根の作りがルエザ小学校よりラフな感じがする。業者によって同じハイドロフォームでも技術水準がかなり異なる感じがする。

町のなかの学校であるが、八〇％くらいの生徒が裸足であるのが印象的である。校舎の近くで煉瓦を作るための土を捏ねる作業が行なわれていた。

6　小学校訪問

授業観察とビデオ撮影はムコノ県とカンパラ市で行なった。ムコノ県では県学校視学官が同行し、カンパラでは市副教育長が同行した。

訪問した小学校は五校であるが、ここでは三校を紹介する。

【セタ小学校 Seeta C/U Primary School】

ムコノ市内にあり、生徒数一〇〇八人、一四学級（各学年二学級）、教師数二七人。学校名のあとのC/UはChurch of Ugandaの意味でウガンダ教会が設立したことを意味している。多くの小学校はキリスト教会のさまざまな教派によって設立されたが、現在は公立学校であり特別な場合を除いて教会からの支援はない。

ウガンダの小学校は大きさによって四つのグレードに分けられ、それぞれ校長のグレードや給与も異なる。この学校は最上位のグレード一である。通常グレード一は各学年三学級の二一学級が標準であるがこの学校は一四学級である。

校長によれば、この学校でもっとも不足しているのはトイレと教員宿舎である。校舎は現在増築中であった。これはセタ小学校に限らず訪問したすべての学校が何らかの増築を行なっていた。

【カベンベ小学校 Kabenbe R/C Primary School】

ムコノ市から北に二〇分、生徒数四二七人、七学級（各学年一学級）、教師数九人（男二人、女七人）。学校名のあとのR/Cはローマンカソリックの意味である。校舎は日干し煉瓦作りで屋根はトタンである。半分建設中で窓やドアはなかった。授業を見た四年生の教室は校舎の一番端で、トタンが足りず、途中雨が降ってきて、ぬれてしまった。校長と教員の部屋は土間で、戸や窓は付いていない。教員宿舎はかなり小さく、四つしか完成していなかった。

【ナマグンガ小学校 Namagunga Primary School】

ムコノ市内の郊外にある全寮制の小学校である。カソリックが一九三五年に設立したもので、ウガンダでもっとも古い学校の一つである。イギリス人のシスターが校長であるが、学校そのものは公立で教師の給与は国が支給している。寮の費用は家庭が負担する。有名校であり全国から生徒が集まっている。生徒数八五〇人、一四学級（各学年二学級）。女子校だが数人の男子生徒が在籍している。なだらかな丘の広い敷地に校舎とドミトリーがゆったりと建設されている。理科実験室、図書室があり、教材室には自作の教材が整理されて保管されていた。

7　ウガンダの授業の特徴

今回の調査では五つの小学校で七つの授業をはじめから終わりまで観察したが、その印象は次の通りである。

・教師教育は徹底的に行なわれているようで、教師の教え方は一定の型に従っている。
・授業は二つの部分に分けられており、はじめの一五分程度が知識・概念・計算方法の指導で、後半がエクササイズである。エクササイズの部分では黒板に問題を書いて生徒がノートに解答する。そのノートを机間巡視しながら採点する。
・前半は生徒に質問し、かなり活発な授業であるが、後半は個別指導を小さな声で行なうのみで、全体的な指導は行なわない。
・前半の指導の部分では、教師の力量によって指導内容にかなり差ができる。特に質問の仕方に差があるように思われた。
・板書の方法は三分法が中心で、非常に丁寧に書いている。黒板の質はあまりよくなく、また壊れている場合もあったが、字はよく見える。
・まったく教科書の通りに教えている。しかし、一部の学校以外、生徒は教科書を持っていない。
・教材は現地で手に入るものを使用する、いわゆるインプロバイゼーションの考え方が徹底しているようで、理科の授業では多くの教師が実物を示しながら説明していた。
・授業の後半部分は授業というより自習活動を集団で行なっているようである。
・後半部分は個別指導であり、人数の非常に多いウガンダの実情にまったく合っていないと思われるが、それ以外の適当な教授方法を知らないようである。たとえば、全体での答え合わせや、班ごとの答え合わせなどはまったく行なわれていない。

おわりに

今回の二回の調査を通じて感じたことは、ウガンダに対する教育援助におけるドナー（援助国・援助機関）の特殊な対応である。それは歴史的に二期目のオボテ政権の時代から、現在のムセベニ政権に至るまで、経済政策において国際金融機関の行なってきた枠組みと方法を教育の分野に持ち込んだと思われる。教育セクターないしは初等教育サブセクターにおけるこうした強い枠組みの提示は、その枠組みに見合ったスキームを持っている援助国にはやりやすいが、そうでない国は参加しにくい。

また、ＴＤＭＳのような教師の現職教育システムがドナードリブン（援助側主導）で形成されたことも問題である。これは現職教育を教員養成学校が行なうための新たなシステムで、教育省および地方教育事務所の視学制度と併存している。二つのシステムはいずれ統合される必要があり、今回のレビューでは教育省の一部として統合されることが決められた。ＴＤＭＳは世銀やＵＳＡＩＤなどの援助機関が緊急に現職教育制度を形成するために作られたもので、本来は時間がかかっても既存の視学制度や地方教育委員会の強化という形で行なわれるべきであろう。

ウガンダにおける教育分野の支援はそのオーナーシップを重視する形式を形成したのであるが実際には、逆の極に振れてしまったのである。これはドナーが自らの援助スキームによって、逆にオーナーシップを損なっているのである。本来の組織強化支援を行なうなかでオーナーシップの尊重が行なわれなくてはならないと思う。しかし、今回のレビューを見る限りウガンダサイドのオーナーシップに対する意識は向上し会議の司会もウガンダ教育省によって行なわれるなど、ドナーとのよい関係が形成されつつあるように感じられた。

【付記】 本章は、一九九九年と二〇〇〇年の二回にわたってウガンダで行なわれた教育セクターの援助協調会議にＪＩＣＡ専門家として出席した際のフィールドノートの一部である。ウガンダではいち早くコモンバスケット方式による援助協調による財政支援による教育支援が行なわれていた。日本はコモンバスケットによる財政支援には参加していないが、専門家派遣や学校建設等の支援を行なっている。ちなみに長期専門家として大阪大学大学院で私のゼミを卒業した前田美子（現在大阪女学院大学教授）が派遣された。

＊1　ハイドロフォームとはセメントと土を混ぜブロックに固めたもので、日干しレンガより強度があり、セメントより安価である。しかし、セメントと土の割合など製作に経験が必要である。

第11章　北部ウガンダにおける国内避難民の帰還

はじめに

一九九〇年以降のソビエト連邦の崩壊や東西ドイツの統合、また、東ヨーロッパ諸国の自由主義・市場経済への移行等による冷戦構造の終焉を見て、世界は平和になると思っていた。しかし、地域紛争はやむことなく、世界各地で紛争が絶えない。特に二一世紀に入ってからは、アフガニスタン、イラク、シリア等で内戦が続いている。また、ウガンダにおいても長年にわたって紛争が続いているがあまり注目されていない。

本章は国際的に注目されることのなかった北部ウガンダの紛争による国内避難民（ＩＤＰ）とその帰還支援を取り上げる。北部ウガンダの紛争は長期にわたる悲惨な戦闘でありながら、国際的にはあまり注目されていない。その理由はムセベニ政権が大統領選挙や複数政党制を導入するなど国際的には民主的政権と評価され、ウガンダ国内を安定的に統治しているとされているからである。また大量のＩＤＰを生み出しているにもかかわらず、国境を越える難民が少ないからである。

ウガンダはアフリカにおける数少ない援助の優等生とみなされている。しかし、その陰で、神の抵抗軍（LRA）との紛争は「世界最悪の人道危機」と呼ばれ、二〇〇万人以上のIDPを生み出し、さまざまな暴力・人権侵害があったにもかかわらず二〇年以上国際的に放置されてきたのである。

国境を越える難民は国際的に注目が集まり、多くの支援が寄せられるが、IDPの場合は実態すらよく分からないケースも多い。しかし、難民もIDPも故郷を追われる点では同じであり、国境を越えたか越えていないかの違いでしかない。IDPは難民予備軍とも言われ、IDPへの支援は近隣諸国の情勢安定化にもつながる。

IDPへの支援が少ないのは、難民支援の国連機関であるUNHCRが難民への支援に特化しており、国内の難民であるIDPへの本格的な支援を行なわないことも原因である。また、ドナー（援助国・援助機関、NGO）もIDPは国内問題であるとして支援を控えることもある。国際協力は相手国政府の要請に基づいて行なわれるのが原則である。そのため国内の紛争の結果であるIDPへの支援を、当該国が支援要請しない場合もあるからである。

二〇〇八年に政府と神の抵抗軍との間に停戦合意が結ばれ、紛争は表面的には収まりを見せた。こうしたなかで政府はIDPキャンプを閉鎖し、IDPのオリジナル・プレイス（Original place）への帰還が始まった。また、北部地域の復興にも力を入れることになった。しかし、二〇〇万人以上のIDPは、キャンプを追われてどのような状況に置かれているのか。そして、復興は順調に進んでいるのであろうか。

JICAは北部ウガンダの復興支援としてIDPの帰還支援を実施することになった。IDPに対する支援はJICAにとってもはじめての経験であり、前例のない支援策である。このプロジェクトがどのように行なわれているのか。そして、IDPの帰還にはどのような課題があるのか。こうした問題意識をもって、二〇一〇年八月一五日－二五日にかけて現地調査を行なった。この調査をもとに、IDPをめぐる課題を検討することにしたい。

1　ウガンダの概要と北部ウガンダ紛争の経緯

ウガンダの概要

ウガンダは、東アフリカのビクトリア湖に面した内陸国であり、国土は二四・一万平方キロで日本の本州と同じ大きさである。人口は三七七八万人（二〇一四年、世界銀行）。首都カンパラはビクトリア湖に近い丘にあり、標高は一三一二メートルで、赤道に近いにもかかわらずしのぎやすい気候である。

民族はバガンダ族、ランゴ族、アチョリ族等の多民族国家である。言語は英語とスワヒリ語のほかにルガンダ語等の民族語が話されている。教育言語は英語である。宗教はキリスト教（六割）、伝統宗教（三割）、イスラム教（一割）である。カンパラにはカトリックの聖堂やプロテスタントの大きな教会のほかにイスラムのモスクも見かける。

ウガンダは一九六二年にイギリスの保護領から独立。独立前後には東アフリカでもっとも豊かな農業国であったが、度重なるクーデターにより政治・経済は混乱した。一九六六年のオボテ、一九七一年のアミン将軍、一九八五年はオケロ将軍とクーデターが相次いで起きた。そして、一九八六年にはムセベニ中将によるクーデターが起きたのである。

一九八六年にムセベニが大統領に就任し、ほぼ全土を平定した。一九九六年五月と二〇〇一年三月に大統領選挙が実施され、いずれもムセベニ大統領が信任投票の形で再選された。二〇〇六年二月二三日に複数政党制を導入して大統領・国会議員選挙が実施され、民主主義の復活と言われた。この選挙でムセベニ大統領が五九・二六％の票を得て三選。その後、ムセベニ大統領は二〇一一年、二〇一六年の選挙に勝利し現在五選目である。

北部ウガンダ紛争の経緯[*1]

こうした度重なるクーデター・政権交代の要因は、基本的には多民族国家であるがゆえの国内の民族対立がある。

南部系・北部系を問わず国内に多くの反政府グループが形成されている。一九八六年のムセベニのクーデターに対して旧オボテ政権派はムセベニ政権への武力闘争を開始した。これが神の抵抗軍 Lord's Resistance Army：ＬＲＡにつながる一連の紛争の始まりである。

北部ウガンダのアチョリ・ランゴ地域の武力勢力はオボテ政権下の国軍兵士が中心となって結成されたウガンダ人民民主軍（ＵＰＤＡ）から発生している。ＵＰＤＡからウガンダ民主キリスト教軍（ＵＤＣＡ）、霊能力を持つとされるアリス・ラクウェナ率いる聖霊運動（ＨＳＭ）が生まれた。ＵＰＤＡおよびＨＳＭは政府軍に敗れ、一九八七年にアリス・ラクウェナはケニアに亡命し、ＵＰＤＡは一九八八年に政府と和平協定を締結した。しかし、一部のＨＳＭ、ＵＰＤＡのメンバーはジョセフ・コニーをリーダーとする神の抵抗軍に合流し、一九八八年以降ＬＲＡは次第に勢力を拡大、一九九〇年頃から政府との戦闘が本格化した。

ＬＲＡは軍事組織としては特殊な形態をとっている。特定の基地を持たず、小部隊で移動しながらゲリラ戦を展開するのである。当初、ＬＲＡは聖書の十戒に基づく国家建設、現政権の打倒、アチョリの解放を掲げ、一定の支持を地域住民から得ていた。しかし、基地を持たないため、移動する先々で食糧・武器を調達し、また、ＬＲＡに協力的でない住民に対して制裁と称して、殺害、拉致・誘拐、レイプなどを行なった。そのため、戦闘が長期化するにしたがい地元コミュニティの支持は失われていった。だが、補給路、命令系統が明確に存在せず、広範囲にゲリラ戦を繰り広げるＬＲＡに対する攻撃は容易ではない。

ウガンダ政府軍はアチョリ人兵士を戦闘の最前線に立たせる等、ＬＲＡとコミュニティの分断を図ったが、一方でＬＲＡは攻撃対象を協力的でなくなったアチョリ地域の住民にシフトし、物資の略奪だけでなく住民（特に子ども）を誘拐して戦力とすることで、組織の強化を図るとともにコミュニティを牽制した。誘拐された子どもの数は明確ではないが三万人以上とされ、その帰還率は三割程度である。

ＬＲＡの村民に対する攻撃を防ぐ効果的な手段はなく、政府は住民をＩＤＰキャンプに収容し、反乱軍と隔離する作戦を展開することになった。その作戦は徹底的に行なわれ、テソ、アチョリ、ランゴ地域の住民の九五％以上がIDPキャンプ内での生活を余儀なくされた。この際に遺棄した村をLRAが使えないように住居や伝統宗教の祭壇などを政府軍が破壊した。また、LRAへの支援を行なわせないため、キャンプからの移動を禁止する等、ウガンダ政府軍による人権侵害行為が数多く行なわれたのである。住民や子どもはLRAからも政府軍からも攻撃されたといえよう。

LRAの攻勢がもっとも激しかったのは一九九〇年代である。北部担当大臣であるベティ・ビコンベによる政府とLRAの和平交渉が一九九四年に決裂すると、ウガンダ政府は軍事的手段による紛争解決に踏み切り、戦闘は激化した。一方、LRAは同時期にスーダン政府からの支援を受け、スーダン南部の軍事基地から国境を越えて攻撃を行なった。二〇〇四年にテソ地方でLRAが撃退されたのを機に、政府軍が徐々に北部を制圧していった。また、同じ二〇〇四年一月にウガンダ政府は国際刑事裁判所（ICC）にLRAを告訴し、三月には独立戦争を戦っていた南スーダン政府との共同作戦を実施したが、LRA制圧には至らなかった。しかし、二〇〇五年にスーダン政府からLRAへの援助が停止され、それに伴いLRAの活動は急速に弱まった。

こうした軍事的優位にもかかわらず軍事的手段による最終的な決着が困難であることから、政府はLRAとの対話を始めた。二〇〇六年七月から南スーダン政府の仲介により和平交渉が開始された。

南スーダンのジュバにおける交渉の結果、合意文書が取り交わされた。しかし、二〇〇八年四月に調印予定の「最終和平合意」（Final Peace Agreement）署名式に指導者のコニーは出席せず、合意は締結されなかった。コニーは和平合意の条件の一つとしてICCへの告訴の取り下げを求め、二〇〇八年一一月末に再び署名を拒否した。そのため二〇〇八年一二月から二〇〇九年三月まで、ウガンダ政府軍は南スーダンおよびコンゴ民主共和国と共同でLRA掃討作戦を展開したが、LRA壊滅には至らなかった。二〇〇五年以降、LRAは軍事拠点をコンゴ北東部のガランバ国立公園内に移し、南スーダン、コンゴ東部、中央アフリカで住民に対する拉致、誘拐、暴力行為を繰り返してきた。

今後ＬＲＡがウガンダ国内にて活動することはないと見られているものの、二〇一一年七月の南スーダンの独立もあり、北部ウガンダ紛争終結の先行きは極めて不透明である。

2　北部ウガンダの国内避難民

北部ウガンダの状況

二〇〇八年三月のウガンダ政府とＬＲＡ間の敵対的行為停止の合意を受け（署名は行なわれなかった）二〇〇八年後半からＩＤＰキャンプからトランジット・サイト（Transit site）、さらに紛争前に居住していた村（オリジナル・プレイス）への帰還が促進された。この背景には、ウガンダ政府が積極的に帰還を促進していること、国連難民高等弁務官事務所（ＵＮＨＣＲ）や世界食糧計画（ＷＦＰ）等の人道支援機関が支援の終了・撤退を計画していることがある。また、これまで無料で使用していたトランジット・サイトの居住スペースについて、土地所有者が居住者に賃料を課すことが検討されているサイトもあり、多くの村人が出身村に帰還すると予想されている。

一方、トランジット・サイトには学校や井戸が建設されており、サイトから村までの距離はおおむね五キロメートル未満であるため、土地所有者から追い出されない限り、子どもを含む家族をトランジット・サイトの家に残し農作業を行なう者だけが帰還して二つの家を維持する例もある。また、トランジット・サイトですでに商売を行ない、土地賃料を支払ってサイトに残る例もある。オリジナル・プレイスに帰還したＩＤＰは、アチョリ、ランゴ、テソ合わせて、二〇〇九年末までに一四〇－一八〇万人とされている。しかし、統計によって数値にばらつきがあり、正確な人数は分からない。

ＩＤＰキャンプの状況

表11－1　県別IDPの出身村への帰還状況

県名	2005年時点のIDPキャンプの人口*	2009年1月時点のIDPキャンプの人口**	帰還者の人口の合計***	キャンプからの帰還者の割合(%)
キトゥグム	310,140	102,000	216,000	70
パデール	348,624	113,000	300,000	86
アムル	258,000	156,000	109,000	42
グル	205,000	85,000	188,000	92
計	1,121,764	456,000	813,000	72

*WFP General distribution figures 2005
**Estimated by Camp managers Jan. 2009
***Estimated
出所：UNHCR 2009 January IDP Return Statistics

ＩＤＰキャンプの立地条件は、政府の社会・経済インフラへのアクセスが可能で、食糧、水、医療施設、その他基本的ニーズへのアクセスが可能な場所とされている。ＩＤＰキャンプでは一家族あたり二軒までのハット（茅葺きの家）が用意される。しかし、ハットが隣接しているため生活環境が劣悪であった（**写真11－1**）。多くの農民は家庭で自家用の野菜等を栽培していたために、その場所がないことは問題であった。主食は配給されたがそれ以外のものはほとんど配給されなかったために、多くの子どもは栄養不良の状態であった。また、集団生活のためトイレが衛生的でなく、Ｅ型肝炎、コレラなどの感染症が広まった。

私がＩＤＰキャンプで住民にインタビューしたところ、他にも、女性に対するドメスティック・バイオレンスやレイプの発生、トイレ・バスルームのスペースがないこと、家畜を飼えないこと、子どもたちが悪い友人の悪影響を受けやすいこと、家庭での教育ができないこと等が問題として挙げられていた。また、私が会ったキャンプの若者はほとんどがキャンプで成長しており、仕事もせず、将来の希望もない様子であった。

ただ、二〇〇六年以降は政府の自由に移動できる（Freedom Movement）政策により、キャンプを離れることができ、出身村やトランジット・サイトが形成されていった。

写真11－1　グル近郊のIDPキャンプ（2008年11月撮影）

トランジット・サイトとオリジナル・プレイスの状況

トランジット・サイトとは、住民が出身村に帰還する途中の段階で、自由に形成した場所のことである。地方政府や援助機関が、掘削井戸、ハンドポンプ、学校、ヘルスセンター等の施設を提供することになっているが、すべてが整っているサイトは少ない。食糧はＷＦＰの援助で豆やトウモロコシが支給されている。

出身村に帰還したＩＤＰはさまざまな問題に直面しており、大規模な帰還が行なわれているわけではない。帰還ははじめに村のリーダーらが帰還して壊されているハットの建設等、ある程度の住環境を整備し、次のグループが帰還してインフラを準備するという形で段階的に行なわれている（国際協力事業団アフリカ部 二〇〇九a、二〇〇九b）。

ＩＤＰが直面している課題は大きく二つのカテゴリーに分類される。一つ目は、清潔な水、公衆衛生、保健医療、教育などの基礎インフラの欠乏、あるいは不足である。二つ目は、生活を再建するための機会が限られていることである。農業では、農業技術、商品作物、農機具、種、家畜等の不足により、以前の状況には復旧できていない。また、帰還先の土地をめぐる争いや、それを解決する仕組みの脆さは、特に未亡人、シングルマザー、孤児、元少年兵等の帰還者の生活を困難にしている。高齢者、障がい者、病気の者（ＨＩＶ／ＡＩＤＳを含む）の多くは家に帰ることができない。なぜなら、彼らは自分でハットを作ることができず、また、出身村では医療施設がないからである。

3　ＩＤＰへの日本の支援

ウガンダ政府は二〇〇七年一〇月に北部復興開発計画（ＰＲＤＰ）を作成し、人道支援のみならず復興・開発にかかる支援を援助機関に要請した。それに応えるため、ＪＩＣＡは二〇〇九年一、二月に、ウガンダ北部復興支援開始に向けた協力準備調査を実施した。その結果、ＪＩＣＡは北部ウガンダの国内避難民への本格的な支援を開始した。支援は次の二つのパイロットプロジェクトから形成されている。

アムル県総合開発計画策定支援プロジェクト

このプロジェクトの目的は、アムル県における公共施設／社会サービス（学校、ヘルスポスト、病院、給水施設等）の整備・開発計画を作成し、これに基づき、各施設へのアクセスを改善することである。それによってＩＤＰの帰還および定住が促進されることが期待される。このプロジェクトのポイントは以下の四点である。

・帰還促進および定住、経済活動の「鍵」である道路整備を中心とする。
・帰還状況を踏まえ、既存の道路および学校や保健所等公共施設と、今後の新規設置予定公共施設を念頭に置きながら、道路整備計画および維持管理計画のマスタープランを支援しアムル県のプランニング能力を向上させる。
・ＬＢＴ（Labour-Based Technology）を活用した道路補修および整備を実証事業のなかで行なう。
・マスタープランには、それぞれのコンポーネントを誰が分担するのかの計画を含める。

アムル県国内避難民帰還促進のためのコミュニティ開発計画策定支援プロジェクト

二つ目のプロジェクトは、いくつかのコミュニティを対象とした開発計画の策定とパイロットプロジェクトを実施し、得られる知見を用いてアムル県における帰還・定住促進のためのガイドラインを策定することである。このプロジェクトの内容は次の三点である。

・コミュニティのニーズを踏まえた複合的なアプローチを行なう。
・ウガンダ政府が適用可能な「実証モデル」を提示する。
・県政府にとって適用可能なものにする。

4　ＩＤＰの現地調査

私たちは、二〇一〇年八月にウガンダ北部のグル県およびアムル県においてＩＤＰの帰還状況とＪＩＣＡのＩＤＰ支援プロジェクトの実施状況を調査した。調査方法は帰還した住民と未帰還の住民およびＪＩＣＡ関係者への半構造化インタビューである。

ＩＤＰキャンプの様子

かつて六万人余りの避難民を抱え「ウガンダ北部最大のキャンプ」と言われたアムル県パボ郡の中心都市パボの避難民キャンプ跡地を訪れた。二〇〇八年に停戦合意がなされてから、キャンプから出身村への帰還は急速に進んでいる。そのため、空き家となったハットが取り壊され、空き地が目立つ（**写真11－2**）。ハットは、一棟の直径が三－六メートルほどで、日干しレンガを積み上げ、泥土を塗り固めて乾燥させ、竹材の梁を放射線状に組み、萱を積み重ねて屋根としたものである。キャンプにあるハットのなかには、屋根を萱葺きではなくビニールで代用させたものもあり、紛争中の困難な生活状況がうかがえる。

キャンプにはさまざまな援助団体の支援により、井戸、学校、保健センター等の基礎インフラが整えられている。学校は、幼稚園、小学校、中等学校が整備されている（写真11－3）。特に幼稚園は農村部には少なく、また、教師の質もキャンプのほうが優れているとのことである。一見したところ、建物はもちろん、机・椅子等の備品も整っており、校庭も十分な広さが確保されていた。

写真 11－2　ハットが撤去されたIDPキャンプ跡（2010年8月小島千尋撮影）

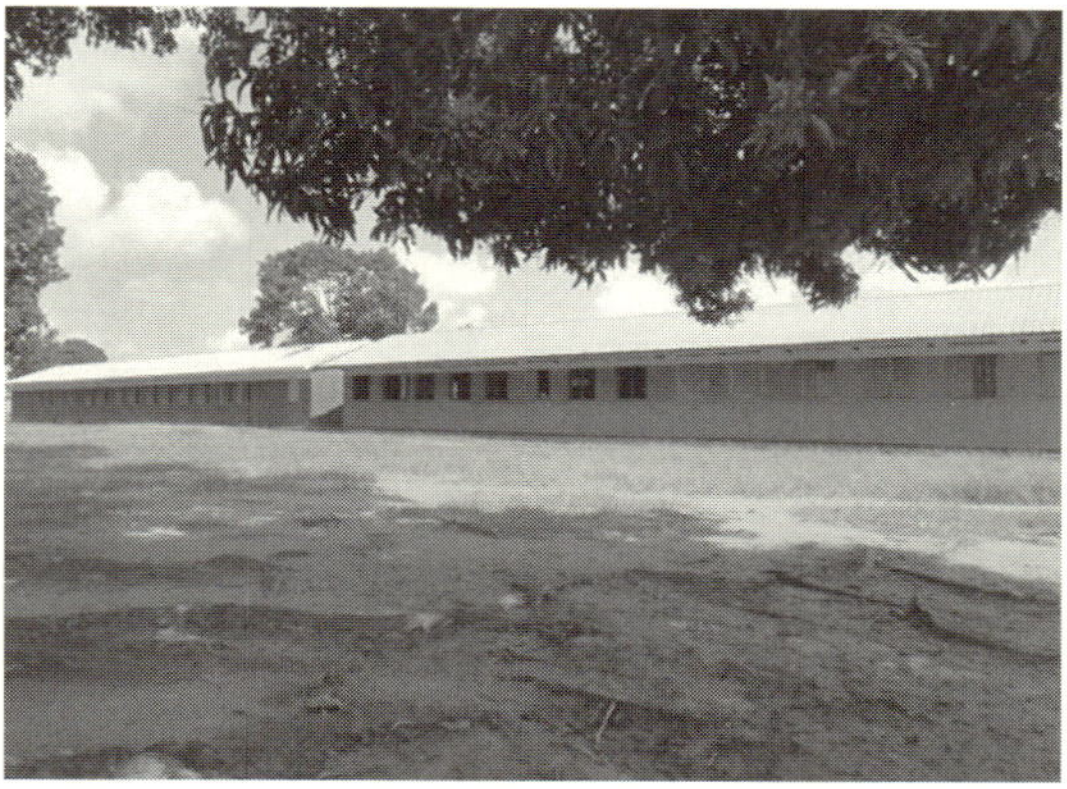

写真 11－3　IDPキャンプ内の小学校（2010年8月小島千尋撮影）

キャンプ内にはマーケットも作られていた。店には路面を使用する場合と建物を使用する場合があり、それぞれで賃料を徴収している。ここで商売を始めたため、出身村へ帰還しない選択をする人もいる。

キャンプ閉鎖後のＩＤＰ

ＪＩＣＡコミュニティ開発チームはニーズを明確にするためにＩＤＰキャンプ

写真11－4　Aさん（25歳）（2010年8月小島千尋撮影）

の住民への調査を行なっていた。私たちもそのインタビューに同行してインタビューを行なった。

・障がいを持った若い女性

Aさん（女性、二五歳）は片足がない（写真11－4）。普段は杖を使いながら生活している。紛争中にこのキャンプにやってきた。停戦後帰還しようとしたが、土地問題で戻ることができなかった。しかし、現在住んでいる場所の地主の奥さんが親切な人で、障がいを持ったAさんを気遣い、キャンプ内の土地を分けてもらえることになりここに暮らすことにした。

・小学校男性教師（二〇歳）

Bさん（男性、二〇歳）は小学校教師である。彼の兄弟とその息子と三人で暮らしている。自身はLRAに誘拐されたことはないが、弟が一年間LRAに誘拐され、一九九七年に戻ってきたという。教師の他に、生活用品の販売を行なっており、少なくとも一年くらいは続けたいという。再び学校に通うための資金を貯めるためである。キャンプの土地は月四〇〇〇シリング（日本円約一二五円）で借りている。また、父親はキャンプ内のヘルスセンターで働いている。出身村への帰還はしばらく先になるという。

・小学校男性教師（二二歳）

Cさん（男性、二二歳）も小学校の教師で、同時にグル大学（Gulu College）の学生でもある。一九九五年、家族が手足を縛られたままハットごと焼き殺された。自身も、一九九七年にLRAに誘拐され、一週間後に逃げ出したという。そのため、いまだLRAに対して恐怖心を抱いている。帰還しない理由としては、学校への通学の便とLRAへの恐怖心であるという。

・男性農業従事者（二二歳）

Dさん（男性、二二歳）は、二〇〇二年、LRAに誘拐され一週間で逃げ出した。従姉妹二人もまたLRAに誘拐され、LRAの一員として過ごしたという。二人は二〇〇六年に戻ってきている。Dさんは人の畑の小作人として働いている。キャンプの土地は二か所借りており、月一万五〇〇〇シリング（日本円約四七〇円）かかる。二〇一一年一月に出身村に帰還する予定である。

5　出身村の状況

アムル県ルリャンゴ村

この村には農業生産振興のパイロットプロジェクトとして、牛耕導入と種子配布がなされている。このあたりでの牛耕は二頭引きが主流だが、このあたりの土地は土が硬いため、四頭引きを試験的に導入した（**写真11－5**）。四頭引きのほうが牛の調教等が難しいのだが、生産性は高まる。実際に見た限りでは、上手く使いこなせているように感じた。また、種子の供与では、換金作物としてネリカ米が供与されている。ネリカ米は、西アフリカ稲作開発協会により開発された品種で、病気・乾燥に強いアフリカ稲と高収量のアジア稲を交雑した「新しい有望品種」である。在来種よりも高収量で、栽培期間が三〇－五〇日程度短く、乾燥や病害虫に強く、たんぱく質も多く含むと言われている。しかし、住民の方に話をうかがうと、米は腹持ちが悪いのであまり食べないとのことであった。

給水施設整備のパイロットプロジェクトも行なわれていた。ルリャンゴ村の給水設備普及率は、ウガンダの平均六四％を大きく下回る二〇％となっている。私たちが訪れた際も、女性が近くの川で水汲みをしている光景を目にした。パイロットプロジェクトで完成した井戸は二基のみで、三六〇世帯の村では、井戸へのアクセスには不充分である。それゆえ村人の水汲みの労働力が大きく変化するわけではないが、衛生面が格段に改善するはずである（**写真11－6**）。

写真11－5　4頭引きの牛耕（2010年8月小島千尋撮影）

写真11－6　パイロットプロジェクトで完成した井戸（2010年8月小島千尋撮影）

各家庭から毎月二〇〇〇シリング（約六三円）を利用費として徴収することになっているという。また、ルリャンゴ村から二名を井戸の修理工として育成し、住民自身で井戸の修理ができる体制を構築することを目指している。

パイロットプロジェクトでは、教育についても取り組んでいる。帰還を阻む理由の一つにこの教育の問題がある。出身村に学校がないため、子どもだけキャンプやトランジット・サイトに残って暮らしている場合がある。ルリャンゴ村のプロジェクトでは、小学校一－四年生向けのコミュニティスクールを整備している。教員用の宿舎や通学路の整備も行なう。しかし、小学校の高学年の教室は計画に入っていない。

この日は夏休み中であったが、木の下で補習授業をしていた（写真11－7）。科目は英語である。決してレベルが高いとは言えないが、小学校一、二年生の子どもたちが大勢来ていた。教えているのは退職した元教師で、彼の月給は六万シリング（約一八七五円）である。また、一学期で子どものいる家庭は二〇〇〇シリング（約六三円）、いない家庭は一〇〇〇シリング（約三二円）を学校に払うとのことである。

コミュニティでの話し合いでは、学校のトイレをどこに設置するのかが議題に挙がっていた。話し合い自体はかなり活発に行なわれているように思えた。

ルリャンゴ村の村人の声

ルリャンゴ村の住民であるPさん（男性、四八歳）一家は、妻一人、子ども八人の一〇人家族である。紛争の影響により、もともと住んでいた場所を離れ、一九九二－一九九七年にはセントピーターヴオボマナン（St. Peter Bwobomanam）キャンプ、一九九七－二〇〇九年にはアレロ（Alero）キャンプで暮らしていた。キャンプのそばに土地を借りて、落花生・ミレット・キャッサバ等を育てていたという。二〇〇九年、二〇年ぶりにルリャンゴ村の自宅に帰還した。しかし、子どもたちが通える学校が家の近くにないため、まだトランジット・サイトに残っている。私たちが訪ねたときは夏休み中で子どもや奥さんも村に帰ってきていたが、普段、家族は離れて暮らしている。現在、JICAプロジェクトの農業支援を受けている。彼はオンガイ地区（Ongai sub-village）の地区長（Rwot Kweri）に指名されるなど、村で尊敬を集めているようである。学校があれば、家族一緒に暮らしたいと語っていた。

写真 11－7　青空教室の子どもに話を聞く（2010 年 8 月　小島千尋撮影）

アムル県チェリ村

チェリ村もルリャンゴ村と同様に、学校、井戸、農業支援のパイロットプロジェクトが行なわれている。この村は遠隔地にあることに加え、農民組織の活動が不活発なために、政府からの支援が届いていない。私

写真 11－8　チェリ村のJICAによる小学校（2010年8月小島千尋撮影）

たちもルリャンゴ村に比べると静かな印象を受けた。

パイロットプロジェクトではコミュニティスクールを公立小学校にアップグレードさせようとしている。ウガンダの教育制度では小学校は七年生までであるが、ＪＩＣＡではそのうち一－四年生までの教室建設を行なう。五－七年生の教室は村の自助努力で建設してほしいということである。また、二〇一〇年八月の時点で政府との話し合いは行なわれておらず、教員の派遣も未定であるとのことであった。

チェリ村の村人の声

Ｑさん（男性、六八歳）は、一族二三人の長である。二〇〇八年四月にメインキャンプからトランジット・サイトに移動し、八月に帰還を果たした。メイズ、キャッサバ、ソルガム、バナナ等の栽培によって生計を立てている。しかし、村に通じる橋が壊れているため、市場に収穫物を出せないのが悩みである。紛争前は、牛一七三頭、羊六五頭、ヤギ八〇頭を所有し、一日二〇リットルのミルクが採れたとのことで、比較的豊かな生活であったと思われる。今はバナナのいい種が欲しいとのことである。ＪＩＣＡプロジェクトにより、牛が供与されていた。

また、この一族の女性のＲさん（二六歳）は、一九九五年、マーケットに行く途中、近くで爆弾が爆発し、その際にＬＲＡに誘拐された。拉致されていた三年の間に、同じく拉致された男性と結婚し、男児一人をもうけた。一九九九年、スーダン国境付近での銃撃戦の際、子どもと一緒に逃げ出した。その後同じく逃げ出した男性と結婚しグルで生活し、新たに女児三人が生まれた。しかし、うち一人は死亡してしまい、子どもは三人になった。その後離婚し、現在は最初に生まれた男児を引き取り、家族の元へ戻ってきた。現在は、義母と一緒に暮らしているという。これまでの経験を淡々と語るRさんの寂しそうな口調が聴いていて悲しかった。

6　まとめと今後の課題

教育支援の重要性

今回の調査でもっとも驚いたことは、人びとの教育熱の高さである。出身村に学校がないために子どもだけキャンプあるいはトランジット・サイトに留まるケースや、住民自らコミュニティスクールを建設するケース等、子どもの教育に強い関心が払われていた。

このようにポストコンフリクトにおいて教育熱が高まることを、私は「難民化効果」と名付けている。その理由として、難民あるいはIDPとなることで、これまでの家族の生活基盤を喪失してしまう。そうしたなかでも失うことのない資格や技能など教育によって得られるものが重要になる。そのために教育への期待が高まるのではないかとしている（内海 二〇〇八）。また、IDPキャンプでは村にいるときよりも教育へのアクセスが容易で、多くの子どもが学校に通うことができた。そのため、キャンプを離れても教育を継続するという選択をしている。これも難民化効果の原因の一つである。また、学校が子どもの学び場のみならず難民への情報センターあるいは支援センターとして機能することが多いことから、学校との心理的な距離が縮まることも難民化効果の原因として挙げられる。すべてを失った人びとにとって未来を与える機能を教育が担っていると考えてきたが、実際、教育に熱心なウガンダの人びとを見ていると、復興支援において教育支援が重要になっていることは明白である。

農村でのパイロットプロジェクトを視察した際、教育への支援がコミュニティスクールの建設であり、また、学校建設の支援でも七年生まではなく一－四年生までの教室の建設である。これは小学校低学年の就学ニーズが高く、それに応えるためということであろう。しかし、コミュニティスクールは教員確保などの問題もあって継続することが難しいケースが多く、政府の認可につなげて公教育にトランジットできるかどうかが、教育支援の最大のポイントであると思う。これは今後開発支援に移行する際の課題であろう。

支援とは何か

今回の調査からは、教育に限らず、井戸、保健等の基礎インフラが帰還の要因となっていると感じた。たとえIDPキャンプを出たとしてもトランジット・サイトに留まる人が多いのは、オリジナル・プレイスには基礎インフラが整っていないからである。子どもたちに関して言えばオリジナル・プレイスに学校がないことが帰還の妨げになっている。帰還が進んでいるから基礎インフラ支援をするのではなく、帰還のために支援をするという発想が必要な気がした。

しかし、その場合どこまで支援するのかが問題になる。ウガンダ北部はもともと人口密度が低く生活インフラの整備が遅れた地域であり、学校や病院の本格的な整備には長期的な地域開発計画が必要である。また、キャンプからオリジナル・プレイスに帰ることだけが「帰還」ではなく、トランジット・サイトでの生計手段の確保を含めた安定した生活を得ることを住民自らが選ぶのであればそれも「帰還」とみなしてよいのではないか。私たちは、基礎インフラが整っているならば無理に帰還しなくてもよいのではないかという考えを抱いた。しかし、実際に訪ねてみると、状況はまったく異なるのである。キャンプやトランジット・サイトはハットが乱立し、一軒一軒の間隔が狭い。一方、オリジナル・プレイスは、とにかく土地が広い。隣の家族がどこにいるか、何をしているかなどは分からない。家の敷地は清潔に整えられていて、キャンプに比べるとはるかに居心地がよい。キャンプの住民にインタビューした際も、多くの人がいずれはオリジナル・プレイスに帰還したいと語っていた。北部ウガンダのオリジナル・プレイスの多くは、道路や井戸等のインフラが何もないマイナスの状態であり、復興にはともかくマイナスからゼロにすることが必要である。その際、ゼロポイントをどこに設定するのかが問題である。今回の調査からは、帰還支援は新たな村づくりであると考えるべきではないかと思われた。二〇年間誰も住んでいなかった土地は荒れ果て、コミュニティは崩壊してしまっている。IDPキャンプにおいて援助機関が多数入り、基礎インフラも食糧もある程度整った状態に慣れてしまった人びとにとって、生活の質へのニーズは高い。少なくともキャンプと同程度のものを村に整えるところから、復興支援は始まるのではないだろうか。

調査から感じたこと

アフリカには「二頭の象がケンカすると、踏みつぶされるのはいつも雑草である」という格言があるそうだ。まさに、政府軍とLRAとの紛争に巻き込まれた北部ウガンダの住民を表わしている。今回調査をしてもっともショックだったのは、現地の住民が、自分自身あるいは家族がLRAに誘拐されたり殺されたりした経験を持っていることであった。

北部ウガンダはのどかな所であり、人びともこちらが手を振ると振り返してくれたり、話しかけても嫌な顔ひとつせず答えてくれる。「世界最悪の人道危機」と言われた紛争が起こった地域だとは今でも信じがたい。

北部ウガンダにおけるIDPの帰還支援はまだ始まったばかりであり、課題も山積みである。北部ウガンダ帰還民支援のような復興から開発への移行期における支援はJICAでもこれまで例がなく、試行錯誤を重ねながらの実施である。緊急人道支援から復興支援、開発支援への一連の動きは、一、二年で終わるものではなく、長期的スパンで見て成果が図られるものであり、今後も北部ウガンダの動向に注目する必要がある。

【付記】 北部ウガンダの帰還民の調査は、二〇一〇年九月に、お茶の水女子大学の私のゼミの二名の学生（小島千尋・豊永優美）と行なった。帰還民支援は小島が担当し、豊永は拉致された少年兵、少女兵の状況とその後の支援について調査を担当した。当時の北部ウガンダは道路状況が悪くなかなか大変な調査であった。しかし、村の人びとは大変親切で、インタビューのあとに鶏をいただいたこともあった。

＊1　ウガンダ現代史および北部の紛争の経過に関しては、吉田昌夫（一九七八）、杉木明子（二〇一〇）、国際協力機構アフリカ部（二〇〇九ａおよび二〇〇九ｂ）を参考にした。

第12章　東ティモールにおけるコーヒーのフェアトレード

はじめに

コーヒーショップのメニューに「フェアトレードによる有機栽培コーヒー」を少し高めに設定された価格で見ることがある。おおむね好評なようだ。多くの大学の学園祭にはフェアトレードサークルがさまざまな商品を展示即売している。そこにはネパールやバングラデシュの手工芸品、スリランカの紅茶、グアテマラや東ティモールのコーヒーなどが、その商品の生産現場や人びとの暮らしの展示とともに並べられている。また、スーパーマーケットやデパートの食品売り場、外食産業のお店でもフェアトレード商品を見ることができる。

現在ではフェアトレードは私たちの身近な活動である。そしてフェアトレードとは開発途上国の人びとの暮らしを公正な取引を通じて支援する活動であり、また私たちが途上国の人びとを理解し、商品の購入を通して助けることである。つまり、小さなアクセサリーを買うことや一杯のコーヒーを飲むことが、国際協力なのである。

また一方では、フェアトレードを疑問視する意見もある。大手の食品メーカーや外食産業がフェアトレード商品を扱っているが、取扱商品の何パーセントがフェアトレードなのか。フェアトレードによる売り上げがどういう形で途上国の人びとの支援になっているのか。フェアトレードは企業イメージを上げるための戦略に過ぎないのではないか。フェアトレードの認証は公正に行なわれているのか等々である。さらに、本来トレードとはフェアでなくてはならないものであるが、貿易の仕組みそのものが先進国に有利になっているのであり、こうした世界の貿易の仕組みを変えることで、あえてフェアトレードと言わなくてもよくなるのだ、という意見も聞く。

そこで本章では、フェアトレードとは何であり、どのような仕組みで行なわれているのか、フェアトレードがどうして開発途上国の支援になるのか、どのような課題があるのか等々を検討し、次に東ティモールのコーヒーを事例にフェアトレードに取り組むＮＧＯの活動を通して、国際協力の観点から現状と課題を考えてみたい。

1　フェアトレードとは

フェアトレードは、公正な貿易という意味であるが、多面的な活動を特徴としている。たとえば、これまで貿易の世界で切り離されてきた生産者と消費者をつなぐことを打ち出しており、それが多くの人びとを引き付ける魅力になっている。開発途上国の貧困に苦しむ人びとに対して何らかの支援をしたいという思いを形にする手段として、支持されている。

多面的でいろいろな思いを担っているために、フェアトレードについては確立した定義があるわけでなく、それぞれの団体によってさまざまな定義がなされている。言葉としても、フェアトレードの他にフリートレード、オルタナティブ・トレード、トレード・ジャスティスなどとも呼ばれている。

開発途上国の生産物が安い価格でしか取引されず、女性や子どもが劣悪な環境で過酷な労働に従事させられている。

その原因には不公正な商取引や貿易がある。フェアトレードは、その改善のために、製品に対して公正な対価、取引における透明性、人権の尊重など、不利な立場の生産者・労働者の権利を保護することを目指す取り組みということができる。

国際的な四つのフェアトレード組織による共通合意によれば、その戦略的意図は次の三つである（清水 二〇〇八）。①疎外された生産者・労働者が、脆弱な状態から安全が保障された状態へと移行できるよう、意識的に彼らと協働すること。②生産者と労働者が自らの組織において有意なステークホルダーとなれるようエンパワーすること。③より公正な国際貿易を実現するため、国際的な場でより広範な役割を積極的に果たすこと。

フェアトレードという言葉が最初に使われたのは一九八五年と言われている（古屋 二〇一一）。しかし、それ以前からフェアトレード活動は行なわれていた。一九四六年にメノナイト中央委員会のボランティアであるエドナ・ルス・バイラーは、プエルトリコの貧しい女性たちの手づくりによる装飾布製品を米国ペンシルバニア州の教会へ持ち帰り販売した。それが現在のテン・サウザンド・ヴィレッジとして知られるフェアトレード団体の始まりである。

一九六〇年代になると、イギリスのNGOオックスファムが、開発途上国の生産者組合や村の発展を支援するという目的で手工芸品を輸入し、国内で販売した。こうした運動に刺激を受けて、開発途上国の手工芸品を販売する店がオランダをはじめ、各地で誕生していった。

一九七〇年代には、現在ヨーロッパを代表するフェアトレード団体がドイツやイギリスに誕生し、フェアトレードの手工芸品市場は成長していった。また、一九八〇年代には、開発途上国の一次農産物の砂糖やコーヒー等の国際価格が暴落したことを受けて、多くのNGO等がフェアトレードに参加し、紅茶、カカオ、コーヒー、ドライフルーツの取引が行なわれるようになった（長尾 二〇〇八）。一九九〇年代には、フェアトレード・ラベル運動が始まり、さまざまな商品に認証ラベルが付けられるようになった。欧米を中心に大手のスーパーマーケットでもフェアトレード商品が販売されることで、消費者に広く知られるようになり、フェアトレードという言葉が定着した。それに伴いグ

出所：フェアトレード・ラベル・ジャパン

図12－1　FLOのフェアトレード認証ラベル

ローバル企業も無視できなくなりフェアトレード商品を扱うようになった。

二〇〇〇年代後半には、ヨーロッパにはフェアトレード商品を扱う店舗はフェアトレード直販店約八万店、スーパーマーケット約五万五〇〇〇店と大きな広がりを見せている。また、ヨーロッパだけでも、一〇〇〇人以上のスタッフと一〇万人以上のボランティアがフェアトレード団体にかかわっているといわれている。フェアトレードはボランティアにとって、成果の見える活動であるとともに途上国の人びとや子どもとのつながりを感じることができ、やりがいのある活動である。

二〇〇五年にはフェアトレードによる販売額の合計が一〇億ユーロ（約一四〇〇億円）を超え、二一世紀に入ってからは、フェアトレードの成長率は年間でおよそ二〇－三〇％を記録している（長尾 二〇〇八）。

現在、世界的なフェアトレード運動には次の五つの国際組織がある。①国際フェアトレード連盟（ＩＦＡＴ：International Fair Trade Association）、②ヨーロッパ・フェアトレード協会（ＥＦＴＡ：European Fair Trade Association）、③ヨーロッパ・ワールドショップ・ネットワーク（ＮＥＷＳ！：Network of European World Shops）、④国際フェアトレード認証機構（ＦＬＯ：Fair trade Labeling Organization）、⑤フェアトレード連盟（Fair Trade Federation）。

国際フェアトレード連盟（以下、ＩＦＡＴ）は一九八九年に結成され、欧米や日本の輸入団体と、アジア、アフリカ、中南米の生産者団体、合わせて七〇か国三五〇団体が加盟しているもっとも大きな国際組織である。ＩＦＡＴはフェアトレード国際基準を定め、基準を満たしている認証団体は「ＦＴＯマーク」を取得することができる。

日本では欧米に少し遅れて一九七〇年代頃からフェアトレード運動が始まった。一九八〇年代後半から九〇年代前半にかけて次々とフェアトレード商品を扱うNGOや団体が設立され、消費者の間にも少しずつ「フェアトレード」という言葉が広がり始めた。一九九三年にはフェアトレード・ラベルの認証機関である「フェアトレード・ラベル・ジャパン」の前身である「トランスフェア・ジャパン」が設立され、一部の企業やNGOでフェアトレード・ラベルの取得がなされるようになった。現在では、国際フェアトレード認証機構（以下、FLO）の定めた基準をもとに、コーヒーやバナナなどの一六種類の食品と、ボールやコットンなどの三種類の製品に対してフェアトレードの認証を行なっている（図12－1）。

FLO認証のフェアトレード・ラベル製品は、イオンやスターバックスなどの大企業でも取り扱われるようになり、二〇〇八年度のフェアトレード認証製品の市場規模は推定約一四・四億円にまでに成長した。二〇〇四年度では約四億円であったのに対し、過去三年間、毎年三〇－五〇％の割合で成長している（フェアトレードジャパン 二〇〇九）。しかし、日本のフェアトレードは規模が小さいうえに、ほとんどが食品であり、なかでも売り上げの七割をコーヒーが占めている。その背景には手工芸品の認証が難しいことから、手工芸品を扱うフェアトレードショップやNGOは独自の基準でフェアトレードとして販売を行なうケースもある。

2　コーヒーとフェアトレード

バッハ（J. S. Bach）のコーヒーカンタータはコーヒー好きの娘に結婚を条件にコーヒーをやめさせようとする父の話である。一七世紀のドイツはコーヒーブームで、老いも若きも、男も女もコーヒーを飲んだ。またコーヒーハウスがはやり、近代市民社会の発展は市民が自由に集えるコーヒーハウスの存在が大きいと言われている。

コーヒーはヨーロッパでは栽培することができず、コーヒーベルトと呼ばれる南北二五度内の地域にある約七〇カ国で生産されている。そのほとんどの国は、「開発途上国」であり、かつてヨーロッパ諸国の植民地であった国々である。植民地でのコーヒー栽培が盛んになるにつれ、コーヒー農園での労働力の必要から、奴隷貿易や農業労働者の移住が盛んに行なわれるようになった。こうした地域では、今日に至っても、コーヒー単一栽培、輸出優先農業、国外市場への過度の依存、生物多様性の貧しさによる環境の悪化という一連の問題を引きずっている。

二〇〇七年の世界のコーヒー総生産量は七一三万五〇〇〇トン、消費量は七五〇万四〇〇〇トンである（全国コーヒー協会ホームページ）。そのうち七五％以上は輸出され、主に先進国で加工されて販売される。コーヒーは開発途上国の輸出農産品のために、大規模プランテーションで栽培されている印象があるが、実は世界のコーヒー豆の七〇％は一〇ha未満の小規模農園で生産されており、その大半は一－五haの家族経営の農園である（オックスファム・インターナショナル 二〇〇三）。世界的なコーヒーの生産量は近年ほぼ横ばいであるが、全生産量の約三〇％を占めるブラジルの生産状況によって価格が大きく変動する。

二〇〇八年から二〇〇九年の生産量はブラジルが圧倒的に多く、次いでヴェトナム、コロンビア、インドネシア、エチオピアとなっている。国家のコーヒーによる外貨収入は全体の五％に過ぎないものの、コーヒー豆の栽培は二三－三〇万人の農民の生活収入源となり、産業全体としては三〇〇万人を超える人が直接かかわっていると言われる。また、世界的なシェアは低いものの、国の経済をコーヒー貿易に大きく依存している貧困国も多く存在する。依存度が特に高いのがアフリカの国々で、たとえばウガンダでは、人口の四分の一がコーヒー産業に従事している。また、エチオピアでは輸出収益の五〇％以上をコーヒー豆が占めている（オックスファム・インターナショナル 二〇〇三）。

一方で、コーヒー豆の輸入量は多い順にEU二七か国、アメリカ、日本となっている。コーヒーの焙煎企業の五大企業、クラフトフーズ（Kraft Foods）、P＆G（Procter & Gamble）、サラ・リー（Sara Lee）は米国、ネッスル（Nestle）はスイス、チボ（Tchibo）はドイツに本社があり、この五社が世界のコーヒー生豆の約半分を扱っている。

3　東ティモールでの現地調査

NGOが主体となってフェアトレード・コーヒーの生産、販売事業を行なっている事例として、私たちは東ティモールで調査を行なった。東ティモールはブラジルやヴェトナムなどに比べ、生産量ははるかに少ないが、古くからコーヒー生産に取り組み、現在も多くの農民がコーヒーの収入に頼って生活をしている。また、東ティモールは長年にわたる植民地支配と紛争の歴史を経て、二一世紀最初の独立国として二〇〇二年五月二〇日に誕生した国である。

東ティモールについて

東ティモールは、インドネシア東部のティモール島の東部と周辺の島が領土であり、面積は約一万四〇〇〇平方キロメートル（四国とほぼ同じ）である。人口は約一〇六・五万人（二〇〇八年国連統計）であり、そのうちの約一七万人が首都のディリに集中している。民族は大半がテトゥン族で、その他マレー系や中華系等による複合民族国家であるが、宗教は九九％がキリスト教（主にカトリック）である。現在、公用語はテトゥン語とポルトガル語だが、共通語としてインドネシア語が話されており、また地域の民族語として約三〇種の言語が使用されている。学校で使用される教育言語はポルトガル語である。

一六世紀の大航海時代、白檀の木が生育するティモール島をめぐってオランダとポルトガルが争い、一五八四年ポルトガルがティモール島を植民地とした。一八世紀には西ティモールから占領を進めていたオランダの勢力が拡大し、ポルトガルはオウケシ地区を除くティモール島の西半分をオランダに割譲した。この時点でティモール島は東西に分けて統治されることになった。

第二次世界大戦中の一九四二年、日本はオーストラリア軍がディリに上陸したことに対抗してティモール島に侵攻し、ティモール島全体を占領した。一九四五年の終戦とともに東ティモールは再びポルトガル領となった。一九七四年にポルトガル本土で起きたクーデターによって、植民地の維持を強く主張した旧政権が崩壊、それに伴い東ティモールで独立の動きが強まった。翌一九七五年一一月、インドネシアによる侵攻が進むなか、独立を支持していたフレテリン（東ティモール独立革命戦線）がディリで独立を宣言するが、ポルトガルはこれを認めなかった。その一週間後には独立に反対する統合派勢力とインドネシア軍による全面的侵攻によって多くの住民が虐殺された。その結果一九七六年にはインドネシアの二七番目の州として併合され、インドネシアによる支配が開始された。

国連はこのインドネシアの侵攻を非難し、安全保障理事会でインドネシア軍の撤退を求める決議を採択した。その後、一九八二年までの八年間、議案が提出され続けたが、インドネシアはこれを無視した。

一九九一年一一月、ディリのサンタクルス墓地で、デモを行なっていた若者たちに対して、インドネシア軍が無差別に発砲し、多くの若者が虐殺された。この場面が居合わせたイギリス人記者により、映像とともに世界中で報道され、インドネシアに対する非難が高まった。

一九九八年、一貫して独立を否認していたスハルト政権が退陣し、登場したハビビ大統領は独立を容認し、一九九九年八月三〇日、独立への意思を問う住民投票が行なわれた。四五万人が有権者登録を行ない、九八％の投票率で、七八・五％が独立に賛成という結果であった。しかし、開票結果の発表と同時に、インドネシアに支援された民兵たちが東ティモール全土で無差別に攻撃を開始した。これに対してアジア諸国を含む全世界からの非難の声が高まり、インドネシアは国際部隊INTERFET（東ティモール国際軍）の受け入れを承諾せざるを得ず、九月一九日に国際部隊が東ティモールに上陸し、一〇月三〇日にインドネシア軍は完全に撤退した。

その後、東ティモールは、国連によるUNTAET（国連東ティモール暫定行政）の主導の下、独立への道筋を辿り、二〇〇二年五月二〇日、独立運動の指導者シャナナ・グスマン氏を初代大統領として独立した。

独立までの激しい戦闘により国内のインフラや生産基盤のほとんどが失われた。そのため独立を契機として多くの支援が寄せられることになった。その一つがコーヒー農家への支援としてのフェアトレードである。

現地調査

二〇〇九年七月に総合地球環境学研究所の阿部健一教授と二名のお茶の水女子大学の学生とともに、東ティモールのコーヒーのフェアトレードの現地調査を行なった。私自身独立後の東ティモールにおいて二度ほど教育調査を行なっているが、エルメラ県のコーヒー農家の調査ははじめてであった。首都のディリで調査の準備をしながら、特定非営利法人ピース・ウインズ・ジャパン（以下ＰＷＪ）の日本人駐在員やスタッフから話を聞いた。調査地のレテフォホ村にはディリから五時間ほど山道を行かねばならない。県都のエルメラまでは三時間のよい道であるが、それから先はかなりの悪路である。

写真 12－1　東ティモール最高峰タタマイラウ山とレテフォホ村

写真 12－2　コーヒー農園、被陰樹のなかにコーヒーを栽培している

レテフォホ村のはずれにＰＷＪの事務所がある。寝室四部屋を備えた平屋の一軒屋である。家の裏手からは東ティモールの最高峰二九六三ｍのタタマイラウ山（ラメラウ山）を見ることができる。その山麓にコーヒー農園が広がっている（**写真12－1**）。

東ティモールのコーヒー農園はコーヒーの木が延々と続くプランテーション農園とはまったく異なっている。樹齢二〇年以上のねむの木やモクマオウの一〇m以上の被陰樹《ひいんじゅ》のなかにコーヒーが栽培されている。うす暗い林のなかにコーヒーが育っている。山裾の森林のようになっているのがコーヒー農園である（写真12－2）。剪定《せんてい》や施肥など何もしないで自然のまま栽培している。

コーヒーの苗木も挿し木等ではなく落ちたコーヒーの果実から自然に芽生えたものを使っている。こうした苗は実生《みしょう》といって果樹栽培には通常使わない。なぜなら遺伝的にバラッキがあり果実が一定しないからである。こうしたまったくの自然農法で美味しいコーヒーが栽培されてきたのは、奇跡に近いと思う。それを見出して、プレミアムコーヒーとしたのは素晴らしいアイディアだと思う。

4　東ティモールのコーヒー生産

東ティモールにコーヒーが最初に持ち込まれたのは、ポルトガルによる植民地支配下にあった一八一五年のこととされている。一九世紀半ばには、主な輸出物であった白檀に代わって、輸出第一位の作物となった。一九七五年、インドネシアによる支配が始まるとともに、コーヒー生産もインドネシア軍の管理下に置かれ、この独占は一九九五年まで続いた。一九七七年からは米国の協同組合ＮＣＢＡ（National Co-operative Business Association）がインドネシアに設立され、東ティモールでも独占的にコーヒーの買い取りを行なった。

一九九五年、ＮＣＢＡはＵＳＡＩＤ（米国海外援助庁）から六八〇万ドルの資金援助を得てＣＣＴ（Co-operativo Café Timor）という協同組合を設立、国内五か所に二四時間稼働できる大規模な加工工場を設立し、トラックでコーヒーを収集し始めた。ＮＣＢＡはこれまでの乾燥式の加工から水洗式を導入し、採集したコーヒーの果実（チェリー）を農家の庭先からトラックで購入するシステムにした。またさまざまな仲買業者もチェリーの購入に参加するようになり、チェリー価格は高騰し、コーヒーの栽培面積は増加した。

一九九九年の住民投票の結果を受け、独立に向けた支援のための援助国会議でUSAIDとNCBAが組合システムを引き継ぐことが決まり、NCBAは一六の地域組織から成るCooperative Café Organic（CCO）を新たにCCTの傘下に設立した。八〇〇世帯でスタートしたCCTへの加入世帯数は二〇〇二年までに一万七〇〇〇世帯に達した。その要因の一つは、農家の人びとが無償で診断を受けられる診療所「クリニック・カフェ・ティモール」の設立・運営が挙げられる。

NCBAは政治的・経済的に混乱した時期に、東ティモールにおけるコーヒーセクターの主要なアクターとなり、二〇〇〇年までにはほぼ唯一の買い手となった。農民たちも買い取り価格の高騰による収入の増加や、クリニックなどの社会福祉、コーヒーに対する知識や情報の提供といったNCBAからの恩恵を受けた。しかし、二〇〇〇年の国際的なコーヒー価格の下落を受け、コーヒー生産者の状況は一気に悪化した。NCBAの価格がその他の業者の基準となっていたため、買取価格は平均的な国際価格を下回るまでに下落してしまったのである。

二〇〇二年の独立後も、コーヒーはいまだ東ティモールの主要産品であり続けている。二〇〇二年の段階で収穫量は、生豆で七〇〇〇から一万一〇〇〇トン、売り上げは約六〇〇－一〇〇〇万ドルと予想される。生産農家は約四万四〇〇〇戸、約二〇万人である。農家が所有するコーヒー農園は一戸あたり一－二haである。農家の年収は平均一二七－二〇〇ドルで、うち九〇%はコーヒーによる現金収入である。

東ティモールのコーヒーセクターの抱える課題としてOxfam（2003）は次の課題を挙げている（清水 二〇〇八）。

・国際市場における価格の下落
・国際的な価格競争力の低さ
・品質と品質管理に対する意識の低さ

・コーヒーの木の老化と、生産性の低下
・インフラや道路の未整備

こうした課題は相互に関係しており、またコーヒーの国際的市場の影響は深刻である。それゆえにコーヒー農家の抱える課題へのアプローチは多面的かつ継続的に行なわれる必要がある。その一つの方策としてフェアトレードが考えられるのである。

5 ピース・ウィンズ・ジャパンの取り組み

東ティモールの独立をめぐる紛争後の人道支援・復興支援には国際的関心も高く、国連機関や国際NGO等多くの組織が活動している。日本も国連PKO活動への参加や資金援助、技術協力等多面的な支援を実施中である。そのなかでいくつかのNGOがフェアトレード・コーヒー事業を中心とした支援を手がけている。その一つがPWJである。

PWJは、紛争や災害、貧困などの脅威にさらされている人びとに対して支援活動を行なうNGOとして一九九六年二月に設立された。各地の地震津波の被災地をはじめ、イラク、アフガニスタン、モンゴル、東ティモール、リベリア、南スーダン等で活動を続けている。また、二〇一一年三月の東日本大震災後の緊急支援においても大きな役割を果たしている。

PWJが東ティモールで活動を始めたのは一九九九年九月末、住民投票後の混乱を収拾するため国際部隊が東ティモールに入った直後のことである。食糧や必要物資の配給、医療支援、住居修復などの緊急支援活動を展開した。その後、二〇〇二年の東ティモールの独立をうけ、復興支援として住民の自立を図るため二〇〇三年よりコーヒー農家支援事業を開始した。

プロジェクト・サイトのエルメラ県のレテフォホ郡は、海抜一二〇〇－一三〇〇ｍに位置する地域である。エルメラ県は紛争後、国内避難民が集中した地域であった。それまで国内避難民キャンプでの支援にあたっていたＰＷＪは避難民の自立のための収入源であるコーヒー栽培に注目した。この地域は標高が高いためトウモロコシやキャッサバ等の主要作物の生育は困難だが、コーヒー栽培には最適な環境である。この地域では剪定や除草も行なわれず無農薬無肥料でコーヒーを生産してきた。また、ここの人びとは、一〇〇年もの間コーヒーを育てて生計を立ててきたため、他の作物に全面的に切り替えることは困難であった。

ＰＷＪはコーヒーの専門家にこの地のコーヒー栽培の調査を依頼した。コーヒーをブランド化するには量を確保することと、品質を向上して差別化するという二つの側面がある。増産のためには二〇－三〇年かかるが、品質を向上するには二年で可能なことが分かった。ＰＷＪは技術支援により品質を向上させ、買い取り価格を引き上げることで、収入の増加と自立を目指す事業を開始することにした。

コーヒー支援は農家のニーズにも合致していた。このあたりの農家は小規模な農園を所有し、家族総出で収穫し、業者に売り渡していた。二〇〇二年当時は、作ったコーヒーのほぼすべてをＮＣＢＡにチェリーのままの状態で売り渡していた。ＮＣＢＡの買取価格も、華僑系の仲買業者に比べると高く設定されていた。しかし、売り先が一つしかなく寡占状態であったため、不正が起こりやすく、農家からはオルタナティブなバイヤーを求める声が強かったのである。

こうして始められた活動は、コーヒー農民支援事業として二〇〇三年八月より国際協力機構（ＪＩＣＡ）の資金援助を受け三年を一期とする二期六年のプロジェクトとして進められ、二〇〇九年以降は自前のプロジェクトとして実施している。

プロジェクトの目標は、農家が生産者組合を組織して、品質の高いコーヒーを栽培から加工、輸出までを行ない、そのコーヒーを日本の消費者に高品質のフェアトレードコーヒーとして提供することである。

図12－2　コーヒーの生産過程（水洗式）

コーヒーの生産工程

ＰＷＪの農家への指導はコーヒーの生産工程の理解が重要なのでここで説明しておきたい（図12－2）。

はじめの作業は収穫である。急斜面の林のなかに大きく伸びたコーヒーから果実（チェリー）を集める。これは重労働であり、家族のなかでも若い男が中心となる。一袋六〇キロもの果実を農園から家に運ぶ。集めたチェリーを庭先で、文字通り家族総出で完熟したものだけを選別する。選別したチェリーは果肉除去機で果肉とコーヒー豆を包んでいるパーチメントに分ける。その際に水が必要であり、簡易水道が設置されている。パーチメントはよく洗い、一晩水に漬けてパーチメントを覆っている薄皮を除去する。再度よく洗ってから一週間ほど乾燥させる。こうしていつでも出荷できるパーチメントができ上がるのである。

チェリーの選別、パーチメントの丁寧な水洗いがよい生豆にとって重要なところである。また家族が総出で働くことから小さい子どもも参加する。これを児童労働として、非難する向きもある。しかし、小さい子どもも家族の仕事をできる範囲で手伝うのは、教育あるいは遊びの延長でもあり、子どもにとっても楽しみであるように思われる。

第一フェーズ（二〇〇三―二〇〇五年）

ＰＷＪのプロジェクトの第一フェーズ（二〇〇三―二〇〇五年）では、プロジェクトに参加を表明した三村の一〇世帯の農家に対して技術指導を行ない、農家自身で質の高いパーチメントを生産することを目標とした。なぜなら、チェリーの状態では保存ができず腐ってしまうためすぐに売り渡さなくてはならない。そのため買い叩かれてしまうからである。パーチメントの状態だと品質は劣化せず保存が利くのである。

技術指導は、まずどのようなチェリーを収穫すべきか、そして収穫したチェリーの選別方法である。未熟なチェリーや痛んだものを除いて熟した実だけにする。次に収穫後、八時間以内に加工に入らなければ品質は低下してしまう。果肉除去に入る前にも未熟なものを取り除くことで、徹底的に良い豆だけを集める。選別したチェリーの果肉除去・洗浄、さらに乾燥に至るまで、丁寧な指導を行なった。

手動の果肉除去機の提供、生産工程に必要な水を庭先まで引くための簡易水道の設置も支援した。こうした指導と支援を行なうなかで参加農家も増えていった。その結果、初年度には最終的に四か村三五世帯の農家から、パーチメント二・五トン分を収穫することができた。品質もそれまでと比べて向上し、二〇〇三年八月に現地調査にあたったコーヒー専門家から「濁り感がまったくなく、舌に甘みが持続する」と、スペシャリティ・コーヒーとして高い評価を得た。ＰＷＪはパーチメント一キロあたり一ドルで買い取り、首都のディリまで運搬して生豆にして、コンテナで日本に輸出するまでを担った。この価格は徐々に上がり、二〇〇九年には二ドルになった（東ティモールの通貨はＵＳドルである）。

二年目の二〇〇四年には、参加農家は一気に一二〇世帯に増えた。そのため、各村に一〇世帯前後のサブ・グループを作り、共同での作業を開始した。グループ化によって、農民が家族や親族の枠を越えて助け合うことで、作業効率の向上やコスト意識の芽生えを促し、協同組合結成の前段階にすることが狙いであった。

三年目となる二〇〇五年からは、もう一つの新たな取り組みとして、組合内での生活資金の貸し付けを開始した。それまで、コーヒーの収入のみで生計を立てている農家では、収穫期直前の時期に現金を使い果たしてしまっても、地域に銀行がなく、住民間の貸し借りに頼るしかなかった。しかし、住民間の貸し借りでは一〇〇％の利子が付き、貧困のサイクルから逃れられないことが問題となっていた。ＰＷＪはパーチメントの買い取り以外にも、豆の収穫高に応じて奨励金を生産者組合に提供しており、それを将来の組合組織の運営資金として貯蓄することを考えていた。しかし、組合メンバーは今の生活を成り立たせるための貸し付けを希望したのである。組合のリーダー達が貸し付けのルールを作り、第一回目は二七〇〇ドルの原資を一三三世帯均等に割り振り、利子を一〇％に設定して一世帯あたり二〇ドルの貸し付けを行なった。組合メンバーは、これを日々の食糧品の購入や、滞納金返済などにあて、収穫後の翌年二月までには一世帯を除くすべての世帯が返済を完了した。二回目以降は、組合資金を貸し付け事業に使う「生活改善用資金」と、将来に生かす「組合設立・運営用資金」に分け、資金の一部の貸し付けが実施された。

第二フェーズ（二〇〇六‐二〇〇八年）

第二フェーズでは、「コーヒー生産者組合の育成」を目標とした。二〇〇六年からは生産者組合組織化への次のステップとして、サブ・グループ単位でのきめ細かい連続ワークショップを開始した。それまでの研修は世帯主が中心だったのに対し、この連続ワークショップでは、女性や子どもを含む、家族ぐるみでの参加を目指した。ＰＷＪの活動に加わることで、従来以上に手間はかかるが、より高い収入が得られるという利点を家族全員が理解し、さらには組合で活動することの利点を見出して参加意欲を高めることが目的であった。このワークショップでは、普段人前で発言する機会がなかった女性たちにも発言の機会を設け、各農家の感じていることを自由に話し合ってもらった。その結果、コーヒー栽培への質問だけでなく、生活に対する不満や新しい活動についても活発に意見交換がなされるようになった。そうしたなかで地域のオロパナ小学校の校舎増設のニーズが挙がり、これもＰＷＪ事業の一環として実施した（写真12－3）。

一方で、東ティモールの情勢は二〇〇六年五月二〇日の独立記念日以降再び悪化した。ディリ周辺で武器を持って逃走していた部隊と国軍が銃撃戦を交わし、多くの住民が避難民となった。PWJの現地駐在スタッフも国外避難を強いられ、現地スタッフに運営を任せて日本に一時帰国する事態となった。避難勧告が取り消されて、騒動が落ち着きを見せた七月には日本人スタッフが現地入りし、避難民キャンプでの支援活動を開始した。その時点で、ディリ市内の五九か所の避難所には約七万三〇〇〇人、地方一二県には約七万九〇〇〇人の国内避難民が避難生活を送っていた。PWJは、特に支援の乏しい郊外の東部三県に逃れている避難民に対して食糧や生活物資を配給し、キャンプの運営を支援した。その傍らで、被害の少なかったレテフォホ郡では、現地スタッフと組合員の努力によってコーヒー事業が続けられ、前年の約三倍にあたる約三〇トンのコーヒーが無事収穫された。九月以降はレテフォホにも日本人スタッフが戻り、通常通り組合の活動が進められた。

写真 12－3　PWJによるオロパナ小学校の新しい教室

こうして事業開始から六年が経ち、コーヒーの栽培・収穫から加工までのプロセスの技術指導を行なった結果、プロジェクトで生産したコーヒーはスペシャリティ・コーヒーとしての高い評価を受け、有機JASマークを取得するまでになった。

第三フェーズ（二〇〇九年－）

JICAの支援を受け三年二期のプロジェクトとして進められてきたこの事業は、終了時に生産者組合が自立して、自分たちで生産から輸出までの一連の業務と組合の運営を行なえるようになることが目標であった。その区切りが二〇〇八年であったが、ＰＷＪはその時点で、業務のすべてを組合メンバーに任せることは困難であると判断したため、二〇〇九年以降も事業を継続することとした。その後、日本人スタッフが一人駐在しながら、二名の現地スタッフとともに、組合メンバーとの調整や活動の補助を任せ、徐々に彼ら自身で運営ができるように進めている。

6 フェアトレードと国際協力

こうした東ティモールでの活動と並行して、輸入したコーヒーの販売も大きな課題である。ＰＷＪは東ティモールから輸入したコーヒーを自身でパッケージ化して「ピースコーヒー」としてオンラインやイベント等で販売している。また、輸入量の約半分は外食産業のゼンショー・グループが扱っている。ゼンショーは東ティモールコーヒーをドリップコーヒーとして一袋五〇円で、傘下の全国の「すき家」、「ココス」、「ビッグボーイ」など計約二一五〇店舗の店頭で販売している。しかし、まだ導入から日が浅いこともあり、「すき家」をよく利用する人でも、そこで東ティモールのコーヒーが売られていることを知る人はさほど多くはない。

アメリカではダンキン・ドーナツが全米三〇〇〇店舗でフェアトレード・ラベルのついたコーヒーを販売し、スイスでは二〇〇三年からマクドナルド全店でコーヒーをフェアトレードに切り替えるなど、フェアトレード・コーヒーが大々的に取り入れられている。ゼンショーの場合は企業側の理念からフェアトレード・コーヒーの導入が始まったが、マクドナルドのようなグローバリゼーションの代表とも言える企業がフェアトレード・コーヒーを取り入れることになったのは、スイスでのフェアトレードに対する支持の高さと、市民の声が与える影響力の大きさを物語っている。

このような欧米のフェアトレードの広がりを見ると、日本での認知度は非常に限られたものである。「ピースコーヒー」の場合でも、オンラインで購入するような人はもともとフェアトレードを知るごく一部の人で、市場でのフェアトレードの認識は五％ほどに過ぎない。実際に二〇〇五年から二〇〇六年にかけて行なわれたフェアトレードに対する認知度の調査では、日本の消費者の約三分の二にあたる六七％がフェアトレードという言葉を知らないと答えている（清水 二〇〇八、七五頁）。

フランスでは、コーヒーや紅茶を購入する際に重視する点が、産地・生産者および高級感であるのに対し、日本では価格を一番重視しているという。特にＰＷＪのように現地に駐在員を置き、生産過程から支援する団体では、仕入れ値以外の活動資金にもコストがかかるため、小売価格は大規模なコーヒー焙煎企業と比べ高い設定になる。支援の幅を広げるために小売価格を上げたくても、同じ販売経路で競った場合、同じ分量で値段に差があったときに、その差は「生産者へコミットしている度合いの違い」と説明しても、高いほうを選ぶ消費者は少ないだろう。小さな市場であれば、それだけ消費者の意向が価格や生産者へ反映されやすい。ここで、いかに消費者への意識付けができるかが、市場確保の鍵となる。

フェアトレードは、消費者が生産者に対する支援の気持ちだけでなく、その製品に利点を見出せなければ継続できない。消費者側の利点とは、価格に見合った、あるいはそれ以上のものを得て、満足感を得られることである。つまりコーヒーが価格以上に美味しいことが重要である。また、フェアトレードの意味は消費者と生産者をつなぐことにあり、生産者への支援という側面を理解し、支援を実行することとしてフェアトレード・コーヒーを購入することが重要である。市民の国際協力に対する意識のメルクマールとしてフェアトレードがあるとも言えるし、逆にフェアトレードの活動が市民の国際協力意識を高め、世界に目を向け、自分の生活を世界のさまざまな地域とつなげることになるとも言えよう。そのためにはフェアトレード運動のいっそうの透明化と啓発活動、その他の国際協力活動との連携が必要とされるのである。

ＰＷＪに限らずフェアトレードの継続は難しい課題である。外からの支援によるのではなく、開発途上国の生産者が先進国のＮＧＯや消費者団体あるいは企業と対等のパートナーとして振る舞うのはそう簡単ではない。しかし、それに挑戦するのがフェアトレードなのだと思う。本来、商取引はフェアでなくてはならない。その意味ではフェアトレードは本来あるべき人と人、物と人の関係を回復する働きなのかもしれない。

【付記】 東ティモールでのコーヒー調査は阿部健一教授（総合地球環境学研究所）、お茶の水女子大学の河東真理、新井杏子らと二〇〇九－二〇一〇年の二年にわたって行なった。

第13章

東ティモールでのトイレ支援
――企業ＣＳＲを考える

はじめに

本章は東ティモールでの企業の国際貢献活動を例として企業の社会的責任（ＣＳＲ）の現状と課題を取り上げる。日本では、企業におけるＣＳＲ活動に比べるとその研究は活発とは言えない。また、ＣＳＲが効果を発揮するためには、何が必要なのか。特に開発途上国へのＣＳＲによる支援は、これまでのＯＤＡやＮＧＯの支援とは違った可能性を秘めている。そのためには現地での活動とともに国内・企業内での適切な広報活動が不可欠であると思われる。こうした課題を東ティモールでのトイレ支援を例として検討する。

ＣＳＲ（Corporate Social Responsibility）活動は、すでに日本でも多くの企業が取り組んでおり、インターネット上にもさまざまな活動を見ることができる。アサヒビールやＴＯＴＯ、ソニーのような製造業、三菱東京ＵＦＪ銀行などの金融、フジテレビ等のメディア関係、等々その手法や規模、対象は異なるとはいえ、ほとんどの企業が取り組んでいる活動である。そうしたなかには開発途上国を対象とした国際協力活動も多い。

そこで、CSRとしての開発途上国での活動がどのように位置付けられているのか、そしてCSRによる国際協力活動がどのような影響を社会に与えているのかを考えることにしたい。はじめにCSRとは何かを検討し、次に活動の例として、王子ネピア株式会社による東ティモールでの「千のトイレプロジェクト」を取り上げる。このプロジェクトはテレビコマーシャル等でも知られている活動である。実際に東ティモールでどのような活動が行なわれ、現地ではどのように受け止められているのか、会社の人間にとってどのような意味があるのか等を検討する。最後にCSRによる国際協力の課題を考えたい。

1　CSR（企業の社会的責任）とは何か

はじめにCSRの定義について紹介し、次に、CSR活動のなかでも現在主流となっているCRM（コーズ・リレーテッド・マーケティング）について検討したい。

CSR（企業の社会的責任）

CSRとは企業が取り組んでいる社会貢献活動である。企業が行なう社会貢献活動は、「企業の社会的責任」、「企業貢献」、「地域社会活動」、「ソーシャル・マーケティング」など、企業によってさまざまな名前が付けられている。コトラー（Philip Kotler）他（二〇〇七）によると、このCSRとは「企業が自主的に、自らの事業活動を通して、または自らの資源を提供することで、地域社会をよりよいものにするために深く関与することである」（四頁）。すなわち、自主的に自らの資源を社会に提供し貢献することとしている。さらに、コトラーは、CSRは、社会的コーズ（主張、主義などの意）への取り組みを支援する活動であるとし、社会的コーズとはすなわち現代社会が必要としている活動、あるべき社会に向かっての活動であるという。

また、この社会的コーズを目指す活動を次の六つに分けている。①コーズ・プロモーション、②コーズ・リレーテッド・マーケティング、③ソーシャル・マーケティング、④コーポレート・フィランソロピー、⑤地域ボランティア、⑥社会的責任に基づく事業の実践。

企業は実践すべき社会的コーズを選び、そのコーズに合わせてさまざまな活動様式のなかからもっとも適した取り組みあるいは組み合わせを、実施するのである。企業はCSRによって社会貢献すると同時に、ビジネス面でもプラスの影響を受けることができる。

なぜなら、CSRによって、売り上げや市場シェアの増加、ブランドポジショニングの強化、企業イメージや評判の向上等につながるからである。消費者はCSRを行なう企業に対して、ポジティブなイメージを持ち、その活動を支持し、その企業そのものを支持することになるからである。また、従業員にとっては、自分が働く企業の社会的評価が高まることで、その企業に属することの喜びや労働意欲が向上し、離職率の低下にもつながるのである。また、CSR活動がメディアに取り上げられ、広報活動に使用することでパブリシティも向上する。そして、投資家や金融アナリストに対するアピール力も強まるのである。つまり、CSRによって企業のマーケットでの評価が高くなり、企業価値、株式価値の上昇につながると考えられる。

このように現在では、企業にとって、その事業実施にあたってのCSRの重要性は非常に高くなっている。今後、各企業はこれまで以上にCSRを重視して活動することが不可欠なのである。

CRM（コーズ・リレーテッド・マーケティング）

企業のCSRのなかでも、現在もっとも多くの活動が行なわれているのはコーズ・リレーテッド・マーケティング（Cause Related Marketing、以下CRM）である。CRMとは、コトラー他（二〇〇七）によれば、社会的な課題に企業が取り組む際に、企業が製品の売り上げから得られた利益を、何らかの組織に寄付することである。また、この寄付活動は、多くの場合、期間が限定され、特定の製品や慈善活動に対して実施される。CRMは、一九八〇年代に、アメリカン・エキスプレスによる「自由の女神修復キャンペーン」というクレジットカード連動寄付プログラムが先駆けとなって、次第に広まった。そして、一九九〇年代にはアメリカやイギリスにおいて広く社会に認知されるようになった。

また、谷本(二〇〇六)は、この手法は、企業が持っているマーケティングの力を生かし、売り上げやブランドの向上も同時に目指していると指摘する。コーズ(Cause)という言葉は、「主義、大義」という意味もあり、CRMは社会的に意義のある活動を支援するマーケティングのことである。また、CRMは、企業にとってはステークホルダー(利害関係者)からの評判や信頼を高めることができ、ブランド価値と売り上げの向上が期待できるのである。一方、NPO・NGOなどの支援団体にとっては、企業のマーケティング力を借りることで、大規模なキャンペーンを行なうことが可能になり、そのミッションや社会的課題を広く社会に知らせることができる。さらに、消費者にとっては、身近な商品・サービスを通じて社会問題に触れ、間接的に支援することが可能となる。このように多方向にウィン・ウィン(win-win)の関係が結ばれるのがCRMの良さである。

CRMには三つのスタイル(手法)がある。それは、①コーズ・プログラムに基づいて、商品の売り上げに応じて寄付する手法、②商品の販売・広告を通して、当該団体やその扱う社会的課題を知らせる手法、③NPO/NGOなど支援団体のロゴを商品につけ、その使用料を支払う手法、である(谷本 二〇〇六)。

日本では、CRM活動は「社会貢献型商品」として浸透しつつある。社会貢献型商品の例としては、ミネラルウォーターの「ボルヴィック」による「1ℓ for 10ℓ」プロジェクトが大きな支持を得た。これはボルヴィックの出荷量一ℓにつき、一〇ℓの清潔で安全な水がアフリカの人びとに供給されるというものである。仕組みは、売り上げの一部がユニセフに寄付され、西アフリカのマリ共和国での井戸建設などの水の支援を行なう活動である。[*1]

また、アサヒビールの「スーパードライ」を通じた「うまい！を明日へ！」プロジェクトもよく知られている。このプロジェクトは、ビールの一本につき一円が寄付される。寄付先は地域密着型で、寄付額は都道府県別の販売量に応じた額になっていて、都道府県それぞれの環境保護や文化財の支援活動を支える活動である。

このように、「社会貢献型商品」が消費者に浸透しているのは、「身近なところから手軽に参加できる」ということがポイントである。同じ商品・サービス、特に、日用品や食品、嗜好品など、どの企業の商品もあまり差がない場合、社会貢献型商品を選ぶことで、少しでも社会に貢献できるという思いが、消費者に支持されているのである。

また、社会貢献型商品の購入によって、まったく関心のなかった人が、社会的課題に気付くきっかけにもなっていると考えられる。日本でも、社会貢献型商品が今まで以上に社会に広がり、社会貢献型商品によって事業の成功と企業の社会貢献とを両立させる企業がますます増えていくことが期待される。

2　ネピア「千のトイレプロジェクト」

「千のトイレプロジェクト」とは、王子ネピア株式会社（以下ネピア）のCSR活動の一環である。ネピアは、ティッシュやトイレットペーパーなどの紙パルプ加工品、ならびに紙おむつの製造、加工、販売をするメーカーである。ネピアは、CSRに熱心であり、自社の事業や製品に関連付け、衛生や健康、環境の分野での社会貢献の取り組みを行なっている。

「千のトイレプロジェクト」の他にも、国内で三つのCSRを手がけている。環境負荷低減活動として、ボックスティッシュのパッケージを少し小さくした「ちょびエコ」パッケージを導入したプロジェクト。二つ目には、首都圏の小学校で排泄と健康をテーマにした出張授業を社員が行なう「うんち教室」がある。三つ目は「GENKI! supportsクリニクラウン」という活動で、赤ちゃん用紙おむつ nepia GENKI! の売り上げの一部を、入院中の子どもたちに笑顔を届ける日本クリニクラウン協会に寄付する活動である。

「千のトイレプロジェクト」の概要

「千のトイレプロジェクト」は、ネピアの商品の売り上げの一部で、東ティモールにおけるユニセフの「水と衛生に関する支援」のサポートを行なう活動で、二〇〇八年から始められた。

このCSR活動は、二つの想いと意義を持って行なわれている。一つは、開発途上国におけるトイレと水の不備から失われていく命を守ることである。二つ目は、商品のパッケージや店頭での告知を通じて、世界における水と衛生の問題を日本の消費者に知ってもらうことである。

東ティモールでの活動は、毎年、千以上の家庭用トイレづくりの支援、学校のトイレと給水設備の建設および修復、衛生習慣の定着活動の実施で、子どもとその家族の健康を守ることを目標としている。

プロジェクトの仕組みは、毎年キャンペーン期間を三 - 四か月設定し、その間、ティッシュやトイレットペーパーなどのキャンペーン対象商品の売り上げの一部がユニセフへ寄付される。また、商品の売り上げのみならず、消費者に対して、郵便振替での募金をホームページや対象商品のパッケージで呼び掛けるのである。

プロジェクト実績と東ティモールでの影響

「千のトイレプロジェクト」は二〇〇八年から始まっているが、二〇〇九年までの二年間の実績は次のように報告されている（ネピアの活動報告書およびホームページによる）。

プロジェクトが始まった二〇〇八年度は、寄付の総額は二〇四三万七二八一円であった。その資金をもとに、東ティモールのエルメラ県、リキサ県、マナトゥトゥ県、ディリ県、オエクシ県の五県を対象として、一四の村で支援を行なった。それらの支援地域で建設された家庭ごとの専用トイレの数は、一二四八基であった。トイレの形状・システムは、農村部で住民が持続的に使用できるように簡易水洗式トイレ（注水式水洗トイレ）を主に建設した。しかし、一部の水がない地域には、換気口付ピット式改良型トイレ（V. I. P latrine）という通風やハエの防除を考慮したトイレも建設した。

学校や地域でのトイレや給水設備の建設および修復された数は、一八件であった。学校用トイレに関しては、手洗い場をつけた男女別のトイレの建設と修復である。給水設備については、オエクシ県では、地下水が主な水源になるため、手掘り井戸や手押しポンプつき井戸を設置し、リキサ県やエルメラ県では、湧水が利用でき、また高低差を利用した簡易水道設備を設置した。

二年目の二〇〇九年度の結果は、寄付総額が二四四一万三九一四円で、初年度よりも増加した。支援の対象となった地域は、アイレウ県、エルメラ県、リキサ県であり、初年度と比べ、地域数は減っているものの、五歳未満児死亡率が全国および農村部の平均よりも悪く衛生環境が整っていない地域を支援対象地域とした。建設された家庭用トイレは一二〇二基であった。学校や地域での給水設備については、三県のなかの六つのコミュニティで建設が行なわれた。はじめに給水設備の調査をもとに設計が行なわれ、その後、取水口、貯水タンク、蛇口、水道管などが作られた。

また、衛生習慣の普及活動に関しては、地元でトイレ建設を支援するNGOのスタッフが、支援対象地域で家庭を訪問して、世帯の人数や村の人口、各家庭の衛生状況などを調査し、アドバイスする活動を行なった。この活動は各家庭の意識や知識の向上につながり、トイレを建設する際に住民が協力して建設することやトイレを大切に使用することに役立つ効果があった。また、ユニセフが、コミュニティ対話ツールを開発し、それを使うことで地域の人びと自身が衛生環境改善の活動を計画、実施し、モニターできるようになった。

さらに、ユニセフを通して、メディアによる啓蒙活動や、衛生習慣の改善を促すための教材も制作された。子ども向けの月刊雑誌『JOURNAL LABANIK』への技術的・資金的援助を行ない、この雑誌のトピックスとして水と衛生が二回取り上げられた。子どもの寄生虫予防に対する情報提供として『虫から守る――Prevene Lumbriga』というマンガ本を現地語のテトゥン語と英語で制作した。これは学校での衛生習慣に関する指導をする際に用いられている。

啓蒙活動としては、ラジオを通じて衛生環境の改善を呼びかけた。一つ目は、寄生虫予防についてのブックレットと関連した、水と衛生に関する一五分間のテトゥン語のラジオドラマを作り、全国ラジオや県のコミュニティラジオ局から放送した。推定で、人口の七五％が寄生虫予防の重要性についての情報に触れることができたとしている。二つ目には、コミュニティラジオで、子ども向けの番組を制作するための技術的および資金的支援である。この番組制作では、約一二〇〇人もの子どもや若者が参加することで、自分たちの意見を伝える機会となった。手洗いや安全な水の大切さ、予防接種など、公衆衛生をテーマにした二一六の番組が作られた。

3　東ティモールについて

東ティモールはインドネシアの小スンダ列島の東にあるティモール島の東半分と飛び地のオエクシ、アタウロ島からなる国である。面積は一万五〇〇〇平方キロ（四国と同じくらい）、人口は約一〇七万人[*2]、民族はメラネシア系のテトゥンが中心であるが、ポルトガルとの混血が進んでいる。宗教はカトリックである。東ティモールは二〇〇二年五月に独立を果たしたアジアでもっとも新しい国である。前章で述べたように東ティモールの独立にいたるまでには植民地支配と長い独立に向けての闘争があった。そのために開発や社会インフラの整備は遅れており、多くの課題を抱えての出発であった。

東ティモールの風土と経済

東ティモールは、乾季にはほとんど雨が降らず、雨季には、逆に、雨が降り続く極端なモンスーン気候である。雨季は、一一月から四月まで続き、この間、山地では一日中雨に降りこめられる。一方、乾季には雨が降らず川が干上がってしまう。

阿部（二〇〇七）によれば、東ティモールは、サンゴ礁が隆起した島で、農業に適した土地は極めて限られている。しかし、労働人口の八五％が農民であり、農業が国内の主要産業である。多くは零細農業ではあるが、コメ、トウモロコシ、緑豆、ピーナッツ、大豆などの豆類、キャッサバやサツマイモなどのイモ類、ココナッツなどが栽培されている。しかしなんといっても、東ティモールのもっとも重要な産品はコーヒーであり、最大の輸出用作物である。コーヒー栽培とその支援については第12章を参照していただきたい。

二〇〇七年以降、島の南のティモール海における豪州との「共同石油開発区域」の海底油田・天然ガス田（ティモール・ギャップ）からの税収・ロイヤリティ収入の影響で、高い経済成長が見られる。国際通貨基金（ＩＭＦ）によれば、ＧＤＰ（単位：一〇〇万米ドル）は、二〇〇三年の二九八から二〇〇九年の五五六に増加している。また実質経済成長率は、二〇〇三年の一〇・一％から、二〇〇九年では一一・六％に上昇しており、成長が著しい[*3]。

一方で、国連開発計画（ＵＮＤＰ）の二〇〇六年の人間開発報告は、東ティモールでは「二〇〇一年には、国民の約四〇％が貧困ライン以下の生活をしている」と指摘している。平均余命、就学率、識字率、国内総生産によって決まる人間開発指数（ＨＤＩ）が、二〇〇三年は〇・五一三であり、国別の順位では一四〇位で、もっとも開発の遅れている国の一つである。

東ティモールの保健、衛生

ユニセフ東ティモール事務所の調査（二〇〇八）によると、東ティモールの乳児死亡率は、一〇〇〇人中八三・五人、五歳未満児死亡率は一〇〇〇人あたり一三〇人である。子どもの死亡原因は、感染症が圧倒的に多く、肺炎、結核などの呼吸器感染症、マラリア、そして特に下痢が原因になっている。五歳未満の子どもの五人に一人が、汚れた水やトイレの不備から下痢を患っているという。また、栄養不良の問題も深刻であり、一〇人の子どものうち一人以上は、急性の栄養不良に陥っていて、約五〇％の子どもが慢性的な栄養不良状態にある。

健康な生活には、安全な水の確保、衛生的なトイレの使用、医療へのアクセスなど、衛生環境を整えることが必要である。水については、ユニセフ東ティモール事務所の調査（二〇〇七）によると、東ティモール全体で安全な水を利用できる人の割合は六三・一％である。そのなかでも、都市部は八四・六％、農村部は五五・四％と大きな差があり、農村部での衛生的な給水設備の不足が課題である。

トイレに関しては、同調査で、国全体で衛生的なトイレの普及率は、四六・八％であった。都市部は七九・二％、農村部は三五・二％である。農村部ではトイレの普及が遅れており、そのため不衛生な状態が改善されない。これはトイレの重要性についての認識が低いことも原因である。また、国全体の学校での給水設備・衛生設備が機能している割合は三九％であり、家庭の状態よりもかなり悪い。

医療へのアクセスの面では、保健所が大きな役割を担っている。基本的に保健所は各郡に一か所配置されていて、健康モニタリング、健康促進、予防、診断、治療、リハビリなど幅広く活動している。しかし、山間部が多く道路網が発達していないために、人びとにとって保健所は遠い存在である。そのため、遠隔地には支所を置き、保健所や支所の職員によって移動クリニックなども行なわれている。しかし、医師不足、看護師・助産師不足のため、こうした保健システムも十分に機能していない（樋口・山田 二〇〇六）。私たちが訪れたエルメラ県の保健所にはキューバからの医師が駐在していた。

4　トイレプロジェクトの現地調査

「千のトイレプロジェクト」の状況を調べるために、私たち（阿部健一総合地球環境学研究所教授とお茶の水女子大学の学生三名の四名）は、二〇一〇年七月に東ティモールでの現地調査を行なった。村の人びと、ユニセフやＵＮＤＰ、

NGO関係者への半構造化インタビューと建設されたトイレの状況を調査した。

ユニセフ東ティモール事務所

ネピアの千のトイレプロジェクトが支援しているユニセフの「水と衛生に関する支援」を担うWASH（Water, Sanitation and Hygiene）セクションはスタッフ六名で、対象地域は、主に衛生環境が整っていない農村地域である。この支援活動の手順は、まず支援を受ける地域を決定し、地域住民とミーティングを開いて、一緒に設備建設の計画づくりを行なうことから始まる。そのミーティングで、地域の地図を使いながら、どの家庭や学校にどのようにしてトイレを建設していくか、建設の手順や設備の仕組みについて、ユニセフとパートナーの現地NGOが住民に説明をする。そこで、住民に建設への参加を呼びかける。

建設に必要なセメントや砂利、壁や屋根を組み立てるのに必要なワイヤー、便器、パイプ、貯水タンクなどの資材は、ユニセフが用意する。ただし、壁や天井などの材料は、住民が入手できる素材で、住民が調達する。これらの資材の必要経費は、家庭用トイレの場合、一世帯につき約四〇ドルである。パートナーNGOによって、ディリから支援地域に運ばれ、地域住民は、NGOの指導のもと、建設を行なう。まず、建設場所を確保し、トイレの穴掘りなどを住民が行なう。建設作業に住民が取り組むことは、いわゆる参加型開発ということであろう。自らが作ったという意識が強くなる。つまり、この活動ではユニセフが材料などのモノや、NGOなどの人材を地域に提供し、実際の建設作業は地域住民やNGOが主に取り組むとのことである。

トイレ建設に関しては、家庭用トイレは一世帯につき一つ設置する支援を行なっている。インドネシア時代には、コミュニティごとに公衆トイレが設置されていたが、破損やメンテナンスができない等のために現在は廃止されている。

ユニセフWASHの支援活動は二〇〇八年三月から二〇〇九年九月までで、農村地域世帯の一二万人以上に衛生的なトイレへのアクセスを可能にした。また二〇〇八年四月から二〇一〇年二月までに給水設備の設置によって、七四五二人に安全な水を提供した。二〇〇九年度の千のトイレプロジェクトからの支援による一〇〇〇基の家庭用トイレ建設の取り組みは、二〇一〇年七月段階で、五〇％が完成しており、二〇一〇年九月に完了予定である。

ユニセフ東ティモール事務所で緊急教育担当官（Emergency Education officer）として働いているUさんはネピアからの視察チームの受け入れを担当した。二〇一〇年六月のネピアのCSRチームは社員六名にテレビ朝日の取材チームが同行した。現地視察では、学校を訪問して、日本でも行なっている「うんち教室」を行ない、排泄の大切さや衛生習慣について伝え、また、トイレ建設が行なわれるコミュニティでの住民の集会に参加した。

今後のユニセフの支援についてUさんは、今までと変わらず、今後もアクセスが悪い山間部や農村を中心に支援していくが、方法としては、地域による総合的衛生（Community-Led Total Sanitation、以下CLTS）を導入していくという。CLTSは、「ローカル・コミュニティに合わせたトイレ作り」であり、今まで以上に、住民中心にするという。すなわち、これまで提供していた物資なども提供しない方法で、住民の内部からトイレや衛生習慣に対する意識変革を起こしていくという。排泄する場所などを地図に書き込むことで、衛生環境を見直すところから始め、そこから住民がどのようにしてこの環境を変えていくか、どのようなトイレを作っていくかを話し合って進めていく取り組みである。この取り組みによって、トイレや衛生環境が整っていることの重要性を住民が感じるようになり、持続可能なトイレになっていく。ユニセフでは、住民の衛生習慣に関する意識変革に力を入れており、CLTSもその一環であるという。

エルメラ県の郡事務所

エルメラ県レテフォホ郡は、首都ディリの南西部に位置しており、車で約五時間の山間部にある。この地域は、コーヒーの栽培が盛んで、多くの住民がコーヒー農家である。

郡長のS氏にインタビューした。私たちがトイレについて調べていると言ったのだが次のように強く主張した。「ここではトイレよりもまずは、安全な水の供給、給水設備が必要だ」。今後のトイレ建設の計画についても、やはり「給水設備の設置の進み具合による。トイレ建設は始めたばかりで、まだ計画段階」とのことであった。郡長は、ユニセフの水と衛生に関する支援については知っていて、日本からも支援が入っていることも知っていた。政府から郡への予算については、「少しずつ改善し、少しずつ入ってくるようになってきている」とのこと。また郡への支援では、アメリカの団体が入っており、水に関するプロジェクトでは、オーストラリアのNGOが支援しているとのことであった。

日本のNGO、SHAREの話

この地域で活動している日本のNGO、SHARE（シェア）のエルメラ事務所において、Mさんから話を聞いた。SHAREは、健康で平和な世界をすべての人との分かちあう（シェアをする）ために、草の根の立場から行動を起こした医師・看護師・学生等が中心になり、一九八三年に結成された国際保健NGOである。東ティモールでは、エルメラ県で学校保健のプロジェクトを実施し、アイレウ県では保健ボランティア養成プロジェクトを行なっている。

SHAREの東ティモールでの活動は、保健分野での教育活動であり、学校で用いる保健教材やフリップチャートの作成と、保健教育人材の育成を行なっている。

「千のトイレプロジェクト」については、管理の面やフォローアップの面で課題があるように感じているという。ユニセフの支援活動は、基本的に現地NGOに委託するので、作るだけ作って、その後のフォローアップの面が不足しているケースがある。また、管理に関して、いたずらや壊されることが多いため鍵をかけてしまい、使われていないトイレも多くある。そして、プライオリティの面で、トイレよりも安全な水を必要としているコミュニティが多く、人びとにとっては水の確保がより重要である。

地域によって、住民がトイレの使い方が分からないため、トイレが壊れてしまうことがある。東ティモール国内では、水を得ることが難しい地域も多く、トイレは汲み取り式のものを使っている。そうした状況で水洗式のトイレが導入されても、従来通りにトイレ使用後に葉っぱや石を使うことで、つまって壊れてしまう。現地のＮＧＯが関与して作業が行なわれているが、地域による習慣の違いはＮＧＯでも把握できておらず、トイレの使い方の指導が住民に行き届いていない、と指摘した。

5　トイレを見る

ユニセフの水と衛生に関する活動によって作られた、コミュニティと学校のトイレを視察した。

レテフォホ郡Ｈ小学校

レテフォホ郡のＨ小学校は、二〇〇六年にＪＩＣＡによる支援で、新しい校舎一棟が建設された。白いコンクリートで作られた学校であり、外壁には日の丸や、日本からの支援を記したプレートが付けられていた。新しい校舎は、教室には机や椅子がきちんと並べられており、適切に使われている印象を受けた。校舎建設と同時期に、トイレも新設された（写真13－1）。トイレは、ユニセフの支援で、男子と女子のトイレがそれぞれ、個室で六基ずつ作られた。トイレは簡易水洗式のもので、すべてのトイレを普段から使うわけではなく、乾季では水がないため、男女それぞれ二、三基しか使用できないという。壊されないように、使用できないトイレや放課後には、トイレに鍵がかけられていた。

ディリ県ヘラ村

ディリ県ヘラ村は、首都ディリから西に車で約一時間弱、海岸沿いの農村地域である。この地域では、「千のトイレプロジェクト」の二〇〇八年度の活動報告によると、三つのコミュニティにユニセフの水と衛生に関する支援がされていて、家庭用トイレが一七七基作られた。

二軒の民家を訪問した。一軒目は、ＮＧＯのNATILISが二〇〇八年に支援したトイレである。家のそばのトイレには、周りには囲いが作られ、屋根もあって、しっかりした造りになっていた。なかには、簡易水洗式トイレがあり、流すための水が溜められており、便器もきれいで衛生的に使用されていた（**写真13－2**）。

写真 13－1　Ｈ小学校のトイレ、きれいに使われていた（2010 年 7 月撮影）

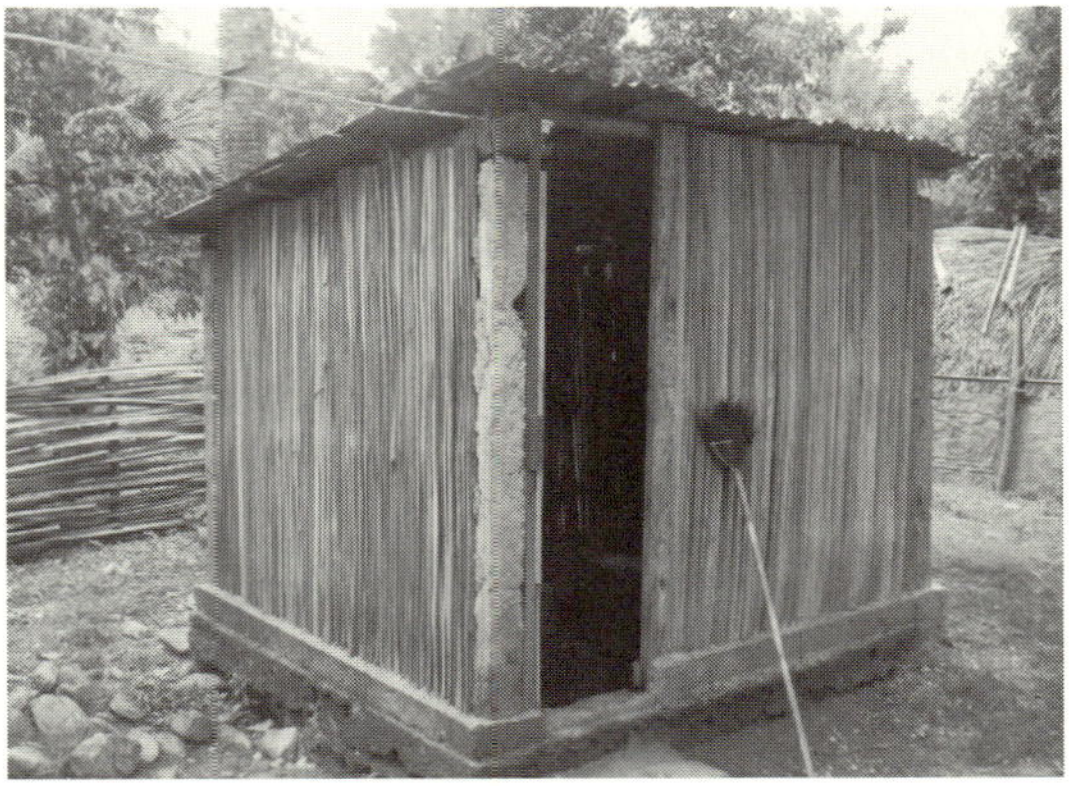

写真 13－2　ユニセフの支援による民家のトイレ（ディリ県にて。2010 年 7 月齋藤智美撮影）

しかし、その一方このトイレの横に、壊れたトイレが放置されていた。セメントで固めた部分も割れてなくなっていて、便器のなかには石や葉がたくさん詰まっていた。この壊れているトイレは、二〇〇三年にユニセフの支援で作られたとのことである。かつてはこの壊れたトイレの周りにも囲いがあったが、強風により壊れたとのこと。便器については、新しいものと同じ簡易水洗式トイレなのだが、なかに水が溜まって、流れなくなってしまって壊れたという。

二軒目の家も、一軒目と同じ様子であった。やはり、新しくできたしっかり整っているトイレと壊れて放置されているトイレがあった。壊れたトイレは二〇〇三年にユニセフの支援で作られたもので、新しいトイレはＮＧＯのNATILISの支援で二〇〇七年に作られたものである。

村長の自宅のトイレも、他の二軒の民家と同じような状況で、壊れたトイレと、新しく作られたトイレがあった。村長は、新しいトイレは、支援ではなく個人で作ったものだという。壊れたトイレは二〇〇五年にユニセフからの支援で作ったもので、壊れた理由は、「便器に水が溜まってしまい、流れなくなった。ブタなどの動物が囲いを壊してしまった」という。

ＮＧＯのNATILISはユニセフから委託されて、資材と建設方法を支援する組織で、実際の建設作業は住民が行なうとのことである。ユニセフからの支援で多くのトイレが作られたが、メンテナンスサポートはなかった。また、「トイレを建設する際に提供されたセメントが少なく、そのせいで壊れやすくなっている。また、トイレの寿命は五年だから仕方がない」とのことである。

村長は、ネピアが、ユニセフの「水と衛生に関する支援」をサポートしていることは知らなかった。

6　ネピアへのインタビュー

現地調査から帰国後、二〇一〇年一一月にネピアを訪問し、「千のトイレプロジェクト」チームのマーケティング本部のＴ氏にインタビューを行なった。

まず、ネピアが「千のトイレプロジェクト」を始めたきっかけを聞いた。マーケティング部長が偶然友人から「海外には、トイレがないために命を失う子どもたちがたくさんいる」と聞いたことがきっかけであった。また、これまで同社の「うんち教室」の活動によって、衛生習慣の定着の重要さを実感していたため、トイレットペーパーを作っている企業として、「うんち教室」を実施していた二名の社員とともに、「千のトイレプロジェクト」を計画した。

支援対象を東ティモールにしたのは、同じアジアの地域であり視察にも行きやすいという点、水と衛生の支援を待っている国のなかでも国の規模が支援するのにちょうどよいという点であった。計画が進む一方で、不況のあおりもあり、社内から「今はCSRをやるような余裕はない」といった声も聞かれ、社員から理解を得るのは難しかった。特に、営業部門の社員からは、「同じキャンペーンでも、消費者に喜ばれるプレゼントをつけるなどのキャンペーンのほうが意味がある」との声があった。しかし、「目先の利益を追うばかりではなく、社会貢献活動をすることで、社員は満足感を得られ、業務へのやりがいや意欲も高まるはず」と「千のトイレプロジェクト」を始めた。

プロジェクトを始めてから、現地視察で録画した現地の様子を社内で上映するなどして、社員の理解を深めた。また、消費者からキャンペーンへの共感の声も多く聞かれるようになり、社内評価も高まった。社内でのブランド意識調査（二〇〇九年）によれば、「千のトイレプロジェクト」を誇れる活動だと実感している社員は七五・八％にものぼっている。なかでも、はじめは反発があった営業部門が今ではもっとも評価しており、八三・一％の支持を得ている。

また、T氏は企業が国際協力などの社会貢献活動をしていく強みとして、社会への発信力、社会に広めて知ってもらう力を持っているという点を挙げた。そのなかで、千のトイレプロジェクトはまだ認知度が低いということが課題であるという。

7　CSRの課題

トイレはなぜ壊れていたか

千のトイレプロジェクトによって多くのトイレが作られていた。しかし、作られたトイレのなかには壊れたり、使用されていないトイレもあった。ユニセフは、トイレの建設に多くの経験を有しており、現地のニーズや文化、環境に配慮して建設している。ところが、東ティモールの現場を見るとトイレ建設のハード面に焦点が当てられているように感じた。現地の人びとにとっては、衛生環境や衛生習慣の改善というソフト面での支援が必要なようである。ユニセフは、今後は生活慣習や意識変革に踏み込んだ「地域による総合的衛生」（CLTS）に取り組むということであった。すなわち、トイレは建物ではなく文化の問題だということであろう。

また、特に問題なのは、トイレ建設は現地でのプライオリティが高くないことである。村ではトイレよりも給水設備がほしいという声が多かった。支援する側が相手のニーズに合わせることが大切である。すなわち水が必要なところでは井戸の掘削や水道の設置と合わせてトイレを建設することもあってよいのではないか。

ネピアの企業マインドとしてトイレでの貢献をアピールすることはあっていいと思うが、これは東ティモール支援のエントリーポイントであり、今後はいろいろな形で東ティモールの開発に寄与することができるのではないかと思われる。

CSRの可能性

千のトイレプロジェクトの活動を通して、改めて企業の持つ社会への影響の大きさを知らされた。このCSR活動を通して多くの人が東ティモールに関心を持ち、支援したのである。CSRは企業のマーケティングとしての機能もあるが、やはり国際協力活動として大きな意味を持っていると思う。すなわち困難な状況にある人びとのことを知らせ、支援する方法を提示することができる。そのことを通してあまり見ることのできない国の人びととつながることを可能にするのである。

企業に働く人が、開発途上国支援の意義を知り、こうした活動をする自分の企業に誇りを持つことを可能にする。それゆえにＣＳＲはさまざまな意味で教育的な活動ということができ、国際協力の本質に根ざしたものということができるのである。そのためには丁寧な調査と企業精神を生かす英知が必要だと思う。

【付記】　東ティモールの千のトイレプロジェクトの現地調査は阿部健一教授（総合地球環境学研究所）とお茶の水女子大学の二名のゼミ生と共に行なった。特にＣＳＲを調査研究したのは齊藤智美である。

＊１　「ボルヴィック」はフランスに本社のある会社のブランドであるが、日本では、「キリンＭＣダノンウォーターズ株式会社」が扱っている。

＊２　二〇一四年の人口は約一二一・二万人である（世界銀行）。

＊３　二〇一四年のＧＤＰは一五億五二〇〇万米ドル、経済成長率は六・七％である（世界銀行）。

第Ⅳ部　フィールドワークをめぐって

第Ⅳ部はフィールドワークに関する論考をまとめた二つの章からなる。第14章「フィールドワーク雑感」はいろいろな機会に書いた、フィールドワークに関する思いや実施中の出来事が中心であり、文字通りの雑感である。第15章は「フィールドワークから学んだこと」と題して、私たちはなぜフィールドワークをするのか、それはどういう意味があり、どんな点に留意しなければならないのかを考察したものである。自分が何気なく行なっている活動に関して、さまざまな人が多くの研究をしていることに気が付き、本を読みながら考えたことをまとめたものである。すなわち、第14章はフィールドワークの体験、第15章はフィールドワークの経験とでも言うことができるかもしれない。

第14章 フィールドワーク雑感

第14章にはフィールドワークに関する四つの文章をまとめた。はじめの「泉靖一のフィールドワーク」は比較教育学会のラウンドテーブルでフィールドワークについて話したものの一部分である。次の三篇はいずれもフィールドワークの体験をニュースレターや報告書に投稿したものである。

「二〇一一年の出来事」は東日本大震災後の私の活動をつづった。この悲惨な出来事は私の人生観を大きく変えた。それにしても、いわき市の海辺近くにできている瓦礫で作られた舞台の上で、ハワイから来た人たちがフラダンスを踊り、高見山さんがレイをささげて祈る姿には涙した。最後に出てくる陶淵明の詩の意味が本当に分かった気がした。三番目の「熱中症体験記」は、ケニアのラム島での調査中にはじめて熱中症にかかり、かなりつらかったことをつづった。フィールドワークは怖いと注意していたつもりだが、その後も二回ほど熱中症になってしまった。二〇一六年九月のケニア・カクマ難民キャンプでの調査では、熱中症と感染症の合併症で本当に参った。フィールドワークは若い人の専門ではないと思うが、高齢者は本当に注意する必要がある。

最後の「東ティモール調査雑感」は文字通りの雑感だが、私はその後、東ティモールコーヒーの美味しさに目覚め、レテフォホ村で購入した生豆を大学の研究室で焙煎して飲んでいた。そんなことからコーヒー豆の店とも昵懇《じっこん》になり、いわきの仮設住宅で始めた、お茶の水女子大学の学生との「コミュニティカフェ　お茶っこカフェ」に、お店から豆以外に業務用のコーヒーミルやコーヒーメーカーを寄付してもらった。「お茶っこカフェ」は現在も続いている。

泉靖一のフィールドワーク

『泉靖一著作集第一巻』（読売新聞社、一九七二年）は「フィールドワークの記録（1）」と題され、戦前の済州島でのフィールドワークの記録を中心にまとめられている。泉靖一の済州島調査は一九三〇年代の後半から四〇年代の前半に行なわれ、彼の京城大学卒業論文としてまとめられた。泉の口癖は「現地に行かねば、何もできない」だったという。しかし、彼が済州島の調査を、この若さで行なった背景には別の理由があった。それをこの巻の解説の佐藤信行氏が次のように記している。

泉青年は済州島ハンナ山の雪のなかで友人を失った。一週間の捜索もむなしかった。傷心の泉は麓の村で村人たちが、その友人の安否をひそかに巫人にうかがっていたことを知った。神託は「前川君は死んでいない。神がみが彼をかくしている」というもので、村人もそれを願っていることが分かった。神託は実現しなかったが、済州島の韓国人の素朴な心が、彼の生涯を変えたのである。

さて、問題はどのように変えたのかということである。泉青年は済州島の村人にはそれぞれの論理があり、それは共感でき、理解できることを知った。そのことを大きな挫折のうちに感じとったのである。彼らの立場に立てば、理解することは容易なのである。

フィールドワークが科学の名において行なわれるのである限り、社会科学における正当な手続きは必要である。しかし、フィールドワークの意味はそうした手続き論を超えて、フィールドの人びとの情緒や感情も含めた総合的な人間理解を前提としていると考えるべきであろう。

教育開発における対象は文化人類学とは異なる。私たちの対象は子どもであり、教師であり、子どもを支える家庭であり、教育政策、行政を担当する政府、地方政府、コミュニティである。さらに、教育開発のアクターとしての国際機関、援助機関、NGOである。しかも、フィールドで出会う子どもは直接的に世界とつながっているのである。フィールドを目指す研究者は一人の子どもの思いから国際社会における政策動向を見る目、そして教育政策や援助動向から子どもが見えることが期待されているのである。

私自身、アフリカの教育のフィールドで出会った教師や子どもからたくさんのことを教えられている。彼ら、彼女らの笑顔や涙から教えられている。アフリカにおける教育開発のフィールドは、未知の領域であり、みずみずしい感性を注ぎ込むに足る分野である。

私は泉靖一のように劇的な経験はないがアフリカやアフガニスタン、グアテマラなどで出会った子どもの目や表情を忘れることができない。彼ら彼女らは私に「ここに留まってしっかり学べ」と言っているように思えるのである。

【付記】 この短文は二〇〇六年度比較教育学会（広島大学）ラウンドテーブルⅡ：「アフリカの教育開発と国際協力」において行なった発表資料の冒頭の一部である（二〇〇六年六月）。ここではタイトルを改めた。

二〇一一年の出来事

二〇一一年でもっとも大きかった出来事は、お茶の水女子大学の定年退官と東北支援でした。そのために海外調査も最低限にし、国内での活動に終始しました。まず定年退官ですが、大学に行く必要がなくなったので、「ゆとり」と「上品さ」をもって優雅な生活が送れると期待していましたが、そういうことはありませんでした。みなさんも勤務がなくなったらどんなにいいだろうと思っているかもしれませんが、定年後は「お暇でしょうから、これをお願いします」、「何もすることがないでしょうから、あれをお願いします」と声がかかるようになります。また、これまで多忙を理由に断わっていた仕事も、断わる理由がなくなりやらねばならない羽目になります。二〇一一年はいろいろな講演をやりました。あるいはいろいろな委員会を頼まれました。よって「バタバタ」と「あわただしく」生活するようになり、仕事をしていたときのほうがましだということになります。

次に東日本大震災ですが、三月一一日はスイスのベルンにおりました。日本のNGOピースウインズ・ジャパン（PWJ）の方々と、スイスの救助犬団体ReDogの調査と訓練の様子を見学していました。三月一〇日には瓦礫の山のある訓練施設で人命救助訓練を見ていました。スイスというのは大変な国で、政府と州政府とが共同で犬の人命救助の訓練施設を持っており、大きな瓦礫の山と池があり、研修施設も完備しています。ReDogはボランティア団体ですが、国内外への救援活動はスイス政府からの要請によって行なっています。

三月一一日は雪崩で埋まった人を助ける雪上訓練を見学する予定でした（二〇一二年二月三日の秋田の玉川温泉の雪崩事故を考えるとこうした救助犬訓練の重要性が分かります）。その朝、ＲｅＤｏｇの人と出かけようとするときにＣＮＮで津波の様子を見ました。スイス政府は、その日のうちに一〇〇人規模の救助隊を派遣することになり、救助犬も六頭日本に向かいました。その夜の飛行機で帰国しましたが、成田に到着した一二日は奇跡的に電車が動いていて、時間はかかりましたが家に帰ることができました。前日は成田エクスプレスで東京まで八時間とか聞いていましたので、どうなるかと思っていました。そのときはまだお茶の水女子大学の教授でしたので、大学に行くと、多くの教員や職員が当日は帰宅できなかったようです。また、老朽化した校舎は揺れがひどく、上の階の研究室がめちゃくちゃになっていました。そして地震の際は、教員たちはエレベーターホールに手をつないで環になって座り込んで、「ここで死ぬのだ」と思ったとのことでした。私の研究室は一階でしたので、壁にひびが入ったくらいでした。

東北支援ですが、ともかく行ってみようということで二〇一一年の四月下旬に教員・学生と一緒に気仙沼、陸前高田、大船渡に行きました。その後も大体月に一度の割合で陸前高田やいわきに行っています。

夏には陸前高田の気仙川の河原でバーベキューをしました。いろいろな方が集まってくれて、岩手産の美味しい肉を食べました。私の息子が盛岡にいてマンドリンの演奏グループを組織して岩手県を中心に月に二、三回避難所や仮設住宅で演奏しています。その日はたまたま陸前高田に来ていたので川のほとりで演奏してもらいました。暮れなずむ陸前高田の空に響くマンドリンの響きは、この地で亡くなった多くの方への鎮魂の響きに聴こえました。この会に参加した当時の気仙沼の教育長さんは、一日の休みもなく働いていたので、あのマンドリンの音に癒されましたと、後に語っておられました。

九月から、陸前高田では米崎小学校の仮設の集会所でコミュニティカフェを開催しています。これには私がコーヒー豆を購入しているお店が協力してくれて、業務用のコーヒーマシンとミルのほかに、コーヒー豆と紙コップ、ミ

写真 14－1　いわき市の瓦礫で作った舞台で踊るハワイのフラダンスチーム（2011 年 11 月）

写真 14－2　いわきにて、ハワイの伝統にのっとり、死者の霊に花輪をささげる高見山さん（2011 年 11 月）

ルク、クッキーなど一〇〇〇人分を寄付してくれました。機材や材料を積み込んだ車を運転して東京から徹夜で陸前高田に届けてくれました。日本人も捨てたものではありません。本当にありがたかったです。この取り組みはお茶の水女子大学では単位化し、学生が参加して現在も継続しています。

　サンフランシスコを拠点とする北カリフォルニア日系人協会が東日本大震災支援金を数億円集め、いち早くさまざまな支援を開始しました。その一環としていわき市とのフラダンス交流をしたいということで、その手伝いをしました。一〇月末に一八人のハワイの歌とフラダンスのグループが来て、学校訪問やハワイアンセンターでの公演を行ないました。クリスティーナ＝山口さん（リレハンメルオリンピックのフィギュアスケート金メダリスト）と高見山さんが団長でした。いわきの海岸にある瓦礫で作った舞台、瓦礫座で行なった犠牲者の追悼式は、ハワイ式のお祈りとレイをささげる儀式でしたが、とても感動的で思わず涙しました（**写真14－1、14－2**）。高見山さんはその後もいわきを何度も訪れて人びとを励ましてくれていると聞いています。

　また暮れには、いわきの三つの学校で学習支援に七名のお茶大の学生と出かけました。これはいわき明星大学との共同プロジェクトです。いわきの小中学校には一割以上の転校生がおり、また除染で校庭が使えないという大変な状況でした。仮設住宅での生活とトラウマのせいか、一人で勉強できない児童生徒が多いので、休みの間も教室を開放し皆で一緒に勉強をするようにしていました。そうしたなかで受験を迎える中学三年生には心が痛みました。ただ、中学生はお茶大生に関心が高くて、私はほとんど無視されました。

海外調査では、一〇月にジャパンプラットフォーム（ＪＰＦ）からの依頼で、ハイチの地震後の緊急人道支援のモニタリングに行きました。ところが一日調査したら熱中症にかかり、あとはダウンしてしまいました。しかし、毎月ＪＰＦの助成審査委員をやっていますので、現地を見ることができて幸いでした。ハイチは美しい国ですが被災した人びとの暮らしは困難をきわめていました。また教育の状況も非常に問題です。教育開発の研究者がこれから大いに研究して支援策を考えなくてはならない国です。生活面では、すべての工業製品が輸入ですので、ゴム草履等の日用品が異常に高いのにおどろきました。しかし、コーヒーは安くて美味しかったです。

写真 14－3　いわき学習支援

というわけで、あっと言う間に一年が過ぎてしまいました。陶淵明の有名な詩に次のような詩があります。

盛年重ねて来たらず、
一日再び晨《あした》なり難し、
時に及んでまさに勉励すべし、
歳月人を待たず

このなかの勉励は、勉強に励むと解されて、青年を励ます詩とされていますが、勉励の本当の意味は「よく遊べ」ということだそうです。人の命は限りがある、だからしっかり楽しめという意味だそうです（岩波文庫『陶淵明詩集』による）。私も「まさに勉励すべし」の正しい意味の精神でがんばらなくてはと思っています。

【付記】　この文章は二〇一一年度の第三世界教育研究会ニュースレターに寄稿したものである。

熱中症体験記
――ケニア・ラム島調査――

はじめに

長年ケニアで調査を行なっている。二〇〇六年からインド洋に面したラム島のIST法による学校調査を続けており、昨年（二〇〇六年）七月に続いて今年（二〇〇七年）は一月に出かけた。ナイロビは一年中夜寒く日中は暑いという高地熱帯性気候だが、海抜〇メートルで赤道直下のケニア海岸地方は季節風の影響を大きく受ける。七月は雨季で、決まってスコールがあり、夜はかなり肌寒い。ホテルの水シャワーが冷たくて浴びるのに勇気が必要だった。ところが、一月は一転して乾季で大変な暑さである。部屋にはエアコンはないが天井にファンが取り付けられている。寝るときにはファンを最強にするが、蚊帳のなかには風が届かない。蚊帳を外すと蚊が刺し、マラリアにかかる可能性がある。そのうえ、夜は毎日数時間停電するため、そのファンも回らないのである。ともかく汗をかきながら寝て、シャワーで冷やすくらいしか方法がない。

こんな生活をしながら、日中の暑さのさなかに小学校で調査をしたため、生まれてはじめて熱中症というものを経験した。その体験を書きたいのだが、第三世界教育研究会のニュースレターであるから、はじめに学校の様子を書いて次に熱中症とはどんなものかという体験記を書くことにしたい。最後に予防法を記すので暑い地方に出かける研究者の方々の参考にしていただきたい。

ラム島の小学校――キプンガニ小学校

はじめてラム島を訪れたのは、二〇〇一年七月のことで、もう六年も前のことである。一緒にマサイの調査をしている広島大学の澤村信英助教授（当時）と広大の院生のY君と三人で出かけた。ラム島で滞在したのがラムの町からモーターボートで三〇分以上かかるキプンガニという漁村にあるリゾートホテルであった。キプンガニは島の北端にあるラムの町と反対側にあたる南端から少し西側に回り込んだところにあり、砂丘とマングローブの林に覆われた寂しいところである。ホテルは村から徒歩あるいはロバ（ラム島には車がない）で二〇分のところにあり、周りには海しかないというリゾートである。三日間滞在した最後の日に、時間があったので、私はキプンガニ村の小学校を訪ねたのである。澤村さんたちは世界遺産であるラムの町の見物に行ってしまい（何ということでしょうか）、一人でロバに揺られて訪ねたのがキプンガニ小学校である。以下はそのときのフィールドノートをまとめたものである。

キプンガニとはスワヒリ語の米にあたるムプンガ（Mpunga）から来ているとのこと。ここの村に最初に住み着いた人びとが米を作っていたからだという。今では漁業とンゴンゴ（ng'ongo）という草を原料とした織物による敷物やベッド、ロープなどの生産が主要な生業である。草でベッドを作るのは変に思われるが、木の枠に織物を巻いて心地よいベッドができるのである。私たちが泊まったホテルのベッドも壁もそれであった。男が漁業、女が織物を行なう。

戸数約一〇〇で人口は三〇〇人程である。非常に古いモスクと新しいモスクがあり、二つのモスクの中間にマドラサ（イスラム学校）がある。小学校は村の北はずれにあり、大きなバオバブの木の奥に運動場が広がり、建物は白い石積みにヤシ葺きの平屋である。

学校は一九七六年の設立当時はエレメンタリーレベル（四年生まで）の学校であった。設立時には建物はなく木陰にマホゴと呼ぶココナツの葉を敷いた学校で、教師は二名、生徒一五人であった。教師一名は政府の派遣の校長である。名前はアウル・アリ（Auri Ali）、もう一人は教師助手のラシッド・マスニ（Rasid Masun）。村がハランベー（共同拠出募金）によって雇った。村の住民の要求でできたとされており、当時この学校開設運動をした人としてヘセニ・バイシェ（Heseni Baishe）やバーデ・ツゥール（Badhi Thur）の名前が伝わっている。どういう人物かは不明だが、名前からはバジュンだと思う。

二〇〇一年当時の小学校は教師六名、この年の登録生徒数は七一人（うち女子二六人）である。学年別では、ナーサリー二四人（女子九人）、一年生一三人（四人）、二年生一一人（三人）、三年生一三人（三人）、五年生九人（七人）、七年生一一人（〇人）となっている。四年、六年、八年がないが、忘れたわけではなく、この三つの学年はないのである。三学年分が欠けた変則的な編成の不完全小学校である。理由は教師不足だという。そのためか一教室は空いている。にもかかわらず一教室を建設中であった。開設していない学年の生徒は隣のマトンドニ村の小学校に行くという。歩いて一時間のところで、通学できないので、生徒は親類あるいは下宿から通学するとのこと。こういう学校を何と呼んだらいいのか分からないので仮に「壊れた櫛の学校」（Broken Comb School）と言っておこう。

校長の名前はアズマジ・アリ（Azumaji Ali）、一九六三年生まれで、インティカ県のオリマンボゴ教員養成校を卒業、一九九八年からここの校長。訪問したときは魚を取りに海に出ていて会えず、教師をしている夫人アウナカ・モハメド（Aunaka Muhamed）と、もう一人の夫人レヘマ・ムハメッド（Rehema Muhamed）（どちらが第一夫人か不明）に話を聞いてから学校を案内してもらう。

学校の費用は各学期二〇〇シリング（当時の換算で一〇〇〇円くらい）でナーサリーからS７まで同じ。年間六〇〇シリングである。それ以外は取っていないという。これはホテルやキプンガニを助ける英国のチャリティ組織であるキプンガニ学校トラスト（The Kipungani School Trust）からの支援があるからである。

このチャリティ団体はキプンガニ小学校の建設を支援するために、ホテルに宿泊して村を見学したジョン・シーグラム（John Seagrum）とジョージナ・フッド（Georgina Hood）夫妻が始めた団体である。この団体は六五〇〇ポンドの予定で学校建設資金を集め始め、現在までほぼ予定通りの建設が行なわれている。これと並行して一名の教師費用（ナーサリーを担当）やテキスト等の教材も送っている。

教師不足についてはラムの教育局（ＤＯＥ）に何度も掛け合い、ＤＯＥは派遣を約束してくれるのであるが、いまだに実現していない。こうした不完全学校のために、親のなかには子どもをモンバサ等の優秀校に通学させているケースもある。

村を歩いていると自宅の庭で織物をしていた女性がいたので、話を聞いた。彼女の名前はフタマ・サリム（Futama Sarimu）で夫は漁業で、六人の子どもがあり、全員を小学校、うち三人を中等学校まで行かせた。自分は学校教育を受けていない。どの子を中等学校に行かせるかは成績によって考えた。一番下の女の子ワリダ（Warida）は、現在モンバサの中等学校に行っているが、小学校からモンバサの親戚の家に行っている。私が訪ねたときにはたまたま実家に戻っていた。子どものときから都会に行っているために、お母さんの行なっている織物はできないという。ワリダのＫＣＰＥの結果は二五八ポイントであった。将来の夢はエアーホステスである。

キプンガニのマドラサ

キプンガニのマドラサ（イスラム学校）は二教室でナーサリーからS３（三年生）のクラスとS４からS７のクラスがある。ほとんどすべてのキプンガニ小学校の子どもが通っている。ここは月曜日から木曜日は夜の七時から九時まで、金曜日は休み、土曜日と日曜日は朝の七時から昼の一二時まで、途中一〇時から一〇時半まで休憩。教室には特に家具はなく、床にゴザを敷いてめいめいに座っていた。上級クラスには男一四人女一一人の全部で二五人、今日は休んでいる生徒もいるとのこと。キプンガニ小学校のS4以上はS5とS7の生徒を合わせても二〇人しかいないので、生徒が多すぎる。小学校に行っていなくてマドラサに参加しているか、近くのマトンドニの小学校の生徒も休日でこのクラスに出ているかのどちらかであろう。特に出席を取っていることもないようである。上級生クラス担当のアリ・サイード（Ali Said）は二〇歳くらいの若者で、ここで勉強しただけで、特に教師教育は受けていない。教えているのはアラビア語とコーランである。生徒は手にコーランを持っていた。

二〇〇七年一月の調査

二〇〇六年、五年振りにキプンガニを訪れ、翌二〇〇七年からキプンガニ小学校でIST法（個別生徒追跡法）での調査を行なうことにした。現在も「壊れた櫛学校」状態は続いており、六年生と八年生のない状況である。生徒数もほとんど変わっていない。

ラム県の教育局長（DOE）がJICA研修で日本に来たこともあり、私たちの調査に協力的で時価で局のモーターボートを使わしてくれることになった。

私たちは澤村さんと大阪大学の女子学生二名の計四名である。ラムの町からモーターボートに乗る。七月は雨に打たれて寒かったが、今回は快晴である。キプンガニの浜辺は干潮時には一〇〇メートル以上にわたって砂浜が続く。キプンガニの白浜に飛びおりる。カメラや調査用紙、子どもに配る飴や文房具などを持って歩いていく。村はマングローブの林のなかにある。そこを越えると突然巨大なバオバブの木がそびえている。そこが学校である。一月はすっかり葉が落ちている。

澤村さんたちは教室内で教師と一緒に生徒の個別インタビューを行ない、私は校舎の軒下に椅子を用意して生徒一人ひとりの写真撮影を行なう。撮影だけではなく、インタビュー用紙の整理や写真の番号のチェック、飴や鉛筆配りなど忙しい。今年から始めた重要なＩＳＴ調査である。ミスは許されないので、かなり緊張して撮影していく。

熱中症になる

だんだん日差しが強くなってくる。帽子をホテルに忘れてきてしまった。九時ごろから始めてすべての子どもの撮影が終わったのが昼前である。そのころから、異常に汗が出ているのに気が付く。

インタビューと撮影が終わったので、今度は校長室に場所を移して先生へのインタビューである。澤村さんは先生から話を聞くのが役割でもあり張り切っている。私は異常に汗が出て、身体全体が熱くなっているのに気が付いた。昼になったので、ラムで買ってきた魚の揚げ物などを出した。その臭いをかいだときに、強烈な吐き気がした。校長室を出て、椰子の木陰に座り込んだとたんに数回吐いた。シャツは絞るとザーと落ちるほど汗が出ている。だんだん意識も遠くなってくるようだったので、澤村さんにこの辺で切り上げようと言うのだが、彼は調査に熱中しており、怪訝《けげん》な顔をしてインタビューを続けるのである。もう少しと思っているうちに、いよいよ悪くなる。

もうだめだと、澤村さんを説得して、引き上げることにする。船までの砂浜はどう歩いたか覚えていない。ただ、心配して船まで送ってくれた教師の一人が、蝙蝠傘を差し掛けてくれたのを覚えている。ボートのなかでは意識朦朧《もうろう》という感じで、外から見ると寝ているように見えたと思う。宿の部屋は三階。這うようにして上がり、ともかくシャワーを浴びて、ポカリスエットを飲む。室内は暑いので、廊下の大きな板のソファーに横になる。

そのときまでは、吐き気がひどかったので食あたりかなと思っていたが、ものすごい汗と身体の熱さから熱中症だと気が付いた。水は吐いてしまうのでポカリスエットを飲んで、青い空を眺めて寝ていた。その日は夕方から涼しい風が吹くさわやかな夜となり、やや元気になってきた。二日目は部屋で静養して、何とか日本に帰ることができた。実は帰国後も体調が思わしくなく、四月の春休みを利用して三週間弱入院（血糖値を下げるのが主な目的だが）して、体調を整えたところである。

熱中症になったら

異常に汗が出て、身体が熱くなっていたら、それは熱中症の前兆である。帰国後いろいろな人から熱中症の対処方法を聞いた。熱中症は死ぬこともある怖いもので、特に老人には悪いらしい（危なかったのである）。対処法の第一は、熱帯では暑い日中は仕事をしないこと。第二は水分を補給することである。これには水ではなくポカリスエットのような補水液がよい。第三は身体を冷やすこと。ただし水で冷やすのは表面だけが冷えて体内は冷えないので、濡れタオルを巻くとか、スイカやキュウリを貼り付けるとよいとのことである。

最後に

今年（二〇〇七年）の三月、国立民族学博物館の山本紀夫教授が退官した。山本紀夫さんとは京大探検部で一緒だったが、彼はその後、アンデスやヒマラヤの高地での栽培植物起源論や植物人類学の分野に進んだ。彼が最後の挨拶で「世界のいろいろなところで調査を続けてきて、こうして無事退官することができるとはまったく考えていなかった」としみじみと言っていた。確かに探検部の人間のなかには志半ばでマラリアや飛行機事故で亡くなった部員もいる。

私は、これまで自分の安全は疑ったこともなかった（のんきな話であるが本当である）。山本紀夫さんの話や、今回の体験から、結構危険なところにも行っているなと考えさせられた。退官まで後わずかしかないが、何とか健康に留意して調査を続けなければと考えている。

ということで、熱帯地域で調査することが多い第三世界教育研究会の諸兄姉には、調査には必ずスイカを購入することを勧めたい。熱中症にならなければ食べればいいのである。

【付記】 この文章は二〇〇七年五月発行の第三世界教育研究会ニュースレターに寄稿したものである。二〇〇八年九月に定年六か月前に大阪大学を退官し、二〇一一年三月にお茶の水女子大学を無事定年退官した。しかし、これまでハイチ（二〇一一年）やケニア（二〇一六年）で熱中症にかかってしまった。その症状はだんだんひどくなっているようである。京都女子大学を無事定年退職できることを願うばかりである。（二〇一六年一二月）

東ティモール調査雑記

東ティモールに入ったのは、今回で二回目である。前回はちょうど三年前の二〇〇四年七月に「紛争後の教育状況調査」ということで大阪大学の院生二名と文部科学省科学研究補助費で行った。そのころは自衛隊が帰国した直後で、国内は比較的平穏であった。自分で車を運転し、教育省、国連機関、NGO、大使館、JICA等の関係者にインタビューを行ない、またシェアの学校保健の教員研修を見学し、教員のインタビューも行なった。

その際の印象は、復興には時間がかかるけれども、平和さえ確保されれば、確実に状況は良くなるだろうというものであった。実際に国連で教育を担当していた旧知の元フィリピン教育副大臣のリチャード氏の見方も同様であった。カリキュラムの改訂はなかなか進まないが、ビジョンを持って東ティモールのスタッフが徐々に行なっているということであった。

また、そのときは院生と三人で、主に教育分野の復興過程を調査した。今回の調査は、東ティモールの治安が悪化したなかで行なわれたということと、調査団のメンバーが地域研究や人類学の研究者、国連機関やＮＧＯのスタッフを含めた多彩なメンバーであるという点で、かなり違った成果というか、印象を持った。

分野が違うということは、これまでの経験や関心の持ち方が異なるだけではなく対象に対する迫り方や感覚が異なるということである。その点で私自身学ぶことが多かった。

木登りカンガルーのこと

今回の調査団のメンバーの一人、京都大学の阿部健一准教授（現在総合地球環境学研究所教授）はインドネシアの研究者である。東ティモールではピースウインズジャパン（ＰＷＪ）が行なっているエルメラ県でのコーヒーのフェアトレード支援に取り組んできた。現地のＰＷＪのスタッフと一緒にコーヒー農家を訪れた。ちょうど収穫の時期で、被陰樹《ひいんじゅ》のモクマオウ（海松）やねむの木の林のなかでコーヒーがたわわに実を付けていた。集められた豆は果肉を削り取り、青い膜を取り、莚《むしろ》の上で乾燥させられていた。コーヒー農家はＰＷＪの支援で組合を作り、多くの豆は日本に運ばれていた。農家で美味しいコーヒーを飲ませていただき、歓迎の歌を聴いた。ここのコーヒーの質を向上させる収穫と、ポストハーベストの改良のノウハウは阿部先生が上島コーヒーの技術者とともに指導してきたのだという。自作の機械と山の水を利用したシステムが使われていた。

農家の人と一緒にコーヒー園を回っているときに不思議な光景を目にした。コーヒー園のなかに点々と白茶色のコーヒー豆（パーチメント）を一五粒くらいひとまとめにして置いてあるのである。それを農家の人がとってポケットに入れている。何だと聞くと、木登りカンガルーの糞だという。また、黒い塊もある。これは新しい糞で、豆が出ているものは雨に打たれて糞の部分が流れて豆だけになったものだという。これはインドネシアのラロック（麝香猫）

コーヒー、ヴェトナムのイタチコーヒーと同じものだと気が付いた。つまりコーヒー豆を食べる害獣の糞を利用したコーヒーの選別である。害獣は完熟したコーヒーの実を選択的に食べ、体内で果肉を消化して豆だけを排出しているのである。逆にコーヒーにとっても種を分散し発芽を促す戦略でもある。

農家はこの豆が美味しいことを知っているので、自分たちが飲むために取っているのである。日本でラロックコーヒーは珍コーヒーあるいは美味しいコーヒーとして非常に高価で販売されている。ヴェトナムのイタチコーヒーも同様である。今年（二〇〇七年）の三月にヴェトナムに行った際にイタチコーヒーを飲み、お土産にたくさん購入した。

東ティモールはロンボク海峡を通るウォーレス線の東側なので、有袋類の木登りカンガルーの生態的地位が麝香猫やイタチと同じなのであろう。阿部先生は、今後木登りカンガルーの生態調査を行ない、木登りカンガルーコーヒーの商品化を考えているようだ。阿部先生がモクマオウやねむの木に登って、木登りカンガルーを捜している光景が目に浮かぶ。

国内避難民キャンプ

二〇〇六年来の島内の東西対立を基軸にした紛争は収まっておらず、今回の調査中にも二回ほど道が一時的に封鎖された。敵対する若者が石を投げ合うのである。警察が来るまで道は封鎖される。紛争は調査団の帰国後いっそう激しくなった。

ディリの海岸近くの避難所（ＩＤＰキャンプ）は閉鎖され、新しく山に近いところにＩＤＰキャンプが建設されていた。新たに建設された避難民キャンプは、非常に辺鄙《へんぴ》なところで、人びとがここに住むことができるのだろうかと、いぶかしく思った。こんなことからも、職場近くの避難所は当分続きそうである。

ケニア国内のソマリアやスーダン難民キャンプに関する調査を行なって気が付いたことであるが、キャンプの支援は人道上必要であるが、ただ支援しただけでは、逆に難民化を継続させることになる。今回は国立文書館の脇の職員の避難テント村を訪ねたが、テントはできているが、難民化を解消するための取り組みが不足しているように感じられた。

昨年（二〇〇六年）のコンフリクトの際に日本政府は国連の緊急アピールに応じていち早く資金援助をユニセフ等に行なったが、その後のケアやモニタリングに関しては不十分であるように感じた。それは避難民のテント等は用意されたが、難民化を解消し、積極的に平和を構築することへの取り組みに関して、十分な説明を受けなかったからかもしれない。大使館やＪＩＣＡ、また日本のＮＧＯの方々の思いは理解できたが、それを具体化するツールが必要な気がした。その意味で、日本の国際緊急人道支援は、思いを形にするツール（スキーム）が足りないのではないかと思う。

村人へのインタビュー

人類学の研究者は村人への対応がきめ細かく、先行して訪問先を検討した大阪大学のＩ先生は丁寧に対応していた。一方、開発の分野の人はかなりドライに対応していたように思う。このあたりは、扱う領域の大きさによるのだろう。誰にどの程度インタビューするかは、調査目的によって決められるべきであるが、そればかりでは決められない場合もある。対象との人間関係を構築することが必要な場合もあるからだ。たとえば、自動車修理工場の人とどの程度、どのようにインタビューするか。保健所のキューバ人医師とはどこまで話をしたらいいのか。なかなか悩ましい問題であった。

大使館や国連機関との距離

大使館には大使以下、調査団に丁寧に対応していただいたと思う。しかし、国連機関も含めた行政機関の職員は、約二年で次のポジションに異動するのである。そのために、東ティモールの状況に深く自己を投入することが難しいのであろう。研究者やＮＧＯのスタッフは、異動がほとんどないのであるから、かかわり方が継続的である。このあたりに東ティモールに対する温度差が出てしまう。

私自身、二〇〇一年一二月からアフガニスタンにかかわって以来、継続してかかわっているが、ＪＩＣＡや大使館、国連機関の職員だった人で、現在もアフガニスタンにかかわっている人はいないだろう。

この意味で、多様な研究者集団が継続的にかかわることはある意味で日本の責任とでも言えそうである。

治安と危険度

若者が石を投げ合っているのを見たが、まったく危険は感じなかった。自分には石を投げられることはないと安心していたからだと思う。その理由は調査グループのなかに、危機意識がほとんどなかったからだと思う。研究者、国連機関職員、ＮＧＯスタッフというのは、この点では共通しているようである。つまり、危険に鈍感だということかもしれない。しかし、この鈍感さは貴重であると思う。

いろいろ書いてきたが、今回の調査は楽しかった。自分の知らないことをたくさん教えてもらった。ある意味では知的興奮を味わうことができた。学際的共同調査というのは、その意味で知の学校としての役割を持っているのだと思う。

（二〇〇七年七月）

【付記】　本稿は二〇〇七年七月二八日‐八月六日に行なった東ティモールの調査の記録である。内海成治（二〇〇八）「所感」『平成一九年度東ティモール学際調査報告』文部科学省世界を対象としたニーズ対応型研究推進事業「人道支援に対する地域研究からの国際協力と評価――被災社会との共生を実現する復興・開発をめざして」（研究代表者　中村安秀）四六‐四八頁のタイトルを変更した。二〇〇九年（六月一一日‐六月一九日）にもレテフォホ村に滞在したが、木登りカンガルーは見つからなかった。早稲田大学の村井吉敬先生からは東ティモールには木登りカンガルーはいない、クスクスかもしれないとの指摘を受けている。次の二〇一〇年の調査の際に今一度調べたいと思う（二〇〇九年七月）。

第15章 フィールドワークからの学び

第15章には二つのフィールドワークをめぐる論考を収録した。はじめの「フィールドワークとは——幻想と真実と現実と」は、不思議な副題がついているが、フィールドワークを行なう研究者とはどういう存在かを、自由に論じたものである。哲学、文学、人類学など当時読んでいた本からの影響が強い。

次の「文化とどう向き合うか——国際教育協力における調査手法に関する一考察」は、私の学位論文を出版した『国際教育協力論』（世界思想社、二〇〇一年）の補助論文として書いたものの一部である。国際協力における文化の問題を扱ったものである。いずれも論が勝ちすぎている傾向があるが、私にとっては当時かなり力を入れて勉強したことでもあり、懐かしく感じられる論考である。

フィールドワークとは
——幻想と真実と現実と——

1　私にとってのナロック調査

はじめてケニアのナロックに足を踏み入れたのは二〇〇〇年七月だった。当時私は日本学術振興会ナイロビ研究連絡センターの所長としてナイロビに滞在していた。所長といっても六月から九月までの四か月の短期間の派遣であった。一年まで可能だったのだが、その直前まで二年半ほど大学と文部省（当時）を掛け持ちで仕事していたこともあり、あまり長くは滞在しにくかったからである。

四か月の滞在中にやりたかったことは二つあった。一つはケニアでの授業分析のまとめであった。一九九八年から二年ほどの間にＪＩＣＡの短期専門家として派遣された際に撮影した二〇本程の授業記録（ビデオ）を分析してまとめることである。フランダース（Flanders, Ned A. 1970）の方法を改良した分析法を使用し、やってみた。しかし、この分析方法では少なくとも一〇〇程度のサンプルがないと適切な枠組みは作れないことがはっきりしてきた。[*1]

そこで、別のプロトコール分析（授業の言語分析）などを試みた。こうしたさまざまな試みはケニアでの研究発表会や日本の比較教育学会などで発表したが、論文にはできなかった。[*2]ところが、この方法を指導した中等理数科教育強化プロジェクト（SMASSE）のスタッフが一年ほど前に論文にまとめたと聞き、少なくとも、研究のマインドは伝えられたのではないかと思う。
二つめは、伝統的な社会での教育のあり方を考えるためのフィールドを探すことである。ナイロビ研究連絡センターを訪れる多くの人類学者や言語学者、ケニアの教育省の関係者等から情報を集めた。最終的にナイロビから日帰りできるところで伝統を色濃く残している民族、そして民族誌的研究が行なわれていることなどを考えてマサイを選ぶことにした。マサイはケニアとタンザニアにまたがって居住しており、異なる教育システムの国に一つの民族が住んでいることも将来の比較文化的研究にとって重要だと思ったのである。なぜならば、同じケニアでの異なる民族集団の比較研究と、同じ民族が異なる教育システムに対してどのような受容をしているかも知りたかったからである。[*3]
次は調査地である。いろいろな候補地を検討した。マサイの居住地域はカジヤド県とナロック県である。カジヤドはナイロビとタンザニアのアルーシャをつなぐ幹線道路が通っており、開発がかなり進んでいる。私自身、すでに、カジヤドのいくつかの学校で授業分析記録をとっていた。逆にナロックは山が多く、開発が遅れており、就学率も低かった。また、カナダのホランド（Holland 1996）がマサイの親の教育に関する意識調査をまとめた本が出版されていた。[*4] 伝統的社会での教育調査をするのであれば、開発が進んでおらず就学率の低いナロックを調査地点にするほうがよいという結論になった。
ナロックといっても広い。どの地域のどの学校にするか。ＪＩＣＡケニア事務所の教育専門家キベ（Kibe）さんや教育省の視学局長のオヤヤ（Oyaya）氏に聞いたが、彼ら自身ナロックに行ったことはないという。そこで、オヤヤ局長にナロック県教育局長宛の手紙を書いてもらい、自分で探すことにした。私の条件は、県庁のあるナロックタウンに近いところ、成績の上位の学校と下位の学校、校長が調査に協力的なところ、である。教育局長から紹介されたのがカタカラ小学校とオラシティ小学校である。カタカラ校はナロックタウンの近くで、担当のインスペクターが同行してくれた。ところが同行した女性インスペクターは、外国人を紹介するからと校長に金を要求し、私たちにも調査を手伝うからといって一日四〇〇〇シリング（当時のレートで約二万円）を要求するなかなかのツワモノであった。

そのためオラシティ校へは地図を書いてもらい、私と妻と二人だけで訪ねることにした。局長の書いてくれた地図は分かりにくく、なかなか場所が分からない。夕暮れ迫るなか、間違って隣のオラシティセカンダリーのなかに入ってしまい、そこで車がパンク。おんぼろカローラのジャッキは錆付いて動かない。仕方なくおしっこをかけ、滑りをよくして動かした。今でもオラシティの話になると、妻は心細かったと言う。

当時のオラシティ校のモーゼス校長は四〇過ぎのマサイであった。彼に調査の説明をしたが、なぜ私が学校調査をするのか、その意味を理解してもらうのが大変であった。教育省からのレターや調査許可は持っているが、そういうことは関係ないのである。彼らにとって外国人はスポンサーなのである。私たち（私と妻）が、どのNGOに属しているのかをしきりに聞くのである。彼にしてみると遠くから自分のお金を使って調査をするという行為自体の意味が分からないのである。分からないけど、やりたいなら協力するということになった。そこで始めたのが現在の個別生徒追跡法＝IST法（Individual Students Tracing Method）による調査である。

この方法でやりたかったことはいろいろあるが、一つは中途退学した子どもの本当の理由を知ることである。そしてオラシティ校では六年生で中途退学したジョイスという一人の少女に出会い、彼女の中途退学、出産、結婚までを追った。彼女は妊娠して中途退学し、私たちが家庭訪問したときに涙を流していた。そして、彼女からいろいろなことを学んだ。彼女の新居に行き、真新しいマニヤッタ（伝統的なマサイの家）、赤いマサイのシーツが掛けられた質素だが美しいベッドと一日中火を絶やさないカマドを見せてもらった。ジョイスがマサイの社会のなかでしっかりと生きていることを知った。公教育システムとは何か。学校教育は確かに大切かもしれない、しかし、一人ひとりの人間の担っている生の重さのなかでどのような意味があるのか。彼女のはにかみと笑顔のなかに、生きることの確かさ、豊かさを知らされた。ジョイスからの教えに関しては別の機会に書いた。[*5]

結婚後のジョイスの生活も追跡した。しかし、私はそれは教育調査の範囲を超えてしまったと思った。ジョイスの生活にこれ以上かかわるには、人類学や民族学の領域のトレーニングがなくてはならないと感じた。そこで、今一度学校に戻り、学校の構造分析（進級フローチャートの作成）に焦点を当てようと考えたのである。しかしながら、IST法による構造分析をするには、生徒の増大するオラシティ校やナイロビからはるかに遠いカタカラ校は私たちの手に負えなくなってしまった。

そこで、見出したのがイルキーク・アレ小学校である。生徒数三〇人、ナーサリーを入れても五〇人、三年生までの不完全学校である。こうした学校の存在意義をIST法で探れるのではないかと考えた。[*6] これまで二年間調査を行なっているが、あと一年で一応のことが言えると思う。[*7]

ナロックは、私にとって学びの場であり、思索の場である。もし、私がナロックを知らなかったら、私の研究は深みのない、雑駁なものになっていると思う。ジョイスの涙は、私と彼女の絶対的隔絶と同時に人間的理解の可能性を教えてくれたように思う。

2 フィールドワークの意味

ナロックで調査を始めてから今年（二〇〇六年）で六年が経過した。今回のケニアでの共同調査を通して、私が考えていたのは、フィールドワークの意味である。「探検」という言葉に強い関心を持って、大学では「探検部」に所属したが、人間関係のわずらわしさから、探検的な活動から離れて、当時在籍していた農学部実験遺伝学の専門領域に逃げてしまった。やがて、国際教育協力を専門とするようになり、再びフィールドを相手にすることになった。そして、フィールドなき政策、理論なき実践に違和感を覚えて、政策とフィールドの位相を考えてきた。

フィールドワークは面倒である。調査を開始するまで二、三年かかるときもある。出かけるまでの準備や手続きが大変である。現地でのこまごまとした手続きは気持ちを萎えさせる。レヴィ＝ストロースは『悲しき熱帯』（川田順造訳、中央公論社、一九七七年）のなかで、フィールドワークが探検だった時代らしく、次のように書いている。「研究の対象に到達するために、これほどの努力と無駄な出費が必要だということは、私たちの仕事のむしろ短所と看做すべきで、なんら取り立てて賞賛すべきではない。私たちがあれほど遠くまで捜し求めに行く真理は、このような夾雑物を取り去ったのちに、初めて価値をもつのである」（上巻一三－一四頁）。『悲しき熱帯』は一九五五年に出版されたが、内容はその二〇年も前に行なった調査のことである。

また、次のようにも言っている。「或る状況の含む真実は、日常の観察によってではなく、長い時間をかけて少しずつ行われる蒸留によって得られるということを私は学んだ」（上巻六八頁）。これは、『悲しき熱帯』の上梓まで二〇年もかかったことへのエクスキューズかもしれないが、一片の真実でもある。フィールドワークから得られるのは個々のデータであるが、それを超えて理論を作るのは、研究者自身の経験であり、知識であり、教養だからである。時間が必要である。歴史が必要である、ということであろう。

『ダーバヴィル家のテス』（一八九一年）の作家トーマス・ハーディーの読書ノートにはJ・G・フレイザーの『金枝篇』（一八九〇年）からの抜き書きがたくさんあるという。マリノフスキーはトロブリアンド島でのフィールドワークの最中に『テス』を読んでいた。テスの物語はエリザベス朝期の女性の悲劇である。彼の日記には「テントに戻って夕食。『テス』を読む。この本には何かがある。性の私的所有は間違いであるというテーマは実に感動的なのだが、その扱いには疑問が残る」（谷口佳子訳『世界の文学』第三巻、集英社、一九九〇年、一二八九頁）とある。マリノフスキーはトロブリアンド島民の女性の地位に瞠目している。「貞節とはこの原住民に知られざる徳である。信じがたいほど小さなうちに、彼らは性生活の手ほどきを受ける。（中略）成長するにしたがって、乱婚的な自由恋愛の生活にはいり、それがしだいにかなり恒久的な愛情に発展し、その一つが結婚に終わるのである」（寺田・増田訳「西太平洋の遠洋航海者」中央公論社『世界の名著』五九巻、一二二頁）。彼が人類学を学んだ国の性的所有の偽善性を思いつくのは当然であろう。

先に引用したレヴィ＝ストロースの『悲しき熱帯』の終わりのほうに、ある旋律がブラジルでの調査中に付きまとっていたことが記されている。それはショパンの練習曲第三番作品一〇−三である。彼はショパンが好きというわけではなく、ワグネリアンであり、ドビッシーの「ペリアスとメリザンド」が精神の糧であったのに、である。それについて彼はこう言っている。「私は2重の進歩を達成していたのであろう。つまり、ドビッシー以前のこの作曲家の作品を深く知ることによって、私はその作品のうちに、ドビッシーを知らなければ隠されたままだったはずの美を再び認めたのだから」（川田順造訳『悲しき熱帯』中央公論社、一九七七年、下巻二九五頁）。

このマリノフスキーとレヴィ＝ストロースの例は、フィールドワークは新しい現象やデータの収集を超えて、自己の持っている、あるいは自分の属している文化への気付きが起きることを示している。これはフィールドワークが対象と自己との対話であると同時に対象の文化と自己の文化の対話であることを示している。彼らのフィールドワークは対象とする社会や人間の記述であり、分析であるが、それはすべて自己の文化に還元されているように思える。

では現代の私たちは、フィールドワークと自己の文化の関係において、どのようなスタンスを取り得るのであろうか。

エドワード・オールビー（Edward Albee）の戯曲『バージニア・ウルフなんかこわくない』（Who's afraid of Virginia Wolf?, 1962）はアメリカ東海岸のある大学の教員宿舎での二組の教員夫婦の対話劇である（鳴海四郎訳『世界文学全集』六七巻、筑摩書房、一九六五年）。当時のアメリカ社会の知的、情的、性的不毛性をついた作品と言われている。舞台は見たことがないのでどういう雰囲気なのかは分からないが、戯曲を読んだ限りでは、深刻な喜劇という感じである。私が読み取れるこの戯曲のテーマは、人が生きるには幻想と真実とどちらが必要なのかという問いである。オールビーの主張は、人は最後には真実が必要だということのようである。しかし、私に言わせれば、人は幻想を振り払うことは困難である。にもかかわらず、本当の真実を明らかにする必要があるのか。人はそれほど強いのか、と問う必要があるのではないか。私は、オールビーの言う幻想とは文化であり、真実とは人間の置かれている状況（死をも含めた状況）の確認ということではないかと考えている。

私たち日本の研究者の置かれている状況はどうなのか。もし、私たちが文化への信頼から裏切られているとしたら、文化現象を対象とするフィールドワークはどういうことになるのであろうか。また、彼ら（マサイ）が自己の文化に懐疑を持っているとしたら、彼らを対象としたフィールドワークはどういうことになるのであろうか。伝統的社会と近代的イノベーション（公教育）の位相を課題とする私は考えざるを得ない問いである。私たちはもはや幻想を持つこともできないし、幻想を持てないのであれば真実も発見できないのではないか。

私たちの時代はマリノフスキーやレヴィ＝ストロースの時代とは違う。またオールビーの時代とも違う。彼らは世界を覆い尽くそうとする西欧文明から小さな文明社会に舞い降りたのである。すでに、そのような時代は過ぎ去ってしまったのである。私たちの時代は何なのか。私たちは幻想としてでも自己の文化を真実として受け入れることの困難な時代に生きている。と同時に、現在は自分の文化と彼らの文化との対話という行為が意味を持つ時代ではなくなっている。私たちには別のキーワードが必要である、たとえばそれは現実性ということであろう。それも動的な現実性ということではなかろうか。

レヴィ＝ストロースは滅び行くインディオの今を記録した。しかし、それが結晶したときにはすでにその対象は滅びていたのである。E・E・エヴァンズ＝プリチャードの一連の『ヌアー族』が出版されたときには、その「ヌアー族」はすでにいなかったのである。[*8] このような作業に何の意味があるのであろうか。国際協力論あるいは国際開発学の枠内で行なわれる研究は、文化的対話を基盤としながらも、具体的なアクションへのインプリケーションへとつなげる動的な現実性を有していることが必要だと思う。私は、少なくとも、ジョイスの涙を記録することだけで終わる研究はしたくないのである。

フィールドワークを行なう場合、私たちは幻想と真実の間を揺れ動いている。特に多くの研究者が共同で同じ対象に迫るとき、それぞれの研究者が持っている幻想あるいは期待、さらには予測といったものが、果たして真実に到達しうるだろうか。いや、そうではなくて真実は幻想の数だけある、と言うべきかもしれない。しかし、幻想と真実を超えるものが私たちの前にある現実である。この現実は動的である。現実は変化している。現実とは常に過去の積分であり、将来への微分である。絶対的な隔絶を超えて変化するダイナミックな現実への理解を目指す者は、旅人から隣人へ、さらに現実を共有する隣人にならねばならぬことが要請されているように思う。

【付記】 本文章は二〇〇六年九月に行なわれたケニア・ナロックにおける教育開発研究者の共同調査に際してまとめられた文集のために作成した。この合同調査に参加したのは、私のほかに澤村信英（広島大学国際教育協力研究センター准教授、当時、以下同じ）、小川啓一（神戸大学国際協力研究科教授）、黒田一雄（早稲田大学アジア太平洋研究科教授）、勝間靖（早稲田大学アジア太平洋研究科教授）、北村友人（名古屋大学国際開発研究科准教授）、横関祐見子（ユニセフアフリカ部長）、永岡宏昌（アフリカ地域開発市民の会ＣａｎＤＯ代表理事）の諸氏である。

文化とどう向き合うか
——国際教育協力における文化に関する一考察——

『国際教育協力論』（二〇〇一年）の「まとめと今後の課題」の最後の部分で、自分自身に与えられた課題について記したが、本稿はその課題に対する一つの答えである。そこでは次のように述べた。

国際協力研究は、学際的なアプローチと地域への研究者自身の参加性が相まってはじめて、それが子どもや地域の人びとのまなざしに堪えうるものとなるのである。その方略を実践的に検討することが私に与えられた次の課題である。

この文章を書いたのは出版の二年ほど前（二〇〇〇年）になるのであるが、この課題を考えながら、これまでに二度、ケニアのマサイの小学校で調査を行なった。調査は始まったところで、三年間を目途に、一応のまとめをしたいと考えていた。しかし、『国際教育協力論』の刊行が予定より遅れたために、ケニアでの調査の中間報告的な発表や論文を作ることができた。こうした論文の内容に対して何人かの方からの問い合わせを受けた。それゆえに、国際教育協力論の調査に関する具体的な試みとして、この文を補論として掲載することも意味があるのではないかと考えたのである（実際には本稿はページ数の関係から前掲書のなかに含まれなかった）。

はじめに

ここでは国際教育協力を考えるにあたって文化的な配慮を必要とする調査のあり方を考察する。「万人の為の教育世界宣言」（二〇〇〇年）や「ＤＡＣ新開発戦略」（二〇〇四年）等では「すべての子どもに教育を与える」ことが開発の最優先の課題として取り上げられ、多額の教育分野の協力が実施されている。教育協力は開発途上国における近代教育システムの構築、すなわち学校システムの構築を目的としている。もちろん補完的にインフォーマル、ノンフォーマルな教育の推進も行なわれているが、中心となるのは公教育であることは変わらない。しかし、一九九〇年以降の教育協力の方法は大きく変化した。ハードからソフトへという開発の大きな流れのなかで、学校建設からカリキュラム、教育方法、学校経営、教育評価、教育法規、人材育成等が重視されている。それと同時にこれまでの全国統一的なカリキュラムや教師中心の教育方法から、地域の特性を考慮することや、子どもの活動を中心とした教授法の採用等を内容とする教育改革への支援が行なわれるようになった。そのため地域の文化の尊重あるいは文化的多様性の重視が必要となった。その現われの一つが、地域言語ないしは母語による教育であり、そのための新しい教材の開発である。

このように教育協力の考え方が変化するなかで、当然教育協力の実施方法や調査方法も変化するはずである。実施方法としては援助協調が一段と進み、教育セクタープログラムの立案と実施がいくつかの国で行なわれている。しかし、教育協力の立案にかかわる調査、特に基礎的な調査に関してはあまり見るべき知見はないようである。

そこでここでは、開発途上国に多く見られる伝統的な社会において近代的な教育システムがどのように受け入れられるのかを解明することを目指している。その際の重要な視点は文化への理解である。そこでここでは、地域の文化と学校文化に関するいくつかの論説を検討する。

私はこれまで、さまざまな形で教育協力の調査や実務にたずさわってきた。それはプロジェクト形成調査や無償資金協力の基本設計調査であり、あるいは教育分野の評価調査等であった。しかし、教育開発を含めた開発の考え方が大きく変化し、教育開発も少数民族、先住民族あるいは男女格差や貧困層への配慮、そして地域の文化への配慮が重要となるなかで、これまでの調査方法の限界、さらにはその弊害が気になってきた（内海 二〇〇〇a）。いったい私たちの調査そして実践は子ども一人ひとりが視野に入っているのであろうか。教育開発の名のもとにかえって子どもたちを学びから遠ざけているのではないか、と思うようになったのである。

教育開発に限らずあらゆる変革は不可逆的に生起するものであり、後戻りすることはできない。それゆえに私たちには慎重で、かつ洞察に満ちたアプローチが必要とされる。それと同時に迅速で効果的な実践も必要である。こうしたジレンマから逃れるには国際教育協力における調査や実施において学際的なアプローチをとり、さまざまな学問領域の知見を総合的に駆使したプロジェクトとする必要がある。教育協力がこれまで主に経済学と教育学の立場から形成されてきたが、その視野をもっと広げる必要がある。そのためには多様な学問領域の知見が入り込みやすい調査や実施形態とすることが求められる。これまでのように国際協力の経験にものを言わせたり、農業や保健等の他の分野の手法を適用することではなく、子どもたちの現状に即した調査と計画の立案が重要となる。本稿はこうした模索を具体化しようとした小さな試みであるが、私にとっては新しい試みであり長期的な取り組みを必要としている。

1 教育開発と文化

二〇世紀は「教育の世紀」と言い得るほど多くの人びとが教育を受け、文字の読み書き、計算の基礎を獲得している時代であった。次の二一世紀はこれまで以上に教育が普及し、「学習の世紀」あるいは「知識の世紀」と呼ばれることであろう。しかし、この教育と学習の機会はすべての地域に等しく与えられてはいない。開発途上国には学校に行くことができない子どもは少なくない。就学率には都市と農村の格差、男女の格差が見られる。また、貧困層や障がい者などの社会的弱者、先住民族、少数民族等のマージナルなグループの子どもの就学機会が限られている。こうした子どもたちは教育を受けることができないがゆえにますます社会への参加の機会が奪われ、社会的・経済的弱者であることを余儀なくされている。

国際教育協力は教育機会の量的な拡大を図るために小学校建設や教員養成などの支援が行なわれている。しかし、一方では量的な拡大がなされても、中途退学が多い、教科書や教材がない、教師の質が低い、トイレや水などの環境が劣悪である等々、質的な問題が残されている。そのなかの一つにカリキュラムや教育方法における地域文化への配慮の問題がある。

ある社会には近代化以前の伝統的な教育システムがある。近代化した社会にあっても多かれ少なかれ伝統的な教育システムによって固有の文化、価値観、行動様式が伝えられている。アジア・アフリカの多くの開発途上国の近代化は二〇世紀の後半、独立以後に本格的に取り組まれた。開発途上国における急速な近代化および国民国家の形成の過程では、地域的な文化的多様性への配慮がなされることは稀であり、それゆえ伝統的な社会に導入された近代教育システムは二つの大きな葛藤を生起することになった。一つは伝統的な文化が学校教育によって破壊されていくことである。多くの言葉や慣習、行動様式などが失われた。今一つは学校教育そのものが、その理念型とは大きく外れてしまったことである。中途退学の多さや女子の就学率の低さはその表現型である。近代教育システムの導入は社会と学校の双方に大きな歪みを与えている。こうした歪みを是正する動きの一つが、初等教育における文化的多様性への配慮である。

2 文化とは

文化的多様性における文化とはどういうものか。まず、文化の定義について考えてみたい。手元にある辞書で文化を引くと次のように説明されている。「人間が自然に手を加えて形成した物心両面の成果。衣食住をはじめ技術・学問・芸術・道徳・宗教・政治など生活様式と内容を含む」(『広辞苑』第四版)。「自然に働きかけて、人類の生活に役立たせる努力。学問・芸術・宗教など人間の精神活動の産物」(『講談社日本語大辞典』)。

文化という言葉を使うときに、対のように出てくるのが文明である。文明は技術的な成果ないしは技術革新に使われるのに比べて、文化は精神的な成果や生活様式を指している。公文俊平のように文化と文明を明確に分ける考え方もあるが、日本語の文化はカルチャー(Culture)とシビライゼーション(Civilization)をあまり明確には区別していない場合が多い。それゆえ文化は非常に狭い意味から広い意味までいろいろな意味で使われている。

社会学ではこうした状況を踏まえて、ギデンズ(一九九三)は、一つの生活様式、ある集団が共有している生活様式、社会集団において共有されている文化様式と定義している。しかし、こうした文化の定義に対して人類学者のクリフォード・ギアーツ（一九八六）は文化とは象徴体系ととらえなくてはいけないとしている。その意味は、文化は人びとの行動を規制する規則、ルール、組織原理であり、歴史的に伝えられる意味のパターンであり、人びとはこの組織原理を体得することによってのみその社会で自由に生きていくことができる。つまり文化とは組織原理であり、人びとの内面とその社会を結びつけるものであるという。文化とはある社会を構成する人びとが共有している生活の様式であると同時に人びとを結びつける組織原理としての側面があるということであろう。この側面は伝統的社会と学校文化を考えるときに必要な視点である。

3　学校文化

学校文化とはよく使われる言葉であるが、これにはどのようなものが含まれるのであろうか。『新教育社会学辞典』（東洋館出版社、一九八六年）によれば学校文化とは学校集団の全成員あるいは一部によって学習され、共有され、伝達される文化の複合体であり、次の三つの要素からなる。

①物質的要素：学校建築、施設・設備、教具、衣服（ユニフォームなど）等、学校内で見られる人
②行動的要素：教室での教授・学習の様式、儀式、行事、生徒活動等、学校内におけるパターン化した行動様式
③観念的要素：教育内容に代表される知識・スキル、教職ないし生徒集団の規範、価値観、態度等

こうした分類は学校におけるアイテムを羅列したもので、役には立つが、それぞれの要素の関係性については何も教えるところがない。志水宏吉（一九九〇）はこうした要素主義的な研究が教育社会学のなかで行なわれてきたが、

それは一九七〇年代になって様相が変わったとしている。つまり学校を所与のものとして無前提に受け入れることから「学校は有害である」、「学校は役に立たない」という学校ペシミズムからの学校に対するラディカルな問いかけであるという。この学校ペシミズムの代表としてM・F・D・ヤング（一九七一）の「新しい教育社会学」やI・イリッチの「脱学校」論がある。こうした流れのなかで学校文化が社会に存在する階級性を再生産するものとして明確に示したのが、P・ウイリス（一九七七）の反学校文化の研究である。また、B・バーンステイン（一九八一）は学校が言語によるコミュニケーションを重視することから、階級による言葉の違いを「精密コード」と「制限コード」という概念を使用して、労働者階級の子どもの学業不信の原因を考察した。

このように学校文化が注目されるようになった背景として友田泰正（一九九〇）は次の四点を挙げている。

①主として財政的・物的側面から進められてきた、学校教育を平等化し、ひいてはそれを通じて社会全体を平等化しようとする試みの挫折。
②楽観論から悲観論への学校観の転換。
③外来の普遍的・画一的な教育理念や教育制度に対する関心の低下と、それに伴って生じてきた伝統的で多様な教育観や土着文化への関心の高まり。
④マクロレベルで「タテマエ」として保持されてきた教育の理念や制度に対する関心の低下と、それに伴って「ホンネ」のレベルで日々行なわれている学校教育の具体的現実に対する関心の高まり（あるいはホンネとタテマエの遊離）。

友田の指摘にあるように、地域文化と学校文化との関係性や学校の文化的状況に関する関心の高まりは、学校の危機への対応である。しかし、地域文化と学校文化の関係を考える際にもう一つの側面として、学校が社会に導入される段階がある。これまでの研究は学校が社会に普及し、イリッチが言うように社会が学校化されている、ないしは学校が社会の不平等を再生産していることへの危惧である。学校というものがなかった伝統的な社会に近代教育システムとしての学校が導入される際の葛藤や軋轢などに関しては教育社会学の分野では知見が見当たらない。

こうした学校が普及する以前の社会における教育の研究は人類学の分野で行なわれてきた。たとえば飯島茂（一九六二）はタイのカレン族の生活圏と初等教育、特にタイ語習得の関係を考察している。原忠彦（一九七九）はバングラデシュと北ナイジェリアを例に伝統的なイスラム社会における教育の事例を述べている。最近のものとしては、ナイロビ大学アフリカ研究所のI・ニャモンゴ（Nyamongo, Isaac K. 2001）によるケニア北部マルサビット県のボラナ族の女性の中途退学と結婚の関係の報告がある。

4　開発における文化的多様性

国際協力の領域では、文化的多様性、すなわち、それぞれの民族が持っている固有の文化への配慮が重視されるようになったのはここ一〇年のことであろう。

どうして国際協力において社会の固有の文化の重要性や文化的多様性が課題になってきたのであろうか。一つは、戦後の言語学や人類学等の影響がある。一九六〇年代に流行した構造主義は、一つの文化や言語はそれぞれ固有の構造を持っていると考えられ、それゆえにどの言語にも優劣はない、また、それぞれが文化的に優劣がないばかりでなく、それぞれの文化が固有の価値を持っていると主張した。個々の文化に固有の価値があること、すなわち文化的多様性を尊重する傾向は、七〇年代から非常に大きくなってきた（田中克彦 一九八九）。

現在の開発の文脈では、それが前提になっているというか、こうした流れを否定することはほとんどなく、文化的な多様性を尊重することは当たり前のこととして進められている。援助機関が支援する途上国の教育改革支援プログラムには教授言語の問題が含まれる場合が多い。つまり、学校の授業は公用語よりも、子どもがはじめに覚え、家庭で使っている母語によって行なうことの重要性が指摘されている（教育改革や多言語教育の現状については内海成治（二〇〇〇b）、松林京子（二〇〇〇）を参照）。

開発学におけるこうした変化を菅原鈴香（二〇〇〇）は、チェンバースやセンの視点を紹介しながら、貧困概念が単純化、普遍化されたものからもっとダイナミックなもの、文化的問題も視野に入れたものへと変化してきたと指摘している。人びとの生活を経済的な側面、すなわち所得の側面からのみ切り取ってしまうことはできないのである。ところがこうした指摘や実施上の変化にもかかわらず、開発における調査研究はその変化に対応したものになっていない。松園万亀雄（一九九九）は「援助国側の関係者たちは住民たちの祖父母がどんな生活を送っていたかについてもっと想像力を働かせてほしい」と指摘しているが、祖父母どころか、現在の人びとの生活についてすら知ろうとする努力が不足しているのである。

5　教育開発研究にとってのフィールドワーク

松園（一九九九）はODA関係者の調査におけるフィールドワークは「普通の人類学者」のフィールドワークとは似て非なるものだと批判している。それは「普通の人類学者」は「単にフィールドワークの期間が長いというだけでなく、歴史文書などの文献調査を充分に行っているし、現地社会を理解し他の社会と比較するために必要な理論や概念を身につけている。また世界各地での過去の調査体験から地元住民との付き合い方にも知恵を働かすことができるし、現地の言葉を使うことが絶対に必要だと考えている」からである。まことにその通りである。「普通の人類学者」とはどのレベルの人であるかは人類学者でない者には定かではないが、開発の関係者であっても「普通の開発学の研究者」は、現地語はともかくもその前段に関しては当てはまるのではないかと思う。それゆえに、開発学の分野で

「普通の研究者」を養成するためのミニマムスタンダードを他の分野の研究者に明確に分かるように確立することは急務であろう。その意味で国際教育協力の研究者にはその養成において、ある調査手法に基づいた長期にわたるフィールドワークを課することが必要なことは、言をまたない。逆に青年海外協力隊や技術協力プロジェクトの一部にこうした息の長い調査を導入することはプロジェクトの目標にとっても人材育成にとっても有効であろう。

【付記】 本稿は内海成治『国際教育協力論』世界思想社の補論として書かれた原稿であるがページ数の関係から削除したものの一部である。当初のタイトルは「国際教育協力における調査手法に関する一考察――ＩＳＴ法によるマサイの小学校調査から」であったが今回はその前半部分のみとしたので、タイトルを変更した。

＊1 Flanders, Ned, A. (1970) *Analyzing Teaching Behavior*, Addison-Wesley Publishing Company. この本はフランダースの学位論文を出版したもので、絶版になっており、非常に入手困難であった。そのため彼の最初のモノグラフを参考にしていたが、二〇〇〇年当時、ナイロビ大学のブックショップの倉庫に大量に在庫が眠っていた。値段もケニアシリングのインフレーションのために一〇〇円程度であったために一〇冊ほど購入し、日本の研究者に配布したことを覚えている。

＊2 内海成治（一九九九）「コミュニケーション分析からみたケニアの授業の特徴――初等理数科を例として」第三五回日本比較教育学会（東北大学）発表要項集。

＊3 ケニア内ではラム島のスワヒリの人びとの調査を行なうことができた。タンザニアのマサイの調査は予備調査を行なうことができたが、本格的な調査は行なっていない。

＊4 Holland, Kilian (1996) *The Maasai on the Horns of a Dilemma-Development and Education*, Gideon S. Were Press. この本はホランドのカナダ・マギール大学への学位論文である。

＊5 ジョイスとの出会いは、内海成治（二〇〇三）「国際教育協力における調査手法――ケニアでの調査を例にして」澤村信英編著『アフリカの開発と教育』明石書店、六九－八一頁に述べた。また、本書第5章を参照してほしい。

＊6 イルキーク・アレ校に関する調査結果は、二〇〇七年の比較教育学会（筑波大学）で発表した。内海成治・澤村信英

（二〇〇七）「ケニア・マサイランドの小学校の学級構造――個別生徒トレース・ＩＳＴ法を用いて」第四三回日本比較教育学会（筑波大学）発表要旨集録、二五二–二五三頁。また本書第３章参照。

＊７　イルキーク・アレ小学校の調査はその後一年で終わったわけではなく、その後も毎年のように訪れてさまざまな調査を行なっている。二〇一四年にドイツのライオンズクラブから一〇〇万ユーロの寄付があり、学校は完全学校になり校舎以外に寄宿舎、食堂、バスを備えた近代的な学校に発展した。

＊８　Evans-Pritchard, E. E.（1940）*The Nuer*, Oxford Clarendon Prss.（向井元子訳『ヌアー族――ナイル系一民族の生業形態と政治制度の調査記録』平凡社、一九九七年）。この「ヌアー族」を含むエヴァンズ＝プリチャードのヌアー族三部作は岩波書店から向井元子氏と長島信弘氏の訳と解説により出版され、二〇年ぶりに平凡社ライブラリーとして再刊されている。

第Ⅴ部　国際協力のディスコース

第V部は三つの章から構成されている。全部で一一個の論考・講演・書評など雑多な文章が含まれる。それぞれのときにいろいろと考えて、つづった文章であり、今回読み返してみて思い出深く、また当時の思いがこみ上げてきて胸が痛くなることがあった。

特に第16章のはじめの香田さんのイラクでの死に際して、その前のNGOの三名の方の拉致事件以来の自己責任論や無謀な行動を非難する声ばかりが聞こえてきた。私は何かできるのではないかという若者の思いと行動力は大切だと思った。そのときにアメリカのパウエル国務長官（当時）の発言として、「こうした若者を日本は誇りに思うべきだ」という趣旨の新聞記事を読み、強い共感を覚えた。そんなことから投稿した文章である。

また、第18章の後ろの二編は村井吉敬さんの死に際して書いた文章である。思いもかけない早い死に驚き、無念を思い書かせていただいた。本書の最後に村井さんに関する二つの文章を再掲したのは、日本の国際協力を真摯に思い、そのあるべき姿を常に語っていた村井さんの姿を大切にすべきだと考えているからである。

第16章
国際協力をめぐって

本章ではこれまでさまざまな機会に発表した文章や講演をまとめた。はじめの文章「若い命の無念を何かの形に」は、イラクで拉致され殺された香田証生さんの死をめぐって新聞に投稿したものである。

次の二編は大阪大学と東京女子大学で学生を対象に行なった国際協力に関する講演の記録である。大阪大学では新入生に対するモデル講義として総長と二名の教授による三つの講演を行なうことが慣例になっていた。その年は人間科学部が担当で、アフガニスタンから戻った私が講演することになった。当時は、アフガニスタンに関する記事やニュースが連日報道されていたこともあって回ってきたのであろう。できる限り分かりやすく話すように心がけた。

東京女子大学の講演は歌手のジュディ・オングさんとワールドビジョンジャパンの代表片山敏彦さんとともに行なった講演であり、たくさんの学生や市民の方が集まった。私は刺身のつまのような存在であったが、東京女子大学がアフガニスタン女子教育支援を行なっていることもあり、国際協力について話させていただいた。

若い命の無念を何かの形に

二〇〇五年はインド洋大津波の被害拡大で明けた。日本の若者たちもＮＧＯ（非政府組織）等を通じて救援活動に従事している。今年も日本の若者たちは世界各地に出かけてゆくことであろう。

それにつけても忘れられないのは、二〇〇四年一〇月にイラクで拉致され、無残な遺体で発見された香田証生さんのことである。報道では、残忍なテロの犠牲者として悼むより、彼の無謀な行動を非難する意見が多かった印象を受けた。しかし私にはそうは思えないのである。

私は一昨年（二〇〇三年）一年間、アフガニスタン教育省アドバイザー（ＪＩＣＡ専門家）としてカブールに滞在した。その間、日本の多くの若者が、アフガニスタンに対して強い関心を寄せていることを知った。なかには一人で危険な地域を旅行する若者も少なくなかった。これまでアフガニスタンで日本人が巻き込まれた大きな惨事がないことが不思議なくらいである。*1

しかし、日本の若者が困難な状況にある国の人びとに関心を持って行動することは、恥ずべきことではない。経験は浅いが善意と行動力に溢れた若者は、チャンスを与えられれば非常に大きな仕事をするのである。

アフガニスタンにおいて私は、学生たちと一緒に日本の自分の大学に向けた連続一四回の遠隔講義を行なった。小学校や病院、農村あるいは難民支援の現場などからの講義は好評だったが、これは若い二人の学生に支えられてはじめてできたことであった。

さらに、学生たちの発案で日本とアフガニスタンの小学校をテレビ電話でつないでの交流授業を実施した。若者たちの溢れるばかりの行動力は不可能を可能にする力を持っている。[*2]

また、二〇〇三年一〇月にカブールで障がい児教育のワークショップを、日本の学生の力を借りて行なうことができた。約一〇〇人の参加者のなかには高等教育大臣、殉教者・障がい者省大臣や教育省・大使館関係者とともに、二組の障がい児とお母さんもいた。未熟児をケアしてくれる病院がないために障がいを負い、そして障がいを持っているがゆえに受け入れてくれる学校はなかったという訴えに、私たちは涙をこらえることができなかった。このワークショップの最後に採択された「障がい児教育推進に向けてのカブール・アピール」も学生が作成した。これを契機に、二〇〇四年一月に採択された新憲法に障がい児の教育の権利が加わり、障がい児教育への具体的な動きが始まった。[*3]

開発途上国や紛争国、被災国に関心を持ち、実際に出かける若者が増えた。こうした若者を非難する前に、彼らの関心や行動力に対して適切な学びや経験の場を提供することが必要である。紛争や戦争に苦しむ人びとに対してどのように働きかけることができるのか、どうすれば自分の思いを行動に移すことができるのかを知らせることが必要であると思う。学習と活動へのチャンスが適切に提供されれば、彼らは非常に大きなことを成し遂げることができる。

そのためには、青年海外協力隊枠の増大、国際ＮＧＯ活動の活性化、高校や大学での国際協力や国際ボランティアの科目やコースの増加などが考えられる。こうした施策によって、開発途上国や国際紛争に関心を持つ若者にさまざまな情報を提供し、選択肢を与えることができるであろう。若者たちの熱い心に知を備えるような道を用意することが重要である。

仕事や金銭が目的ではなかった香田さんの例は、他の多くの事件とは異なる。死の恐怖に長時間さらされたうえに無残にも殺されたかけがえのない若い命を思うと言葉がない。その無念の思いを何らかの形にすることを考えるべきである。

【付記】　この文章は、『毎日新聞』二〇〇五年一月九日朝刊「発言席」に掲載されたものである。

国際協力の現場
――アフガニスタンでの一年――

ただいまご紹介いただきました人間科学研究科の内海でございます。大阪大学入学新入生歓迎記念講演会にお招きいただき光栄に存じます。

私は国際協力論という分野の研究と実践を行なっております。国際協力のなかでも教育、特に子どもへの教育支援が専門領域です。国際協力とは何かということは、本日のお話のテーマでもありますが、いわゆる先進国から開発途上国に対する援助に関する研究です。援助にも国際機関によるもの、政府が行なう政府開発援助（ＯＤＡ）、ＮＧＯによる支援といろいろありますが、日本の場合には毎年約一兆五〇〇〇億円をＯＤＡに支出しておりますが、財政が危機的な状況にあるなかで、途上国支援にたくさんのお金を使っていいのかという素朴な疑問があります。また援助は本当に途上国や紛争後の国々の政治的安定や貧困の削減に役立っているのかという疑問もあります。この講演のなかで私なりの答えを示したいと思います。

アフガニスタンは国際協力の世界でも忘れられた国でした。それが二〇〇一年九月一一日のアメリカ同時多発テロ以後、アフガニスタンがテロを実行したアルカイダの本拠地だということで大きな話題になり、当時は現在（二〇〇四年）のイラクのように毎日の新聞、テレビで報道されました。九・一一の後、アフガニスタンのタリバン政権への米軍を中心とする軍事攻撃があり、その年の一二月にカルザイ大統領を中心とする暫定政権が樹立されました。私はその直後からアフガニスタンへの教育支援にかかわり、三度ほど短期間の出張を重ね、一昨年末、正確に言うと二〇〇二年一一月から二〇〇三年一一月までの一年間アフガニスタンのカブールに滞在いたしました。教育大臣のアドバイザーが任務でした。

今日はアフガニスタンで私が考えたこと、感じたことを中心に、国際協力とは何か、特に研究と実践としての国際協力とは何かということを、お話ししたいと思います（ここでアフガニスタンの状況をスライドで紹介）。

さて、本日は皆様の入学式です。人生の節目の一つであります。人の人生に節目があるように、国の歴史にも節目があります。私は戦争直後の一九四六年に生まれましたが、日本にとっては大きな変化の時代でした。同じように人類の歴史にも大きな転換点があるようです。二一世紀最初の年、二〇〇一年は歴史に残る年だと思います。九・一一の同時多発テロのテレビニュースを私はフィリピンのマニラのホテルで見ました。翌日に計画されていたフィリピンのアメリカ大使館での行事が中止になったことを覚えています。皆さんは高校一年生、あるいは二年生でしたでしょうか。九・一一は世界貿易センタービルを崩壊させただけではなく、私たちの考えていた「平和」という概念をも崩壊させてしまいました。二一世紀は終わりなき紛争という不安の世紀になるのではないかと考えています。また、九・一一はアフガニスタンという国の運命も大きく変えてしまいました。

アフガニスタンの教育の現場は驚くべきものでした。これは私にとって二つの意味で驚きでした。一つは教育の崩壊です。建物が壊されただけではなく、知の営みである教育への反逆を感じました。今一つは、このような状況のなかで、教師も生徒も目を輝かせて、非常に熱心に学習に取り組んでいることでした。タリバン政権の五年間は女性の通学と就業が禁止されており、新政権になってやっと学校に行けるようになりました。何もない学校でも彼女たちにとってはかけがえのない「わが学び舎」なのです。

壊れた校舎、すべての器具が略奪された大学の実験室を見たときには怒りがこみ上げて来ましたが、冷たい床や地面に座って学んでいる子どもたち、特に女の子の姿を見たときには、胸が詰まりました。

学校を壊し、学びたいという子どもの小さな夢すらも壊してしまう人間の業、そのなかで教育の火を点す人びと、そしてそれを支援する世界中のたくさんの人びと。人間は、そして世界は何と多様なのでしょうか。そして、日本はもっとも多くのアフガニスタン支援を行なっている国です。

国際協力とは何かと問われたときに私は、「現代の国際社会が抱える重荷である」と答えてきました。否応なしに背負わねばならない重荷であると思っていました。しかし、アフガニスタン支援の現実を見たときにその考えが変わりました。「国際協力とは荒廃し、悲しみの多い世界を変えたいという私たちの素朴な願いを現実化する道具、チャンネルなのだ」ということです。こんな答えは研究者としてはナイーブすぎるのかもしれませんが、私にはそのように思えてなりません。だからこそ、国際協力の研究者や実践者には、その目的に相応しいモラルが求められているのです。

教育省のアドバイザーとしての私の仕事は教育再建のための計画作り、予算作り、そして日本も含めた援助機関からの援助の調整です。教育再建の方向をどうするかというビジョンと現実の狭間で、模索する日々でした。たとえばユニセフや世界銀行などの国際機関は国際的なスタンダードを持ち込もうとします。そして今すぐに役に立つ支援を目指します。アフガニスタンの人びとは二五年前のかつての教育システム、いわゆるイスラムの教えを中心に据えた教育に戻そうとします。しかし、一つの極端に振れてしまうことが二五年間におよぶ内戦の根本にあると思いました。国を統一し、戦いのない国を作るには、現実的で中庸を行く政策が求められます。今のイラクがもう一つの見本ではないでしょうか。日本の立場は、極端にならない、現実的で可能性の高い教育政策を求めることに置かねばならないと思って努力いたしました。

たとえば教員養成をどうするか。カリキュラムの改訂をどうするか。憲法の教育に関する条項をどうするか。教育統計のシステムをどう作るか。教育予算をどうするか。教育省のスタッフや国際機関の担当官らと激しい議論をいたしました。そうしたとき、ふと我に帰って思いました。「私のこれまでの経験は、すべてここで仕事をするためだったのではないか」と。「人生で何かをするために何と長い準備がなされるのだろう」という感慨を味わいました。皆さんの人生のなかで、このために自分は生きてきたのだと思う瞬間があることを信じています。大学での学びはそのときのための準備なのだと思います。

皆さんの熱き心を静かな知性でしっかりと包みこむような大学生活を送っていただきたいと願っています。

【付記】　この講演は、二〇〇四年四月六日大阪大学新入生歓迎講演会で行なわれた。

国際協力の意味

――すべての子どもたちに豊かな命を――

本日はこうした席にお招きいただき光栄に存じます。二五年前、ある視聴覚教育の財団に勤務しておりましたときに東京女子大の創立六〇周年記念映画の打ち合わせに何度かこのキャンパスに通いました。また、講堂で池宮英才先生の指揮する記念演奏会の様子を映画撮影したことを記憶しています。

本日は国際協力の意味について、私の考えていることをお話ししたいと思います。私は国際協力と言われる仕事に足を踏み入れてから約二五年になります。それも教員養成や学校建設といった教育の分野の国際協力を仕事にしてまいりました。この間、常に「国際協力とは何なのか」「なぜ国際協力にかくも多額の資金を使う必要があるのか」と国際協力の意味について考えてまいりました。本日は私自身、どのように考えたか、その考えがどのように変わっていったのかをお話しさせていただきたいと思います。

国際協力は、開発途上国への支援のことですが、経済的な支援だけではなく、紛争後や自然災害後の人道支援、復興支援も含まれます。

私自身、長年開発途上国の教育のパフォーマンスを良くするための仕事をしてまいりました。日本から相手国政府や大学に対する支援で、いわゆる開発支援と言われるものです。しかし、この五年ほどは紛争後や体制の変わった国への緊急復興支援にかかわるようになりました。それは、世界のそして日本の国際協力の枠組みが大きく変化してきたことを意味しています。

さて、国際協力とは何かと考えたときに、最初のまとまった答えは「現代の日本にとって重荷である」という答えでした。一九八九年から九一年にかけてトルコに赴任して保健省の家族計画プロジェクトのリーダーとして働いておりました。そのときに、第一次湾岸戦争が勃発いたしました。トルコの首都のアンカラでもＪＡＬやエールフランスの事務所が爆破され、私の勤務していた保健省にも爆破予告があり、雪のなかを急いで建物を離れたことなどがありました。そのとき、いろいろ考えたのです。

戦争を放棄し、経済と外交によって国際社会を生き抜かねばならない日本にとって、国際協力は（主としてＯＤＡですが）、なくてはならないものだと思いました。国際協力というツールがなくては、国際社会のなかで日本はかなり違った状況に直面するに違いありません。そうした意味で、否応なしに担わねばならない重荷だと思いました。その重荷を背負うことで、この日本という国を存続させ、未来に残していかねばならないのだということです。[*4]

ところが、アフガニスタンに行き、私の考えは一八〇度変わりました。私は、本当に偶然、アフガニスタン支援にかかわることになりました。東京女子大もアフガニスタン女性教員研修を実施するなど、アフガニスタン支援にかかわっておりますが、私同様「青天の霹靂《へきれき》」だったのではないかと思います。九・一一のニューヨークやワシントンの空を焦がした同時多発テロの様子をテレビで見ておりました。それから、あっという間に気が付いたら自分たちが思ってもみなかったアフガニスタン支援にかかわることになりました。その半年後にカブールにいることになるとは、まったく知る由もないとはこのことです。

私がアフガニスタンで目にしたのは、圧倒的な破壊の後でした。カブールの町の南西部は古代の遺跡を見るように崩れた家が文字通り林立しておりました。アフガニスタンで最初の高等教育機関であるサイド・ジャマルディン教員養成大学の素敵な建物は見るも無残に破壊されておりました。この地域でもっとも有名な大学であったカブール大学は、建物は残っておりましたが、すべてのガラスが割られ、内部は略奪しつくされておりました。学校は壊れ、多くの学校はテントあるいは校庭に輪を作って学んでおりました。

あるみぞれの降る寒い夕方、教育省から帰宅しようと思って駐車場のほうに歩いていきました。駐車場の入り口に井戸があります。この井戸から近くの露天商の人たちが水を汲んでいます。赤い服を着た小さい女の子が、ひきずってしまうほど大きなバケツに水を入れて一生懸命に運んでいました。ものすごく頑張っていました。よく見ると両手はしもやけとあかぎれで真っ赤に腫れていました。その手を抱きしめて暖めてあげたいと思いました。そのときです、私は自分がこれまで考えてきた国際協力の考え方は間違っていたと気が付いたのです。

戦争によって悲惨な状況を作り出すのは人間である。そしてそれによって苦しむのも人間である。しかし、それを乗り越えようとするのも人間なのだ。また、この状況に涙し、手を差し伸べようとするのも人間なのだ。私たち人間はさまざまな側面を持っています。そのなかで、悲しみにある人たち、子どもたちに心動かし、何かをしたいと思う気持ちはとても大切です。国際協力はそういう私たちの気持ちを表現し、現実のものとする大切なツールなのだと気が付いたのです。重荷という形で消極的に考えてはいけない、この助けたいという思いを現実のものとする道具が国際協力なのだということです。

それから私は、教育行財政の分野（憲法の教育条項や教員養成などの協議）のほかに、もっとも悲しんでいる子どもたちへの支援をしなくてはと思い、障がい児教育や地方の女子学校の支援に心を配るようになりました。多くの人の努力によりカブール教育大学に障がい児教育教員養成コースができ、養護学校の校舎の建設、そして憲法のなかに障がいを持った子どもの教育を受ける権利を入れることなどに力を注ぎました。

地方の学校、特に女子小学校に机と椅子を寄付することも行ないました。テントのなかで冷たい土の上に座って学習するのはとてもつらいのです。あるとき机と椅子の贈呈式に出席いたしました。女の子が感謝の詩を読み、歌を歌い、縄跳びを見せてくれました。そのとき、私は急に目から涙が出ていることに気が付きました。

「学校で椅子に座り机の前で勉強するのは、当たり前のことではないか。それなのにこの子たちは、その当たり前のことをしてもらってお礼を言っている。こんな世界はおかしい」。「君たちはお礼なんていう必要ない。これは君たちが当然受け取ることのできるものなのだ」。

私の国際協力の考え方は間違っていたのです。私の国際協力の考え方はまた一八〇度変わってしまいました。国際協力とは重荷でも善意でもない、それは当たり前のことを、当たり前にすることなのです。学校で勉強する、病気になったら医療を受ける、安全な水を手に入れる、栄養を取る、社会に参加し、仕事をする。奪われている普通の生活をすべての子どもができるようにすることが国際協力なのではないか。その普通の生活は、実はとても豊かな生活なのです。私たちが気付いていないだけなのです。私たちが、当たり前の生活の豊かさに気付き、途上国の子どもたちとこの生活を分かちあえるようにする。これが国際協力の意味だと思ったのです。

私はこうしたことをアフガニスタンに行って、子どもたちから教えられました。彼らが私にとっての教師でした。

そのことを今でも感謝しています。

それから最後にもう一つアフガニスタンで感じたことを申し上げます。それは、自分はアフガニスタンで仕事をするために生かされてきたのだということです。すなわち、自分のこれまでのすべての経験は、ここで仕事をするための準備だったという思いです。私は大学で二つの学部を卒業し、職場もいろいろ変わりました。たくさん寄り道をして無駄だと思っていたこともありますが、それを含めて、すべての経験が生かされる思いがしました。

一九歳のクリスマスに洗礼を受けたのですが、キリスト教では、人間を壊れやすい土の器にたとえ、神様が欠けた土の器を用いてくださるとの信仰がありますが、本当にそうだと思いました。そういう思いをしてから、アフガニスタンでの生活の不安がなくなりました。自分が必要であるなら、神様がこの土の器を護ってくださるだろうと思ったからです。

学生の皆さんに言いたいことは、すべての学びや経験は人生のあるときに必要になり、そして用いられます。安んじて目の前の課題に心を込めて立ち向かって下さることを、願います。

ご清聴ありがとうございました。

【付記】 この講演は二〇〇五年一一月二九日に東京女子大学で行なった。講演者は私のほかにジュディ＝オングさんと片山敏彦さんでタイトルは「世界を愛の手で結ぶために――いま私たちでできること」である。

＊1 二〇〇八年八月にペシャワール会の伊藤和也さんがテログループに誘拐され、村人やボランティアの捜索にもかかわらず殺害された。

＊2 アフガニスタンからの大阪大学での遠隔講義に関しては次の二つの論文に詳しい。

・内海成治（二〇〇四）「紛争地からの遠隔教育の可能性――アフガニスタン‐大阪大学間の遠隔教育実験の意味と課題」『大阪大学大学院人間科学研究科紀要』第三〇巻、二〇〇四年三月、一九九‐二〇七頁。

・松河秀哉・重田勝介・吉田健・前迫孝憲・景平義文・関嘉寛・内海成治・中村安秀・下條真司・井上総一郎・中村一彦・下山富男・吉田雅巳（二〇〇四）「アフガニスタン―大阪間の遠隔講義の国際配信」『日本教育工学雑誌』第二七巻、一八七―一九二頁。

＊3　中田英雄（二〇一六）「インドネシア、アフガニスタンにおける障がい者の教育普及」村田翼夫編著『多文化社会に応える地球市民教育――日本・北米・ASEAN・EUのケース』ミネルヴァ書房、二四六―二六七頁。

＊4　この重荷という概念を私は遺伝学でいう遺伝的荷重（genetic load）の概念から得た。生物種は進化の過程で獲得した多様な遺伝子群を現在の環境では不要であっても将来の環境変化に対応するために担っていかなくてはならないのである。

第17章 国際教育協力をめぐって

本章には国際教育協力にかかわる三つの論考を収めた。はじめの「国際教育協力事始」は第三世界教育研究会のニュースレターに寄稿したものである。日本で国際教育協力が本格化したのは一九九〇年代であるが、二〇年が経過し、当初の事情を知る人が少なくなり、また若い研究者はそのころを知らないこともあり、九〇年代の事情をエッセイ風にまとめたものである。

二つ目の「国際教育協力とは何か」は、二〇〇一年に出版した『国際教育協力論』のなかで展開した国際教育協力への想いをまとめたものである。教育協力がまだまだマイナーなころに、教育協力はどうあるべきかを考えた。

三番目の「理数科分野の教育協力の意義と課題」は、二〇〇七年にJICAが行なった理数科教育に関する公開セミナーでの講演の記録である。二〇〇〇年代は、JICAが理数科教育プロジェクトをアフリカを中心に展開し、大きな成果を挙げていたときである。同じ枠組みのプロジェクトを異なる国で展開するのは、プロジェクト形成には適しているが、歴史的・社会的・文化的状況が異なる国で展開するのは困難が付きまとう。教育支援は経済インフラの協力とは異なる点が多いからである。各国で教育の課題は異なることを述べ、理数科分野でも教育協力には英知が必要であることを述べたかった。

国際教育協力事始

はじめに

昨年（二〇〇八年）九月末に大阪大学人間科学研究科を退職し、お茶の水女子大学に異動した。大阪大学には都合一二年ほど在職した。一二年だったにもかかわらず研究室は本と資料で混乱しており、まだ整理に手がつかず、春休みの最大の課題である。退官した先生方どなたに聞いても大量の本や資料を捨てなくてはならないと言う。確かに私の研究室にもJICAから阪大に異動したときに運んだ資料や本で一度も見ていないものも多いのである。私がはじめてJICAにかかわったのは一九八一年であり、考えるともう三〇年が経過している。はじめの一〇年間は視聴覚教育・教育工学の専門家として、教師教育や農業普及・家族計画でのメディア利用に関する仕事をしていた。それが一九九〇年の「万人のための教育世界会議」（EFA）以降は教育協力分野の政策や案件形成の仕事が増えた。近年は二〇〇二年からのアフガニスタンへの派遣を契機に緊急人道支援関係の仕事が多くなっている。

昨年来、国研（文部科学省国立教育政策研究所）の斉藤泰雄先生から、一九九〇年代の教育援助関係の研究会等の資料について問い合わせをいただき、いくつかの資料を見つけて送らせていただいた。きちんと整理されていれば簡単なのであるが、あちこちの本棚から、昔の資料を引っ張り出して探し出した。そんななかで、いろいろなことを思い出した。私にとっての国際教育協力事始がよみがえってきた。あまり意味のないことも多いが、いくつかのエピソードを紹介したい。

「開発と教育」援助研究会

一九九一年の八月にトルコから帰国してＪＩＣＡ国際協力専門員に復職してすぐに命じられたのが「開発と教育」援助研究会の立ち上げである。教育援助に関するはじめての政策ペーパーを作成する研究会である。基本的な方針としては、タイ・ジョムチェンで開催されたＥＦＡ会議（万人のための教育世界会議）を受けての政策会議であるから、基礎教育支援を始めることを可能にするペーパーでなくては意味がない。しかし、当時の外務省・ＪＩＣＡの雰囲気からして、それはとても大変な作業になることが予想された。ともかく研究会の座長とメンバーを決めなければならない。座長には援助の分野でよく知られており、かつ中立的な人ということで、ＪＩＣＡ国際協力総合研修所のＳ次長から強い推薦があり、飯田経夫氏はどうかということになり、外務省のＯＫをもらった。

飯田先生を京都の国際日本文化研究センターに訪ねたのは翌年の桜の咲くころであった。京都洛西の名物の美しい竹林のなかのセンターを、当時の国際協力総合研究所のＳ次長とＳ課長と一緒に訪れた。私は飯田先生とお会いするのははじめてであった。研究会の討議内容とスケジュールに関しての説明があったと思う。三〇分程度の面談で、座長を引き受けてもらうことができた。しかし、この間、飯田先生は確か三回しか発言されなかったと思う。「飯田です」、「分かりました」、「それじゃ」。大変無口な印象を受けた。ともかく、そのあと桜が満開の嵐山に行った。大学生のときによく行った嵐山に二〇年ぶりだったのでとても鮮明に覚えている。

研究会のメンバーには、当時の分野別援助研究会の通例として、海外経済協力基金（当時、以下基金）、関係省庁（本研究会では外務省と文部省）推薦の有識者、ＪＩＣＡ推薦の有識者からということで、人選を進めた。豊田俊雄先生

（当時東京国際大学教授）と渡辺良さん（文部省国立教育政策研究所）は文部省推薦、中野照海先生（当時国際基督教大学教授）はＪＩＣＡ推薦でメンバーになっていただいた。外務省推薦の有識者は東大のＮ先生だった。実際に報告書の作成に携わるタスクフォースのメンバーには萱島信子さん（現在ＪＩＣＡ研究所副所長）が加わった。

研究会は異例に長く一年半以上続き、その間に一〇回以上の本会議と二〇回ほどのタスクフォース会議を行なったと思う。飯田先生は例の通り、無口であり、開会の宣言をすると、「では内海主査お願いします」ということで、進行を振られた。

基金の委員とＮ先生は、基礎教育支援に強く反対されたこともあり、取りまとめが大変であった。基金の委員は教育援助そのものに反対であり、特に基礎教育はＯＤＡになじまないという意見であった。Ｎ先生は高等教育への支援こそが大切で、当該国の高等教育機関がその国の基礎教育の面倒を見るべきであると主張された。その根拠として日本の教育は東大を中心として成立したのだという説を展開された。

そんななかで、私と萱島さんとは「何と言われても、基礎教育と教育分野の重視を入れなくてはならない」との思いであった。そこで教育援助の二国間援助の一五％の目標や基礎教育の重視などを盛り込んだドラフトを作成した。Ｎ先生は「根拠のない結論だ」と指摘され、豊田先生は「修士論文みたいだな」と言われた。これは、ほめられたのか、あるいはどうしようもないという意味なのか、いまだに謎である。そんななかで主旨を大きく変えることなく報告書ができた。

報告書が出た後、マスメディアにも取り上げられたが、外務省と文部省の両方から電話があり、「一五％の根拠は何か」と聞かれてとても困った。というのは、特に根拠があるわけでなく、一九九二年にパリで行なわれたＯＥＣＤ基礎教育会合で目標値案として出された数字であること、当時の教育支援は七‐八％でそれを倍増しようという思いからだったからである。だから、なぜ倍にしなくてはいけないのかと言われると困ってしまうのである。しかし、何らかの数値目標がなくては、インパクトがないだろうと考えていたので、その意味で教育援助をＯＤＡの一五％にするという文言は多少意味があったのではないかと思っている。

教育援助研究会の旅

研究会の途中で教育援助の状況を見るために、飯田先生、渡辺良さん、萱島さんと四人で、パリ、ナイロビ、アクラを回った。

パリではOECD事務局に行った。教育援助の定義を聞いたところ「日本のようなODAのジャイアントが何を言うのか。日本はこういう定義で教育援助を考えると提案すれば、それが定義になるよ」と言われた。そのためもあって、報告書には定義に関してページを割いて丁寧に説明した。

せっかくパリに来たのだから有名な北京ダックを食べようと中華料理店に入った。フランス語は萱島さん任せである。素敵なレストランの席についてメニューを見た萱島さんが言った。「北京ダック以外は何でも注文して結構です」。きっと北京ダックは非常に高価だったのだろう。私はいまだにパリで北京ダックを食べていない。

ナイロビでは、Sケニア大使を表敬した。S大使は飯田先生のファンと言うことで、お目にかかれてうれしいと自己紹介された。団長の飯田先生が団員を紹介し、いよいよ話が始まるのかなと思った瞬間、「ではこれで」と言うのである。私たちも驚いたし、大使もびっくりされたようだが、ともかくそれで表敬は終わってしまった。

世銀との教育援助会合

報告書が出たあと、一九九四年の秋だったと思うが、ワシントンの世界銀行本部でのＪＩＣＡ・世銀定期協議で報告書の内容を説明することになった。私は、その直前にパプア・ニューギニアに長めの出張をしていたために、パプア・ニューギニアから直接ワシントンに行くように連絡があった。同時に世銀の基礎教育支援の分厚い本が送られてきた。パプア・ニューギニアからワシントンの機内で必死に読んだ。

定期協議にはM理事を団長とした七、八人のメンバーがＪＩＣＡから出席した。M理事は外務省の出身で、プロトコールを大切にされる方で、ホテルも一流、車も大型のリムジンだった。大型リムジンは、一番後ろに前向きの座席があり、その前は横向きの座席しかない。後ろの席に理事が座るので、私は横向きに座っていたが、常に車酔いをするので、途中から運転手の横に座ることにした。おかげで運転手と仲良くなった、というか助手のように思われたようだ。

協議では、日本の基本方針を中心に説明した。三つ目の基本方針である「バランスのとれた教育支援を行なう」について、「世界がＥＦＡのために基礎教育支援に向かっているときになぜそれ以外の分野の支援をするのか」との意見が出た。「教育開発においては基礎教育から中等・職業教育、高等教育のバランスが重要ではないか」と説明したが、最後まで理解されなかった。今世紀に入ってからの、世銀や米国援助庁（ＵＳＡＩＤ）が中等・高等教育を視野に入れるようになった教育協力動向の変化を見ると昔日の感がある。

ＵＳＡＩＤとの連携プロジェクト調査

そのころ、インドネシアの高等教育支援を日米共同でやろうということになり、東大のN先生と私がアメリカのK大学の三人の教授と一緒にスマトラとカリマンタンの全国立大学を訪問調査することになった。調査の段取りはジャカルタのＵＳＡＩＤ事務所が付けてくれて、その計画に則って動いた。

パレンバン国立大学に行ったときのことである。二班に分かれて教官のインタビューを行なうのであるが、私の相棒である団長格のK大の教授が姿をくらますのである。当然私一人で調査することになるので、何をしているのかと聞いてみた。すると、K大がパレンバン大学の農学部のカリキュラム改訂のプロジェクトをＵＳＡＩＤから委託されている。それがトラブっているので、関係者と協議しなくてはならないのだとのこと。そこで「それはK大の事情であり、本件とは関係がない。だからそれは五時以降にやってほしい」と注文した。K大の教授は黙っていたので、理解されたものと思った。翌日、N教授から、「内海君、君はK大の教授に文句を言ったそうだね。アメリカは日本にとってビックブラザーだ。僕にはとてもそんなことはできない。日本も大した国になったものだな」と嫌味を言われた。N教授は、若き日にアメリカに留学し、そこで学位を取得されたとかで、アメリカを非常に高く評価しているのである。「しかし、仕事は仕事ですから。ちゃんとやってもらわなくては困ります」と答えたものである。

その後、ジャカルタに戻って報告書をまとめる段になった。アメリカ側からパソコンをレンタルする費用を出してくれないかとの申し出があった。本来共同で負担するものだが、アメリカ側に費用がないという。いったいいくらですかときいたところ、二〇〇ドルだという。あまりの少額にびっくりし、即座に「大丈夫です」と答えた。すると、またN教授が「日本も大した国になった。アメリカの教授を助けるのだから」と言われるのである。日本の教授というのは、先進国に対してもっと気骨があるのかと思っていたので、かなりびっくりしたものである。

その後、いろいろな国際会議に出たが、日本の先生方は大変マイルドで、自己主張をなさらないので驚かされる。私は日本での会議ではどちらかと言うと静かにしているが（?）、国際会議では、英語がまったく下手なのも顧みずに、なるたけ自己主張するようにしている。これは私が留学の経験が短くて、お世話になっていないからかもしれない。謙虚であることは美徳であるが、しかし、先進国だからといって彼らに変なコンプレックスを持つ必要はまったくないと思う。

つまらぬ繰り言を書いてしまった。歳をとった証拠であろう。当時と違って現在の教育協力・教育開発の研究者・実務者は留学経験や国際機関での経験のある人も多く、私のような頓珍漢はいないと思う。現在の若い人はスマートで、物腰も洗練されている。それだけに、もっともっと自分の主張を強く打ち出してほしいと思うのである。

【付記】　この文章は二〇〇九年三月発行の第三世界教育研究会ニュースレターに寄稿したものである。

国際教育協力の変化と課題

はじめに

国際協力のなかで教育の領域は多岐にわたっている。学校教育や職業技術教育、ノンフォーマル教育（識字教育や成人教育）など本来の教育の分野以外に、家族計画や公衆衛生分野の教育活動、エイズや感染症対策、寄生虫、予防接種などの広報活動も広い意味での教育である。また農業や環境分野の普及活動も教育のなかに含める人もいるであろう。しかし、ここでは本来の教育分野である狭い意味での教育に限って検討することにしたい。

この狭い意味での教育分野の国際協力に占める割合は、ＯＥＣＤ諸国や国連機関、国際金融機関等の全体のなかでおよそ一〇－一五％程度と思われる。いずれにしろ開発途上国の教育開発に多額の資金が投入されている。

開発途上国の教育のパフォーマンスはよくなってきているとはいえ、一九九〇年の「万人のための教育世界会議」宣言で述べられている「すべての子どもに教育を」という理想には程遠い現状にある。それゆえ国連ミレニアム開発目標（ＭＤＧｓ）においても教育の普及と教育における男女格差の解消に高いプライオリティがつけられている。はじめに教育と近代化の意味を検討し、次に開発途上国の教育の開発とは何かを考える。さらに教育協力の動向を一九九〇年の「万人のための教育」をめぐる論議を踏まえて、近年の傾向を考える。最後に今後の教育協力の課題を検討したい。

教育と近代化

教育活動は生物としてのヒトが社会を形成する人となるための根源的な活動であり、ジョン・デューイ（John Dewey）は教育学の主著『民主主義と教育』（一九一六年）のなかで次のように述べている。「社会集団を形成する各成員が生まれ、そして死ぬ、という根本的な不可避の事実が教育の必要を決定する」のである。教育は人間社会が形成されるために不可欠で、普遍的な要因である。また、「社会の生命はその存続のために教えたり学んだりすることを必要とするばかりでなく、共に生活するという過程そのものが教育を行う」[*1]。人間社会が存続するために教育が必要であり、社会の存在が教育活動を生み出すとしている。教育という言葉の意味は社会のなかで子どもを導き育てる（Leading or Bringing up）ことを意味しているが、デューイに言わせれば、人間は誕生から死に至るまで常に学び、そして教える存在であると言うことができる。

近代の教育的ヒューマニズムは、与えられた社会的な条件のなかで個人がその発達の可能性をできるだけ実現することを要請している。つまり、個人は教育によって自己の可能性を開花させ社会に参加することができるのである。教育はいわゆる学校に限らず社会のあらゆる場所（家庭、職場等）で、あらゆるときに行なわれるが、国際協力の文脈のなかでの教育開発の主要な関心は、それぞれの国が法律に基づいて実施する教育である。これはいわゆる各種の学校で行なわれる学校教育すなわち公教育と、成人教育や識字教育等のノンフォーマル教育とに分けられる。

国が法律に基づいて実施する制度的な教育、つまり公教育の思想的な源流はフランス革命に求められる。「公教育は国民に対する社会の義務である」に始まるコンドルセ（Condorcet 1791）の教育思想は現代まで大きな影響を与えている。これはキリスト教会や政治勢力からの影響を受けることなくすべての人が自己の可能性を開花するためには、公費による公共の教育制度が必要であることを訴えたのである。しかし、この公教育制度がヨーロッパ各国において全国的な義務教育制度として確立したのは一九世紀後半に入ってからである。それ以後、教育の普及は近代化の重要な柱として、教育制度の確立が行なわれるようになった。この傾向は、第二次大戦後、アジア、アフリカの植民地が相次いで独立するなかで、公教育は国民的統一の確立や近代化の促進のために不可欠のものとして、進められていく。一九六五年から八五年までの二〇年間に低所得国においても初等教育の総就学率は四四％から六七％に上昇した。これは同じ期間における人口増加率、特に学齢期児童の増加を考慮するならば、二〇世紀は教育の世紀と言われることも頷けるであろう。

開発途上国の教育の課題

第二次大戦後、相次いで独立した国々は、独立直後から教育開発に大きな努力を払ってきた。これは植民地政府下での教育がキリスト教の伝道ないしは官吏養成を目的とした極めて限られたものであり、国民教育と言い得るものは実施されていなかったからである。一九六〇年から七〇年代にかけて、初等教育就学率および識字率は一〇年間におよそ一〇％の率で上昇した。一九六五年には六五％程度であった識字率は一九八〇年代半ばには八〇％を超えるようになった（サブ・サハラ・アフリカは四五％が七〇％程度になった）。

一九八〇年代以降の経済的に困難な局面を迎えて、南アジア、中南米、アフリカ地域ではほとんどの国がＩＭＦ・世銀による構造調整計画を相次いで受け入れるようになった。特にアフリカでは三一か国が強度の構造調整と言うべき世銀の低所得債務困窮国特別支援計画を必要としており、一部の国を除いてサブ・サハラ・アフリカの国々の経済は危機的状況にあると言えよう。社会的には、人口増加率が依然として高く、都市への人口流入が続いている。政治的に不安定な国もあり、さらには内戦を経験している国もある。このような経済的、社会的、政治的に困難な状況は教育開発に大きい影を落としている。

現在、開発途上国が抱えている教育の課題は多様であり、それぞれの地域や国によって開発の段階が異なり、また社会のタイプによっても教育のあり方は違っている。そのため教育課題の重要性やプライオリティはそれぞれ異なっているが、初等教育就学率の停滞、教育の質の低下、多文化社会における教育言語の課題、地域間格差、男女格差の増大、学歴インフレ、学歴病等を挙げることができる。こうした課題は教育財政の課題のみならず、文化社会的要因が教育開発にとって大きな課題であることを示している。

教育協力の国際的な動向

国際教育協力が開始された当初、教育協力の最終的な目的は経済開発における人材育成、マンパワー開発であり、それに対する援助と考えられていた。つまり、開発のための教育（Education for Development）を意味していた。

経済開発における教育の役割が重視されるようになったのは、アメリカを中心とした人的資源論の提唱による。一九六〇年、アメリカ経済学会の会長に就任したテオドール・シュルツ（Theodore W. Schultz 1971）は「人的資本への投資」と題する就任講演を行なった。それは労働者の質、つまり教育や訓練が経済成長の重要な鍵であるとして、その分析を行なったものである。教育による労働者の質的向上が経済発展に寄与するとして展開されたのがマンパワー理論、人的資源論、人的資本理論である。人的資本への投資は保健医療や人の移動など多方面にわたる投資を意味しているが、とりわけ教育は人的資本形成の中心となる課題である。

教育と経済発展の関係は、先進国においては技術革新と経済成長を背景にして増大するマンパワー需要に対して教育計画を形成することが主要な関心であった。しかし、途上国にあっては社会経済的インフラの一環として人材の創出、労働力の量的質的拡充という経済開発の側面の他に、国民としてのアイデンティティの確立、国家としての統一、公用語の普及など国家および国民形成のための教育、すなわち国民教育の普及が重要な課題であった。

教育は学校教育に限っても人口の二五−三〇％が含まれる巨大な事業であり、国家予算の一二−一五％が教育予算にあてられ、国民の教育支出はＧＮＰの四−六％にのぼる。そのため教育開発の推進は財政的に厳しい状況にある途上国では非常に困難な課題であり、援助が要請されたのである。新たに独立した開発途上国からの援助要請は、人材と施設・機材が不足している高等教育と職業教育に向けられていた。

人的資源開発論による教育の経済成長の促進効果と途上国からの援助ニーズがあいまって、教育協力は早くも一九六〇年代から始められているが、本格化したのは一九七〇年代である。このころの教育援助は技術教育と高等教育分野の施設建設や技術協力が中心であった。ところが失われた一〇年と言われる一九八〇年代の世界的な不況のなかで教育援助は低調となり足踏み状態が続いた。また一方で、新たに独立する国や経済危機に陥る国が出現したことにより援助対象国が増大し、教育援助の領域も高等・職業教育のみならず初等教育に拡大してきた。内容に関してもカリキュラム改訂や教科書の開発、教育行政への支援など教育の効率化や質的な改善につながるものへと広がっていった。

こうしたなかで一九八〇年代後半から初等教育・基礎教育への援助が多くなるとともに経済開発と教育協力をストレートに結びつける論調は影をひそめ、教育の普及やその質的な改善など教育自体の発展が開発の目的であるという考え方が大勢を占めるようになった。

教育に開発や経済成長の基盤としての人的資本の育成という側面があることは否めないが、教育は固有の価値を有する営みであり、教育普及は国家の義務であり、国民は教育を受ける権利を有するからである。ここに来て教育それ自身が価値のある開発の対象として認識されるようになった。つまり「開発における教育の発見」である。また、教育の普及は保健衛生、農業、人口、環境、女性、民主主義や参加型開発などのいわゆる地球規模の課題解決の基盤と考えられている。こうした流れが定着したのは一九九〇年にタイのジョムチェンで開催された「万人のための教育」世界会議である。

「万人のための教育」世界会議は、一五五の政府、二〇の国際機関、一五〇のNGOが参加した大きな国際会議であった。この会議はあらためて深刻な教育の遅れの現状を広く知らしめた。会議で採択された「万人のための教育世界宣言――基礎的な学習のニーズを満たす」の前文には次のように途上国の教育状況を報告している。

・六〇〇〇万人の女子を含む一億人以上の子どもが初等教育を受ける機会がない。
・九六〇〇万人以上の成人が非識字者であり、そのうちの三分の二は女性である。
・世界の成人の三分の一の人は、それによって生活の質を助け改善し、社会や文化の変化に適応していくために印刷物から知識や新しい技能・技術に触れることができない。
・一億人の子どもと多くの成人が基礎教育課程を修了することができない、また、必要とされる年月を学校で過ごしても必要な知識・技能を獲得することができないでいるのである。

会議のなかでは、途上国においては教育開発に対する取り組みを強化すること、援助機関に対しては教育分野への援助の拡大が呼びかけられた。そして非識字人口や未就学児童の増大は地球規模の課題であり、環境問題と並んで国際社会が率先して取り組まなくてはならないと宣言された。

この会議の意味はいろいろ考えられるが、教育援助の立場からもっとも重要な点は、基礎教育の完全普及が理念から政策目標になったことにあると言える。つまり、「万人のための教育」がヒューマニズムの表明から、具体的な教育計画として取り組まれることになり、それに対する国際的な支援が開始されるきっかけとなったことである。こうした状況は一九六〇年代前半のユネスコを中心とした教育開発のためにカラチ・プラン、アジスアベバ・プラン、サンチャゴ・プランが相次いで発表され、教育への熱い思いが支配していた時代を思わせる。国際的な教育普及に関するリーダーシップは一九五〇年代から一貫してユネスコが担っていた。その表われがこうした一連の地域教育開発会議だった。しかし、ユネスコは一九八〇年代になるとアメリカ、英国等の脱退に伴い財政的な危機を含めた低迷の時期を迎え、ユネスコに代わって国連開発計画＝ＵＮＤＰやユニセフなどの国連機関および世界銀行が教育開発をリードするようになった。ジョムチェンの会議はこうした流れのなかで行なわれたのである。

一九九〇年代の時代思潮は六〇年代と比べていくつかの点で決定的に異なっている。一つは、すでに述べたように開発そのものについての考え方がこの三〇年間に大きく変わったことである。かつては開発とは経済成長であり、所得の向上を意味していたが、現在は教育普及自体が開発の重要な一部であるとの考えが広くコンセンサスを得ているのである。二つ目は多くの途上国が世銀や地域開発銀行（アジア開発銀行等）、ユニセフなどの支援によって具体的な行動計画を策定し、その計画に基づいて各援助機関が協調して教育協力をするようになった。つまり、基礎教育の普及が途上国の自助努力だけではなく、国際的な協調援助を前提とした開発計画のなかで実施されていることである。三つ目は基礎教育に関するプロジェクトは対象地域が広く対象人口が多くなるため大型化しやすく、援助協調が一般的に行なわれるようになったことである。

二〇〇〇年代に入ってからの教育協力は、九・一一以後の不安定な世界のなかで、基礎教育のみならず識字教育や職業教育、さらにはキャパシティビルディングを踏まえた人材育成も重視されるようになった。これはよりバランスの取れた教育協力が行なわれるようになったことを示しており、日本が一九九〇年代の半ばに出した方針と重なっている。

カルクローら（Colclough, C. et al. 1993）は万人のための教育を実現するために必要な経費のシミュレーションを行なった。それによると一九九〇年から二〇〇五年に総額一四六〇億ドル（一九八六年の価格）必要であり、そのうち、教育援助として外部から投入される必要額は三〇〇億ドルであるとしている。つまり、一五年間にわたって年間二〇億ドル、一九九〇年の価格に直すと毎年二五億ドルの教育援助が行なわれねばならない。

一九九二年にパリで開催されたＯＥＣＤのＤＡＣ基礎教育会合では、教育援助を一九七〇年代の一六－一七％の水準にすることが話し合われた。現在のＯＥＣＤ加盟国の二国間ＯＤＡ総額は四〇〇億ドル、教育援助は約一〇％で四〇億ドルと考えられるため、一六－一七％という目標水準になると教育援助総額は六四－六八億ドルになり、カルクローらのシミュレーションの結果に近い二五億ドルの追加援助が行なわれることになる。

こうしたシミュレーションではさまざまな外部要因を確定することが困難であり、また、援助の増額が必ずしも就学率や教育水準の上昇に結びつかないのは経験的事実である。しかしながら、世銀や地域開発銀行、ユニセフ等は教育協力の実施に意欲的であり、実際に世銀やアジア開発銀行の支援で作成された途上国の教育計画は多くの問題点を総合的にとらえた包括的なもので、教育協力の基礎として尊重されている。幾多の問題を抱えながらも教育協力は、冷戦後の世界秩序の形成の基礎として、また地球規模の課題解決の基盤として引き続き活発に行なわれている。

ただ、二〇〇〇年以降の教育開発においては一九九〇年代の基礎教育一辺倒の論調は少なくなり、技術教育・高等教育も含めたバランスの取れた教育開発に向かっていると思われる。たとえば世銀もＵＳＡＩＤ、ＤＦＩＤも技術教育や高等教育への支援も視野に入れるようになってきている。教育水準の高い東アジア、東南アジアの経済発展が進んでいること、紛争後の国や地域における復興や武装解除などの緊急の課題解決には教育支援が必要なことが認識されている。さまざまな領域で教育に対する期待が大きいのである。

今後の国際教育協力について

「万人のための教育」世界会議以降、二一世紀の今日まで教育協力の課題は四つの段階をへて変化したと考えられる。第一段階は、ＥＦＡによる「理念から政策課題」への変化である。

しかしながら、基礎教育の量的拡大のなかで、学校施設を増加しても期待したように子どもが来ない、中途退学や落第が多い、学業不振等、実際の学習が起こらないことが分かってきた。こうした背景のなかで教育協力の重点が「量から質」へと変化してきている。量的課題が終了して質的課題が浮上してきたのではなく、量と質のバランスが重要になったと理解すべきであろう。これが第二段階である。

こうした教育の質への配慮は、インプットからアウトプット、アウトプットからプロセスへと視点を移行させることになる。なぜならば、ここで言う質とは子どものなかでの学習がどのようになされているかを問うものだからである。それゆえに、この変化は教育を外からでなく子どもの内側から、学習者を中心として捉え直すことを意味している。これは「教育協力における子どもの発見」と言うことができるであろう。一九八〇年代後半からＷＩＤ（女性と開発）の視点が開発に取り入れられるようになり、「開発における女性の発見」が行なわれた。国連ミレニアム開発目標（ＭＤＧｓ）においても教育における男女格差の解消が課題となっていることに見られるように、「社会的公平」が教育のなかで重要になっているのである。これが第三段階である。

この社会的公平の視点は教育の場に女性を引き入れることと、女性の置かれている社会的状況の変革を迫る教育の必要性の二つの側面を持っている。前者はさまざまな女性の地位向上運動と連動して、公教育が女性にとって平等な機会を提供できることを目指し、後者はカリキュラムや教育内容・方法を女性の視点から捉え直すことを迫るものである。教育協力が学校教育の場から大きく社会の場へと踏み出す必要性が出てきたのである。

第四の段階は九・一一以後の地域紛争の絶えないなかで、紛争後の緊急復興支援としての教育が重視されるようになったことである。これはこれまでの教育協力とはまったく異なる視点と方法論を要請していると見ることができる。これまでの開発支援としての教育協力と並行して行なわれなくてはならない課題である。また、こうした変化はこれまでの国際協力のアクターの変化をも要請している。すなわち、これまでの国の機関（ＪＩＣＡなど）や国際機関（ユネスコなど）とともに国際ＮＧＯや地域ＮＧＯ、さらには当該国の地域コミュニティの役割が重要になってきたのである。

おわりに

国際教育協力は一九九〇年代から現代までに、基礎教育の普及が「理念から政策課題」になり、学習の質を目指す「教育協力における子どもの発見」、そして女性や社会的弱者の社会的状況を視野に入れた「社会的公平」、さらに緊急・復興支援として教育支援の課題という四つの課題を担うことになったと言える。

教育とは、目標設定したある状態を達成するものでなく、個人と社会のなかに常に生まれつつある過程を意味している。つまり教育には終わりがなく、教育の意味は教育の過程のなかにある。そして現実の教育、特に公教育は歴史的に発展し、国家や民族の社会を再生産し未来を形成するものである。教育はその国の未来にかかわる課題であり、教育開発計画、教育システム、教育内容等の政策決定はその国のオーナーシップが直接発揮されねばならない。教育内容を決定するのは、その国自身であるが、カリキュラム改訂に必要な調査や研究、カリキュラム実施に必要なリソースや教員研修等は支援の対象になる。それゆえに教育協力を実施するには相手国の教育や文化、歴史等に関する深い理解と真摯な態度が必要である。こうした姿勢を欠いた教育協力はその国の教育の健全な発展を歪めることになりかねないからである。ここに国際教育協力研究が要請される背景がある。

国際教育協力研究の現実的な課題の一つはわが国の教育協力の方針および実施体制への寄与である。同時に教育協力の実践を通して学ぶことも重要である。なぜなら、教育協力は常にあるべき教育をともに志向するものだからである。国際教育協力は開発途上国をフィールドとして、そこの人びととの共同作業である。こうした教育実践はわが国の教育にも大きな影響を与え、さらに国際的な教育の思潮をも動かし得るのである。

国際教育協力の歴史と現状を述べてきたが、国際教育協力の目指すところはそれぞれの国が自国の教育システムを充実させ、それぞれが相互に交流し学び合う関係を構築することにある。そのためには、教育開発が独立で教育分野の協力として行なわれることはほとんど意味がなくなってきている。広い社会文化的な基盤と他の領域との学際的、超域的な連携によってはじめて可能になるのである。また、これまでの国際協力の主要なアクター間の再調整も要請されている。同時に教育以外の保健医療や環境等の分野においても教育を含めた幅広い学際的超域的な取り組みを必要としているということである。

【付記】 この文章は拙書『国際教育協力論』（世界思想社、二〇〇一年）の国際教育協力の歴史的展開の部分を再検討したものである。

理数科分野の教育協力の意義と課題

ご紹介いただいた内海です。理数科教育協力がテーマですが、最初に、途上国における教育課題を検討し、次に教育協力と理数科教育協力について考えたいと思います。

開発途上国の教育課題

途上国の教育の課題は、まず第一に、初等教育の就学率の増加が頭打ちになっていることです。国際教育協力は保健分野とともに国際協力のなかでもっとも成功したと言われており、就学率の上昇は目覚ましいものがあります。しかし近年になり、最貧層、女性、遠隔地等、学校に来るのが難しい子どもに焦点が移ってきており、就学率一〇〇%を達成するにはこれまで以上の努力が必要になっています。

また、一九九〇年以降、初等教育に援助が集中したために、ポストプライマリーと言われる中等、高等教育の停滞が起こっています。たとえば、ルワンダは、一九九四年の大虐殺の後、多くの支援が入りました。初等教育のレベルはすでに虐殺前の状況以上に回復しているのですが、支援が集まらない中等教育は元に回復していません。小学校を卒業した子どもの行き場がないのです。そのため非常に激しい受験競争が起きています。

二つ目は、多くの国は多文化・多言語社会であり、それに対してどのように対応していくのかということです。二〇〇二年末から一年間、私はアフガニスタンでＪＩＣＡ専門家として教育協力アドバイザーをしておりました。アフガニスタンはダリ語とパシュトゥン語の二つを教育言語にしていますが、もう一つ、北のほうにトルコ系の言葉を使用しているウズベクの人たちがいます。ウズベク語を第三の教育言語にするかどうかをかなりディスカッションしたことがあります。しかし、現実的に対応できないという悲しい理由で、ダリ語、パシュトゥン語の二言語政策を継続するという方針が新しい憲法でも継続されました。ただし、少数言語に対しても配慮するという文言が入っています。そういう多文化・多言語に対してどのように対応していくかが課題です。

三つ目は、地域格差、男女格差です。アフガニスタンのカブールやケニアのナイロビのように教育水準が高い地域と、開発の遅れた地方の地域間格差が拡大しています。それに連動し、教育の遅れている地域ほど女性の教育が遅れてしまっているという現状があると思います。

四つ目は学歴インフレへの対応です。これは、教育の近代化が遅ければ遅いほど、学歴獲得競争が激化するという現象のことです。資格をとるために上の学校に進みたいということはどの国でもあるものです。問題になっているのは、学歴インフレが後発効果を持っているということです。ヨーロッパ諸国より日本のほうが受験競争は激しい。日本より韓国、韓国よりアフリカ諸国というようになっています。学歴インフレに対する明確な対応策はないと言われていますが、それでも、入学資格の問題とか、奨学金の支給方法等いくつかの対応の方法はあるのではないかと思います。

五番目は紛争や災害後の対応です。教育支援は紛争や災害後の支援として必要だということは、国際的にも強く認識されています。また、学校は単に教えるだけではなく、さまざまな支援ができる場であることも最近はよく言われています。

国際教育協力とは

社会の存続にとって教育は不可欠であり、また、個人にとって教育はその可能性を開花させるものです。つまり教育の普遍性や、教育は人権であることが認識されています。二〇〇六年のサミットでも言われているように、結局、学校教育から生涯教育、それから公教育とノンフォーマル教育が併存して、教育の機会を広げていくことが教育協力のなかでも広く認識されていると思います。私はそのなかでも公教育が近代の教育制度にとって中心的な課題であると考えておりまして、教育支援も公教育を中心に考えていくべきだと思っています。

教育分野の国際協力というのは非常に早い段階から行なわれており、一九七〇年代から本格化した分野です。当時は開発のための教育と言われましたが、現在は「ＥＦＡ」の流れを受け、基本的にはすべての子どもが教育を受けられることこそが開発なのだと、開発に対する考え方自体も変わってきました。

ジョムチェンの会議は、国際協力のなかで大きな影響力を与え、教育分野への支援が強化されました。それは単なる掛け声ではなく、それを具体的な政策に落としていくプロセスがこの「ＥＦＡ」会議の後に行なわれたことが大きな意味を持ったと思います。また、二国間援助と多国間援助をあわせて実施し、援助協調によって一つの国の教育支援を行なうという大きな流れが生まれました。

そして、今年（二〇〇七年）のサミットの宣言を読みますと、これまでのＭＤＧｓの確認と同時に、科学技術教育の促進という側面が強くうたわれています。教育の質的側面の重視がこれまで以上に強くなっていくのだろうと思います。要するに、これまで「ＥＦＡ」というのは基本的には量的拡大を目指していたわけですが、それが質的な拡充へと大きく変わってきたのだと思います。これは「ＥＦＡ」が一定の成果を上げたと見ることもできますし、量的拡大だけを追求してもだめなのだという認識が広がっているということも言えます。

途上国の理数科教育の課題

アフガニスタンの理科の教科書を見ますと、教科内容の不適切さ、順番の不適切さが目に付きます。たとえば目の構造が小、中、高それぞれに出てきています。また、地層の単元の前に地球の構造が出てくるので、子どもは地層はすべて三層構造になっていると思っているようです。

それから教員養成と研修のシステムが不十分です。教員が教科内容についてよく分かっていないにもかかわらず、研修は教育方法（特に子ども中心主義）をテーマとして行なわれています。また、高校の教科書が海外の出版社のものがほとんどで、内容が不適切であるとともに高価です。

実験に関しては二つの考え方があります。私が二〇数年前にマレーシアの東南アジア文部大臣機構地域理数科教育センター（RECSAM）で働いていたとき、実験器具について、イギリスの研究者によるローコスト、ノーコスト、improvisation（即興）という考え方が強く支持されていました。一方でドイツを中心にして、しっかりとした実験器具があることが大切だという流れもありました。これはそれぞれの国の理科に対する歴史的背景の違いだと思います。

あともう一つの問題は試験制度です。非常に厳格な試験制度により、実験のように考える学習に対するインセンティブが少ないのです。ともかく暗記しなくてはいけないという方向になっていると思います。

日本の協力の可能性

日本の教育の特性を生かしていく必要があります。日本の教育の特性は何かというと、私は何よりも教員の質が高いことだと思います。それから教員自身が教授法への高い関心を持っていて、活発な授業研究をやっていること。そのような教員の自発性を生かしていくプロジェクトが日本にとっても有意義なのではないかと思います。

ボリビアの校内研修を中心にした教員研修プロジェクトにかかわってきましたが、これは校内研修とか公開授業を中心にしたプロジェクトです。実際に先生の声を聞くと、先生たちは、「今まで自分が教室の王様だと思っていたのが、実は生徒が王様なのだということがよく分かった」とか、「このＪＩＣＡのプロジェクトでは、教員の力をはじめて信じてくれた」とか言われました。私は、そのような発言を聞いていて非常にうれしかったことを覚えております。このように日本の教師の活動を取り入れて教員の意識を高め、強めていくこともプロジェクトの対象になり得るのではないかと思っております。

日本の教育協力の課題と対策

今たくさんのプロジェクトが実施されていますが、個々のプロジェクトは、それぞれの国の状況、または課題によってさまざまです。複雑で多様な社会のなかにある教育に対する支援には、その多様性や特殊性を認識する必要があると思います。教育プロジェクトは、Ａ国で実施したものをＢ国で実施するというような形で、一つのパターンを押しつけるものであってはいけないだろうと思います。

もう一つは、人材の確保・養成です。私は、諸外国や国際機関と比べて今の日本のプロジェクトはある意味で非常に優れ、丁寧な質のいいプロジェクトだと思います。ならば、それを国際的に発言できる場を用意し、人材をしっかり養成していく必要があるのではないかと思います。

それから日本の教育経験の体系化がよく言われますが、私は、体系化も必要ですが、日本の教育経験の相対化ということもあわせて必要だと思います。要するに、日本は世界の教育開発のなかで非常に特殊な開発をした国であることや、近代教育が入る前にすぐれた教育実践（藩校や寺子屋など）が行なわれていました。そのような状況をしっかりとらえる必要があると思います。

また、日本の教育への還元ということで必要な視点としては、途上国の経験をさらに相対化していく必要があります。日本と途上国、それ以外の国々と、教育のあり方を相対化することです。

また、教育を考える際に一番大事なことは学習者の目線ということだと思います。そのような立場に立ち物事を考えプロジェクトを形成していくことが大切であり、またそれこそが日本の教育関係者の得意とするところではないかと思います。ご清聴ありがとうございました（拍手）。

質問者　都内の公立中学校の教員をしております。二〇年前ですがネパールの協力隊ＯＢです。アフガニスタンが戦争で被害を受けて教員の方が随分亡くなられたと思いますが、教員養成のシステムがどうなっているのか、現在、先生方は全体で何人程いるのかということを教えてください。

内海　どうもありがとうございます。アフガニスタンは、新政権直後、教員数は七万人と言われており、生徒の数からいきますと一一万から一二万人ぐらい必要だろうと言われておりました。差し引き五万人ぐらい不足していたのですが、それをどうするかということでかなり議論いたしました。

アフガニスタンの場合、小学校の教員は短期大学（一二年＋二年）が資格付与の条件です。高等学校の教員は大学卒（一二年＋四年）です。

そこで一つの方法は、高校を出た人に代用教員としての資格を与えて、夏休み、冬休みの間の短期トレーニングを三年続けることによって正規の教員にしていく方法。

もう一つは、かつて小学校の教員は高等学校の段階に教員養成課程があり、一二年卒で正規の教員にしていた時代がありました。それを復活させる案です。私は、高卒で正規の教員にする制度の復活は、今必要かもしれないけれどもやめたほうがいいと言い続けました。高卒教員を正規の教員にしますと、その教員は二〇年、三〇年学校に勤めて、やがて校長になるわけです。そのため教員の質が長期的にかなり下がってしまうだろうと思うからです。ですから、今は一番目の案の、代用教員を導入して、その人たちに研修を積ませることによって正規の教員資格を与えていくという方法が採用され、実際に教育省の政策として行なわれています。特に難民の女性で帰ってきた人たちが、イラクやパキスタンで高校卒の資格を持つ人が村に戻ってくるようになりましたので、その人たちを代用教員として採用しています。

質問者　外務省のNと申します。プロジェクト形式で教育支援を行なうことの限界があると最近の議論では言われていると思います。プロジェクトか財政支援か、二者択一ということはないと思うのですが、その辺のバランスをどうとるべきかについてお聞きしたい。

内海　課題解決型のプロジェクトではなく、自由度の高い財政支援は援助協調という形で、教育分野でも行なわれています。どのように行なうかが、課題だと思います。たとえば、その国の公務員である教員の給料まで財政支援で賄うと、もしそれがストップしてしまったら、その国の教育そのものが成り立たなくなってしまいます。そのような構造は作るべきではないと今は思っております。一方で、一〇年計画で財政支援を段階的に減らしていくという条件をしっかりつけて、それが守られるのであれば教員給与などのリカレントコスト支援も効果があると思っています。OECD・DAC新開発戦略研究会の教育部会の主査を務めたとき、リカレントコスト支援の可能性を盛りこんだことを覚えています。財政支援はその国のオーナーシップを尊重することにもなるでしょうが、現実的には、財政支援の泥沼化ということが起きがちです。かなり限定的な意味で財政支援を行ない、同時にプロジェクトタイプの協力を国際的な協調のなかでうまく実施していくことも必要なのではないかと思っています。

【付記】　この講演は、JICA主催の公開シンポジウム『日本の教育と世界をつなぐ――これからの理数科教育協力』で行なわれた。（二〇〇七）「理数科分野の教育協力の意義と課題」の一部である。

＊1　デューイ（一九一六）『民主主義と教育』松野安男訳、岩波文庫。

第18章　忘れざる記

本章には五つの文章を収めた。はじめのものは京都大学教育学部の恩師、鰺坂二夫《あじさかつぎお》先生の思い出である。

二つ目は大阪大学の同僚であり、国際教育協力について語り合っていたが、惜しくも在職中にお亡くなりになった池田寛先生の追悼である。

次は国際教育協力の先達であり、「第三世界教育研究会」を主宰され、多くの研究者の支援を行なった豊田俊雄先生の思い出である。私自身、豊田先生の研究会に参加して多くの刺激を受け、また公的な場でもご支援いただいた。

次の二編は村井吉敬《よしのり》さんの思い出と書評である。村井さんは私にとっては義兄であるが、四〇年以上にわたって日本とアジアの関係やＯＤＡについて教えていただいた先達である。常にそばにいて折々に話を聞くのが楽しみであった。また、大阪大学では客員教授として長年講義をお願いし、お茶の水女子大学では何度か特別講演をお願いした。目をつぶると、穏やかな言葉のなかに強い信念を述べる独特の語り口が目に浮かぶ。拙い短文であるが、ここに再掲することをお許しいただきたい。

鯵坂二夫先生

鯵坂二夫先生は、一九〇九年二月八日鹿児島県に生まれ、二〇〇五年五月一二日京都で死去、九六歳であられた。一九三二年京都帝国大学文学部教育学科卒業。静岡県視学官、東京農業教育専門学校教授、鹿児島大学教授、一九五九年京都大学教育学部教授を歴任し、一九七二年に定年退官して名誉教授。その後、甲南女子大学学長を二一年間お勤めになった。

私が京都大学に入学して最初の講義は鯵坂先生の「教育学」であった。教養部の大きな教室だった。濃紺のダブルの背広の先生はゆっくりと教壇に立ちこう言われた。「諸君、入学おめでとう。私は鯵坂である」と、自分の名前を黒板に大きな字で書いた。私は「諸君」という呼びかけにびっくりしてしまうと同時に、いい大学に入ったなと思った。人間として、あるいは一人前の人間として扱われた気がしたのである。その時鯵坂先生を尊敬した。

そのあと「私の講義はどんな味がするかな」と駄洒落を少し恥ずかしそうに仰った。また、「君たちに二つのことをお願いしたい。一つは、お母様に毎週はがきを書いてくれ、二つ目は異性との距離を三〇センチ以上近づけないように」などと言う。国元の母親は君たちのことをどんなに心配しているか、また異性とは三〇センチ以上近づくと急速に引力が働く、というのである。このあたりで鯵坂先生への敬意が若干薄れたような気がした。

ただし、講義のなかで内村先生（内村鑑三）の思い出を懐かしそうに語っておられたのが忘れられなかった。私は高校時代から内村鑑三の本をよく読んでいたからである。目の前に内村鑑三の謦咳《けいがい》に接した人がいるということがうれしかった。このことが後に私の人生を変えるきっかけになった。

私は農学部で実験遺伝学を専攻し、酵母の遺伝を研究するために朝日麦酒に入社した。しかし、会社になじめなかったことや酵母に突然変異を起こさせるための紫外線を浴びすぎたことから体調を崩し、会社を辞めることにした。二五歳で鰺坂先生のゼミ生として京大教育学部に学士編入した。農学部学生のときにずっとキリスト教教会で日曜学校の教師をやっていたことからキリスト教教育について勉強しようと思った。そうであるならば内村鑑三から直接薫陶を受けた鰺坂先生に習いたかったのである。研究室ではじめてお目にかかったときには「良い会社に勤めているのだから続けたらどうか」と退社を慰留された。そのときは退社を決めていたので、その旨を言うと「では、編入してください。でも、君が研究したいキリスト教教育は私には教えられないから、同志社の図書館で勉強しなさい」と仰られた。

当時、先生は教育学部長で、大学紛争のさなかで本当にご苦労されたと思う。教育原理学講座には数名の学生がいたが、鰺坂ゼミは私一人で、他の学生は障がい児教育を専攻していた。そんなわけでゼミは大学院生と一緒だった。先生のお話で覚えているのは、ともかくペスタロッチ、ルソーとデューイであった。ペスタロッチの『ゲルトルート』は何度耳にしただろうか。また、先生から教師論もよく聞いた。先生の持論は、「日本の教師は忙しすぎる、そして何でも教師の責任にされている。これではいけない」ということだった。

私の卒業論文は明治以降の宗教教育政策に関するものだったが、大変丁寧に添削していただいた。拙論、拙文を先生に読んでいただくのは忸怩たる思いだった。また卒業後の進路についても心配してくださり、手書きの立派な推薦状を五、六通手渡され、「私は企業をあまり知らないから自分で探しなさい」と言われたことを覚えている。私が教育学部を卒業した昭和四七年三月は、鰺坂先生の停年のときであった。期せずして私は鰺坂先生の京都大学での最後の学生となった。

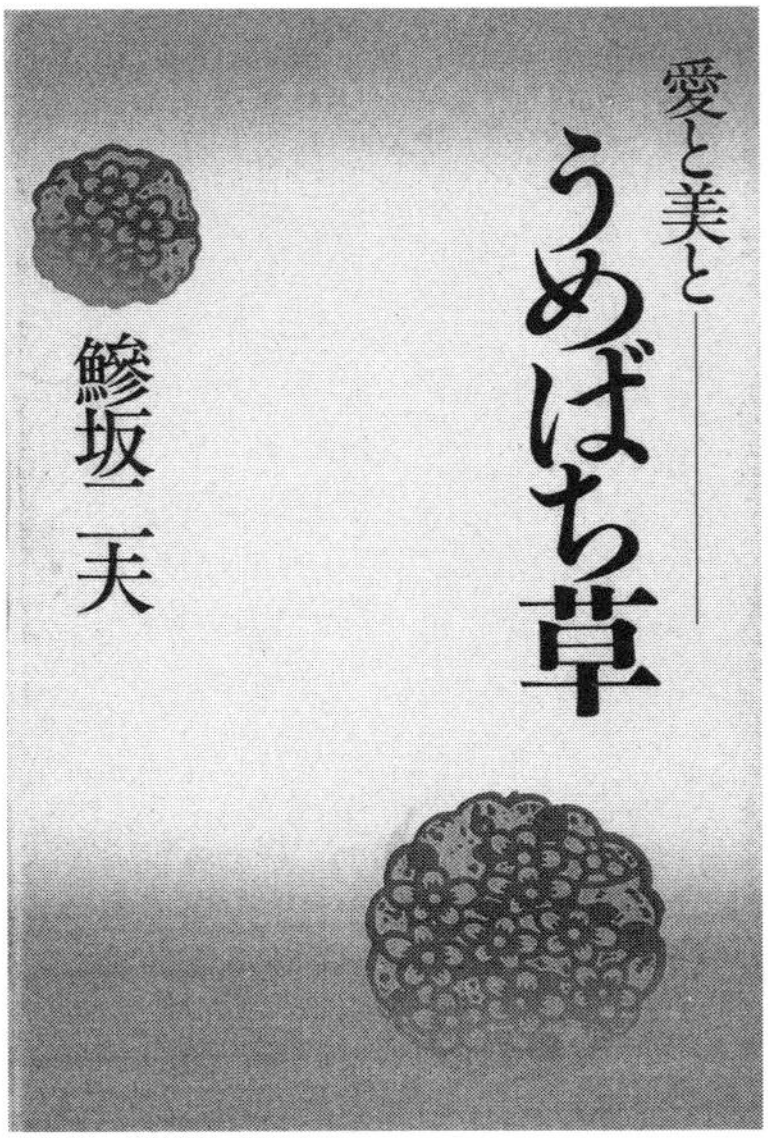

写真18－1　『愛と美と　うめばち草』表紙

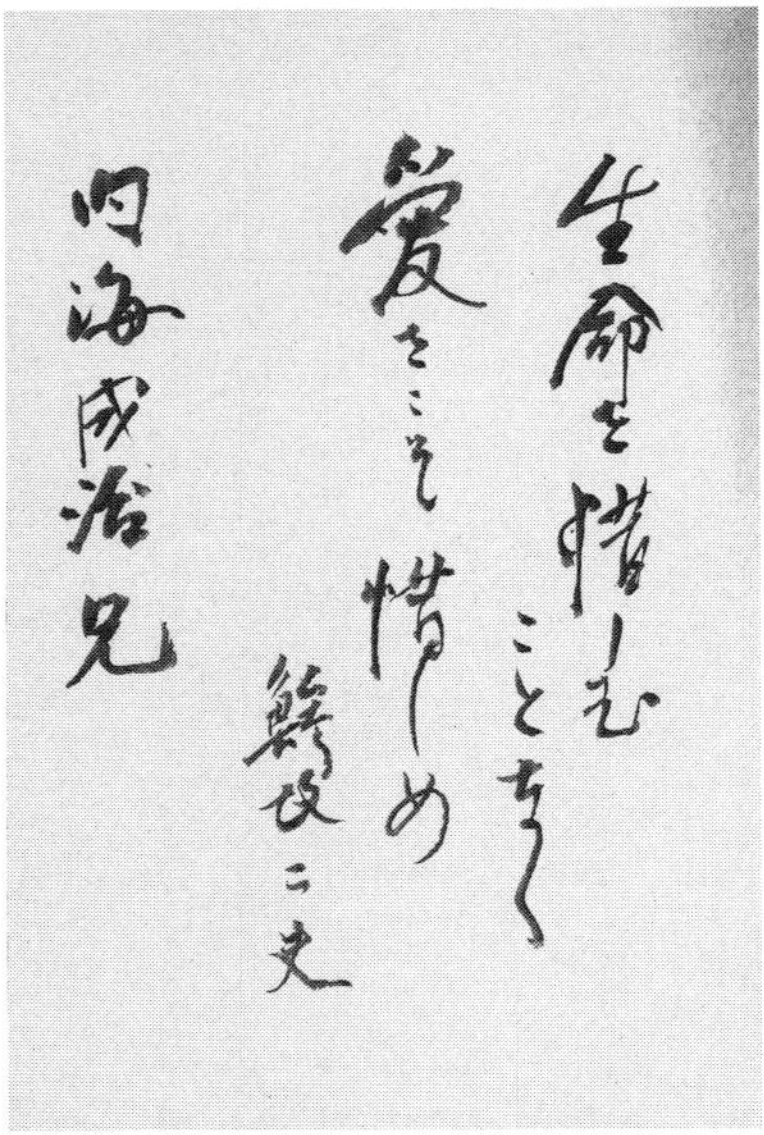

写真18－2　鯵坂先生の筆跡

卒業後もずっと年賀状や時候のご挨拶をしていたが、あるとき先生の下鴨の家を訪ねたことがある。古風な日本建築の家で、堂々たる先生の体格から見ると、少し小さい気がした。大変歓迎してくださり、奥様も交えて随分長い時間話をした。私の仕事である国際教育協力に興味を感じられたようだ。そして、最後にそのころ出版されたエッセイ集の『愛と美と　うめばち草』（写真18－1）を奥様に持ってくるようにおっしゃり、筆で文章を書いてから下さった。そこには強い字で次のようなことばが記されていた（写真18－2）。

生命を惜しむことなく
愛をこそ惜しめ

まことに先生からいただくにふさわしい言葉である。この言葉を私は常に心に刻むようにしている。鯵坂先生の京大最後の弟子として、当然のことと思っている。

二〇〇五年五月一二日九六歳で逝去された。ご葬儀は五条川端の葬儀場で行なわれた。五月にもかかわらず汗ばむくらいの日であったが、会場に入りきれないくらいの人が焼香の順番を待っていた。鴨川のほとりから眺める東山がはるかにかすんでいた。

【付記】　この文章は、この機会に書き下ろしたものである。

池田寛先生のモンゴルへの夢

私は一九九六年九月に大阪大学に赴任したが、その直後から池田先生を訪ね、大変親しくしていただいた。先生の研究室は本や資料がいたるところに置かれていて座るところがないので、お目にかかるのは学生の控え室でもある教育計画論の演習室だった。美味しいコーヒーをいただきながら話をした。教育計画論は途上国への教育支援にとって最重要分野であり、先生のお話を聞けることは大きな楽しみであった。

私はＪＩＣＡから阪大に来たこともあって、開発途上国の教育行政官の研修コースや教育関係の技術協力プロジェクトにかかわっていた。教育行政官の研修コースは、グアテマラを皮切りに、ドミニカ共和国、ボリビア、ペルー、モンゴルと次々と国別に実施していた。こうしたコースのカリキュラムの立案と実施にあたっては、いつも池田先生と相談した。そのために先生とコーヒーを飲むことが重なったのである。そして、企画の基礎調査や評価のために一緒に海外に出かけようと話し合っていた。ドミニカ共和国の常夏の海岸やモンゴルの果てしない草原の話をした。

ドミニカ共和国の教育行政官研修コースは先生と一緒に考えたコースであり、事前の調査に同行することになっていた。しかし、先生の都合が悪くなり助手のKさんと一緒に行った。モンゴルは先生が中心となってはじめたコースであり、事前の調査には先生自らが出かけた。私も同行する予定であったが、このときは私の予定が合わなかった。結局、先生とは一度も海外に出かけることができなかったことは、心残りである。

人間科学部で行なっているJICAの研修コースは教育行政を内容とするもので、それぞれの国の教育行政官を一〇人程度、まとめて研修した。どういうわけかスペイン語圏の国が多かった。多分スペイン語での研修は他の大学がやりたがらないからだと思う。池田先生も私もまったくスペイン語ができないのに、「知らない国の人と付き合うのは面白いではないか」と言って、言葉のことはあまり意に介さなかった。

一か月の研修では、講義の他に、文部科学省やJICA本部、小中学校の視察、教員養成系の大学訪問など盛り沢山であった。研修先の選定はほとんど池田先生にお願いした。これには先生の幅広いネットワークが頼りであった。こうした学校や教育委員会での研修では池田先生とご一緒することが多かった。高槻や吹田などの学校には、先生はスクーターに乗って現われた。また、龍神村など僻地《へきち》の学校訪問にもご一緒し、研修員と一緒に温泉を楽しんだ。研修のなかで、先生は研修員と本当に親しくなり、先生手作りのお好み焼きと焼きそばをご馳走になった。そんなときの池田先生の真面目に料理をしながら時折見せる笑顔がいまだに忘れられない。

教育計画論講座ではこれまで国内の課題を対象としてきたが、これからは開発途上国の教育計画の研究が必要だと力説されていた。そしてこの講座で世界に活躍する人材を育てたい。そのためのフィールドとしてモンゴルを考えられていた。モンゴルの案件は教員研修を中心にして、日本での研修と現地での指導を組み合わせたプロジェクトとして計画されたのである。モンゴルに調査に行かれたのは二〇〇二年の夏だと思うが、首都のウランバートルのみならず、地方の教育大学なども訪ねられ、モンゴルの素晴らしさを実感されたと聞いている。

しかし、第一回のコースが二〇〇三年一月に始まるときには体調を崩され、研修コースに参加されることは難しかった。たまたま、そのとき私自身がアフガニスタンに長期派遣されていたこともあり、お手伝いできず、H教授にお世話になった。池田先生は一年二か月の入院の後、二〇〇四年二月六日に高槻日赤病院で食道ガンのためなくなられた。第二回のコースは二〇〇四年四月に行ない、私が担当せねばならなかった。池田先生の思い出を懐かしみ、モンゴルの研修員と一緒に龍神村の小学校を訪ねた。先生とご一緒した宿は建て替えられていたが、学校の様子は変わることなく校庭の大きな栴檀《せんだん》の木は青々と風に揺れていた。窓からこの木を見ながら、教室で授業を懸命に聞いている研修員の様子を池田先生に見せたいと思った。モンゴルのプロジェクトは確実に成果を挙げており、高い評価を得ている。

今年（二〇〇四年）の九月には私が現地に赴いて研修の指導を行なう予定である。池田先生とモンゴルにご一緒する夢はかなわないが、先生への思いと感謝をもって、モンゴルに出かけたいと思っている。

【付記】池田教授の追悼文集（二〇〇四）によせた文章を書き納めた。

豊田俊雄先生の思い出

豊田俊雄先生（一九二五－二〇〇九）は愛知県ご出身、アジア経済研究所、筑波大学教授を経て、東京国際大学名誉教授。日本の国際教育協力研究の先駆者であられました。豊田先生にはじめてお目にかかったのは、一九九〇年ごろではないかと思います。二〇年にもなりますが、残念ながら先生と海外調査に出かける機会は一度もありませんでした。研究会かＪＩＣＡの委員会が主な出会いの場でした。一度途上国にご一緒できていたらと残念でなりません。

天に召された方は人びとの心に生きていくと言いますので、私の記憶に残っている先生を紹介したいと思います。

「開発と教育」援助研究会

豊田先生がなさったＪＩＣＡの仕事のなかでもっとも大きな仕事は「開発と教育」援助研究会（一九九三年から九四年）の委員ではないかと思います。私自身にとっても骨の折れる仕事でした。ご承知のように一九九〇年の「万人のための教育世界会議」を受けて、日本として教育分野の支援をどのように行なうのかを検討する研究会でした。豊田先生はこの会議を受けてすぐに文部省（当時）が組織した「教育援助検討会」の中心メンバーとしてその報告書を取りまとめられました。そのあとを受ける形で、援助研究会が始まりました。援助研究会というのは外務省がＪＩＣＡに命じて行なう公的なもので、そこでの報告書が政策文書として機能するので、審議会的な性格を持っていたようです。「開発と教育」援助研究会は、はじめての教育分野の援助研究会ということで関心が高かったように思います。

メンバーは外務省と文部省の推薦する関係者と学識経験者で構成され、豊田先生は文部省推薦の学識経験者としての委員、私はタスクフォースの主査でした。そのころは、ＪＩＣＡの国際協力専門員がそれぞれの専門分野の援助研究会のタスクフォースの主査を務め、実際に報告書を執筆することになっていました。

私なりにこの研究会の目的としては、これまでのＪＩＣＡの教育援助が高等教育や職業訓練が中心であったものを、基礎教育を中心にする転換点とすること、教育援助の重要性をアピールし、教育援助額を増額する根拠とすることと考えていました。

ところが、外務省や外務省推薦の委員、海外経済協力基金（当時）の委員からは基礎教育支援に関する抵抗が強く、なかなかまとまりませんでした。豊田先生や渡辺良さん（当時国立教育研究所）の力でなんとか、基礎教育重視を基本方針の一つにすることができました。そのせいでもないのでしょうが、その後の豊田先生と比べると、研究会のころはなんとなく機嫌が悪かったように覚えています。

現在でもこの報告書ははじめての教育援助の政策文書として引用されることが多く、また日本の教育協力が基礎教育へと大きく舵を切るきっかけとなったと思います。現在のように、基礎教育支援への反対などまったくなく、それが当たり前になっていることから考えると、これが一六、七年前だったことが嘘のようです。

この研究会のなかで、忘れられない思い出があります。報告書のドラフトをタスクフォースメンバーであった萱島信子さん（現在JICA研究所副所長）とまとめて委員会にお見せしたとき、豊田先生が「なんだか修士論文みたいだな」と言われて、会場で爆笑が起こりました。どういう意味でおっしゃったのか聴き損ねたのですが、声音と顔色から見て、かなり否定的な意味で感想を述べられたのではないかと思います。これには萱島さんと顔を見合わせて驚いたことを覚えています。

また、研究会の日取りを決めるとき、どうしても日程が合わなくて、豊田先生の授業のある日になってしまったとき、「これは困りますが、今回限りということで出席します」と、とても怖い声でお叱りを受けたことがありました。温厚な豊田先生のことですから、二度も怒られた経験のあるのは私くらいだろうと思います。しかし、研究会のころに、一、二度、東京国際大学の先生の研究室にもうかがった際に、「筑波大学と違ってなかなか大変ですよ」と言われたことを記憶しています。先生の不機嫌もこんなところに原因があったのかもしれません。しかし、私は真新しい研究室に新しい本が整然と並んでいる研究室を見てとてもうらやましく思えました。

私的なこと

これは誰でもが言うことですが、先生は若い人の面倒見がとてもよかった。私がその若い人に入っているとは思えないのですが、いくつかの大学のポストを紹介していただきました。そのときの先生の口癖は「僕の紹介は結構確率が高いんですよ」でした。残念ながら私の場合にはうまくいきませんでした。ただ、私自身がＪＩＣＡから大阪大学に移ってからも、若い人の仕事のこと、お見合いのことなどで何度かお話をうかがったことがあります。

先生はお酒を上手にたしなまれる方で、飲むほどにお話が弾むようでした。私自身下戸ですので、研究会の後の飲み会以外に、私的にお付き合いしたことは二、三度しかありません。お酒が回ると、先生の若き日のこと、故郷のこと、東畑精一先生（アジア経済研究所の初代所長）のこと、藤沢周平のこと、そして若い人の話をたくさん聞かされました。

豊田先生は途上国の教育開発研究や国際教育協力の本当の意味での第一世代の中心におられた方だと思います。先生のお力添えで多くの研究者、実践者が育っていきました。あの鋭いまなざしながらも優しい話しぶりをお聞きできないかと思うととても悲しくなります。そして、大きな世界の一つが失われた気がしています。

【付記】　この文章は二〇一〇年三月発行の第三世界研究会ニュースレターに寄稿したものを訂正した。

村井吉敬さんのこと

吉敬さんは私の義兄ですので、とても長い期間、常に身近に感じ、またお世話になりました。はじめて吉敬さんにお目にかかったのは、多分私がまだ京大教育学部の学生だったころです。吉敬さんも早稲田の大学院生だったと思います。

吉敬さんと姉は結婚後も、目白の村井家におられました。当時の私の勤め先が西早稲田でしたので、ほとんど毎週出かけていたように思います。そのころの思い出としては、三島由紀夫事件に対して、強く非難するとともに「アジアの人びとはどう思うだろう」と大変心配されていました。

しばらくして二人はインドネシア、バンドンのパジャジャラン大学に文部省派遣留学生として二年間の予定で出発しました。まだ、海外へ出ることがめずらしかった時代で、羽田空港まで見送ったように記憶しています。インドネシアからはよく便りをもらいましたが、海外の生活の楽しさと大変さを知らされました。そして、帰国の際に資料もあったのでしょうが、驚くほどたくさんの荷物で、横浜の税関まで車で荷物を取りに行きました。大きな木箱がいくつもあり、そのなかに立派な木彫りの像などがあって、もう一度驚きました。素敵な踊る女性の立像が今でも自宅にあります。

写真 18－1　お茶の水女子大学の公開講座での村井さん

私はその後国際協力事業団（JICA）に勤務いたしましたので、そのころは吉敬さんと日本のODA政策に関して話した記憶がありません。多分二人とも遠慮していたようです。その後大阪大学に勤務後はさまざまな機会にお話をいたしました。特に、阪大の私の講座（ボランティア人間科学講座）の客員教授として年に何回かおいでいただきました。村井家は京都にも縁があるので、関西においでになることを喜んでおられたようです。[*1] またお茶の水女子大学では公開講座などをお願いしました

写真 18－2　村井吉敬さんと私の娘

（**写真18－1**）。

吉敬さんとゆっくり過ごしたのは、数年前オーストラリアのダーウィンに行ったときです。アパートを借りて吉敬夫妻とわたくしの娘と四人で数日過ごしました。レンタカーを借り、吉敬さんが運転手でしたが、結構運転が荒いので、私が代わって運転しました。目的の日本人墓地での調査を終えて、近郊の国立公園にワニを見に行きました。船の上から係員が肉をつるして、ワニが食べようとすると肉塊を高く上げます。するとワニは非常に高くジャンプします。何度も何度もジャンプさせられてからやっと肉にありつくのです。たわいのない見世物ですが、吉敬さんは声を上げて楽しんでいました。船を降りてから、「ワニも大変だな」とつぶやいていました。

吉敬さんは子どもが好きなようで、私どもの娘や息子をかわいがってもらいました。**写真18－2**は私の長女の桃絵を抱いている三〇歳のときの吉敬さんです。吉敬さんは否定しますが、桃絵という名前は吉敬さんの発案です。

吉敬さんは私どもにとっては常にそばにいてくれた方ですので、吉敬さんが天に召されたことの実感がいまだにわかず、ぽっかり心に穴の開いたようです。

【付記】　この文章は村井吉敬さんの追悼文集によせたものである。

書評　村井吉敬著『インドネシア・スンダ世界に暮らす』岩波現代文庫

著者の村井吉敬さんは、二〇一三年三月に惜しくもお亡くなりになった。六九歳という社会科学の研究者としてもっとも充実した年齢であり、痛恨の極みである。多くの方は村井さんというと『エビと日本人』（岩波新書）を思い出すであろう。これは版を重ねており、同じような「〇〇と日本人」という類書がかなり出るほどの売れ行きである。また、開発関係の人は「顔の見える援助」や「脱ＯＤＡ」という言葉を思い出すであろう。村井さんは鶴見良行さんらとともに日本とアジアの関係についてのパラダイムを転換させた人だと思う。

本書の成り立ち

本書は村井さんがはじめてまとまった書籍として一九七八年一月に上梓された『スンダ生活誌――変動のインドネシア社会』（ＮＨＫブックス、日本放送出版協会）の題名を変更して、新たに出版されたものである。表題になっているスンダとは聞きなれない言葉であるが、ジャワ島の西部のバンドンを中心としたスンダ語を話す民族集団でインドネシアの人口の一六％を占める。スンダ文化はイスラムのなかに、パジャジャラン王国（一四世紀）のヒンドゥーの影響を持つ独特の文化である。スンダという言葉のなかに村井さんの衿持を感ずる。

この岩波現代文庫版には、「パシコムおじさんの見るスハルト開発独裁」（『ワセダアジアレビュー』第一〇記念号）が加えられている。

さらに、本書には村井さんとともにインドネシア研究を行なってきた後藤乾一先生（早稲田大学）が解説を書いて下さった。この解説は、村井さんの研究の足跡を追いながらその意味と位置を丁寧に解説したものである。これは単なる解説をはるかに超えた後藤先生の村井さんへのオマージュであり、鎮魂の詩であると思う。

内　容

さて、本書の内容であるが、村井さんが一九七五年一月から二年間、文部省（当時）派遣留学生としてインドネシア・バンドンのパジャジャラン大学に留学したときの記録である。文部省のインドネシアへの派遣留学生の第一期生と聞いているが、これは学ぶための留学ではなく、生活して感ずるための移住だったと思う。村井さんと内海愛子夫妻が人びとのなかに暮らし、人びとの目でインドネシアを見、日本との関係を考察した記録である。村井さんはマックス・ウェーバーを学び、インドネシアをフィールドとした社会経済学の研究者である。しかし、この記録は村井さんが人びとの生活と仕事のなかで、目にしたこと、話したこと、感じたことをベースに自分自身が変化していくことを記録したものである。すなわち、インドネシアの社会を既存の学問的枠組みで解釈するのではなく、人びととの触れ合いのなかで研究者自身が変化し、枠組み自体を形成していく臨床的な学問のあり方の実践である。

本書の基になったのは村井さんが毎月のようにバンドンから日本の研究者仲間や友人に送った「バンドン便り」である。私もときに封書でときにはがきにびっしりと書き込まれた文章を読んだ記憶がある。

本書の構成とテーマ

本書の構成であるが、章の番号などはないが、五部に分かれており、全部で一五の章に分けることができる。毎月の便り（報告）を基にしているため、そのなかから課題ごとにまとめたものと思われる。しかし、どの章を開いても、そこには人びとと子どもが登場し、その暮らしと生産が取り上げられている。そして、人びとの表情や想いとともに、村井さんの想い、さらには分析が加えられる。
この本のテーマは、「はじめに」の次の文章に集約されていると思う。

私が関心を持っていたテーマは、第三世界、とりわけ東南アジアにとって経済発展、近代化とは何なのか、ということだった。しかし、非経済的要因を極力排除した近代経済学の考える成長モデル、西欧や日本をモデルにした近代化論、先進国資本主義国の利害の上に成り立った「援助」論や「開発」論に疑問を持っていた。自分たちの工夫と努力、自分たちの能力による〝土に根ざした近代化〟が探るべき一つの方法ではないかと思っていた。（五頁）

これは控えめな表現であるが、のちに展開される村井さんの開発論の出発点である。そして、この文章は四〇年前に書かれているのであるが、現在の援助論や開発論を語る研究者や実践者ははたして乗り越えていると胸を張れるかどうか、私は疑問に思う。本書は、このテーマをバンドンの下町やスンダの農村を歩いて具現化したものである。本書に目を通す人は、ユーモアをこめた文章の間から、そして章の終わりにある分析から村井さんのテーマが丁寧に湧き上がってくるのを感ずるであろう。
今一つ特筆すべきことは本書に含まれている写真である。村井さんはカメラ好きで、写真を撮ることが好きだった。各章にちりばめられた写真には農民や子どもの表情が見事にとらえられている。村井さんが人びととしっかりと向かい合っていたことがよく分かる。

本書の魅力

ただ、本書の魅力は、若い日本人学徒による単なるインドネシア研究の書ではなく、自らがインドネシアの人びとから学び、それを内面化していく過程をつづった点にある。その意味ではビルディングノベルに通ずる、自己を対象化しながら、成長の過程を開示し、読む人はその過程によりそう楽しさがある。

たとえば次のくだりはどうだろうか。

村井さんは連日、地方の農家や学校を現地のバスの硬い椅子に座って何時間も行くために、痔が悪化してしまった。いよいよ動けなくなり、手術することになる。

> バンドン市内の病院に一〇月二四日に入院、翌日、オーストラリア人の医師が、肛門の一部をはさみでちょん切った。相当にひどい脱肛だったそうだ。麻酔の切れたあとの痛さは、言葉にならないからここには書けない。(中略)「ミンタ・スンティク」(注射してくれ)と騒いで、看護婦に叱られたと、あとで女房が話してくれた。(八四頁)

そして、一週間で退院、さらに一週間で排便も楽になったとのこと。そして次のように述懐している。「痔を切って、スッキリ、のんびり、あせらず、イライラせず、ここの人びとの心を確実な手ごたえで知ろうと思う。雨は降り、地は固まる」(八五頁)と。最後のことばは「痔を切って、心は固まる」のおやじギャグだと思うが、村井さんの顔が思い浮かぶ文章である。

村井さんの思い出

私事にわたるが、村井さんは私の義兄にあたることもあり、二〇代からの知り合いである。歳はあまり違わないが、何かと兄事してきた。村井夫妻のインドネシア行きの際には羽田空港に見送りに行った記憶がある。昆虫少年であった村井さんはインドネシアに行くときも昆虫網を抱えて行ったという噂があったが、私は記憶がなく、本人も否定していた。しかし、インドネシア研究を一生の仕事にするという強い意志が感じられた。帰国後二年ほどして『スンダ生活誌』をいただいたときには、その思いが、若々しい文章となって定着していることを感じた。

後のことであるが、三島由紀夫事件の際、「この事件をアジアの人びとはどういう思いで見るだろうか」と語気を荒げて非難していたことが忘れられない。アジアの人びとの目から日本を見るという視点を忘れない人であった。

村井さんと最後に食事をしたのは、二〇一二年の暮れに、京都で用事があり、私の妻や娘と食事をした。その際、胃の手術をしたと聞いていたので、何か柔らかいものをと思ったが、私の妻が肉好きだということで、とんかつを注文してくれた。そして美味しそうに食べていた。ゆったりした雰囲気のなかに人への思いやりを持った方であった。

おわりに

本書は村井さんの処女作であるが、のちに豊かに展開された村井さんの研究スタイルを確立した記念碑でもある。同時に一九七〇年代のインドネシアの生活を活写したまさに生活誌である。インドネシアの「人びとの心を確実な手ごたえで知ろう」と願った村井さんの仕事は「小さい民」からの発想という、新しい文化を作った。村井さんの学問はインドネシアを超えて、アジアの人びと、困難な状況にある人びとへの共感と学び合いの場を形成することになった。多くの人に、特に若い人に手に取ってもらいたい本である。

【付記】 この書評は『ボランティア学研究』(二〇一六)第一六巻、国際ボランティア学会、一〇七-一〇八頁に掲載された。

＊1　村井さんの曽祖父にあたる村井吉兵衛が祇園に長楽館という別荘を建て、それは現在もレストランとして営業しています。

あとがき

パスカルは『パンセ』のなかで、「人生でもっとも大切なことは職業である。自分にとってどの職業がよいかを知るためには、自分自身をよく知り、社会をしっかり知らねばならない。しかし、そのどちらも不可能である。そのため人びとの職業は偶然によって決められている」と言う。まさにそうかもしれないと思う。

ただ、そのように偶然に与えられた仕事を、天職として心をこめて行なうのが人間のあり方だとも思う。私自身曲がりくねった道を過ごしてきた。しかしながら、私は、ある仕事をするときには、それまでの経験や学びのすべてがそこで生かせるような大きな計画のうちに生かされていると感じるのである。

多くの人と子どもとのかかわり合いのなかで、仕事をし、学んできた。本書を『学びの発見――国際教育協力論考』としたのは、教育をテーマとしてきたことと、私自身がそのなかで学んだことを表わしたかったからであり、さらに感謝の意もこめたつもりである。

資料のなかの海外調査および技術協力歴を見ても分かるように、何度も海外に出かけてきた。すべて仕事であり、プライベートあるいは家族旅行として海外に出かけたことはなかった。それだけに家族には、特に妻には迷惑をかけ続けてきた。あらためて感謝の気持ちを記しておきたい。

この拙い本書の出版を引き受けていただいたナカニシヤ出版中西健夫社長ならびに心をこめて編集してくださった石崎雄高さんに心より感謝する次第である。

二〇一七年三月二日　京都深草にて

内海成治

Education, Colliert Macmillan.

▩ウェブサイト

アサヒスーパードライ「うまい！を明日へ！」ホームページ　http://www.asahibeer.co.jp/superdry/umaasu/
外務省　http://www.mofa.go.jp
国際通貨基金（International Monetary Fund： IMF）　http://www.imf.org/external/index.htm
国連開発計画（Unite Nations Development Programme： UNDP）　http://www.undp.org/
商業施設新聞　http://www.shogyo-shisetsu.jp/article/data/data183.html
世界銀行（World Bank）　http://www.worldbank.org
生活クラブ新生会「生産者事典」　http://www.s-shinseikai.com/
全日本コーヒー協会　http://coffee.ajca.or.jp/data/index.html
総務省統計局　http://www.stat.go.jp/data/jigyou/2006/index.htm
ドトールコーヒー　http://www.doutor.co.jp/ir/jp/financial/market.html
東ティモール全国協議会　http://www.asahi-net.or.jp/~ak4a-mtn/news/quarterly/number7/contents7.html
ピースウィンズ・ジャパン　http://www.peace-winds.org/jp/labo/timor.html
フェアトレード・ラベル・ジャパン　http://www.fairtrade-jp.org
米国農務省（United States Department of Agriculture： USDA）　http://www.usda.gov/wps/portal/usdahome
ボルヴィック「1ℓ for 10ℓ」ホームページ　http://www.volvic.co.jp/csr/1lfor10l/index.html
IDMC　http://www.internal-displacement.org/
JICA　http://www.jica.go.jp/
UNDP in Uganda　http://www.undp.or.ug/
UNHCR　http://www.unhcr.org/
UNOCHA　http://ochaonline.un.org/
USAID　http://www.undp.or.ug/
World Fair Trade Organization（WFTO）　http://www.wfto.com/

(1997) *Narok District Development Plan 1997 – 2001*.
Ohta, I (1993) ""Tradition vs Modernization" Dualism in the Studies of African Pastoral Societies," *Nilo-Ethiopian Studies Newsletter*, 1, pp.2 – 5.
Oxfam (2003) *Overview of the Coffee Sector in Timor Leste*, Oxfam.
Pritchard, Evans E. E. (1940) *THE NUER*, Clarendon Press.（向井元子訳『ヌアー族――ナイル系一民族の生業形態と政治制度の調査記録』岩波書店，1978 年）
Psacharopoulos, G. (1988) "Education and development," World Bank Research Observer 3.
Saitoti, Tepilit Ole (1980) *MAASAI*, Elm Tree Book, London.
Sankan, S. S. Ole (1971) *THE MAASAI*, Kenya Literature Bureau, Nairobi.（佐藤俊訳『我ら，マサイ族』どうぶつ社，1989 年）
Sato, S. (1997) "How the East African Pastoral Nomads, Especially the Rendille, Respond to the Encroaching Market Economy", *African Study Monographs* VOL.18 NO.3 – 4, pp.121 – 135.
Schultz, Theodore W. (1971) *Investment in Human Capital*, The Free Press, NY.
Sheffield, James R. (1973) *Education in Kenya : an Historical Study*, Teachers College Press, Teachers College, Columbia University, NY.
Sifuna, D. N. (1984) "Indigenous Education and Development : The Kajiado District Example," Institute of African Studies, University of Nairobi.
Sinclair, M (2002) *Planning Education in and after emergencies*, IIEP, Paris.
Stockton, N. (2002) *Strategic Coordination in Afghanistan*, AREU.
UNICEF (2008) *Situation Assessment and Analysis of Children and Women in Timor -Leste*, UNICEF.
UNDP (2007) *Human Development Report 2007/2008*, UNDP.
Utsumi, Seiji (2010) "Education aid for Afghanistan : a case study in new issues and challenges for Japanese foreign aid," Leheny, D. and K. Warren ed. *Japanese Aid and the construction of Global Development, inescapable solutions*, Routledge & Kegan Paul, London.
Willis Paul (1977) *Learning to Labor : How Working Class Kids Get Working Class Jobs*.（熊沢誠・山田潤訳『ハマータウンの野郎ども』筑摩書房，1985 年，ちくま学芸文庫，1996 年）
World Bank (2005) *Reshaping the Future*, World Bank Washington, DC.
――――― (2007) *International Finance Corporation's Doing Business*, World Bank.
――――― (2009) *World Development Indicators database, April 2009*, World Bank.
Young, M. F. O. (1971) *knowledge and Control : New Directions for the Socilogy of*

36－4 ,pp.715－738.

Holland, Killian（1996）*The Maasai on the Horns of a Dilemma : Development and Education*, Gideons Were Press, Nairobi.

Hull, Richard W.（1972）*Munyakare : African Civilization Before the Batuuree*, John Wily & Sons INC. NY.

IMF（2008）*Democratic Republic of Timor-Leste. Selected Issues and Statistical Appendix*, IMF.

Internal Displacement monitoring center（IDMC）（2009）*Internal Displacement Global Overview of Trends and Developments in 2009*.

Kar, Kamal & Robert Chambers（2008）*Handbook on Community-Led Total Sanitation*, Institute of Development Studies.

Little, Angela, and W. Hoppers, R. Gardner eds.（1994）*Beyond Jomtien : Implementing Primary Education for All*, Macmillan, London.

Ministry of Education Uganda（1995）“1995 Educational Statistional Abstract.”

――――（1996a）“1996 Educational Statistional Abstract.”

――――（1996b）“Tutor's Handbook.”

――――（1997）“Headcount of Educational Institutions in Uganda.”

Ministry of Education and Human Resource（1998）“National Primary Education Baseline Report”, Government of Kenya.

Ministry of Education, Science & Technology（2000）“Education for All for the Year 2000 and Beyond”, Government of Kenya.

Ministry of Education and Sports（1999）“A Report on Evaluation of Modalities and Technologies for Classroom Construction in Support of Universal Primary Education.”

von Mitzlaff, Ulrike von（1988）*Maasai Women : Life in a Patriarchal Society : Field Research Among the Parakuyo Tanzania*, Trickster Tanzania Publishing House.

Mol, Frans（1996）*Maasai, Language & culture Dictionary*, Maasai Centre Lemek.

National Council for Population and Development（1998）*Demographic and Health Survey*.

Nyamongo, Isaac K.（2001）“Factors influencing education and age at first marriage in an arid region : The case of the Borana of Marsabit District,Kenya,” African Studies（be in press）.

Oaklay, P（1991）*Projects with People*.（勝間・斉藤訳『「国際開発論」入門』築地書館，1993 年）

Office of the Vice-President and Ministry of Planning and National Development

ランサム，デイヴィッド（2004）『フェアトレードとは何か』市橋秀夫訳，青土社
リトヴィーノフ，マイルズ／ジョン・メイドリー（2007）『フェアトレードで買う50の理由』市橋秀夫訳，青土社
レヴィ＝ストロース（1977）『悲しき熱帯』川田順造訳，中央公論社

■外国語文献

Bernstein B.（1971）*Theoretical Studies Towards a Sociology of Langnage*, Routledge & Kegan Paul, London.（萩原元昭編訳『言語社会化論』明治図書，1981年）

Carr-Hill, R. and E. Peart（2005）*The Education of Nomadic Peoples in East Africa : Review of Relevant Literature*, Paris : UNESCO/IIEP.

Carr-Hill, R. with A. Eshete, C. Sedel and A. de Souza(2005). *The Education of Nomadic Peoples in East Africa : Synthesis Report*, Paris : UNESCO/IIEP.

Colclough, C. and K. Lewin（1990）"Education for All in Low Income and Adjusting Countries, the Challenge for 1990s," Draft document repaired for the World.

———（1993）*Educating all the Children : Strategies for Primary Schooling in the South*, Clarendon Press, Oxford.

Conference on Education for All, Jomtien, Thailand.

Condorcet（1791）*Nature et objet de l'instruction publique*.（松島鈞訳『公教育の原理』明治図書，1962年）

Coombs, P. H and A. Manzoor（1974）*Attacking Rural Poverty : How Nonformal Education Can Help*, Johns Hopkins University Press.

Dewey, John（1916）*Democracy and Education : An Introduction to the Philosophy of Education*.（松野安男訳『民主主義と教育（上・下）』岩波文庫，1975年）

DJBC（2001）*Coffee-A Principal Beverage of the World*, DJBC.

Dore, Ronald(1976)*The Diploma Disease : Education, Qualification and Development*, George Allen & Unwin Ltd., London. 1976.（松居弘道訳『学歴社会――新しい文明病』岩波書店，1990年）

Fagerlind, I. and L. J. Saha（1989）*Education and National Development*, Pergamon Press.

Flanders, Ned A.（1970）*Analyzing Teaching Behavior*, Addison-Wesley Publishing Company.

Friedman, John(1993)*Empowerment : The Politics of Alterrmtive Development*, Blackwell.（斎藤・雨森訳『市民・政府・NGO』新評論，1995年）

Goldschmidt, Pete and Jia Wang（1999）"When Can Schools Affect Dropout Behavior? A Longitudinal Multilevel Analysis," *American Educational Research Journal*

浜田空（2006）「東ティモールコーヒーの挑戦――そこにあるものを，そこにしかないものへ」オルタートレード・ジャパン／パラグラフ『at』太田出版
原忠彦（1979）「イスラム圏における教育の事例――バングラデシュと北ナイジェリア」『アジア・アフリカ言語文化研究』第 17 号
日野舜也（1992）「アフリカの伝統的社会と近代化」日野舜也編『アフリカの文化と社会』（アフリカの 21 世紀第 2 巻）勁草書房
日野舜也編（1992）『アフリカの文化と社会』勁草書房
フーコー，ミッシェル（1969）『臨床医学の誕生』神谷美恵子訳，みすず書房
伏見小百合（2010）「社会貢献型商品，「手軽に参加」「納得」がカギ」『日経　消費ウォッチャー』2010 年 6 月号，日本経済新聞社　産業地域研究所，14－21 頁
古屋欣子（2011）「フェアトレードの歴史と展開」佐藤寛編『フェアトレードを学ぶ人のために』世界思想社
堀内正樹（1984）「個人をあつかう民族誌の課題――中東研究におけるライフ・ヒストリーなどの問題点について」『アジア・アフリカ言語文化研究』第 27 号
ボリス，ジャン＝ピエール（2005）『コーヒー，カカオ，コメ，綿花，コショウの暗黒物語――生産者を死に追いやるグローバル経済』林昌宏訳，作品社
松園万亀雄（1999）「国際協力と人類学の接点を求めて」『国際協力研究』15 巻 2 号，1－10 頁
松野明久（2002）『東ティモール独立史』早稲田大学出版部
松林京子（2000）「南太平洋地域におけるヴァナキュラー教育の現状と課題――パプアニューギニアとヴァヌアツ共和国の比較から」『ΣγN ボランティア人間科学紀要』創刊号，大阪大学大学院人間科学研究科，69－90 頁
村田武（2005）『コーヒーとフェアトレード』筑波書房
山口恒夫（2000）『ザリガニはなぜハサミをふるうのか――生きものの共通原理を探る』中公新書
山田満（2006）『東ティモールを知るための 50 章』明石書店
山本純一（2008）「東ティモールと日本をむすぶコーヒーのフェアトレードに関する一考察」デジタルアジア地域戦略構想センター『デジタルアジア構築と運用による地域戦略構想のための融合研究』文部科学省学術フロンティア推進事業研究成果報告書
吉田昌夫（1978）『アフリカ現代史（2）東アフリカ』山川出版社
吉田昌夫（1991）「研究対象地域としてのアフリカ」吉田昌夫編『地域研究シリーズ 11――アフリカ I』アジア経済研究所
ラビノー，P.（1980）『異文化の理解――モロッコのフィールドワークから』井上順孝訳，岩波現代叢書

よる取り組みとその課題」」『国際政治』第159号，57－71頁
杉山智彦（2002）『カシミール3D-GPS応用編』実業之日本社
スティグリッツ，ジョセフ／アンドリュー・チャールトン（2007）『フェアトレード――格差を生まない経済システム』高遠裕子訳，日本経済新聞出版社
スピノザ（2006）『エチカ――倫理学』（上）畠中尚志訳，岩波文庫ワイド版
高橋奈緒子・益岡賢・文珠幹夫（1999）『東ティモール　奪われた独立・自由への闘い2』明石書店
滝澤三郎（2007）「難民と国内避難民をめぐる最近のUNHCRの動き――［強制移動のサイクル］の観点から」国際公共政策研究第12巻第1号，75－92頁
田中克彦（1989）『国家語をこえて』筑摩書房
谷本寛治（2006）『CSR　企業と社会を考える』NTT出版
丹埜靖子（1990）『ケニアの教育――文献からのアプローチ』アジア経済研究所
寺田寅彦（1932）「映画芸術」小宮豊隆編（1993）『寺田寅彦随筆集第三巻』岩波文庫ワイド版，201－238頁
土井茂則（1986）「ケニア独立運動に関する一考察――キリスト教ミッションとキクユ族の「女子割礼」をめぐる対立について」『アフリカ研究』第28号
トダロ，マイケル・P（1997）『M・トダロの開発経済学』岡田靖夫監訳，国際協力出版会
友田泰正（1990）「いまなぜ学校文化か」長尾・池田編『学校文化――深層へのパースペクティブ』東信堂，3－10頁
長尾弥生（2008）『フェアトレードの時代』日本生活協同組合連合会
中川真帆・内海成治（2009）「ケニアにおける就学前教育の現状と課題――ラム島・キプンガニ集落を事例として」『国際教育協力論集』第12巻第2号　広島大学教育開発国際協力研究センター，13－27頁
長島信弘（1983）「バンド・村落・年齢組織・首長国・王国」米山・伊谷編『アフリカハンドブック』講談社
中田英雄（2016）「インドネシア，アフガニスタンにおける障がい者の教育普及」村田翼夫編著『多文化社会に応える地球市民教育――日本・北米・ASEAN・EUのケース』ミネルヴァ書房，246－267頁
中坪央暁（2009－2010）「UGANDA通信」国際開発ジャーナル2009年11月号－2010年10月号
日本貿易振興機構（2005）『世界と日本のフェアトレードの新たな課題報告書　平成16年度』日本貿易振興機構
墓田桂（2003）「国内避難民（IDP）と国連――国際的な関心の高まりの中で」外務省月報2003/No.1，33－55頁

思想社
小馬徹（1992）「アフリカの教育」日野舜也編『アフリカの文化と社会』（アフリカの21世紀第2巻）勁草書房
コンドルセ（1951）『人間精神進歩史』渡辺誠訳，岩波文庫
齋藤智美（2012）「国際協力としてのCSR――東ティモールでの千のトイレプロジェクト」内海成治編著『はじめての国際協力――変わる世界とどう向きあうか』昭和堂
佐藤俊（1989）「マサイ」伊谷純一郎他編『アフリカを知る事典』: 383　平凡社
佐藤寛編著（2011）『フェアトレードを学ぶ人のために』世界思想社
澤村信英（2004）「危機に立つケニアの教育――失われた二〇年」『国際教育協力論集』第7巻第2号，広島大学教育開発国際協力研究センター，69－80頁
澤村信英編著（2003）『アフリカの開発と教育――人間の安全保障を目指す国際協力』明石書店
澤村信英・山本伸二・高橋真央・内海成治（2003）「ケニア初等学校生徒の進級構造――留年と中途退学の実態」『国際開発研究』12巻2号，97－110頁
澤村信英（2006）「受験中心主義の学校教育――ケニアの初等教育の実態」『国際教育協力論集』第9巻第2号，広島大学教育開発国際協力研究センター，97－111頁
澤村信英（2007）『アフリカの教育開発と国際協力――政策研究とフィールドワークの統合』明石書店
澤村信英・内海成治（2007）「ケニアのイスラム圏における初等教育普及の現状と課題――コースト州ラム島の事例」『国際教育協力論集』第10巻第2号，広島大学教育開発国際協力研究センター，159－173頁
澤村信英・内海成治編著（2012）『ケニアの教育と開発――アフリカ教育研究のダイナミズム』明石書店
志水宏吉（1990）「学校文化論のパースペクティブ」長尾・池田編『学校文化――深層へのパースペクティブ』東信堂，11－42頁
清水正（2008）『世界に広がるフェアトレード――このチョコレートが安心な理由』創成社
JICAウガンダ・グルオフィス（2009－2010）ニュースレター
JICAアフリカ部（2009a）ウガンダ共和国北部地域復興支援協力準備調査報告書
JICAアフリカ部（2009b）ウガンダ共和国北部地域復興支援第2次協力準備調査報告書
菅原鈴香（2000）「貧困概念をめぐる一考察――開発学と人類学からの貢献とヴェトナムの貧困問題調査の現状と限界」『国際協力研究』16巻1号，69－79頁
杉木明子（2010）「北部ウガンダ紛争における「下からの平和」――「市民社会組織に

内海成治・中村安秀（2011）『国際ボランティア論』ナカニシヤ出版
内海成治・中村安秀・勝間靖編（2008）『国際緊急人道支援』ナカニシヤ出版
FLO（国際フェアトレード認証機構）編（2008）『これでわかるフェアトレードハンドブック：世界を幸せにするしくみ』フェアトレード・リソースセンター訳，合同出版
岡崎彰（1987）「マサイ」『文化人類学事典』弘文堂
オックスファム・インターナショナル（2003）『コーヒー危機――つくられる貧困』日本フェアトレード委員会訳，村田武監訳，筑波書房
オックスファム・インターナショナル編（2006）『貧富・公正貿易・NGO――WTO に挑む国際 NGO オックスファムの戦略』渡辺龍也訳，新評論
景平義文・岡野恭子・宮坂靖子・内海成治（2007）「紛争後のアフガニスタンにおける教育の課題に関する研究――バーミヤン州ドゥカニ地域の事例より」『国際教育協力論集』第 10 巻第 2 号，1－13 頁
金丸智昭（2007）「「フェアトレード」という名において」金敬黙・福武慎太郎・多田透・山田裕史『国際協力 NGO のフロンティア――次世代の研究と実践のために』明石書店
樺山紘一（1998）「革命とナポレオンのヨーロッパ」前田昭雄・土田英三郎他編『ベートーヴェン全集』第 5 巻，講談社，49－58 頁
神谷美恵子（1972）「ミッシェル・フーコーとの出会い」神谷美恵子コレクション『本，そして人』（2005）みすず書房
川東真理（2012）「東ティモールのフェアトレード」内海成治編『はじめて国際協力――変わる世界とどう向き合うか』昭和堂，78－109 頁
ギアツ（1986）『文化の解釈学』吉田他訳，岩波現代選書
桑名恵（2008）「東ティモール」内海成治・勝間靖・中村安秀編著（二〇〇八）『国際緊急人道支援』ナカニシヤ出版
国際協力事業団（1994）『開発と教育分野別援助研究会報告書――提言編および資料編』
小島千尋（2012）「国内避難民の帰還支援――北部ウガンダでの JICA プロジェクト」内海成治編著『はじめての国際協力――変わる世界とどう向きあうか』昭和堂
後藤乾一（1999）『〈東〉ティモール国際関係史：1900－1945』みすず書房
コトラー，フィリップ／ナンシー・リー（2007）『社会的責任のマーケティング――「事業の成功」と「CSR」を両立する』恩藏直人監訳，東洋経済新報社
湖中真哉（1996）「牧畜的世界に読み替えられた近代世界――牧畜民サンブルの社会変化」田中二郎・掛谷誠・市川光雄・大田至編『続自然社会の人類学』アカデミア出版会
湖中真哉（2006）『牧畜二重経済の人類学――ケニア・サンブルの民族誌的研究』世界

内海成治（2002a）「アフガニスタン教育支援を考える」『国際教育協力研究』第7巻第2号

内海成治（2002b）「国際教育協力における文化の問題――ケニアの調査から」『メディアと教育』視聴覚教育協会

内海成治（2003）「国際教育協力における調査手法――ケニアでの調査を例にして」澤村信英編『アフリカの開発と教育――人間の安全保障をめざす国際教育協力』明石書店，59－81頁

内海成治（2004）『アフガニスタン戦後復興支援――日本人の新しい国際協力』昭和堂

内海成治（2005a）「緊急教育支援の動向と課題」『国際教育協力論集』第8巻第2号，15－24頁

内海成治（2005b）『国際協力論を学ぶ人のために』世界思想社

内海成治（2008）『難民および紛争後の国への国際教育協力の動向と課題』平成17年度－19年度科学研究費補助金基盤研究（B）研究成果報告書，大阪大学

内海成治（2009）「ケニアの牧畜社会における学校の意味」澤村信英編『教育開発国際協力の展開』明石書店

内海成治（2010）「「アウグスト・クローグの原則」はアフリカのフィールドワークに適応可能か」『アフリカ教育研究』1号，1－11頁

内海成治（2011）「子どもが学校に行くとはどういうことなのか――近代教育システムと伝統社会の位相」熊谷圭知・三浦徹・小林誠編『グローバル文化学』法律文化社，68－83頁

内海成治（2014a）「フェアトレードと国際ボランティア」山田恒夫編著『国際ボランティアの世紀』放送大学教育振興会

内海成治（2014b）「企業CSRと国際ボランティア」山田恒夫編著『国際ボランティアの世紀』放送大学教育振興会

内海成治（2016）「ケニアの辺境地におけるEFAの再検討」村田翼夫編著『多文化社会に応える地球市民教育――日本・北米・ASEAN・EUのケース』ミネルヴァ書房，222－246頁

内海成治・澤村信英・高橋真央・浅野円香（2006）「ケニアの「小さい学校」の意味――マサイランドにおける不完全学校の就学実態」『国際教育協力論集』第9巻第2号，27－36頁

内海成治・高橋真央・澤村信英（2000）「国際教育協力における調査手法に関する一考察――IST法によるケニア調査をめぐって」『国際教育協力論集』3巻2号，79－96頁

内海成治・高橋真央・津吹直子（2006）『復興支援における教育支援のあり方』客員研究員報告書，国際協力機構・国際協力総合研究所

引用参照文献一覧

▩日本語文献

ITS情報通信システム推進会議編（2006）『図解これでわかったGPS（第2版）ユビキタス情報通信時代の位置情報』森北出版株式会社

朝比奈隆（1995）『楽は堂に満ちて』中公文庫

阿部健一（2007）「「小さな国」東ティモールの大きな資源」加藤剛『国境を越えた村おこし――日本と東南アジアをつなぐ』NTT出版

阿部健一（2009）「地産地消から知産知消へ――つながりという「関係価値」」窪田順平編『モノの越境と地球環境問題――グローバル時代の〈知産知消〉』昭和堂

飯島茂（1962）「少数民族と国民形成――タイ国のカレン族における農民化と初等教育の影響」『アジア・アフリカ言語文化研究』第5号

石塚勝美（2008）『国連PKOと平和構築』創成社

伊谷純一郎（1961）『ゴリラとピグミーの森』岩波新書

井戸根綾子（2000）「ラムにおける観光現象――ケニア観光産業の社会的影響に関する一考察」『大阪外語大学スワヒリ＆アフリカ研究』第10号，大阪外国語大学アラビア・アフリカ語学科スワヒリ語研究室編，1－87頁

井上礼子（2008）「東ティモールのコーヒー産地に見るフェアトレードと小農経営――第三回フェアトレード研究会より」オルタートレード・ジャパン／パラグラフ『at』太田出版

今西錦司（1963）『アフリカ大陸』筑摩書房

内海成治（1993）『教育メディア開発論――国際協力と教育メディア』北泉社

内海成治（1997）『トルコの春，マヤの子どもたち――国際協力と教育メディア』北泉社

内海成治（1998）「コミュニケーション分析から見たケニアの授業の特徴」第35回日本比較教育学会発表要項集

内海成治（2000a）「子どもたちと共にあること――国際教育協力の仕事」『ΣΥΝボランティア人間科学紀要』創刊号，大阪大学大学院人間科学研究科，3－9頁

内海成治（2000b）「教育におけるエンパワーメント――文化的多様性と初等教育」初岡昌一郎・連合総研『グローバル・アジアの社会的発展』日本評論社

内海成治（2001a）『国際教育協力論』世界思想社

内海成治（2001b）「国際教育協力における調査手法――子どものために」第37回日本比較教育学会要項集（ラウンドテーブル『アフリカの教育と国際協力』）

[187] 2015年2月2日－8日，ケニア，ナイロビ：ソマリア難民インタビュー調査(内海科研2012による現地調査)

[188] 2015年2月16日－22日，フランス，パリ OECD・ユネスコ TTEPI：教師教育カリキュラムの国際比較調査（京都教育大学特別経費）

[189] 2015年3月8日－14日，アメリカ，プリンストンおよびニューヨーク：プリンストン大学，IRC本部，INEE事務所での講演及び意見交換（内海科研2012による成果発表）

[190] 2015年9月16日－20日，マレイシア・ペナン：教育調査（村田科研2014による現地調査）

[191] 2015年10月，ケニア，カクマ難民キャンプ：難民の教育状況調査（科研費基盤（A)「発展途上地域における困難な状況にある子どもの教育に関する国際比較フィールド研究」（平成26年度－29年度，研究代表者澤村信英大阪大学教授）による現地調査）

2016年（平成28年）

[192] 2016年2月15日－18日，シンガポール，国立教育学院（京都教育大学特別経費による調査）

[193] 2016年5月26日－5月30日，中国，大連：大連理工大学での国際教育研究フォーラム参加（科研費基盤研究（A)「生涯学習基盤としての大規模オンラインコース（MOOC）の構築と運用に関する研究」（平成26年度－29年度，研究代表者山田恒夫放送大学教授）による成果発表）

[194] 2016年9月2日－14日，ケニア：ナイロビ・カクマ難民キャンプ教育調査（科研費基盤（A)「接合領域接近法による東アフリカ牧畜社会における緊急人道支援枠組みのローカライズ」（平成26年－29年度，研究代表者湖中真哉静岡県立大学教授）による現地調査）

育支援ネットワークワークショップ（内海科研2009による成果発表）

[174] 2011年4月25日－28日，スリランカ：JICAボランティア事業検討委員会調査団長（JICA青年海外協力隊）

[175] 2011年7月7日－14日，ケニア：ナロック県教育調査（内海科研2009による現地調査）

[176] 2011年10月11日－21日，ハイチ：地震支援モニタリング調査（IPF＝ジャパン・プラットフォームによる派遣）

2012年（平成24年）

[177] 2012年3月16日－21日，アメリカ，サンフランシスコ：北カルフォルニア日系人協会のボランティア活動調査（内海科研2009による調査）

[178] 2012年7月26日－8月6日，アメリカ，ニューヨーク・ワシントン（UNDP, USAID）：難民への教育支援調査（科研費基盤研究B（一般）「東アフリカ地域の国際緊急人道支援の再検討――開発における子どもの主流化」（平成24年度－26年度，研究代表者内海成治））（以下内海科研2012による調査）

[179] 2012年9月1日－9月9日，ケニア・ナイロビ（UNHCR, IOM, WCS他）：難民の第3国定住調査（内海科研2012による現地調査）

2013年（平成25年）

[180] 2013年2月21日－3月4日，南スーダン：教育調査（内海科研2012による現地調査）

[181] 2013年7月26日－8月2日，東ティモール：復興支援としてのコーヒーフェアトレード調査（内海科研2012による現地調査）

[182] 2013年9月6日－12日，ケニア：NGOによる学校支援調査（内海科研2012による現地調査）

2014年（平成26年）

[183] 2014年2月17日－22日，アメリカ，コロンビア大学ティーチャースカレッジ：教師教育カリキュラムの国際比較調査（京都教育大学特別経費による合同調査）

[184] 2014年3月3日－6日，タイ，バンコク（教育省・科学技術教育振興研究所IPST他）（科研費基盤研究C（一般）「教育開発における東南アジアモデルの構築――南南教育協力への適用」（平成26年度－28年度，研究代表者村田翼夫）（以下村田科研2014による派遣））

[185] 2014年8月23日－31日，アメリカ，ミネアポリス・ニューヨーク：難民の第3国定住調査（内海科研2012による調査）

[186] 2014年9月5日－13日，ケニア，ナイロビ：ソマリア難民の第3国定住調査（内海科研2012による現地調査）

2015年（平成27年）

[158] 2009年11月8日－11月11日，タイ（UNESCOバンコク事務所）：アジア各国の女性教員の政策と現状国際比較調査報告会（お茶の水女子大学特別教育研究経費による派遣）

[159] 2009年11月27日－12月7日，南部スーダン：アフリカ地域紛争後の教育復興研修コースフォローアップワークショップ（JICA大阪国際センター派遣）

[160] 2009年12月16日－20日，フランス（パリUNESCO本部）南南教育協力会議（内海科研2009による調査）

2010年（平成22年）

[161] 2010年2月17日－21日，タイ（UNESCOバンコク事務所）：アジア各国の女性教員の政策と現状国際比較調査最終報告会（お茶の水女子大学特別教育研究経費による派遣）

[162] 2010年3月12日－3月28日，ケニア・コンゴ民主共和国：日本学術振興会JSPSナイロビ研究連絡センターアドバイザーとして2回目の派遣（JSPS）

[163] 2010年4月30日－5月9日，ケニア：伝統的社会における教育の受容に関する調査（内海科研2009による現地調査）

[164] 2010年5月26日－28日，韓国：女性問題研究所KIGEPでの講義（韓国国際協力機構KOICA研修事業費による招聘）

[165] 2010年7月14日－7月24日，東ティモール：紛争後の教育復興およびフェアトレード等の支援に関する調査（内海科研2009による現地調査）

[166] 2010年8月15日－8月25日，ウガンダ：紛争後の難民帰還支援に関する調査（内海科研2009による現地調査）

[167] 2010年9月13日－19日，ケニア：女子大学国際ワークショップに関する打合せ（お茶の水女子大学特別経費による派遣）

[168] 2010年9月22日－26日，アメリカ合衆国：ヴァッサー大学（お茶の水女子大学特別経費による派遣）

[169] 2010年10月4日－5日，韓国：梨花女子大学（お茶の水女子大学特別経費による派遣）

[170] 2010年10月24日－26日，フィリピン：フィリピン女子大学（お茶の水女子大学特別経費による派遣）

[171] 2010年11月4日－8日，フランス（パリUNESCO本部）：INEEミニマムスタンダード記者発表およびワークショップ（内海科研2009による成果発表）

2011年（平成23年）

[172] 2011年2月10日－17日，アメリカ：日米学生フォーラム＝ヴァッサー大学（お茶の水女子大学特別経費による派遣）

[173] 2011年3月1日－3月11日，フランス（UNESCO本部）：INEE＝国際緊急教

[143] 2007年11月10日－11月20日，ルワンダ・ケニア：アフリカ地域紛争後の教育復興研修コースフォローアップ（内海科研2005による現地調査）

2008年（平成20年）

[144] 2008年1月7日－1月19日，ケニア：ラム島学校調査（内海科研2005による現地調査）

[145] 2008年3月11日－3月18日，インドネシア・オーストラリア：ダーウィン周辺のアボリジニ調査（内海科研2005による合同調査）

[146] 2008年8月17日－9月8日，ウガンダ・ケニア・ザンビア・南アフリカ：南南教育協力調査（科研費基盤研究A「南南教育協力の現状と課題」研究代表者村田翼夫筑波大学教授平成18年－平成20年）による合同調査）

[147] 2008年9月14日－19日，ラオス：JDSラオス専門面接（財団法人国際協力センター派遣）

[148] 2008年11月1日－8日，アメリカ・カナダ：国際ボランティア派遣団体調査（青年海外協力隊協会JOCA委託研究「国際ボランティアの社会貢献」による合同調査）

[149] 2008年11月14日－21日，ウガンダ：アフリカ地域紛争後の教育復興研修コースフォローアップワークショップ（JICA大阪国際センター派遣）

[150] 2008年11月28日－12月8日，エリトリア：高等教育支援基礎調査団（JICA派遣）

2009年（平成21年）

[151] 2009年1月31日－2月15日，ケニア・ウガンダ：戦争により影響を受けた子どもの教育調査（お茶の水女子大学特別教育研究経費による現地調査）

[152] 2009年3月12日－3月19日，韓国・タイ：女性教員の政策と現状国際比較調査会議（お茶の水女子大学特別教育研究経費による派遣）

[153] 2009年4月1日－4月11日，エリトリア：高等教育支援事前調査団（JICA）

[154] 2009年6月11日－6月19日，東ティモール：紛争後の教育予備調査（科研費基盤研究B（一般）紛争後の国・地域における教育の受容と社会変容――「難民化効果」の検討」(平成21年－23年度，研究代表者内海成治))(以下内海科研2009による現地調査）

[155] 2009年7月14日－7月26日，ケニア：ナロックおよびラム島小学校調査（内海科研2009による現地調査）

[156] 2009年8月10日－9月26日，ケニア・南スーダン・ウガンダ・南アフリカ（日本学術振興会JSPSナイロビ研究連絡センターアドバイザー）（JSPS派遣）

[157] 2009年10月31日－11月5日，フランス：南南教育協力に関する基礎調査（内海科研2009による調査）

研費補助基盤研究（A）「アフリカ地域の社会と教育に関する比較研究――フィールドワークによる新たな展開」（平成17－平成20年度，研究代表者澤村信英広島大学准教授）（以下，澤村科研2005）による現地調査）

[130] 2006年7月28日－8月11日，アフガニスタン：バーミアン教育調査（宮坂科研2005による合同調査）

[131] 2006年9月10日－10月3日，エチオピア・ケニア：遊牧民の教育調査（澤村科研2005による現地調査）

2007年（平成19年）

[132] 2007年1月15日－1月21日，ケニア：ラム島教育調査（内海科研2005による現地調査）

[133] 2007年2月9日－2月22日，ケニア・イエメン：教育調査（内海科研2005による現地調査）

[134] 2007年2月25日－3月10日，タイ・ラオス・ヴェトナム：日本信託基金による教育プログラム評価調査，UNESCOバンコク事務所コンサルタント（文部科学省）

[135] 2007年5月20日－5月24日，ブルネイ：第12回国際教育大会基調講演（ブルネイ大学招待）

[136] 2007年6月1日－6月11日，アフガニスタン：教師教育強化プロジェクト中間評価団〈団長〉（JICA）

[137] 2007年6月12日－6月18日，バングラデシュ：女子教育状況調査」（文部科学省国際教育協力イニシャティブ「開発途上国における女子教育のモデルの構築――日本の女子教育経験の応用可能性」（研究代表者三浦徹お茶の水女子大学教授）による現地調査）

[138] 2007年7月3日－7月14日，ケニア：ナロックおよびラム島教育調査（内海科研2005による現地調査）

[139] 2007年7月28日－8月6日，東ティモール：文部科学省「世界を対象としたニーズ対応型地域研究推進事業」「人道支援に対する地域研究からの国際協力の評価」（研究代表者中村安秀大阪大学教授）による合同調査

[140] 2007年9月10日－9月21日，英国：オックスフォード国際教育開発フォーラム（内海科研2005による成果発表）

[141] 2007年9月25日－10月6日，タンザニア：アルーシャ州のマサイの教育調査（科研費基盤研究A（海外学術調査）「接合領域接近法による東アフリカ牧畜社会における緊急人道支援枠組みのローカライズ」（平成19年度－22年度，研究代表者太田至京大教授）による現地調査）

[142] 2007年10月13日－10月27日，ボリビア：教師強化プロジェクト中間評価調査団〈団長〉（JICA）

価調査団〈団長〉（国際協力機構（以下 JICA））

[116] 2004 年 12 月 21 日－12 月 29 日，アフガニスタン：紛争後の教育状況調査（文部科学省拠点システム構築委託事業「紛争解決後の国づくりに係る教育計画モデルの開発」（研究代表者内海成治）による現地調査）

2005 年（平成 17 年）

[117] 2005 年 2 月 9 日－2 月 14 日，アメリカ：ブラウン大学「トランスナショナリズムワークショップ」（安部フェローによる招聘）

[118] 2005 年 2 月 21 日－3 月 5 日，フランス・英国：ユネスコ「イラク高等教育支援ラウンドテーブル」出席および紛争後の教育支援に関する調査（文部科学省派遣）

[119] 2005 年 7 月 3 日－7 月 25 日，ケニア：マサイ地区教育調査（科研費基盤研究 B（一般）「難民および紛争後の国への国際教育協力の動向と課題」（平成 17 年度－19 年度，研究代表者内海成治））（以下，内海科研 2005 による現地調査）

[120] 2005 年 7 月 28 日－8 月 5 日，ネパール：教育に対する紛争の影響調査（内海科研 2005 による現地調査）

[121] 2005 年 8 月 7 日－8 月 22 日，アフガニスタン・パキスタン：バーミアン地区の女性の生活総合調査予備調査（科研費基盤研究 A「アフガニスタン女性の総合的生活調査」（研究代表者宮坂靖子奈良女子大学准教授）（以下，宮坂科研 2005）による合同調査）

[122] 2005 年 8 月 30 日－9 月 10 日，モンゴル：教師教育強化プロジェクト専門家〈教育行政〉（JICA）

[123] 2005 年 10 月 16 日－11 月 1 日，フランス・スイス・アメリカ：復興支援における教育支援調査（JICA 客員研究員）

[124] 2005 年 12 月 18 日－12 月 27 日，シエラレオネ・英国：紛争後の国における教育調査（内海科研 2005 による現地調査）

2006 年（平成 18 年）

[125] 2006 年 1 月 4 日－1 月 8 日，ブルネイ：学校教育におけるコンピュータ利用に関する調査（アジア太平洋通信機構 APT 研究補助によるブルネイ大学との共同調査）

[126] 2006 年 2 月 20 日－3 月 6 日，ケニア：学校調査とスーダン難民への教育調査（内海科研 2005 による現地調査）

[127] 2006 年 3 月 26 日－4 月 3 日，イギリス：紛争後の教育支援政策調査（内海科研 2005 による現地調査）

[128] 2006 年 4 月 30 日－5 月 10 日，アフガニスタン：バーミアンにおける学校調査（宮坂科研 2005 による合同調査）

[129] 2006 年 6 月 26 日－7 月 12 日，ケニア：マサイランド及びラム島教育調査（科

育メディアに関する調査〉（JICA）

[101] 2001年11月16日－11月28日，モンゴル：教育省教育協力専門家（JICA派遣専門家）

2002年（平成14年）－2003年（平成15年）

[102] 2002年4月6日－4月19日，アフガニスタン：技術協力基礎調査団〈教育協力担当〉（JICA）

[103] 2002年5月13日－6月3日，アフガニスタン：教育省専門家〈教育協力〉（文部省参与，JICA派遣専門家）

[104] 2002年8月18日－9月14日，アフガニスタン：教育省専門家〈政策アドバイザー〉（文部省参与，JICA派遣専門家）

[105] 2002年10月12日－10月22日，ケニア：マサイ地区小学校調査（科研費基盤研究A「アフリカ諸国の教育政策と主要援助機関の教育協力政策に関する国際比較研究」（研究代表者澤村信英広島大学助教授）（以下，澤村科研2002）による現地調査）

[106] 2002年11月24日－2003年11月24日，アフガニスタン：教育省専門家〈教育協力アドバイザー〉（文部省参与，JICA派遣専門家）

2004年（平成16年）

[107] 2004年1月4日－1月11日，韓国・カナダ・アメリカ：遠隔教育調査（大阪大学総長裁量経費）

[108] 2004年2月9日－2月23日，ケニア：マサイ地区小学校調査 （澤村科研2002）による現地調査）

[109] 2004年3月9日－3月22日，ボリビア：教育改善計画プロジェクト現地指導調査団〈団長〉（JICA）

[110] 2004年6月14日－6月18日，モンゴル：遠隔教育予備調査（科研費萌芽研究「紛争後の平和構築にむけての国際教育協力に関する基礎研究」（平成16年度－17年度，研究代表者内海成治））（以下，内海科研2004による現地調査）

[111] 2004年7月6日－28日，ケニア・ルワンダ：マサイ地区教育調査およびルワンダ紛争後の教育状況調査（内海科研2004による現地調査）

[112] 2004年7月31日－8月8日，東チモール：紛争後の教育状況調査（内海科研2004による現地調査）

[113] 2004年8月13日－8月25日，スリランカ：紛争後の教育状況調査（内海科研2004による現地調査）

[114] 2004年9月1日－9月20日，モンゴル：教師教育強化プロジェクト専門家〈教育行政〉（JICA派遣専門家）

[115] 2004年10月23日－10月31日，ボリビア：教育改善計画プロジェクト中間評

[85] 1999年3月22日－4月8日，ウガンダ：教育省教育プログラムアドバイザー（JICA派遣専門家）

[86] 1999年4月10日－4月20日，パプアニューギニア：放送教育用教材開発センター整備計画基本設計調査団〈技術参与〉（JICA）

[87] 1999年8月8日－8月23日，ボリビア：教育改革および先住民教育調査（JICA派遣専門家）

[88] 1999年9月9日－10月28日，セイシェル・南アフリカ・タンザニア・アラブ首長国連邦・シンガポール：内閣府青少年対策本部「世界青年の船」指導官

[89] 1999年11月28日－12月3日，フィリピン：母子保健家族計画（Ⅱ）計画指導調査団〈IEC担当〉（JICA）

[90] 1999年12月16日－12月20日，タイ：地球環境戦略センターアジア太平洋環境教育ワークショップモデレーター（財団法人地球環境戦略研究機関・IGES）

2000年（平成12年）

[91] 2000年2月26日－3月9日，ボリヴィア：教育省教育改革推進専門家（JICA派遣専門家）

[92] 2000年3月13日－3月22日，インドネシア：母と子の健康手帳プロジェクトIEC専門家（JICA派遣専門家）

[93] 2000年4月1日－4月16日，ウガンダ：教育省教育改革推進支援専門家（JICA派遣専門家）

[94] 2000年6月1日－9月30日，ケニア：日本学術振興会ナイロビ連絡センター派遣研究員〈所長〉（日本学術振興会）

[95] 2000年8月28日－9月10日，グアテマラ：女子教育セミナー講師（JICA派遣専門家）

[96] 2000年11月19日－11月23日，フィリピン：母子保健家族計画（Ⅱ）計画指導調査団〈視聴覚教育担当〉（JICA）

[97] 2000年12月5日－12月17日，ドミニカ：教育システムコース要望調査団〈団長〉（JICA）

2001年（平成13年）

[98] 2001年6月29日－7月28日，ケニア：マサイ地区小学校調査（文部省科学研究補助費（以下科研費）基盤研究A「アフリカ諸国の教育政策と主要援助機関の教育協力政策に関する国際比較研究」（研究代表者澤村信英広島大学助教授）による現地調査）

[99] 2001年8月6日－8月18日，マラウィイ・ガーナ：女子教育研修基礎調査団〈団長〉（JICA）

[100] 2001年8月20日－9月14日，フィリピン：母子保健家族計画（Ⅱ）専門家〈教

長〉（JICA）

[69] 1996年6月8日－6月24日，カメルーン・マリ：小学校建設事前調査団〈教育計画担当〉（JICA）

[70] 1996年7月3日－7月17日，ラオス：教育分野基礎調査団〈団長〉（JICA）

[71] 1996年7月28日－8月6日，バングラデシュ・ネパール：エイズ対策モデル研修コース形成調査〈エイズ教育担当〉（JICA）

[72] 1996年8月11日－8月24日，グアテマラ：小学校建設基本設計調査団〈団長〉（JICA）

[73] 1996年12月13日－12月24日，タンザニア：国別援助研究会調査団〈教育開発担当〉（JICA）

1997年（平成9年）

[74] 1997年4月2日－4月12日，インドネシア：初中等理科教育プロジェクト事前調査団〈団長〉（JICA）

[75] 1997年5月19日－5月23日，フランス：OECD／DAC開発指標セミナー（JICA）

[76] 1997年7月9日－7月20日，ケニア：中等理数科教育プロジェクト事前調査団〈教育行政担当〉（JICA）

[77] 1997年8月1日－8月17日，グアテマラ：女子教育調査およびセミナー講師（科学研究費補助基盤研究C「国際協力における非識字者に対する映像および画像理解に関する企画調査」（研究代表者内海成治による調査））

[78] 1997年9月12日－9月17日，フィリピン：母子保健家族計画（Ⅱ）計画打合せ調査団〈IEC担当〉（JICA）

[79] 1997年11月16日－11月20日，タイ：アジア保健研修センター評価調査〈研修計画担当〉（JICA）

[80] 1997年12月1日－12月7日，英国：教育分野開発調査に関する調査団〈団長〉（JICA）

[81] 1998年4月10日－4月20日，ジャマイカ：南部地域健康増進プロジェクト実施協議調査団〈協力企画担当〉（JICA）

1998年（平成10年）

[82] 1998年7月6日－9月18日，ケニア・ウガンダ・ガーナ：教育省教育行政アドバイザー（JICA派遣専門家）

[83] 1998年12月5日－12月12日，パプアニューギニア：放送教育用教材開発センター整備計画基礎調査団〈技術参与〉（JICA）

1999年（平成11年）

[84] 1999年3月12日－3月20日，ドイツ：ODAによる人材育成に関する先進国調査団〈団長〉（JICA・国際開発機構FASID）

[52] 1994年9月17日－10月2日，カンボディア：プロジェクト（教育）形成調査団〈団長〉(JICA)

[53] 1994年10月24日－11月9日，オーストラリア・パプア・ニューギニア・ヴァヌアツ・フィジー：プロジェクト形成調査団（教育担当，JICA)

[54] 1994年12月11日－12月23日，トルコ：人口教育促進プロジェクト（Ⅱ）計画打合せ調査団（JICA)

1995年（平成7年）

[55] 1995年2月15日－2月22日，タイ：エイズ対策プロジェクト計画打合せ調査団〈エイズ教育担当〉(JICA)

[56] 1995年2月2日－3月8日，ジンバブエ：ドイツ技術協力公社（GTZ）職業訓練プロジェクト合同評価団〈団長〉(JICA)

[57] 1995年4月2日－4月19日，インドネシア：教育プロジェクト形成調査団〈団長〉(JICA)

[58] 1995年5月6日－5月21日，テュニジア・トルコ：人口教育プロジェクトIEC専門家（JICA派遣専門家)

[59] 1995年5月26日－6月8日，バングラデシュ：農業大学院プロジェクト評価調査団〈教育計画担当〉(JICA)

[60] 1995年7月9日－8月2日，グアテマラ：女子教育プロジェクト形成調査団〈教育計画担当〉(JICA)

[61] 1995年8月17日－8月25日，インドネシア：障害者職業訓練センター建設計画基本設計調査団〈団長〉(JICA)

[62] 1995年8月26日－9月7日，テュニジア：人口教育促進プロジェクト計画打合せ調査団〈IEC担当〉，(JICA)

[63] 1995年10月24日－10月31日，フィリピン：人口家族計画プロジェクト巡回指導調査団〈IEC担当〉(JICA)

[64] 1995年11月6日－11月18日，メキシコ：教育テレビ訓練センタープロジェクト終了評価調査団〈団員〉(JICA)

[65] 1995年11月21日－12月7日，タイ・インドネシア：教育プロジェクト形成調査団〈団長〉(JICA)

[66] 1995年12月11日－12月24日，トルコ：人口教育促進プロジェクト（Ⅱ）計画打合せ調査団（JICA)

1996年（平成8年）

[67] 1996年2月12日－2月23日，ジプティ：中学校建設計画終了時評価調査団〈団長〉(JICA)

[68] 1996年2月24日－3月16日，ホンデュラス：特定テーマ（教育）評価調査団〈団

1993 年（平成 5 年）

[35] 1993 年 1 月 19 日－1 月 27 日，象牙海岸：環境教育機材供与背景調査団〈教育機材担当〉（JICA）

[36] 1993 年 2 月 21 日－3 月 8 日，フランス・ケニア・ガーナ：「開発と教育」援助研究会調査団（JICA）

[37] 1993 年 5 月 21 日－6 月 2 日，トルコ：人口教育促進計画第 2 フェーズ事前調査団〈IEC 担当〉（JICA）

[38] 1993 年 6 月 6 日－6 月 12 日，タイ：母子保健家族計画プロジェクト IEC 技術専門家（JICA 派遣専門家）

[39] 1993 年 7 月 10 日－7 月 20 日，パプア・ニューギニア：国立高校建設計画基本設計調査団〈団長〉（JICA）

[40] 1993 年 7 月 21 日－7 月 25 日，米国：世銀およびアメリカ国際援助庁教育セミナー講師（JICA）

[41] 1993 年 8 月 14 日－9 月 2 日，タンザニア・ケニア・ウガンダ：第 3 国研修評価調査団〈団長〉（JICA）

[42] 1993 年 9 月 16 日－9 月 27 日，トルコ：人口教育促進計画第 2 フェーズ実施協議調査団〈IEC 担当〉（JICA）

[43] 1993 年 11 月 1 日－11 月 11 日，パプアニューギニア国立高校建設計画基本設計調査団〈ドラフト説明，団長〉（JICA）

[44] 1993 年 11 月 20 日－11 月 29 日，テュニジア：人口教育促進計画打合せ調査団〈IEC 担当〉（JICA）

[45] 1993 年 12 月 12 日－12 月 21 日，パキスタン：北西辺境州小学校建設計画基本設計調査団〈教育計画担当〉（JICA）

1994 年（平成 6 年）

[46] 1994 年 3 月，ネパール：教育援助専門家養成研修調査団〈団長〉（JICA）

[47] 1994 年 3 月 26 日－4 月 1 日，ラオス・カンボディア・タイ：市場経済移行にともなう人材育成計画基礎調査団〈教育計画担当〉（JICA）

[48] 1994 年 4 月 19 日－5 月 1 日，トルコ：人口教育促進計画第 2 フェーズ専門家〈技術協力計画〉（JICA 派遣専門家）

[49] 1994 年 6 月 12 日－6 月 20 日，ドミニカ：無償資金協力（放送教育）終了時評価調査団〈団長〉（JICA）

[50] 1994 年 7 月，テュニジア：人口教育促進プロジェクト計画打合せ調査団〈団長〉（JICA）

[51] 1994 年 8 月 1 日－8 月 30 日，象牙海岸：都市計画環境省環境教育専門家（JICA 派遣専門家）

画実施促進調査団〈放送教育機材担当〉(JICA)

[19] 1988年7月3日－7月30日，インドネシア：教育案件形成基礎調査団〈高等教育開発計画担当〉(JICA)

[20] 1988年8月7日－8月28日，フィリピン・シンガポール・タイ：視聴覚技術コースフォローアップ調査団〈団長〉(JICA)

[21] 1988年9月3日－9月17日，スリランカ：国立教育研修研究所整備計画事前調査団〈教育研究協力担当〉(JICA)

[22] 1988年11月20日－11月26日，タイ：スコタイタマチラート放送大学機材整備計画基本設計調査団〈放送機材担当〉(JICA)

[23] 1988年12月5日－12月18日，ケニア：人口教育促進計画実施協議調査団団員(視聴覚機材計画，JICA)

1989年（平成元年）－1991年（平成3年）

[24] 1989年1月15日－1月22日，フィリピン：家族計画プロジェクト評価調査団〈IEC担当〉(JICA)

[25] 1989年2月18日－3月1日，スリランカ：国立教育研究所整備計画基本設計調査団〈教育研究協力〉(JICA)

[26] 1989年3月2日－3月8日，バングラデシュ：リューマチ熱・リューマチ性心疾患抑制計画視聴覚教育専門家(JICA派遣専門家)

[27] 1989年5月22日－1991年5月21日，トルコ：人口教育促進プロジェクト長期専門家(チームリーダー，JICA派遣専門家)

[28] 1991年10月16日－10月31日，マラウイ・ジンバブエ：南部アフリカ人造り協力基礎調査団〈団長〉(JICA)

[29] 1991年11月11日－1992年2月10日，タイ・マレイシア：企画調査員(教育援助，JICA派遣専門家)

1992年（平成4年）

[30] 1992年6月9日－6月13日，フランス：OECD開発委員会(DAC)基礎教育会合(JICA)

[31] 1992年8月24日－8月29日，タイ：家族計画母子保健プロジェクト〈IEC専門家〉(JICA派遣専門家)

[32] 1992年9月7日－10月4日，フィリピン：教育プロジェクト形成調査団〈教育計画担当〉(JICA)

[33] 1992年10月29日－11月5日，タイ：エイズ対策プロジェクト事前調査団〈エイズ教育担当〉(JICA)

[34] 1992年12月3日－12月18日，エジプト：プロジェクト形成調査団〈教育援助担当〉(JICA派遣)

RECSAM（South East Minister of Education Organization/Regional Center for Education in Science and Mathematics）調査（財団法人視聴覚科学技術センター派遣）

［5］1981年7月28日－1984年7月27日，マレイシア：東南アジア文部大臣機構地域理数教育センター（SEAMEO/RECSAM）教育テレビ専門家（国際協力事業団（以下JICA）派遣専門家）

1985年（昭和60年）

［6］1985年8月1日－9月8日，タイ：カセサート大学国立農業普及訓練センター教育メディア専門家（JICA派遣専門家）

1986年（昭和61年）

［7］1986年7月27日－8月3日，シンガポール：国家生産力局生産性向上プロジェクト視聴覚技術専門家（JICA派遣専門家）

［8］1986年8月4日－9月6日，タイ：マヒドン医科大学公衆衛生訓練センター視聴覚技術専門家（JICA派遣専門家）

［9］1986年11月24日－12月6日，ホンデュラス：国立教育実践研究所建設計画事前調査団〈教育計画担当〉（JICA）1987年（昭和62年）

1987年（昭和62年）

［10］1987年1月9日－2月11日，フィジー：稲作研究開発プロジェクト視聴覚技術専門家（JICA派遣専門家）

［11］1987年5月25日－6月6日，ホンデュラス：国立教育実践研究所建設計画基本設計調査団〈教育計画担当〉（JICA）

［12］1987年9月16日－9月27日，ホンデュラス：国立教育実践研究所建設計画基本設計調査団〈ドラフト説明，団長〉（JICA）

［13］1987年11月27日－12月13日，ネパール：人口家族計画プロジェクト視聴覚技術専門家（JICA派遣専門家）

1988年（昭和63年）

［14］1988年1月13日－2月20日，ケニア：園芸開発計画研修技術専門家（JICA派遣専門家）

［15］1988年2月21日－2月27日，ケニア：人口家族計画事前調査団〈IEC計画担当〉（JICA）

［16］1988年2月28日－3月7日，トルコ：人口家族計画基礎調査団〈視聴覚訓練担当〉（JICA）

［17］1988年3月23日－4月22日，タイ：マヒドン医科大学公衆衛生訓練センター視聴覚技術専門家（JICA派遣専門家）

［18］1988年6月13日－6月17日，タイ：スコタイタマチラート放送大学機材整備計

——いま私たちでできること」東京女子大学『女性学ジェンダーの視点に立つ教育展開』特別シンポジュウム，2005 年 11 月 29 日

[18] 内海成治（2007）「理数科分野の教育協力の意義と課題」公開シンポジウム『日本の教育と世界をつなぐ——これからの理数科教育協力』報告書，国際協力機構，6－14 頁

[19] 内海成治（2007）「ポストコンフリクト教育支援のためのディスコース」大阪大学文系研究戦略ワーキング「人間の安全保障」第 3 回ワークショップ，大阪大学総合学術博物館待兼山修学館 3 階セミナー室，2007 年 12 月 15 日

[20] 内海成治（2008）「アフガニスタンの教育の課題」『アフガニスタンの高等教育と女性のキャリア形成』シンポジュウム基調講演（2008 年 1 月 30 日奈良女子大学）

[21] 内海成治（2008）「変わるアフガニスタンの高等教育」『シンポジュウム日本の大学によるアフガニスタン高等教育復興支援』基調講演（2008 年 3 月 4 日，国連大学）

■翻訳

[1] 内海成治監訳（2006）『緊急教育支援ミニマムスタンダード』（INEE “Minimum Standard for Education Emergencies, Chomical Crises and Early Reconstruction”）大阪大学人間科学研究科（INEE WEB サイトに掲載）

[2] 内海成治監訳（2011）『緊急教育支援ミニマムスタンダード 2010』（INEE “Minimum Standard for Education Emergencies, Chomical Crises and Early Reconstruction” お茶の水女子大学国際協力センター

2　海外調査および技術協力歴

1977 年（昭和 52 年）

[1] 1977 年 8 月，アメリカ：視聴覚教育研修会講師（財団法人キリスト教視聴覚センター派遣）

1978 年（昭和 53 年）

[2] 1978 年 5 月 2 日－5 月 8 日，韓国：日韓盲人信徒交流会コーディネーター（財団法人キリスト教視聴覚センター派遣）

1979 年（昭和 54 年）－1980 年（昭和 55 年）

[3] 1979 年 4 月－1980 年 1 月，カナダ・英国：カナダ合同教会日本紹介教育テレビ番組制作アドバイザー（財団法人視聴覚科学技術センター派遣）

1981 年（昭和 56 年）－1984 年（昭和 59 年）

[4] 1981 年 6 月，マレイシア・シンガポール：東南アジア文部大臣機構 SEAMEO/

支援――あまりにも不足している専門家，JICA はメディアセンターを持つべき」『国際開発ジャーナル』1989 年 7 月号，46－51 頁

[3] 内海成治（1991）「帰国専門家に聞く――人口教育に視聴覚メディアの活用を」『EXPERT』国際協力事業団，1991 年 8 月号，2－7 頁

[4] 内海成治（1993）「母子保健における国際協力（15）――人口教育促進プロジェクト――トルコ」『母子保健』1993 年 5 月 1 日号，14－15 頁

[5] Utsumi Seiji（1995）“Basic Education in Sub-Sahara Africa and Japanese's Initiatives for Educational Cooperation” JICA 基礎教育国際フォーラム

[6] 内海成治（1997）「日本の視聴覚教育の海外援助の現状について」国立民族学博物館・共同研究『新しい視覚情報開発のための民族誌映画の分析と活用』（研究代表者大森康裕）1997 年 1 月 24 日研究会

[7] UTSUMI Seiji（1999）“Educational Methodology of Primary Education in Japan” Inter-American Development Bank, Educational Workshop in Okinawa

[8] 内海成治（2001）「総合的な学習の時間で福祉・ボランティアをどう扱うか」京都市立久我《こが》の杜《もり》小学校　研究発表会，2001 年 2 月 14 日

[9] 有森裕子・香瑠鼓・内海成治・渡邊孟（2001）「シンポジュウム：つなごう心を東アジア競技大会――スポーツとボランティアを考える」パネリスト，毎日新聞主催，2001 年 4 月 20 日 OCAT ホール

[10] 内海成治（2002）「アフガニスタン調査報告――教育を中心として」文部省第 4 回国際教育協力懇談会，2002 年 4 月 24 日

[11] 内海成治（2003）「アフガニスタン復興支援の課題――カブールで考える」日本女子大学女性教育支援プロジェクト講演会

[12] UTSUMI Seiji（2004）“Educational Development in Afghanistan and Japanese Cooperation” Japan Education Forum-Collaboration toward Greater Autonomy in Educational Development, March 4, 2004, UN University, Tokyo pp.17－20.

[13] 内海成治（2004）「日本の国際教育協力――アフガニスタンの現場から」国連大学グローバルセミナー第 4 回北海道セッション基調講演

[14] 内海成治（2005）「オペレーショナルで発信型の教育協力の拠点として」『お茶の水女子大学開発途上国女子教育協力センター設立 1 周年記念シンポジウム――開発途上国女子教育の今日と明日』お茶の水女子大学，72－73 頁

[15] 内海成治（2006）「アフガニスタン・バーミアンでの調査から」津田塾フォーラムアフガニスタン女性支援プロジェクト，津田塾大学，2006 年 11 月 14 日

[16] 内海成治（2005）「国際教育協力の動向――アフガニスタンを例として」第 47 回日本熱帯医学会特別講演（京都国際会議場）

[17] 内海成治・ジュディ＝オング・片山敏彦（2005）「世界を愛の手で結ぶために

[19] 内海成治（1998）「共生のアジア，この一冊，書評特集，カンボジア・村の子どもと開発僧」シャンティ SHANTI 第169巻2号2頁，JSRC＝SAV 曹洞宗ボランティア会
[20] 内海成治（1998）「国際協力・国際ボランティアの動向——パートナーシップ論をめぐって」『組織科学』1998年9月号
[21] 内海成治（2000）「期待される国際ボランティア活動」『市政』2000年2月号
[22] 内海成治（2001）「学校教育におけるボランティア活動を考える」『兵庫教育』2001年5月号
[23] 内海成治（2007）「アフガニスタンの現在——教育を中心として」『歴史地理教育』2007年5月号
[24] 内海成治（2014）「音楽を聴く——今は昔の話」『生産と技術』第66巻第2号，47－50頁

▩新聞およびネット配信等

[1] 内海成治（1996）「国際協力専門員から大阪大学のボランティア学の教授へ」毎日新聞，1996年9月30日朝刊「ひと」
[2] 内海成治（1999）「ボランティア学ことはじめ——国際学会設立の意味」毎日新聞，大阪版，1999年3月12日夕刊
[3] 内海成治（2001）「アフリカ調査雑感」『サークルズ』第3巻第1号
[4] 内海成治（2001）「ボランティア教育」エル・ネット学校教育研修，エル・ネット教育情報通信衛星ネットワーク，2001年5月8日収録
[5] 内海成治（2003）「内海成治さん——アフガニスタン政府・教育アドバイザー」毎日新聞，2003年12月5日「ひと」
[6] 内海成治（2004）「国際協力シンポジウム——ボランティアのすすめ」シンポジスト，読売新聞，2004年3月24日朝刊
[7] 内海成治（2005）「若い命の無念を何かの形に」毎日新聞，2005年1月9日朝刊「発言席」
[8] 内海成治・藤丸健太郎（2007）「国際ボランティア（3）被災地からの復興支援」エルネット・オープンカレッジ講義，EL－NET配信
[9] 内海成治（2008）「国際協力とは」『私たちにもできる国際協力』asahi.com

▩講演・シンポジウム・インタビュー等

[1] 水越敏行・内海成治・児玉邦二（1988）「対談・放送教育はどう国際化すべきか」『HBF　放送文化基金年報』放送文化基金，第39号，1988年8月，8－12頁
[2] 小澤大二・内海成治・大隅紀和・田中正智（1989）「技術協力と教育メディアの

68)「ボランティアについて」1997年3月号，36－37頁
69)「アフリカへの基礎教育援助」1997年4月号，34－35頁
71)「NGOとボランティア」1997年6月号，36－37頁
72)「「開発指標」について」1997年7月号，40－41頁
73)「ナイロビから」1997年8月号，36－37頁
74)「マヤの小学校にて」1997年9月号，82－83頁
76)「インドネシアガルーダ事故に思う」1997年11月号，48－49頁
77)「国際協力とボランティア」1998年1月号，34－35頁
[11] 内海成治（1989)「国際協力活動におけるパソコン通信の可能性について」『電気通信財団研究助成論文集』
[12] 内海成治（1995)「マルチメディアの読者とは」『視聴覚教育』1995年1月号，10頁
[13] 内海成治（1997－1998)「シリーズ国際NGO」『SD21　月刊社会民主』にカラーグラビアとして1年間連載：
1)「Care Japan ケアジャパン」1997年3・4月号
2)「ラオスの子供に絵本を送る会」1997年5月号
3)「ShaplaNeer シャプラニール＝市民による海外協力の会」1997年6月号
4)「日本キリスト教奉仕団アガペ交換研修プログラム」1997年7月号
5)「サヘルの会」1997年8月号
6)「国際ボランティアの会」1997年9月号
7)「日本国際ボランティアセンター JVC」1997年10月号
8)「曹洞宗国際ボランティア会（SVA)」1997年11月号
9)「ネパールムスタン地域開発協力会」1997年12月号
10)「セーブ・ザ・チルドレン・ジャパン」1998年1月号
11)「日本キリスト教海外医療協力会」1998年2月号
12)「モンゴル植林運動協力日本委員会 JCC－MFM」1998年3月号
[14] 内海成治（1997)「ボランティアを考える」『CSつうしん』NHK学園，46号
[15] 内海成治（1997)「ボランティアについて」『海外子女教育研究』東京学芸大学海外子女教育センター，19巻3号
[16] 内海成治（1998)「地域事情を考慮した教育を目指して」『地理』古今書院，第43巻，1998年1月号，59－64頁
[17] 内海成治（1998)「海外教育事情・グアテマラ」『子供と教育』1998年2月号，62－66頁
[18] 内海成治（1998)「日本のNGO――その現状と方向性」『SD21　月刊社会民主』1998年4月号，22－27頁

31)「パキスタンで考えたこと」1994年2月号，58－59頁
32)「開発と人口に関する賢人会議」1994年3月号，66－67頁
33)「教育援助専門家の養成」1994年4月号，64－65頁
34)「ネパールで考えたこと」1994年5月号，72－73頁
35)「ラオスを訪れて」1994年6月号，60－61頁
36)「カンボジアにて」1994年7月号，64－65頁
37)「ドミニカへの放送教育協力」1994年8月号，64－65頁
38)「象牙海岸にて」1994年9月号，84－85頁
39)「象牙海岸にて（2)」1994年10月号，50－51頁
40)「カンボジア再訪（1)」1994年11月号，48－49頁
41)「南太平洋のヴァヌアツにて」1994年12月号，46－47頁
42)「1995年を迎えて」1995年1月号，46－47頁
43)「トルコ再訪」1995年2月号，48－49頁
44)「教育援助のための本」1995年3月号，46－47頁
45)「ジンバブエにて――ドイツのプロジェクト評価」1995年4月号，46－47頁
46)「インドネシアの雨」1995年5月号，48－49頁
47)「チュニジアにて」1995年6月号，46－47頁
48)「バングラディシュ農業大学院」1995年7月号，38－39頁
49)「タイ――エイズ対策プロジェクト」1995年8月号，36－37頁
50)「グアテマラにて」1995年9月号，82－83頁
51)「インドネシアにて，障害者職業訓練センター」1995年10月号，36－37頁
53)「フィリピン家族計画プロジェクト」1995年12月号，36－37頁
54)「メキシコ教育テレビ研修センタープロジェクト」1996年1月号，36－37頁
55)「トルコ人口教育プロジェクトの現状」1996年2月号，36－39頁
56)「ジプチのフクザワ学院」1996年3月号，36－37頁
57)「ホンデュラスの教育の現状」1996年4月号，36－37頁
58)「グアテマラ再訪」1996年5月号，40－41頁
59)「マヤ女子教育プロジェクト」1996年6月号，36－37頁
60)「カメルーンから――停滞する初等教育」1996年7月号，42－43頁
61)「ニジェール川のほとり――マリの教育事情」1996年8月号，38－39頁
62)「ビエンチャンにて――ラオスの教育」1996年9月号，80－81頁
63)「21世紀に向けての国際協力」1996年10月号，38－39頁
64)「国連NGO会議から」1996年11月号，40－41頁
65)「農業の国際協力について」1996年12月号，48－49頁
67)「タンザニアの教育調査から」1997年2月号，38－39頁

22)「トルコの視聴覚教育の現場から（22)」1991年5月号，59頁
23)「トルコの視聴覚教育の現場から（23)」1991年6月号，72頁
24)「トルコの視聴覚教育の現場から（最終回)」1991年7月号，74頁

[10] 内海成治（1991－1998)「国際協力のひろば」『視聴覚教育』日本視聴覚教育協会，1991年8月－1998年3月号に連載

1)「高まる教育援助への関心」1991年8月号，76頁
2)「ペルー事件に思う」1991年9月号，114頁
3)「視聴覚教育協力のサスティナビリティー」1991年10月号，78頁
4)「工夫を生かす工夫」1991年11月号，82頁
5)「南部アフリカ調査から」1991年12月号，54頁
6)「南部アフリカ調査から（2)」1992年1月号，78頁
7)「タイの教育協力調査から（1)」1992年2月号，59頁
8)「タイの教育協力調査から（2)」1992年3月号，59頁
9)「広がる教育援助」1992年4月号，59頁
10)「国際協力のネットワーク」1992年5月号，59頁
11)「識字教育の協力」1992年6月号，98頁
12)「基礎教育の協力」1992年7月号，59頁
13)「農業普及のメディア利用」1992年8月号，59頁
14)「ネパール航空事故」1992年9月号，106頁
15)「東北タイの農村で」1992年10月号，74頁
16)「フィリピンの調査から」1992年11月号，59頁
17)「フィリピンの調査から（2)」1992年12月号，59頁
18)「エジプトの教育調査」1993年1月号，62頁
19)「タイのエイズ対策プロジェクト」1993年2月号，59頁
20)「象牙海岸の環境教育」1993年3月号，66頁
21)「教育援助の動向」1993年4月号，70頁
22)「8年目の沖縄国際センター」1993年5月号，74頁
23)「カンボジャでの事件に思う」1993年6月号，66頁
24)「初夏のトルコ」1993年7月号，62頁
25)「教育援助の動向と視聴覚教育」1993年8月号，202頁
26)「パプア・ニューギニア教育調査」1993年9月号，102頁
27)「アメリカのコミュニケーション援助」1993年10月号，66頁
28)「東アフリカの調査から」1993年11月号，64頁
29)「パプア・ニューギニア再訪」1993年12月号，61頁
30)「これからの中等教育協力――世界銀行セミナー」1994年1月号，48－49頁

[2] 大隅紀和・内海成治（1983）「東南アジアの理科教育事情2――マレーシア国立理科大学」『理科の教育』1983年11月号，東洋館，62－65頁
[3] 大隅紀和・内海成治（1983）「東南アジアの理科教育事情3――USMの教育工学センターなど」『理科の教育』1983年12月号，東洋館，56－59頁
[4] 加藤清方・内海成治（1987）「日本語教育ビデオの開発」『日本語研修』第3号
[5] 内海成治（1988）「視聴覚メディアの可能性」『国際協力』1988年3月号
[6] 内海成治（1988）「AVEリポート　足りない視聴覚教育専門家」『視聴覚教育』1988年8月号，42－43頁
[7] 内海成治（1989）「AVEリポート　視聴覚教育の最前線――バングラディッシュにて」『視聴覚教育』1998年4月号，46－47頁
[8] 内海成治（1989）「AVEリポート　映像はマンネリなのか――手作り映像の必要性」1989年6月号，162－163頁
[9] 内海成治（1989－1991）「アンカラ便り――トルコにおける視聴覚教育協力」『視聴覚教育』日本視聴覚教育協会，1989年7月号－1991年6月号に連載
1）「トルコの視聴覚教育の現場から（1）」1989年8月号，70頁
2）「トルコの視聴覚教育の現場から（2）」1989年9月号，108頁
3）「トルコの視聴覚教育の現場から（3）」1989年10月号，78頁
4）「トルコの視聴覚教育の現場から（4）」1989年11月号，70頁
5）「トルコの視聴覚教育の現場から（5）」1989年12月号，70頁
6）「トルコの視聴覚教育の現場から（6）」1990年1月号，62頁
7）「トルコの視聴覚教育の現場から（7）」1990年2月号，70頁
8）「トルコの視聴覚教育の現場から（8）」1990年3月号，64頁
9）「トルコの視聴覚教育の現場から（9）」1990年4月号，78頁
10）「トルコの視聴覚教育の現場から（10）」1990年5月号，78頁
11）「トルコの視聴覚教育の現場から（11）」1990年6月号，78頁
12）「トルコの視聴覚教育の現場から（12）」1990年7月号，74頁
13）「トルコの視聴覚教育の現場から（13）」1990年8月号，86頁
14）「トルコの視聴覚教育の現場から（14）」1990年9月号，116頁
15）「トルコの視聴覚教育の現場から（15）」1990年10月号，61頁
16）「トルコの視聴覚教育の現場から（16）」1990年11月号，61頁
17）「トルコの視聴覚教育の現場から（17）」1990年12月号，68頁
18）「トルコの視聴覚教育の現場から（18）」1991年1月号，59頁
19）「トルコの視聴覚教育の現場から（19）」1991年2月号，59頁
20）「トルコの視聴覚教育の現場から（20）」1991年3月号，59頁
21）「トルコの視聴覚教育の現場から（21）」1991年4月号，63頁

[22] 内海成治（2005）「緊急教育支援の動向と課題」『国際教育協力論集』第8巻第2号，15－24頁
[23] 内海成治（2005）「JICAの教育協力について――これまでの取り組みと今後の課題」『開発教育』第52号，2005年8月，開発教育協会，60－69頁。
[24] 松河秀哉・今井亜湖・重田勝介・岡野恭子・景平義文・前迫孝憲・内海成治・関嘉寛（2005）「衛星携帯電話を媒体とした遠隔学習における超鏡（Hyper Mirror）システムの利用」『日本教育工学雑誌』第28巻，257－260頁
[25] 内海成治（2007）「ポストコンフリクト緊急教育支援のためのディスコース」『国際開発研究』第16巻第2号，63－76頁（査読）
[26] 内海成治（2007）「アフガニスタンの現在」『歴史地理教育』2007年5月号，通巻714号，80－85頁
[27] 景平義文・岡野恭子・宮坂靖子・内海成治（2007）「紛争後のアフガニスタンにおける教育の課題に関する研究――バーミヤン州ドゥカニ地域の事例より」『国際教育協力論集』第10巻2号，1－14頁
[28] 中川真帆・内海成治（2007）「伝統的社会の学校教育における描画指導――ケニア・マサイの就学前クラスの事例を通して」『国際教育協力論集』第10巻2号，55－64頁
[29] 澤村信英・内海成治（2007）「ケニア・イスラム圏における初等教育普及の現状と課題――コースト州ラム島の事例」『国際教育協力論集』10巻2号，159－174頁
[30] Utsumi Seiji (2010) "Education Aid for Afghanistan: A Case Study in New Issues and Challenges for Japanese Foreign Aid," D. Leheny and K. Warren eds., *Japanese Aid and the Construction of Global Development, Inescapable Solutions*. Routledge NY.
[31] 内海成治（2010）「「アウグスト・クローグの原則」はアフリカのフィールドワークに適応可能か」『アフリカ教育研究』第1号，1－11頁
[32] 内海成治（2011）「比較教育学と国際教育協力――緊急人道支援の視点から」『比較教育学研究』第42号，84－96頁
[33] 澤村信英・山本香・内海成治（2015）「南スーダンにおける紛争後の初等教育と学校運営の実態――教授言語の変更に着目して」『比較教育学研究』第42号，52－65頁

雑誌

[1] 大隅紀和・内海成治（1983）「東南アジアの理科教育事情1――東南アジア地域理科数学教育センター」『理科の教育』1983年10月号，東洋館，56－60頁

45巻12号，973－978頁
[7] 内海成治（1990）「国際協力時代の視聴覚教育」『視聴覚教育』1990年8月号，24－27頁
[8] 浦田俊之・内海成治（1993）「人口教育分野におけるメディア方略――トルコ共和国での活動を例として」『国際協力研究』Vol.9 No.1，55－70頁（査読）
[9] URATA Toshiyuki & UTSUMI Seiji（1994）"Media Strategies in Population Education-Activities in Turkey," *Technology and Development,* No.7，pp.51－63（査読）
[10] 内海成治（1994）「教育援助の動向」『国際教育研究紀要』第1巻第1号，東和大学国際教育研究所，7－30頁
[11] 内海成治（1997）「辺境性と現在形としての創造」『大阪大学人間科学部紀要』創立25周年記念別冊，71－80頁
[12] 内海成治（1998）「国際教育協力論の試み――DAC新開発戦略をめぐって」『大阪大学人間科学部紀要』24号，165－194頁
[13] 内海成治（1998）「1990年以降の国際教育協力――DAC基礎教育会合の意味」『国際教育協力論集』第1巻第1号，87－98頁
[14] 内海成治（2000）「国際教育協力の動向と方略――学際的アプローチ」大阪大学博士論文
[15] 内海成治・高橋真央・澤村信秀（2000）「国際教育協力における調査手法に関する考察――IST法によるケニア調査をめぐって」『国際教育協力論集』第3巻2号，広島大学教育開発国際協力研究センター，79－96頁
[16] 内海成治（2002）「アフガニスタンの教育の現状と支援ニーズ」『大阪大学人間科学部ボランティア人間科学講座紀要』第3号（2002），63－76頁
[17] 内海成治（2003）「アフガニスタンの教育の現状と国際協力の課題」『大阪大学人間科学部ボランティア人間科学講座紀要』第4号，25－33頁
[18] 澤村信英・山本伸二・高橋真央・内海成治（2004）「ケニア初等学校生徒の進級構造――留年と中途退学の実態」『国際開発研究』第12巻第2号（査読）
[19] 内海成治（2004）「紛争地からの遠隔教育の可能性――アフガニスタン－大阪大学間の遠隔教育実験の意味と課題」『大阪大学大学院人間科学研究科紀要』第30巻，2004年3月，199－207頁
[20] 松河秀哉・重田勝介・吉田健・前迫孝憲・景平義文・関嘉寛・内海成治・中村安秀・下條真司・井上総一郎・中村一彦・下山富男・吉田雅巳（2004）「アフガニスタン－大阪間の遠隔講義の国際配信」『日本教育工学雑誌』第27巻，187－192頁
[21] 内海成治（2005）「国際教育緊急支援の動向と課題『比較教育研究』第31号15－27頁

[13] 内海成治（2011）「子どもが学校に行くとはどういうことなのか——近代教育システムと伝統的社会の位相」熊谷圭知・三浦徹・小林誠編『グローバル文化学』法律文化社，68－83頁
[14] 内海成治（2012）「伝統的社会における近代教育の意味——マサイの学校調査から」澤村信英・内海成治編著『ケニアの教育と開発——アフリカ教育研究のダイナミズム』明石書店，15－35頁
[15] 内海成治（2013）「ボランティアの意味と教育課題——学校へのボランティアの導入をめぐって」村田翼夫・上田学編『現代日本の教育課題——21世紀の方向性を探る』東信堂，123－146頁
[16] 内海成治（2014）「教育協力と国際ボランティア」山田恒夫編著『国際ボランティアの世紀』放送大学教育振興会，46－61頁
[17] 内海成治（2014）「フェアトレードと国際ボランティア」山田恒夫編著『国際ボランティアの世紀』放送大学教育振興会，77－98頁
[18] 内海成治（2014）「NGOと国際ボランティア」山田恒夫編著『国際ボランティアの世紀』放送大学教育振興会，154－173頁
[19] 内海成治（2014）「企業CSRと国際ボランティア」山田恒夫編著『国際ボランティアの世紀』放送大学教育振興会，174－193頁
[20] 内海成治（2016）「ケニアの辺境地におけるEFAの再検討」村田翼夫編著『多文化社会に応える地球市民教育——日本・北米・ASEAN・EUのケース』ミネルヴァ書房，222－246頁

▩学術論文

[1] UTSUMI Seiji（1983）“The Videodisc: Its Possibility as an Educational Media,” *Journal of Science & Mathematics Education in S. E. Asia*, Vol.6 No.1, pp.41－46（査読）
[2] 内海成治・久保田賢一（1987）「受入研修におけるカリキュラム開発」『国際協力研究』3巻2号，93－105頁（査読）
[3] UTSUMI Seiji（1988）“Improved VTRs offer Opportunities in Education,” *Business Japan*，日本工業新聞社，Vol.33 No.3, 33－37頁
[4] UTSUMI Seiji & KUBOTA Kenichi（1988）“Curriculum Development for Group Training Courses in Japan,” *Technology and Development,* Vol.1 No.1, 103－115頁（査読）
[5] 内海成治（1989）「技術協力における教育メディア選択の課題」『国際協力研究』第5巻No.1，41－54頁（査読）
[6] 内海成治（1989）「日本の教育援助活動と視聴覚教育の課題」『日本音響学会誌』

研修所（76－242頁担当）
[2] 内海成治（1990）「国際協力におけるメディア利用」中野照海他編『メディアと教育』小林書店
[3] 内海成治（1995）「開発と教育」国際協力事業団編『国際協力概論――地球規模の課題』国際協力事業団，51－91頁
[4] 内海成治（1996）「カンボジアの近代教育の変遷」綾部恒雄・石井米雄編『もっと知りたいカンボジア』弘文堂
[5] 内海成治（1998）「教育における社会的公正」初岡昌一郎・連合総研編『社会的公正のアジアをめざして』社会評論社
[6] 内海成治（2000）「教育におけるエンパワーメント――文化的多様性と初等教育」初岡昌一郎・連合総研編『グローバル・アジアの社会的発展』日本評論社，95－112頁
[7] 内海成治（2000）「国際教育協力の動向と方策」日本学術会議科学教育研究連絡委員会編『科学技術教育の国際協力ネットワークの構築』日本学術協力財団，156－168頁
[8] 内海成治（2002）「IECはパワーを引き出す飛び道具」中原俊隆監修『火曜日はマーシーの日――フィリピン母子保健の10年』ぱる出版，147－157頁
[9] 内海成治（2003）「国際教育協力における調査手法」澤村信英編『アフリカの開発と教育』明石書店，59－81頁
[10] 内海成治（2005）「教育」日本国際保健医療学会編『国際保健医療学第2版』杏林書院，35－40頁
[11] 日本語教育学会編（2005）『新版日本語教育事典』大修館の以下の項目執筆：1)「教育メディア」850－852頁，2)「教育システム」852頁，3)「LL・ランゲージラボ」854頁，4)「コンピュータラボ」854－855頁，5)「テレビ会議システム」855頁，6)「途上国教育メディア」856頁，7)「学校教育の教育メディア」856－857頁，8)「視聴覚教育」861頁，9)「プログラム学習」866－867頁，10)「マイクロティーチング」867－868頁，11)「メディア選択モデル」871頁，12)「教具」911－912頁，13)「OHP・トラペン」912－913頁，14)「ゲーム」913－914頁，15)「プレイヤー・レコーダー」914頁，16)「プロジェクター」914－915頁，17)「指示棒」916－917頁，18)「実物」917頁，19)「実物投影機」917－918頁，20)「模型」918頁，21)「教材開発」919－920頁，22)「開発スタッフ」921－922頁，23)「開発技法」922－923頁，24)「開発計画」923－924頁，25)「録音技法」924頁，26)「録画技法」925頁。
[12] 内海成治（2007）「開発途上国の教育を考える」小泉潤二・志水宏吉編『実践的研究のすすめ――人間科学のリアリティ』有斐閣，267－269頁

資　料

1　主要業績（2017年2月1日現在）

▒単著

[1] UTSUMI Seiji（1982）*ETV Handbook : A Training Manual on ETV Production for Teachers & Educators*, SEAMEO/RECSAM Malaysia.

[2] 内海成治（1986）『視聴覚技術専門用語集』国際協力事業団

[3] UTSUMI Seiji（1989）*Handbook for Slide & Video Production*, JICA Tokyo.

[4] 内海成治（1993）『教育メディア開発論——国際協力と教育メディア』北泉社

[5] 内海成治（1997）『トルコの春，マヤの子どもたち——国際教育協力の現場から』北泉社

[6] 内海成治（2001）『国際教育協力論』世界思想社

▒編著

[1] 大隅紀和・永野和男・内海成治編（1986）『教育メディア'86』小学館

[2] 内海成治・入江幸男・水野義男編（1999）『ボランティア学を学ぶ人のために』世界思想社

[3] 内海成治編（2001）『ボランティア学のすすめ』昭和堂

[4] 内海成治編（2004）『アフガニスタン戦後復興支援——日本人の新しい国際協力』昭和堂

[5] 内海成治編（2005）『国際協力論を学ぶ人のために』世界思想社

[6] 内海成治・中村安秀・勝間靖編（2008）『国際緊急人道支援』ナカニシヤ出版

[7] 内海成治・中村安秀編（2011）『国際ボランティア論』ナカニシヤ出版

[8] 内海成治編（2012）『はじめての国際協力——変わる世界とどう向き合うか』昭和堂

[9] 内海成治・中村安秀編（2014）『新ボランティア学のすすめ』昭和堂

[10] 内海成治編（2016）『新版国際協力論を学ぶ人のために』世界思想社

▒分担執筆

[1] 内海成治（1988）「スライド制作技術」・「ビデオ制作技術」国際協力事業団国際協力総合研修所編『視聴覚メディアハンドブック』国際協力事業団国際協力総合

ヤ　行

ラ　行

ワ　行

マ　行

ハ　行

ナ　行

タ　行

サ　行

カ　行

ア　行

事項索引

A–Z

タ　行

ナ　行

ハ　行

マ　行

ヤ・ラ・ワ　行

人名索引

ア　行

カ　行

サ　行

■著者略歴
内海成治（うつみ・せいじ）
京都女子大学発達教育学部教授。京都教育大学連合教職大学院教授。
［略歴］
1946年東京生まれ。都立小山台高校卒業。京都大学農学部（実験遺伝学）および教育学部（教育原理学）卒業。博士（人間科学）。
朝日麦酒（株）研究員，（財）基督教視聴覚センター，国際協力事業団国際協力専門員，大阪大学人間科学部教授（ボランティア人間科学講座），文部省学術国際局国際協力調査官（併任），お茶の水女子大学教授（国際協力センター長）を経て現職。専門は，国際教育協力論，国際緊急人道支援論，ボランティア論。
［主な著書］
『国際教育協力論』（世界思想社，2001年），『アフガニスタン戦後復興支援力』〔編著〕（昭和堂，2004年），『国際緊急人道支援』〔編著〕（ナカニシヤ出版，2008年），『新版　国際協力論を学ぶ人のために』〔編著〕（世界思想社，2016年），など。

学びの発見
——国際教育協力論考——

2017年3月31日　初版第1刷発行

著　者　内海成治
発行者　中西健夫

発行所　株式会社　ナカニシヤ出版
〒606-8161　京都市左京区一乗寺木ノ本町15
TEL　(075)723-0111
FAX　(075)723-0095
http://www.nakanishiya.co.jp/

装丁／白沢 正　印刷・製本／亜細亜印刷
＊乱丁本・落丁本はお取り替え致します。
ISBN978-4-7795-1148-6　Printed in Japan

国際ボランティア論
—世界の人びとと出会い、学ぶ—

内海成治・中村安秀 編著

国際ボランティアとは何か？　今、それはどうあるべきか？　青年海外協力隊のあり方、帰国後の隊員のケアから、各国のボランティア事情まで、ボランティア学の立場から国際ボランティアの意義とこれからを考える。

二四〇〇円＋税

グローバル・イシュー　都市難民

小泉康一

世界中の都市へ、スラムへと逃げ込む難民をどう救か。かつて国連難民高等弁務官事務所（ＵＮＨＣＲ）でプログラム・オフィサーとして従事した著者が、農村から都市部へと向かう難民の実態と、援助のあり方を包括的に議論する。

三七〇〇円＋税

グローバル時代の難民

小泉康一

最新のデータから、複雑さを増す難民問題の現状を描き出し、現代における「難民」とは何かを再定義した上で、正しい問題解決へ向け、国際社会とりわけ主要な受入国となる先進国が採るべき道筋を指し示す。

三七〇〇円＋税

現代社会論のキーワード
—冷戦後世界を読み解く—

佐伯啓思・柴山桂太 編

現代社会を考える上で不可欠でありながらも、その用法に混乱の見られる十五のキーワードを厳選して易しく解説。日本と世界がおかれた状況を理解し、現代社会の課題に応えるための明確な視座を提供する恰好のガイドブック。

二五〇〇円＋税

表示は二〇一七年三月現在の価格です。